講義・経験主義と経験

講義・経験主義と経験

稲垣良典著

知泉書館

まえがき

　本書は「経験論哲学の研究」という表題の下で，ちょうど20年間，九州大学文学部で行った特殊講義のために準備した草稿の前半部分をほぼそのままの形で印刷したものである。哲学の勉強を初めて以来，普通「スコラ哲学」と呼ばれている学派の文献に親しんできた人間が，どうしてジョン・ロックやディビッド・ヒュームの名と結びつけられがちな経験論哲学に関心を向け，20年間それについて講義を続けたのか，知りたいという読者がおられるかもしれないので，簡単に説明しておきたい。
　九州大学で私が担当した哲学・哲学史第一講座にふりあてられていた研究領域は哲学史ではなく，端的に哲学であり講座担当者は哲学概論の講義をしなければならない。それは一般教養的な哲学入門ではなく，担当者自身の哲学体系についての講義でなければならない，というのが暗黙の了解事項であった。しかし当時の私には（今でもそうであるが）「私の」と言えるような哲学体系はなかったので，窮余の一策として一つの主題について集中的，持続的に研究を行い，そこで得られた知見を聴講者とわかちあうという仕方で哲学概論の講義を構成することにした。「経験主義と経験」という主題を選んだのは，哲学的探求において「経験」と呼ばれるものに何らかの役割を与えることは，古代，中世の哲学においても広く実行されていた慣行であり，なかには「経験主義」と呼んでもおかしくないほどに経験を重視する哲学的立場をとった哲学者（たとえばアリストテレス，トマス・アクィナス）もいたのに，経験を人間的認識の唯一の源泉，あるいはその真理検証の唯一の原理，最高の規準にまでたかめる「経験主義」は近世哲学においてはじめて出現したという事実にたいする問題意識であった。「経験」という同じ言葉が用いられてはいるが，その意味は古代，中世の哲学と近世，現代の哲学とでは根元的に異なったものに変ったのではないか，そしてこの根元的な変化のうちに近世，現代の哲学の本質的特徴を探りあてることができるのではないか，と考えたのである。そして当時は毎年度，哲学概論と特殊講義を一学期ずつ開講するのがきまりであった

ので，私は前期に「経験主義と経験」という主題を頭に置きつつ或る哲学者の著作を読み，解説するという仕方で特殊講義を行い，後期は特殊講義の成果を整理し，まとめることを通じて哲学概論の講義を形造ることにした。本書に収めたのは，そのように哲学概論の素材を準備するために行った特殊講義の草稿である。

　上に述べたことから，私が哲学史において通常「経験主義者」と呼ばれてきた哲学者だけを取り上げるのではなく，また時代順に叙述を進めることをしなかった理由も理解していただけるのではないかと思う。いわゆる「経験主義者」は，経験に訴え，経験に特権的な地位を与えようとする傾向があり，経験を「経験的に」，つまり経験そのものに即して問い，それが何であるかを根本的な仕方で探求しないことが多い。経験をたんに経験される個々の事柄のレベルで理解するのではなく，経験する主体自身へのふり返りを徹底させて，経験のより十全的な意味，ないしはその成立根拠を探求する試みは，私が知る限り，ウィリアム・ジェイムズの「根元的経験主義」に始まるものであり，私がこの講義で最初にウィリアム・ジェイムズを取り上げたのはその理由にもとづくものであった。

　ジェイムズに続いてアメリカにおける根元的経験主義の展開，変容の過程をたどり，「経験主義と経験」をめぐる問題意識が或る程度熟したところで，古典的イギリス経験主義の批判的検討に着手した。その後，けっして「経験主義」的ではないが，「人間的経験の哲学」と呼ぶのがふさわしいカント哲学の一端に触れたところで本書は終っている。他方，特殊講義そのものは，この後，近世哲学における「経験主義」の源泉を探って，14世紀のウィリアム・オッカム，およびドゥンス・スコトゥスに目を向けることになる。この二人を取り上げた理由は，そもそも近世哲学において「経験主義」が出現したのは，形而上学に代って認識論が第一哲学となったことがその背景にあるが，そのような哲学における「革命」を準備したのがこの二人の神学者だったからである。

　わが国ではまだそのことに注目する研究者は少ないが，カントによる批判に先立って，14世紀にはすでに形而上学的霊魂論は崩壊し，かつて形而上学的な形相・質料論にもとづいて説明されていた人間の認識活動は，対象と認識主体の直接的接触としての直観的認識から出発する，経験記述的な認識理論によって解明されるようになっていたのである。近世哲学の

認識論に直結する，この新しい認識理論の確立に決定的に寄与したのはオッカムであるが，そのオッカムは「自明的原理にもとづく確実な推論（理性）もしくは事実の確実な（経験）によって支えられているのでなければいかなるものも肯定してはならない」という，ヒュームの著作のうちに置いてもおかしくないような，後に「オッカムの剃刀」と呼ばれた「節約の原理」にもとづいて彼の哲学を構築したのである。14世紀における形而上学的霊魂論の崩壊と認識理論の根元的な変容については拙著『抽象と直観』（創文社，1990年）において詳細に論述したので，本書に収録された議論の続きに関心を持たれた読者は『抽象と直観』を参照していただきたい。

　はじめに述べたように，本書の内容は哲学概論の講義という困難な課題と取り組む準備として行った特殊講義の草稿であり，数多くの誤謬や欠陥がいたるところに見出されるに違いない。それにもかかわらずあえて出版にふみきったのは，長年「スコラ哲学」を学んできた人間が近世や現代の哲学者の著作と或る主題を巡って持続的に行った対話——特殊講義の中味はまさしくそのようなものであった——を公けにすることにも何らかの意味があるのではないかと考えたからである。おそらく読者のなかには，スコラ学を勉強した頭でロックやカントを読むとこんな物語りが生まれるのか，という「発見」をする人もいるかもしれない。この「発見」は直ちに学術的な価値につながるものではなくても，少なくとも知的な刺激であることは間違いない。本書がそのような知的刺激の機会となることを心から願っている。

　2008年9月

著　者

目　次

まえがき　　v

第 1 章　ウィリアム・ジェイムスの根元的経験論
- Ⅰ　名目的定義　　3
- Ⅱ　経験主義の三つの型態　　4
- Ⅲ　純粋経験 Pure Experience (1)　　9
- Ⅳ　純粋経験 Pure Experience (2)　　17
- Ⅴ　根元的経験論と接合的関係としての因果性　　23
- 付論　トマス・アクィナスの「因果性」理解　　28

第 2 章　ジェイムズの経験概念
- Ⅰ　根元的経験論と経験　　33
- Ⅱ　純粋経験　　37
- Ⅲ　プラグマティズム真理説　　44

第 3 章　デューイの経験概念 ── ハビットとしての経験
- Ⅰ　経験の問題 ── 経験の一般理論をめざして　　51
- Ⅱ　ハビットの問題　　56
- Ⅲ　デューイの「ハビット」概念 (1)　　62
- Ⅳ　デューイの「ハビット」概念 (2)　　66
- Ⅴ　ハビットと思想　　70
- Ⅵ　ハビットと人間　　74
- Ⅶ　ハビットと本性　　77
- Ⅷ　ハビットと知性 (1)　　82
- Ⅸ　ハビットと知性 (2)　　86
- Ⅹ　経験の美的および宗教的要素　　91

第4章　パースにおける経験主義と形而上学

- Ⅰ　パースは経験主義者か？　99
- Ⅱ　認識と習慣　103
- Ⅲ　探究の出発点と方法──探究の自己理解を通じて　108
- Ⅳ　実在性の概念　113
- Ⅴ　スコラ的実在論　124
- Ⅵ　カテゴリー論　131
- Ⅶ　パースの経験主義　133

第5章　習慣の理論──習慣の形而上学

- Ⅰ　経験主義と習慣の問題　139
- Ⅱ　習慣の本質　148
- Ⅲ　習慣の原因　158

第6章　ホワイトヘッドと経験の問題

- Ⅰ　ホワイトヘッドにおける「哲学」の概念　167
- Ⅱ　ホワイトヘッドにおける「経験」の概念　174
- Ⅲ　経験の主・客構造　182
- Ⅳ　宗教的経験　190

第7章　ロック「経験主義」の再検討

- Ⅰ　経験および経験主義の問題　201
- Ⅱ　「観念」Idea について　204
- Ⅲ　観念と実在　209
- Ⅳ　実体観念と実在の問題　216
- Ⅴ　ロックにおける「存在」Existence の問題　224
- Ⅵ　ロックにおける「抽象」の問題　233

第8章　バークリ哲学における「存在」理解と経験主義

- Ⅰ　経験主義と経験の問題　243
- Ⅱ　抽象観念 abstract idea の否定　247
- Ⅲ　esse is percipi（テーゼ）　254
- Ⅳ　esse is percipi（諸帰結）　265

　　　　　　　　目　次　　　　　　　　xi

　　Ⅴ　バークリの「存在」観について　　　270

第9章　観念，スペキエス，習慣――イギリス経験論哲学の再評価
　　Ⅰ　問　題　　　273
　　Ⅱ　ロック，バークリ，ヒュームにおける「観念」説　　　276
　　Ⅲ　リードによる「観念」理論批判　　　291
　　Ⅳ　中世スコラ哲学におけるスペキエス説
　　　　　　――トマス，スコトゥス，オッカム　　　302
　　Ⅴ　結　語　　　313

第10章　ヒュームの経験主義と因果性理論
　　Ⅰ　経験主義と「経験」の概念　　　315
　　Ⅱ　ヒューム研究の問題点　　　317
　　Ⅲ　印象と観念――ヒューム経験主義の序論的規定　　　326
　　Ⅳ　ヒュームにおける因果関係の分析　　　340

第11章　ヒュームの経験主義と人格の同一性理論
　　Ⅰ　序論――問題点　　　351
　　Ⅱ　ロックにおける人格の同一性の問題　　　354
　　Ⅲ　ヒュームにおける人格の同一性（1）　　　363
　　Ⅳ　ヒュームにおける人格の同一性（2）　　　369
　　Ⅴ　実体としての自我（人格）　　　377

第12章　カントの「経験」概念
　　Ⅰ　課　題　　　385
　　Ⅱ　カントにおける経験と形而上学　　　389
　　Ⅲ　カントにおける経験と直観　　　402
　　Ⅳ　カントによる霊魂論 Seelenlehre 批判　　　406

あとがき　　　415

講義・経験主義と経験

第1章

ウィリアム・ジェイムズの根元的経験論

───────

I　名目的定義

　経験主義，ないしは「経験」概念の研究の一環として，ウィリアム・ジェイムズの *Essays in Radical Empiricism* 1912 および *A Pluralistic Universe* 1909 によりながら，彼が自ら Radical Empiricism と呼んだ哲学的立場をとりあげる。先ず名目的定義として，ジェイムズ自身による要約を引用する（*Meaning of Truth*, 1909, Preface より）

　「根元的経験論はまず仮説的主張，つぎに事実の言明，最後に一般化結論の三つをふくむ。仮説的主張は，哲学者の間で議論されるべき事柄は，経験に由来する用語で定義可能な事柄のみであるべきだ，というものである。（経験できないような事柄はすきなだけ存在するかもしれないが，それらは哲学的討論にとっての対象とはならない。）事実の言明は，諸々の事物の間の関係──結合的ならびに分離的──は，事物自体とまったく同様に直接的・特殊的に経験されるのであって，それ以上でも以下でもない，というものである。一般化結論は，それゆえ経験の諸部分は，それら自体も経験の部分であるところの諸関係によって次々と結合されている，というものである。直接に捉えられた世界は，つまり，なんら超・経験的な結合の支えを必要としないのであって，自前の連絡的もしくは連続的構造を有している。」

　"Radical Empiricism consists first of a postulate, next of a statement of fact, and finally of a generalized conclusion. The postulate is that the only things that shall be debatable among philosophers shall be things definable in terms drawn from experience. (Things of an unexperienceable nature may exist ad libitum, but they form no part of the material for philosophic debate.) The statement of fact is that the relations between things, conjunctive as well as disjunctive, are just as much matters of direct particular experience, neither more so nor less so, than the things themselves. The generalized conclusion is that therefore the parts of experience hold together from next to next by relations that are themselves parts of experience. The directly apprehended universe needs, in short, no extraneous trans-empirical connective support, but possesses in its own right a concatenated or continuous structure."

ジェイムズによる経験主義の理解，"radical"という形容詞句を付けた理由，radical empiricism と pragmatism との関係についてはあらためてのべることになるが，その前にかれの radical empiricism を経験主義ないし「経験」概念の歴史の中で位置づける。

II　経験主義の三つの型態

デューイ（John Dewey）のひとつの論文[*1]（John E. Smith はこの論文について"a most instructive, but much neglected, paper"（大いに教示に富む，しかし甚だしく無視されてきた論文）*Themes in American Philosophy,* 1970, p.43 とのべている）にもとづいて，ジェイムズの radical empiricism を，empiricism の歴史のなかで現れた他の型態と関係させつつ，その独自の意味をさぐってみよう。

デューイのいう三つの歴史上の「経験」概念とは，a) 古典的古代において形成され，17世紀にまで及んだもの，b) 18，19世紀を特徴づけるもの，c) いまだ発展過程にある最近の動き，である。a) を理解する手掛かりとなるのは，今日「経験的」"empirical"という言葉がいかに用いられている

---

1) "An Empirical Survey of Empiricisms", *Studies in the History of Ideas,* ed. Dept. of Phil. of Columbia U., Columbia U. Press, 1935.

II 経験主義の三つの型態

か（たとえば「医学は長い間，純粋に経験的基礎の上に立っていた」という表現），ということである。それは一言で言うと「過去の集約的記憶もしくは積立金」"collective memory or funded deposit of the past" (p.5) である。その内容をなすのは「標準化された行為の仕方と，標準化された信念，期待，素材，および技術の総体」"standardized ways of action and a standardized body of beliefs, expectations, materials, and techniques" (p.6) である。さらに詳しく見ると，この経験概念には二つの面がある。すなわち，（イ）実際に役立つ知識 informations であるという面と，（ロ）あることがらの原因とか理由とかの洞察をふくまないかぎりにおいて，不完全な知識であるという面，そしてデューイによると，実践 praxis にたいする観想 theoria の優位という傾向からして，結局のところ古代的な経験概念においては，経験にたいして低い位置づけが与えられるにとどまった。それはわれわれが実践的効用，行為 practical utility, action を頭においているかぎりにおいてはかなり信頼できる知識 fairly dependable information を与えてくれるものであるとはいえ，出来事の原因，理由 cause, reason, についての洞察をふくむものではなかったのである。

　ここでデューイは古代的な経験概念について，二つの点を（重要な点として）指摘している。その第一は経験と慣習ないし習慣との結びつきである——「経験は慣習がもつすべての限界をもつものである。実際，経験の概念の全体が，習慣および慣習の観念と，同一視はされないとしても，密接に結びついている。それは過去の集約的記憶もしくは積立金である。」Experience had all the limitations which custom has. Indeed, the whole concept of experience was closely connected with the idea of habit and custom, if not identical with it. It was a collected memory or funded deposit of the past, ... (p.5) 第二は（特にアリストテレスについて言われているが）経験は感覚や知覚ではなく，「(経験とは) 過去の経験の蓄積，および過去の経験における成功面を失敗面から篩いわけることによって得られた，事物についての積み立てられた実際的で組織化された知識」the funded, practical, organized information about things that has come by the accumulation of past experience and the sifting out of the successful elements in the past experience from the unsuccessful ones である，ということである。この点は次のいわゆる古典的経験論 classical empiricism との比較において重要であり，また第三のプラグマティズム的

概念 pragmatic conception につながるものである。

　結論的に，デューイによると古代哲学 classical philosophy において考えられた経験は三重の制限を蒙っていた。第一に，経験と学知・確実知 episteme との対比。第二に理性的ないし知的な思惟との対比における実践（経験はこれにかかわる）の制限された，依存的性格。第三に，これら二つの欠陥に対する形而上学的基礎：感覚や身体的行動が現象にかかわるのに対して，知性は究極的実在に類似。このような三つの対比からして，経験は形而上学的にも，認識論的にも，倫理的にも低く位置づけられた。経験は専ら身体と，物質的なことがらにかかわり，地上的生活の必要に応じ，その効益に奉仕するのにたいして，知的思惟は高く理想的・永遠的価値へと舞い昇るものとされたのである（p.10）。

　このような古代的経験概念について，デューイは，それは「それ自体として見ればひとつの正直な経験的報告 an honest empirical report であった」として，高く評価している。つまり，実験科学の誕生以前の時代において，経験をそのように捉えること（学的知識から切り離された，低次のものとすること）は不可避であった，というわけである。しかし，その誤りは，そのような経験の事実上の限界を永遠・不可変のものと主張した点にある，とデューイは批判する。

　デューイは第二の型の経験概念としてロックのそれを挙げるが，この新しい経験概念の成立の背景として，二重の価値逆転を指摘する。その第一は，従来は経験が慣習 custom や結合された記憶 consolidated memory に由来するものであり，従って過去につながれたものと考えられてきたのに対して，いわゆる理性的真理こそ不毛な反復，権威の盲目的な受容であり，慣例 convention や伝統 tradition からその力をえてくるドグマにすぎないと考えられるに到った。これに対して経験は何か新鮮で個人的なものと考えられるにいたったのである。第二にこれにもおとらず根元的な価値の逆転は，これまで普遍が重視され，個別はそれに奉仕するものとされていたのに対して，個別こそ自由の座であり，あらゆる進歩の源泉であって，普遍は無用な負担であるとする考え方（唯名論 Nominalism）が強まるにいたったことである。ロックの経験概念はこのような精神をおし進めるものであった[2]。

　2）ヤーコプ・ブルクハルトのテーゼ（*Kultur der Renaissance* における）はこれである。

ロックにとって経験とは本質的に観察 observation であり，そして observation は自然（本性）nature そのものがわれわれに否応なしに働きかけるものであり，必然的 coercive なものであった。そこにわれわれの恣意や偏見が入りこむ余地はなく，そのことが observation＝experience＝sensation をして知識の妥当性 validity の保証 guarantee, test たらしめるものであった (p.13-14)。いいかえると経験において，人間は受動的なのである。

ロック自身はすべての知識を観察—感覚 observation-sensation に還元したのではない。経験 experience (observation-sensation) にもとづくかぎり，普遍的認識は成立しえない（したがって自然現象の厳密な科学 exact science of natural phenomena はない）。他方，ロックによると数学 mathematics や倫理学 morals は真の科学 true sciences でありえた。なぜなら，その素材たる観念 ideas は observation からえられたとはいえ，それらの間の関係は精神 mind の所産であり，われわれ自身のコントロールに服し，経験を規制しうるからである。その意味でロックは徹底した感覚主義者 sensationalist 型の経験論者 empiricist ではなかった。しかしロックの後継者たちにおいて，感覚主義はしだいに徹底せしめられるにいたる。しかし，ロック自身，中途でとどまったとしても，experience＝observation＝sensation という意味での経験論 empiricism は論理的には完全な懐疑主義にいたりつかざるをえない（外界と自己の存在に関して……ヒュームが示した如く）。ところがロックの後継者，とくにフランスの啓蒙主義者においては，この経験論 empiricism は既存の制度にたいする批判の武器，つまり社会的教説 social doctrine として用いられた。つまり，かれらはいっさいの制度にたいして，それが経験的基礎を有すること（つまり，それが否応なしにわれわれに働きかける自然（本性）nature の働きであること）を示すことを要求したのである。ロック自身，かれが sensation や observation を強調したのは「二次的なもののおしつけ」"imposed, second-hand" にたいする反対からであり，その意味でかれの empiricism は「合理主義」"rationalism"（迷信，独断，

しかし，カッシーラーはブルクハルトの一面的把握を批判，中世においても，さらに古代においても universal-individual の優位をめぐっての Spannung があった。より直接にはアヴェロエスの unicitas intellectus 説における個人の軽視，これに対してトマスは直接的経験にもとづいて（"この人間が認識する"）個人の実在性を立証，この議論はクザーヌスにおいてくりかえされ，ルネサンス哲学において定着。（ペトラルカにおける Averroism 批判）。参照。
Individuum und Kosmos in der Philosophie der Renaissance. 1927.

恣意的な政治的権威 superstitious dogmatism, arbitrary political authority の批判）に属するものであった，とされる（p.13, 16-17）。そしてこの 経験論が批判の武器として強力であったのは，その懐疑主義によってではなく，nature との結合（この結合は論理的には不整合であった。nature 概念が入りこむ余地はなかった）によってであった，とデューイは評している。

ロックによって代表される経験論の重要性はその批判的・否定的な側面に存したのであり，したがって積極的・建設的な方向や刺激が求められるようになると，別の型の哲学にとって代られざるをえなくなり，こうして起こったのがカントに始まるドイツ観念論の運動であった，とデューイはいう。

デューイによると，このような「合理主義的，精神的反動」"rationalistic, spiritualistic reaction" が経験論者にたいして影響を与え，とくにジョン・スチュワート・ミル（John Stuart Mill）は，本質的に empiricism にとどまりつつ，信念 belief や行動 conduct にとっての「より安定した，建設的な基礎」"a more stable, constructive ground" を与えようと試み，それがきっかけになって empiricism の第三の型が登場することになった。かれの場合，自然科学の方法を政治や経済の分野に持ちこんで，後者における思考を単なる臆見や偏見から救い出そうとしたのであるが，これが感覚 sensation と思惟 thought とを統一的に捉えようとする，新しい empiricism への道を準備したのである。

つまり，上の試みは自然科学についての反省を呼びおこした：自然科学が経験に依存することはたしかな事実であるが，経験が古典的概念や18世紀の感覚主義的概念の如きものであるとしたら，科学を成立させえない。そこで経験の再検討が必要となった。さらに自然科学に含まれる実験について見ると，科学的実験において仮説ないし理論として機能する ideas は sensation, observation の直接の産物ではない。そこで，thought, idea を sensation のコピーとする説は斥けられざるをえないことになる。

ここからデューイは empiricism の第三の型の代表としてジェイムズを選び出し，とくに妥当性 validity は起源 origin ないし前件 antecedent の問題ではなく，帰結 consequent の問題にある，との主張を例として挙げる。つまり，或る知識の妥当性は，たとえば Mill が主張した如く，それが導出されてきた origin に依存するのではなくて，むしろ新しい observation, 実

験 experiment を遂行してゆくさいの有効さに依存する，というのである。ここに，新しい経験概念の出現がある，という。それは idea, thought の origin へとさかのぼってえられる experience（原初の与件 original datum）ではなく，むしろ新しい observation, experiment を可能ならしめてゆく experience であり，ideas, thoughts を使用してゆくことを通じて形成されてゆく経験（goal としての経験）である。

　デューイは新しい経験概念，したがって新しい経験主義の形成において影響を及ぼしつつある二つの動向 trends ないし主題 motifs を指摘する。その第一は，結果にもとづいて検証 verification ないし根拠づけ validation を行ってゆくさいの，観念，仮説，実験 ideas, hypotheses, experimentation などの使用に関わる科学的慣行 practice of science，第二は新しい心理学のアプローチである（内観的分析 introspective analysis に代る，生物学にもとづく客観的アプローチ）。

III　純粋経験 Pure Experience（1）

　先ず純粋経験の概念の分析を通じてジェイムズの根元的経験論 Radical Empiricism の理解に近づくことにしよう。

　ジェイムズは「意識は存在するか」Doe 'consciousness' exist? と題する論文において，「知る」働きを解明してゆくことを通じて純粋経験の概念をうきぼりにする。その出発点は常識 common sense における thoughts-things の二元論である。これは古くは先ず spirit-matter, soul-body という実体間の二元論 dualism として捉えられた。それは知る主体と知られる物との dualism である（ここで実は spirit も知られるものたりうるのであるが，そのことは棚上げにされている。これは近代哲学が「知る」働きの原型を自然科学における物質的なものの認識にとったことの結果であろうと思われる。ここに重大な問題がある）。ところが，実体概念が問題視されるにともなって，知る主体は実体（存在論的主体）としてではなく，認識が成立するための機能（認識論的主体）として捉えられるにいたった。「意識」はそのような機能に対して与えられた名前である。

　ジェイムズによると，意識なるものはこのように認識ないし知る働きに

おける一機能なのであり，独立の存在者 entity ではない。さまざまの事物をつくりあげている素材と対立して，さまざまの思惟をつくりあげている原初の素材ないし質 aboriginal stuff or quality of being として意識があるわけではない。しかるに，哲学者たちはいまだに consciousness なるものが在るという考えに執着している。これを決定的に斥けるのがジェイムズの意図である（一種の materialism?——ジェイムズ自身，このような解釈を予想している）。なぜ consciousness を entity として否定するのか——ジェイムズによると，存在するものとしての意識は「知る」という働きの理解を妨げるのであり，「知る」という働きを逆説，神秘 paradox, mystery たらしめてしまう。これにたいして，ジェイムズは「知る」という働きのプラグマティズム的説明 pragmatic explanation をめざす。consciousness という言葉で指示されているもののプラグマティズム的等価物 pragmatic equivalent を与えようとする。そこでかれが導入するのが「純粋経験」pure experience である。はたしてジェイムズは「純粋経験」によって「知る」ことの意味をあきらかにしえたか？

　まず pure experience の名目的定義 nominal definition を見ておく。
　ジェイムズは pure experience を「世界における第一の素材あるいは質料，それからしてすべてのものが構成されているもの」"one primal stuff or material in the world, a stuff of which everything is composed" と記述する。これは（ontological concept としての）第一質料 materia prima を想い起こさせるが，別のところでジェイムズ自身，pure experience は materia prima of everything であると言明している (p.138)。さらに pure experience は「現在という瞬間的な場」"the instant field of the present" であるともいう。それは，われわれが経験する事物について what-ness を捉える以前の that-ness であり，現れるがままのものである。すべてのものは pure experience から成り立っているのであるが，pure experience は何から成り立っているのかという問いに対してジェイムズは，「（純粋経験は）まさしく現れる当のものから成り立っている」〔pure experience〕is made of that, of just what appears, ……と言う。

　ここで誤解してはならないのは，pure experience は直接的経験 immediate experience であり，その時その時の具体的な経験をさしているのであって，それから多様な experiences が構成されるべき，アトム的経験 atomic expe-

III 純粋経験 Pure Experience (1)

rience をさしているのではないということである。その限りにおいて primal stuff, materia prima という用語は誤解を招く用語である。

いいかえると，pure experience は直接的経験であり，そのかぎり直接的所与であるが，それは明確に規定されたものとして与えられているのではない。'what' として与えられているのではなく 'that' として与えられているのである（その意味では純粋経験は何か？と問うことは無益である）。純粋経験は，経験への具体的・全体的な接近方法を示すものであり，実体的概念（ontological）というよりは，さしあたり経験への経験的接近方法を示す方法概念と解すべきであると思う（phenomenological concept ——これをジェイムズ自身，ontological concept と混同しているところがあるのではないか？）。つまり純粋経験の概念は，われわれが thoughts-things, spirit-matter のような定式を固定化し，最終的なものとすること——それは精神とか物質といわれるものについてのドグマ的な見解へと導く——の拒否であり，あくまでそのような二元論的構成をこえて，ことがら自体へと進んでゆくべきことの要求であるといえる。

したがって，純粋経験を，たとえばロックの単純観念 simple ideas のように，われわれの経験の究極の単位（datum）と考え，それからあらゆる thoughts の再構成を試みようとするのは見当違いである。ジェイムズの場合，ロックの場合のような datum としての経験はなく，経験はむしろ到達目標 goal であるというべきであろう。

では純粋経験の立場から認識 knowing はどのように説明されるか？ジェイムズは先ず対立的見解として新カント派の説明をとりあげる。その要点は，認識は認識主観（consciousness）と認識対象（content of consciousness）との静的関係だということである。ジェイムズは特に content から区別された consciousness は直接に意識される（immediate consciousness of consciousness itself）という主張，ないしは consciousness そのものの存在は分析 analysis によって確立されうる，という主張に注意をむける。これはジェイムズにとって許容できない主張であり（但し，それがひとつの信念であるかぎり，直接に論駁はできない），そのような consciousness の指定によっては認識は説明されない，というのが彼の立場である（常識的理解において認められていたところの thoughts-things dualism は新カント派の哲学においては subject-object dualism に帰着せしめられるが，この subject-object dualism はそれ以上に説明されない―結局認識は説明されない）。

　ではジェイムズ自身は認識をどのように説明するか？　ジェイムズの説明とは「認識は，現実に，そして実践的にどんなことに帰着するか」"what the knowing actually and practically amounts to" を示すことであり，まず「実践的には認識はわれわれの活動的生活の一機能である」"practically knowing is a function of our active life"（p.75）と答えられる。そして，ジェイムズによると，認識についての常識的理解において想定されていた thoughts-things dualism は，単一・不可分の経験の部分（pure experience）によって説明される。つまり，この単一の経験がひとつのコンテクストでは知る者（state of mind, consciousness, thought）の役割を果たし，つまり知る者として受け取られ，別のコンテクストでは知られるものとしてうけとられるのである。つまり，経験（knowing）が subject-object という二元論的内的構造をそなえているのではなく，単一の経験が二度数えられ，受けとられているとジェイムズは説明する。つまり，単一の経験（＝実在）がコンテクストの違いによってはじめは知る者として，つぎに知られるものとして受け取られているにすぎない。そこにはなんのパラドックス（同一の reality が同時に外的空間と心のうちに在るという）も神秘もない。極端にいえば，殊更に説明を要するものは何もない，というのがジェイムズの立場である。

　だが果たしてそうであるのか？　ジェイムズによる，pure experience にもとづく認識の説明を詳しく検討しよう。前述のように，pure experience は現在という瞬間的な場 the instant field of the present であり，それはそれ自体に subject-object 的構造を有するのでなく可能的に virtually, potentially object ないし subject たるのみであるとされる。つまり新しい *retro*spective experience（遡及的経験）によって，いまは（経験）内容 content となった past experience を（異なったコンテクストにおいて）二度とりあげることによって，subjectivity および objectivity が（knowing の）機能的属性 functional attributes として成立する，という。たとえば「この部屋」を例にとると，それの pure experience においては thing-thought, object-subject の区別は未だ生じていない。それを遡及的経験において考察するとき，「この部屋」の pure experience が二つのプロセスの交叉点 intersection にあるものなることが判明する。すなわち，この pure experience は一方においては私の一連の

III 純粋経験 Pure Experience (1)

感覚，決定，期待 sensations, decisions, expectations.... 等の終点 terminus ad quem であると同時に同じような内的活動 inner operations の出発点でもある。他方において，この pure experience は数多の身体的活動 physical operations の終点 terminus ad quem であると同時に，今後の多くの physical operations の出発点 terminus a quo でもある。ひとつは個人の生活史 personal biography を形成するプロセスであり，他はこの建物の歴史を形成するプロセスであって，それがこの pure experience において交叉している，というのである。この「交叉すること」がつまり「知ること」のプラグマティズム的等価物 pragmatic equivalent だというのである。

これら二つのプロセスは pure experience において交叉しているかぎり，pure experience はそのいずれであるともいえず，単一なる experience であるが，他面そのいずれでもあるから，ひとつのプロセスに即して知る者 (*experience* of thing) が，別のプロセスに即して対象 (*thing* known, *thing* experienced) が成立する。直接経験としてはこのいずれでもなく，遡及的経験においてこのいずれでもあることが認められるのである。

この説明において認識ないし experience はパラドックスないし神秘ではないであろうか？　果たしてそれは事実としての私の生活史および建物の歴史（いずれも科学的に記述，認識できる）に還元されたであろうか？

pure experience が可能的に virtually に object および subject たりうるということ，ないし pure experience における心的プロセスと身体的プロセスの交叉（遡及的経験によって確認されるところの）は，単に事実として受け取られるべきことがらではなく，解明を要するのであり，それ自体神秘ではないとしても，なんらかの神秘を指示しているのではないか。pure experience 自体は身体的とも心的ともいえないが，その二つの可能性をふくむものである。そのことは，経験する主体としての人間における身体的—心的側面の根源的な統一を予想するのではないか（決して完成された統一ではない）。それは人間における「在る」ことと「知る」ことの関係，その統一についての探求を要求するのではないか？（「知る」ことは「在る」ことにもとづいて，逆に「在る」ことは「知る」ことを通じて解明される）われわれはふつう「在る」と「知る」とを別々のこととして受けとっている。しかしその段階にとどまるかぎり「知る」ことの意味をあきらかにすることはできない。われわれ自身における「在る」と「知る」との統一的な根

源・源泉（自己への還帰 reditio ad se ipsum（認識）は同時に自己における自存 subsistere in se（存在）である，ただし認識も存在も未だ explicit ではなく，完成されてはいない）までさかのぼるのでなければ「知る」ことの意味はあきらかにできないと思われる。ジェイムズの pure experience は subject（知る）－object（在る），thought-thing, knowing-being の対置をこえでて，知ること，在ることの根元（radix）へと迫るべきことを一方において要求しながら，そのような要求を実践 practice や科学的認識の名によって棚上げしようとする傾向をもはらんでいるのではないか。「知ること」の意味の解明が，新カント哲学の如き仕方ではなされえないことの指摘は正しいとしても，ジェイムズ自身が提示している解決は，実はこの問題の不在を示すにとどまっているのではないか？ ある問題がついに解決せられえないことの承認（これは正しい）と，それが存在しないという主張とは区別しなければならない。新カント哲学は「知ること」の問題を scientific problem であるかのように解決しようとした。ジェイムズはそれを斥け，科学的に解決できるのは別のことがらであることを示す。しかし，真の問題は棚上げにされている。

ジェイムズがプラグマティズム的等価物を提示することによって解明しえたと考えた「知る」ことのパラドックス，神秘は，実はいまだ解明されていない。そのことは，同じ問題を言語の問題として考えてゆくことによって判明する。われわれが現在使用している言語は身体・物理的状態と心的状態という分岐構造 bifurcation を有する。この二つの言語枠組が相互にどのように関係しているのかわれわれは最終的に解明しえない。プリンストン大学のプレラー教授の言葉を借りると，つぎのように言える。

「われわれは，われわれがどのようにして知るかを知らないし，われわれが知っているものが，事物の《現実に》存在する仕方に，どのように関わっているかを知らない，のである。……ひとつの事が確実であるように思われる。思考する動物とのアナロジーで再現した「心」なるものは（そして，私はセラースと共に，明白な言語行動の検討を別にしては思考する動物の行動など知らないと主張したい）実は存在しない。身体の「物理的要素」に対比させられた「指向的要素」の観念は明白にアナ

III 純粋経験 Pure Experience (1)

ロジーであって，解決されていない「心・身問題」を表現するのに役立つのみであり，それを解決することはできない。人間は思考する動物である。——人間は心を有する——という言明が真に意味するところは神にのみ（そしておそらくは未来の神経物理学者）知られている。したがって，われわれは「心のなかで」何が起こっているのかを厳密には知らない。人が自らの言語的および概念的自己意識において何も知るところがないような「心」あるいは「霊魂」の活動があるのかも知れない。」

"We not know how we know, or how what we know is related to how things 'really' are."……One thing appears certain: the 'mind' as we have represented it by analogy with the acts of the thinking animal (and I, with Sellars, would maintain that we do not know the acts of the thinking animal apart from an examination of overt verbal behavior) – that 'mind' does not exist. The notion of "intentional stuff" over against the "physical stuff" of bodies is manifestly an analogy and serves only to *express* the unresolved "mind-body problem", not to solve it. What it really means to say that man is a *thinking* animal – that he has a mind – is known only to God (and perhaps to the neurosphysicist of the future). It follows that we do not *know* precisely what is going on 'in the mind'; there may be operations of the 'mind' or 'soul' of which man, in his linguistic and conceptual self-awareness, knows nothing……(Preller, Victor, *Divine Science and the Science of God.* Princeton 1967).

ジェイムズは pure experience による「知ること」の解明を裏づける例として評価 appreciations 経験をとりあげる。ジェイムズは，評価するという経験においては，それらが subjective にとられるか，objective にとられるかはいまだ決着がついていないことに着目する。ジェイムズによると，それらは存在の二義的な領域 ambiguous sphere of being を形成するものであって，一方では情緒 emotion と一体であると共に，他方では客観的な価値 objective 'value' を有する。しかも，内的であるか外的であるかはいまだ定かではない (p.34)。それは快・苦の経験から，美的ないし倫理的評価の経験を包括する。

ジェイムズはこのような経験（＝実在）領域の存在は，その先に原初のカオス的 pure experience が在ることを指示するものと解する。それは subject-object, mind-thing の分化が完全に行われる以前の中間段階であり，そのことは更にこの二つが未分化であるような pure experience を確証するというのである。

　価値・評価判断 value judgment, evaluative judgment について，それは objective なことがらについての記述・言明 description, statement ではなく，むしろ主観的態度，情緒的反応 subjective attitude, emotive reaction の表現であり，したがってそれは厳密な意味で認識ではない，という否定的な見方があるが，ジェイムズは "評価 appreciations" を pure experience に近いところに位置づけており，その意味で積極的な見方をしているといえよう。ただし (1) 評価 "appreciations" のなかに快苦の知覚経験から美的・倫理的判断まで一括していること，(2) 果たして美的・倫理的判断がジェイムズのいうごとく，原初のカオス的 pure experience から，完全な subject－object への分化への中間に位置づけられるべきか，むしろこのような経験において（分化を経て）再統一が最終的に成就せられるのではないのか，などの点に問題がある。

　ジェイムズは pure experience による「知ること」の説明からのひとつの帰結として，things から区別された thoughts ないし mind の否定，という一見 'materialistic' な主張をうちだす（「……私の結びの言葉，そしてそれが多くの人々に唯物論的に響くであろうことが大いに残念である。」...my last word, and I greatly grieve that to many it will sound materialistic. p.36）。ジェイムズによると思考の流れ stream of thinking と呼ばれているものは，実は「主として私の呼吸の流れ stream of my breathing であり」「声門 glottis から鼻孔 nostrils の間を外進しつつある息が，哲学者たちがそこから意識なるものをでっちあげたものの正体である」。ジェイムズは結論として，「その存在（意識）は虚構であり，他方，具体的な思想はまったく実在的である。しかし，具体的な思想はものと同じ素材から出来上がっているのである。」that entity (consciousness) is fictitious, while thoughts in the concrete are fully real. But thoughts in the concrete are made of the same stuff as things are. とのべる。ところで問題は 'things' が自然科学において解明されるかぎりでの things なのか，あるいはまたジェイムズのいう pure experience とは違った意味で直接に（感覚的に）経験される things にかぎられるのかどうか，と

いうことであろう。ジェイムズはそう考えないからこそ自分を materialist とは考えていない。しかし，この点の解明もまたかれにおいては十分になされていない。むしろ thing が安易に natural science の thing と等置されているように思われる。

　たしかにジェイムズが consciousness, mind を，それがいわゆる thing の上に重ねられた，もうひとつの 'thing' と考えられたかぎりにおいて，それを否定しているのは正しいと思う。というのもわれわれは mind を datum としては知らないのであるから。ジェイムズのいうごとく，われわれは mind と呼ばれるものについて，直接にはその働き，機能 operation, function についてしか知らない。あたかもそれが mind そのものについての知識であるかのように思いこむことは，ジェイムズが指摘するごとく，心して避けなければならないであろう。しかし，このような mind の性急な実体化（物化）substantialization (reification) を斥けることだけではわれわれの探求は終らない。

IV　純粋経験 Pure Experience（2）

　「知ること」'knowing' を pure experience に基づいて説明しようとする試みは，すでに関係をも直接に経験されることがらのうちにふくめることを意味する。常識的には「知る」とは知る者と知られるものとの間の関係（この二つの極を静的かつ最終なものとするにせよ，根元的にひとつであると解するにせよ）と考えられているからである。そこで諸経験のみでなく，それらを結びつける諸関係もまた直接に経験されるものであり，経験の内容をなす，というジェイムズの主張を検討しよう。

　ジェイムズは自らの Empiricism が 'radical' であるのは，一方においては直接に経験されないようないかなることがら（たとえば意識 consciousness はジェイムズによると常に身体的事実である。「内的作用としての意識は，感覚的に与えられた事実ではなく，むしろ要請であるように思われる」W. James, Psychology-*A Briefer Course,* conclusion.）をもその構成 constructions のうちにとりこまない――これはオッカムの「剃刀の刃」以来の経験主義のモットーである――と同時に，他方，およそ直接に経験されること

なら（constructions から）けっして排除しないことによる（pp.42-43）。そしてヒューム，J. S. ミルらの Empiricism はこの点で経験の範囲を恣意的にかぎっており，十分に empirical でない，と評せられる。(Empiricism のこの「開かれた」側面は，いわゆる empiricism においてしばしば看過されているように思われる。)

ジェイムズの主張は「諸々の経験を結びつける諸関係はそれら自体，経験された関係でなければならず，いかなる種類の経験された関係も，体系のなかの他のいかなるものとも同様，『実在的』と見なされなければならない。」"the relations that connect experiences must themselves be experienced relations, and any kind of relation experienced must be accounted as 'real' as anything else in the system."（p.42），「つまり，接合的関係の（経験としての）権利を十分に認めよ」"(to do) full justice to conjunctive relations"（p.44）ということである。後で見るように，ジェイムズは多元論にくみし，自らの哲学を「本質的にモザイク的哲学，多元的事実の哲学」"essentially a mosaic philosophy, a philosophy of plural facts" と称するが，連続や統一をすべて斥けるのではなく，それが経験的に見出されるかぎり，率直に認めてゆくという態度をとっている。かれの場合，empirical という言葉は，「傲慢から出たものではなく，むしろ遠慮から出たもの」（cf. *Psychology,* Conclusion）というべきであろう。

ジェイムズは通常の経験論 ordinary empiricism が接合的関係 conjunctive relations を無視したという批判をくわしく説明するため，relations に種々の親密性 intimacy の程度があることを示す。

(1) もっとも外的 external なのは universe of discourse（人間的言語，意味の世界）における共存 'with'
(2) 同時性および時間的間隔 time interval
(3) 空間的隣接，距離
(4) 類似，差異
(5) 能動，受動——変化，傾向，抵抗，因果秩序
(6) 「心の諸状態を形成し，相互を連続させていることを直接に意識している諸項の間で経験される関係……諸々の関係のうちで最も親密な関係であり……その諸項は多くの場合，現実に相互の存在に浸透し，それらを満たしているように思われる。」"relation experienced between

IV 純粋経験 Pure Experience (2)

terms that form states of mind, and are immediately conscious of continuing each other......most intimate of all relations, the terms of which seem in many cases actually to compenetrate and suffuse each other's being."（記憶，目標，努力，成就，失望などの system として自己 Self を組織化 organize することは，これにくらべて付帯的にすぎない）

これらの諸関係はそれぞれ異なった程度の統一性を指示するものであり，そのような異なった程度の統一性にもとづいて異なった世界 universe が成立するわけである。ところでジェイムズによると人間的経験の世界はこれらすべての段階の関係，統一性，つまり諸世界をふくむものであり，それをそのなかのいずれかに還元することはできない。ところが通常の経験論は(1)によって人間的経験の世界の全体をカバーしようとする傾向がある。これにたいして根元的経験論は非結合 disconnection と共に統一性 unity をもあるがままに認めようとするものである。

ジェイムズは最大の親密性，統一性 Intimacy, unity を指示する接合的 conjunctive 関係，つまり，ふつうに自己，自我 Self, Ego を成立せしめるものと考えられている関係に目をむけ，それが直接的経験，純粋経験 immediate experience, pure experience に属することを示そうと試みる。それは 'my' experience という場合の「私の」 'my' の経験である。そこでジェイムズは 'my' という言葉でいいあらわされている pure experience の正体はなにかをつきとめようとする。私は直接に私の身体，私の痛み，私の財産などを経験するのみでなく「私の」を直接に経験する。むしろ，直接に経験する「私の」が「私は」というときの「私」の内容を指すものにほかならないわけである。では「私の」経験とはいかなるものか？ ジェイムズによると，それは連続的推移 continuous transition ないし（*continuous transition* としての）変化 change の経験である。われわれ一人一人の内的歴史において，主体，客体，関心，目標 subject, object, interest, purpose などは連続的であるか，あるいは連続的でありうる。個人的歴史は時間における変化の過程 processes of change in time であり，この変化 change 自体が直接に経験されることがらに属する」(p.48)。この連続性経験 continuity-experience が 'my' の経験であり，これにたいして私が私の経験から君の経験への transition を試みるとき，まがう方なき非連続経験 discontinuity experience がなされる。

「私」Self, ego という言葉でいいあらわされている連続性，同一性 continuity, sameness とは，上述の意味で，生きた仕方 in a living way で経験されるところの自らの個人的連続体 personal continuum をさすものにほかならない。最高の接合的関係（統一性）conjunctive relation (unity) とは，このような明白な接合経験 conjunctive experience にほかならないのであって，それ以上の continuity や unity (Absolutes, Substances) をでっち上げ，それでもって conjunctive experience にかえようとする試みは無意味である。他方，ordinary empiricist のように，この明白な conjunctive experience を無視し，この経験によって意味を与えられるところの conjunctive relation (Self, ego と呼ばれるもの) を否定することも正しくない。

ジェイムズはここから，さきに pure experience の立場から説明を試みた knowing（今や直接に経験された認識的経験 directly experienced cognitive relation として捉えられる）の問題に立ち返る。

ジェイムズによると，cognitive relation とは，互いにまったく異質な subject と object との間の関係，この二者の間のこえることのできない深淵に橋をわたすことではなく，ひとつの経験をもうひとつの経験との間の関係である。いいかえると，一連の経験のなかで，その一つが知る者としての機能を，もうひとつが知られるものとしての機能をふりあてられるのである。この二つの間の関係は「類似」のそれではない。いいかえるとジェイムズはコピー理論 copy-theory は knowing の説明として充分とは考えない。似ているというだけでは一方が他を認識していることの説明にはならないのである。むしろ特殊な接合の経験 experiences of conjunction が，ひとつの経験を知るものたらしめ，他を知られるものたらしめ，かくして知ること knowing を成立させるのである。

この経験とは同一性と成就された指向の接合的経験 conjunctive experiences of sameness and fulfilled intention のそれである。ひとつの経験 e がもうひとつの e へと連続的に導き，つまり連続的な推移が行われ，或る e において成就が経験されるとき，そのような経験の連続的な過程が knowing にほかならず，その出発点たる e が knower となり，到達点たる e が known となるのである。「このような推移が感じられる場合にはいつでも，最初の e が最後の e を知るのである」。このように knowing は e の内部で (inside the tissue of experience) 起こるのであり，またそうでなければ

IV 純粋経験 Pure Experience (2)

knowing について語ることは意味がない。ジェイムズは knowing を経験的用語 experiential terms でもって説明すれば上述の如くであるというが，裏からいえば，経験以外のところで試みられる説明は実は無意味とされているのである。(主体と対象との) 認識における合一 cognitive union (of subject and object) は実は連続的推移による合一 union by continuous transition にほかならない。それは連続性と成就の経験である。

ジェイムズが記述している「知る」ことの経験は想起の経験になぞらえることができよう。たとえば或る人の名前を思い出そうとしている場合を考えてみよう。まずはじめに頭にあるのは，その名前のおぼろげな輪郭，image のようなものである。それが名前を思い出す過程のなかの第一の経験である。それが連続的に，つぎつぎと別の image，経験を呼びおこし，さいごに自分が思い出そうとしていた名前にゆきつくと，これがめざしていた名前であることが自覚され，想起の過程は終結する。この場合，自分が思い出そうとしていた名前にゆきつくと，それがはじめから頭にあった (しかしそれといいあてることはできなかった) 名前であることがわかる。そこではじめて，当の過程の全体が想起の過程となるわけである。その名前にゆきつくことができない場合には，はじめにあった漠然とした image は何の image であるかが判明せず，したがって image であるともいえない。この場合には想起は成立しないことになる。

この過程をそのまま知ること knowing のそれにうつすと，最初の image が knower であり，最後にゆきついた名前が知られる対象 object known であるといえる。ところで知るプロセス knowing process を完結させる経験，そこにおいて process が成就 fulfill されるとの経験，求めていたものがえられたという経験——それが knowing という process をまさに knowing process として成立させる——は，あらかじめそのものが何らかの意味で「知られている」ことを前提するといえる。そうでなければ，成就 fulfillment の経験はありえないであろう。この，知ることが成立する前の「知ること」は，経験的な「知ること」ではありえないと考えられる。しかも，それなしには経験的な知ることは成立しないと考えられよう。いったい個々のことがらが知られるに先立って，何らかの仕方で成立している認識とはいかなるものであろうか？ だがジェイムズはこの点にはあまり注意をはらっていないように思われる。ジェイムズは，知ることは一種の想起

であるという事態に沈潜する代りに，つまり知ることの本質について考察する代りに，知ることは practically seems so much a *function* of our active life (p.75) であることに注意をむけ，知ること，ないし思想は本質的に代用 substitution であり，一種のリハーサル rehearsal であるという機能的な pragmatic 知識観をうちだす。つまりジェイムズによると，或るもの（x）を知るという経験，つまり x の idea は，practical な意味で x の代用品 substitute であり，われわれは x そのものに働きかける代りに，x の idea について実験を行い，そこから実際に起こるであろうことを予測し，よりよい選択を行うことができる，とするのである。事物─思考 things-thoughts はジェイムズによると根元的には一つであり，異なったルートを通って同一の終極へと導くものである。そして thoughts, ideas のルートは，transition が迅速であり，労力の節約 labor saving であるので，thing-path よりも advantageous path である。もちろん thought-path がすべて actual なものの代用品 substitute であるわけではない。多くは気まぐれな幻想，ユートピア，虚構，誤謬 wayward fancies, utopias, fictious, mistakes に終る。しかし，実際に実在 reality へと再進入 re-enter し，そこに終着 terminate する thoughts-paths もあり，それらは常に substitute として用いられているのである。

　ジェイムズはわれわれのいわゆる knowing のほとんど，10分の9はバーチャル virtual なものにとどまり，現実に（厳密な意味で）成就されていない，と考える。さらに，ふつうの意味で成就されているといえるものも，厳密には進行中であり，完全に正当化 validate され，検証 verify されたというよりは，validation, verification は進行しつつある，と見る。life, whole universe も形成過程上にあるのであってみれば，knowing とて同じことであり，したがって客観性，超主観性 objective-reference, self-transcendence の問題も，このような立場にとっては決定的な障害とはなりえない，という。ただし，これで知ることの意味が充分に解明されたかどうか，問題である。この点に関してはプラグマティズムの真理観をとりあげるさいに改めて考察する。ただし問題点について一言だけのべておくと，真理を事物と知性の合致 adaequatio rei et intellectus として捉える場合，プラグマティズムはこうした合致，適合 adequatio, conformitas は成りつつあるものとして考えるわけである。このような adaequatio が完成されたとすることは，絶対的な真理が到達されたと主張することであり，そのような主張は探求

をおしすすめるのに役立たないとされる。しかし，ひるがえって考えるのに，真理の探究は或る意味で真理への到達がなされているのでなければ意味がないともいえるのではないか。そうでなければどこからわれわれは真理の観念 idea, その望ましさを捉えたのであろうか。真理がわれわれをひきつけているのは，或る意味でそれがすでにわれわれにとって現存し，他の意味では不在だからではないか。根源的な合致 adaequatio（＝真理）はむしろ真理ないし知識探究の根拠であり，出発点であるのではないか，と考えられるのである。

V 根元的経験論と接合的関係としての因果性

ジェイムズによると因果性 causality, causation をめぐる哲学的論議の真実の原理，源泉 real principle, source は Nemo dat quod non habet「何びとも持たぬものを与えることはできない」という公理である[3]。ここからして quidquid est in effectu debet esse prius aliquo modo in causa「結果のうちに在るものは何でも，或る仕方で原因のうちに先在しなければならない」といわざるをえず，したがって causation における新しさ novelty と見えるもの（cause の働き，effect の産出）は，実は幻想 illusion にすぎないとの結論が不可避となる。日常経験において cause の効力，力 efficacy, power はあきらかに知覚されるに拘らず（ヒュームのいう natural belief of causality ないし necessary connection），それは概念的に conceptutally 否定される。近代哲学において causality をめぐる議論はまさしくこのような過程（causation の知覚 perception が概念 conception によって否認される過程）をたどったのである。

この過程をジェイムズはつぎのように概観する（p.194-）。まずデカルトの二元論において精神と物体の間の因果関係 causal intercourse が否定され，物体的変化 bodily change を機会として，神が直接に精神的変化を起こす（vice versa）という Geulincx の機会原因説 occasionalism が生ずる。これはライプニッツの予定調和 preestablished harmony 説へと展開される。これで直接に知覚された因果的結合 immediately perceived "causal" connec-

---

3) *Some Problems of Phil.* p.192.

tion についての概念的翻訳 conceptual translation が完結したわけである。

ついでヒュームは causality, causation の idea について，power, force (of cause) の impression がないところから，この idea についての疑義を表明する。causality は偽・観念 pseudo-idea であり，意味がないとされるわけである。

だが，このような conception による perception の転覆，翻訳 overthrow, translation は，ジェイムズによると事実のねじ曲げ maltreatment である。いいかえると経験的事実をあるがままに捉えていない。causation とは「意識の或る領域が他の領域を導入する仕方」"the manner in which some fields of consciousness introduce other fields" を名づけたものであり，そこにおいて経験が連続的流れ 'continuous flow' として現れてくるところの一形式である (pp.198-99)。ところが概念論者 conceptualist は，'power', 'efficacy' などの言葉に対応する *separate* fact がないところから (power, force, necessary connection に 1・対・1 で対応する事実がない)，その reality を直ちに否定している。実は，事実は連続的，流動的であり，concepts, words はそのひとこま，ひとこまを断片化し，固定化したものであり，それでは causation の事実は捉えられない。逆にいうと causation を separate fact へと還元することを求め，そのことによって causation を verify しようとする (これが無理) のは words, concepts の在り方 modus を直ちに reality に適用しようとすることであり，それでは causation の把握はできない。ジェイムズによると，ヒューム－カント流の実証主義における causation 理解は，causation を facts のレベルにとどめようとするものであり (separate facts への還元，それによる検証)，本当の意味で facts の理解を可能にするような causation, causality 理論は見出されない。

ジェイムズによると，conceptualist view を説得的たらしめるのは，因果作用についての本能的知覚 instinctive perceptions of causal activity において，われわれが犯す誤りである。たとえば意志が直ちに肢体を動かすとか，現在存在している星が星の知覚の原因である，すきま風が風邪の原因である，等々，実際に根拠のない因果的推論 causal inferences をしばしば行っている。そこから causation 全般についての懐疑主義 scepticism が生ずる。しかし，誤謬があるからといって，causality の reality を否定し去ることは根拠がない。

causality ないし causation の問題なるものは，ジェイムズによると activity

V 根元的経験論と接合的関係としての因果性

ないし action と称せられるものを，われわれの具体的経験，ないし経験の流れのなかでつきとめることである*4。どこでわれわれは activity を'生き'ているか？　まず，最広義における activity の経験とは「何かが起こっている」something doing, going on ということの把捉 apprehension である。「変化が起こっている」"change taking place" はジェイムズによると独自な経験内容であり，接合的対象 conjunctive objects のひとつである。それは 'active' world の経験（acting→causing）である*5。つぎに，この activity の経験にもっと深く透入すると，activity が方向 direction を有するものとして経験され，さらに，目標への望みや感覚，抵抗，努力などの要素が加わると，activity の経験は複雑・具体化し，能動者，受動性 agents, passivity が明確に捉えられ，causal efficacy の観念が生まれることになる。activity の direction, tendency, resistance, effort, strain, will, overcoming あるいは overpowered ... などの経験が activity の経験であり，activity, causal efficacy の観念にふくまれている内容は，すべてこうした状況のうちに見出される。その他の場所に activity を求めても無意味である，とジェイムズはいう*6。

では causality の問題はいかにして生ずるのか？　ジェイムズによると，それは (a) causality は activity において遂行されるものであるとの信念と (b) どのようにして causality が成立するのかについての wonder から生ずる。つまり activity-situation を，あるがままに，額面通りにうけとめると，causal efficacy, つまり或る事実を生ぜしめ，在らしめる power は明確に捉えられる（何かをなしとげる時の経験，努力が結実した，という経験）。しかし，その現象はいかにして生じたのかを説明しようとすると，それは結局のところ無から有が生ずることであり，説明がつかなくなる。「事物が実際に在らしめ，それなしに事物は存在せず，それらでもって事物がそこに在るところの，実在的な活動はそこに存在する」"Real activities are there that really make things be, without which the things are not, and with which they are there." p.182.

---

4) Some *Problems*, p.210.
5) *The Experience of Activity*, pp.155-89.
6) "No matter what activities there may really be in this extraordinary universe of ours, it is impossible for us to conceive of any one of them being either lived through or authentically known otherwise than in this dramatic shape of something sustaining a felt purpose against felt obstacles and overcoming or being overcome. ..." pp.167-68.

これに対して，ジェイムズは，real creative activities in being なるものがあるならば，それはどこかで直接に生きられていなければならぬ……そうした efficacious causing の存在 that と本質 what がひとつのものとして経験されているのでなければならない，という。real causation は，われわれの経験において働いているもの at work と見える以外の性質のものではありえないのである。つまり維持する，持続する，努力する，労力を払う，我慢する，われわれの意向をなしとげる Sustaining, persevering, striving, paying with efforts, hanging on, achieving our intention... という接合的経験 conjunctive experience... においてのみわれわれは action, effectuation を考察しうるのである。「ここに直接的に捉えられた創造がある。ここで因果作用が為されている。」 "Here is creation in its first intention. Here is causality at work."（p.184）

結論として因果作用，因果性 effectual causation, causality とは「まさにわれわれがそうだと感じとるもの，われわれ自身の活動のシリーズが開示するような種類の接合」*just what we feel it to be,* just that kind of conjunction which our own activity-series reveal"（p.185）にほかならず，これ以上の超越的原因 transcendental cause の探求は無意味である，とされる。むしろ具体的な問題について真の能動原因 true causal agents を探求し，遠隔的結果 remote effects をつきとめてゆくほうが哲学にとって健康的であるとされる。

causation, causality に関するジェイムズの説明において，かれのいう 'radical' empiricism の意図はどのように貫徹されているのか？　ジェイムズはわれわれの活動 activity（結果を生じさせる=effect-producing）の経験において真の causation が経験されることを主張する。能動原因が作動する agent acts とういう経験において causation が経験されるのである。cause, causation, causality という言葉，それらに関するわれわれの論議に意味を与えるのは，最終的にいってこのような経験（われわれによって生きられた経験——たんにそれについて考えたのではなく）である，という主張は正しいといえる。しかし，そこで最終的に何が経験されているのか，という問題は残る。ジェイムズは「われわれの」もしくは「わたしの」活動 activity が経験されるというが，果たしてそれにつきるのか？

ジェイムズは causation を説明しようとすると「無から有の創造」の問題に直面し，説明がゆきづまる，という。ところがジェイムズはこの説明のゆきづまりをそれ自体において追求，解明しようとはせず，われわれの

活動の接合的経験 conjunctive experience of our activity がそのまま creation の経験であるとする。つまり creation における非連続，絶対的な新しさ absolute novelty をそれ自体において探求しないで，それを「われわれの活動」の心理学的経験における連続性へと解消させてしまっている。

　むしろジェイムズが radical empiricism を徹底させようとするならば，創造，新しさ creation, novelty などの言葉で呼ばれているもの——それらは何らかの仕方で「経験」されており，それこそは activity, causation を説明しうる，高次の実在 reality の「経験」ではないか——を，それ自体において探求してゆくべきではなかったか。それによってはじめて形而上学的な causality 理論への道を歩みはじめることになったと思われるのであるが，ジェイムズはあきらかにこのような探求に入ることを放棄している。「われわれ」が act するものであることの経験，その限りにおいて「われわれ」は agent, cause であることの経験は真正のものである。ジェイムズはそこでとどまっている。しかしそこでとどまったため，'creation', 'novelty' という causality の根本問題には光があてられないままに終った。むしろ，そこから進んで「われわれ」は原因 cause であると同時に，もっと深い意味で原因されるもの caused であることを洞察すべきではなかったか？「われわれ」はたしかに cause ではあるが，自らによって cause なのではなく，むしろ分有 participation によって，つまり caused であることによって cause であることを見抜くべきであった。それによって心理学的な causation 経験から，存在論的な cause 洞察へと進む道が開かれたのではなかろうか。

　ジェイムズがいっているように，causality, causation 思想の根底には「能動的」世界 'active' world についての経験があり，これを明確化したものとして agent, cause としての「われ」の経験，あるいは「われ」における agent, cause の経験がある。これにたいして，受動的、機械論的世界 passive, mechanistic world の経験からは cause の観念を引き出すことはできない。受動的—惰性的 passive-inert な事物を動かすものとしての cause は，名前のみにとどまる。それ（cause）もまた passive, inert なものに解消される。むしろ，agent, cause の経験から出発しつつ，この cause が実は caused であり，分有的原因 participated cause であることが自覚されることによって，純粋な cause の洞察への道が開かれるであろう。

付論　トマス・アクィナスの「因果性」理解

　ジェイムズは因果性 causality という関係によって結びつけられている事実あるいは出来事のみでなく，因果性それ自体も経験されると主張し，因果性が直接に経験される「場所」をつきとめた。しかし，そこで経験される因果性がそれ自体何であるかを明らかにするための形而上学的探求は──プラグマティストとして当然のことである──放棄した。しかしながら，因果性を理解するためにはこのような形而上学的探求は必要である。そこで，一つの例として，トマス・アクィナスの「因果性」理解を概観する。

　トマスにおいて因果性の問題は現実性─可能性 actus-potentia の立場から捉えられている。すなわち，いかなるものでも，それが現実性において in actu にあるかぎりで原因たりうるのであり，また'原因する'とは potentia を actus へと移行させることである。いくつかテクストを挙げる。

> 何ものも現実に在るかぎりにおいてでなければ働きをなさない nihil agit nisi secundum quod est actu.（*Summa. Theologiae.* I, 76, 1）
> すべて能動原因は現実に在るかぎりで働きを為す（……純粋現実である神は自らの本質によって働きを為す。）omne agens agit inquantum actu est. (... Deus, qui est actus purus, per suam essentiam agit.)（*Summa Contra Gentiles.*, I, 73）
> いかなるものも現実に在るかぎりで働きを為す。Unumquodque agit secundum quod est actu.（*S. C. G.*, I, 16）
> 可能性は自らを現実性へと引き出すことはなく，現実に在るところの或るものによって現実性へと引き出されるのでなければならない。potentia non educit se in actum, sed oportet quod educatur in actum per aliquid quod est in actu.（*Ibid.*）
> いかなる現実性も，可能なかぎり自らを分与するという本性をもつ。したがって，いかなる能動原因も現実に在るかぎりで働きを為す。ところで，働きを為すとは，それによって能動原因が現実に在るところのものを，可能なかぎり，分与することにほかならない。natura cujuslibet

actus est, quod seipsum communicat quantum possibile est. Unde unum-quodque agens agit secundum quod in actu est. Agere vero nihil aliud est quam communicare illud per quod agens est actu, secundum quod est possibile. ... (*De Polentia Dei.* 2, 1)

(というのも) 可能的に在るものは現実に在るものによってでなければ，現実性へともたらされない。non (enim) reducitur quod est in potentia in actum, nisi per id quod est actu. (*In Libros Physicorum Aristotelis,* VIII, l. 10, #1053)

すべて可能的に在るものは現実に在るものであるところのものによって現実性へともたらされる。omne quod est in potentia, reducitur ad actum per id quod est actu ens. (*In Phy.* II, l.10, #240)

このように causare, agere ということを actus-potentia の観点から捉える場合，当然 actus, potentia をいかに解するかが問題になる。actus, potentia はさまざまの意味で語られる。賢くある，熱くある，……その他，しかじかである，といわれることについては，つねに actus-potentia が語られる。ところが，このようにしかじかであるということの根底に，端的な意味でのあるが前提されており，このあるについても actus-potentia が語られる。むしろ，しかじかであるという場合の actus は，端的な意味でのあるというactus との関係では，むしろ potentia である。「ある」という actus はすべての現実性にとっての現実性 actualitas omnium actuum であるといわれる (*De Potentia Dei,* 7, 2, ad 9)。その説明としては，actus はつねに potentia にとっての perfectio を意味するが，なんらかの actus (しかじかである，という場合の actus) が完全性であるのは，それらがなんらかの仕方において「ある (esse)」を有していることによる，といわれる (*S. T.,* I, 4, 2)。「ある (esse)」はあらゆる完全性をふくむところの最高の完全性であり，その意味ですべての actus の actus であるといわれる。

したがって，すべての actus について，しかじかであるという意味での actus (a) と，端的にあるという意味での actus (b) の二つを認め，それらを区別することが必要である。ここから causalitas についての存在論的な考察が始まるといえる。actus (a) に関していえば，経験的存在は，それらが現実性において in actu そのものたるかぎりで causa たりうる。火は熱

することの，人間は人間の生成についての，知識ある者は知識の伝達についての，建築家は家を建てることについての……。だが，actus (a) の根底にある actus (b) についてはどうか？　たしかに人間は人間を生成することにおいて，人間を在らしめている (esse を与えている)，火，建築家の場合も同じである。しかし，それは自らの力によってではない。自らの力によって行っているのは，しかじかのものたらしめること，生成させること，である。したがって，火，建築家，人間など，特殊的な原因は，なんらかの全的・普遍的な原因によって「ある」ということを生ぜしめている，と考えざるをえない。すなわち，「あることそのもの」ipsum esse を固有の結果 effectus として生ぜしめるごとき causa を，すべての原因する働き causare において予想せざるをえないのである (*De Pot.* 7, 2)。そして esse こそすべての actus の actus であるとするなら，esse を 原因するような causa こそがつきつめた意味での causa (prima causa efficiens) であり，その因果性 causalitas こそ causalitas の原型といえるのではないか。したがって，われわれが causa という言葉を用い，causalitas について考えるとき，いかに漠然とした仕方においてではあっても，われわれはこの第一の causa，第一義的な causalitas についての理解を有しているのではないか。ジェイムズが causation は勝義における creation であるとしたのは優れた洞察であった。ついでながら，ジェイムズは「だれも持たぬものは与えない」nemo dat quod non habet という自明の真理につまずいて（それと，現実にわれわれは，あらかじめ持たなかったものを与えている，ということとの矛盾につまずいた）。しかし，ジェイムズは，われわれは自らによっては存在 esse を有せず，したがってそれを与えることはできないが，第一原因 causa prima への分有 participatio によって esse を有するので，それを与えうる，という区別に思いいたらなかった，といえよう。

　トマスにおける causalitas (causa-causatum) に関するもっとも重要な text は，自存する存在そのもの ipsum esse subsistens なる神が esse を与える，という創造 creatio，ないしは自ら esse を有しないところのものは，ipsum esse によって原因 causare されたものであり，したがって ipsum esse subsistens なる神がなければならない，という神存在論証をあつかう場所に見出される。*S. T.*, I, 2, 3; 3, 4, *S. T.*, I, 44, 1c. および ad 1, *De Ente et Essentia*, IV, 22。

　つまり，トマスの causalitas に関する考え方は，自らによってではなく，

分有 participatio によってあるものは，自らによってあるものによって causare されなければならない，というものである。

　これまで causa, causalitas を作動原因 causa efficiens にかぎってきたが，トマスの causa, causalitas 思想において見落とすことのできないのは 目的原因 causa finalis, finis の causalitas の優位ということである。トマスは causa finalis はあらゆる causa のなかで第一のものであり（すべての原因のなかで第一のものは目的原因である。prima autem inter omnes causas est causa finalis, *S. T.*, I-II, 1, 2)，また finis は諸原因の原因 causa causarum である，ともいう (*S. T.*, I, 5, 2, ad 1)。その理由は，agens (causa efficiens) は finis を意図するということによるのでなければ作用しないということである。つまり，agens はある effectus へと確定 determinatum されているのでなければ，あれでなく，これを生ずるということはないので，それが確定された結果 effectus determinatus を生じうるためには，或る明確なものへと秩序づけられているのでなければならない。この或る確定的なもの aliquid certum が finis にほかならない。agens がいかに causa efficiens の意味で能動的 activa であっても，finis によって方向づけられるのでないならば，じっさいには能動的ちから potentia activa はいわば agens のうちに閉じこめられたままで，作用しないのである。能動的原因は目的のゆえにでなければ働きを為さない agens non agit nisi propter finem.

　causa を causa efficiens にかぎる考え方は，ens を有限なる在るもの ens finitum にかぎって考えるのと相関的である。ens finitum は causa efficiens を要求する。実は causa efficiens 概念は ens finitum についての洞察の一つである。

　いいかえると，causa (efficiens) が causa たるためには，それが causa finalis の causalitas のうちに入っているのでなければならない。すべて ens は現実に在るもの in actu たるかぎり causa であるといわれたが，この actus は究極的には完全性，善 perfectio, bonum の意味に解しなければならない。causa efficiens の causalitas は，何かを他者に与えるというよりは，自らの完全性 (actus) への参与を許すということである。まず自らにおいて完全であり，この完全性の充溢に他を与らしめる――善とは自らをおしひろげるもの bonum est diffusivum sui――ことが causalitas の究極である。何かを与えるのではなく，自らを与える＝自らの完全性に参与せしめる――それがやがて causa efficiens の causalitas として発現する。

われわれは causa というと causa efficiens を考え，しかも effectus に時間的に先立つ事物を causa として"表象"する。しかし，実は或るものは effectus となんらか同一の actus を共有するとき，causa なのである。causa を causa efficiens にかぎって考えた場合には，causa の真の意味が捉えられない。真の causa の或る signum にすぎないものをもって causa そのものなりとする誤りに陥ることになる。このように目的原因 causalitas finis について考えるのでなければ真に存在論的 ontological な causalitas 論は成立しない。第一原因 causa prima (efficiens) は，同時にそれが finis ultimus であることが捉えられるのでなければ，神について述語できないものである。なぜなら causa efficiens には有限的存在 ens finitum の本質構造がまつわっているからである。

第2章

ジェイムズの経験概念

I 根元的経験論と経験

　ウィリアム・ジェイムズは1904年の論文「純粋経験の世界」のなかで，「もう長いこと，わたしの頭のなかで或る種の世界観が形をとりつつあった。善きにつけ悪しきにつけ，わたしはほとんどそれ以外のものの見方ができないところまでたちいたった。……このわたしの世界観を根元的経験論(ラディカル)と呼ぶことにする」[*1]とのべ，その特徴をつぎのように要約している。まず，この経験論は，合理論とは反対に，部分や個別者から出発して全体あるいは普遍を説明しようとこころみる点で，ヒュームによって代表されるような通常の経験論と共通の特徴をそなえている。つぎに，それがとくに「根元的」と呼ばれるのは「直接に経験されないようないかなる要素も理論のうちにとりいれず，また直接に経験される要素なら，なにひとつ理論から除外しない」[*2]という経験論の基本的立場を，通常の経験論には見られなかった仕方で徹底させていることによる。このような経験論的立場の徹底は，諸々の事物のみならず，それら事物を結びつける諸々の関係もまた直接に経験されるものである，という主張においてあらわれている[*3]。ここですでに「直接に」という言葉の意味が問題となりえよう。この問題性はジェイムズのつぎの言いまわしにおいてより鋭い仕方で浮かび上って

---

1) *Essays in Radical Empiricism* (1912) & *A Pluralistic Universe* (1909), Peter Smith, 1967, (略号RE) 40-41.
2) *Ibid.*, 42.
3) *The Meaning of Truth*, Longmans, 1909, (略号MT) Preface xii.

くる。「(根元的経験論にとっては) 諸々の経験を結びつける諸関係も, それ自体, 経験された関係でなければならない, ……」*4。すなわち, 諸々の経験の間の関係が経験される, という主張は, 経験の経験について語ることであり, この二つがともに「直接的」な経験であるというとき, その意味はまったく同一ではありえない。したがってまた, これら二つの経験もまったく同じ意味では語られていないことがあきらかである。

ジェイムズはこの点についてとりたてて論じてはいない。しかし, かれが通常の経験論におけるよりも, 経験をより包括的なもの, 徹底した意味ですべてをふくむものと解していることはあきらかである。かれは言う──「すべて実在するものはいずこかで経験可能でなければならず, またあらゆる種類の経験された事物はいずこかで実在するのでなければならない」*5。いいかえると, 通常の経験論は経験の範囲を恣意的に限定していたのであり, ジェイムズの根元的経験論はそのような恣意的限定をとり去ろうとする試みであるといえよう。そして, このような試みをうながしたのは「経験」と呼ばれるものについての反省であり, ジェイムズ自身経験している自己をふりかえることによって, 経験をより全体的かつ具体的な仕方で捉えようとこころみた, ということであった。

本章ではジェイムズが経験についての反省を深めていった経過を詳しくたどることはできないが, 根元的経験論と名づけられた思想にふくまれている経験の概念と,『心理学原理』(1890年)のなかでかれが経験についてのべているところをくらべてみると, この反省がかなり根本的な見方の転換を呼びおこすほどのものであったことがわかる。『心理学原理』中の必然的真理について論じている箇所でジェイムズは「じっさいのところ, わたくしが前述したところはロックが(『人間悟性論』の) 第四巻でのべているところをすこしだけ明示的なものにしたものにすぎない」*6と語っているが, かれはそこで時間・空間的関係を表現する経験的命題と, 比較の結果を表現する合理的命題とを区別し, 後者の経験的起源を否定しているのである。ここであきらかに経験は外的感覚を通じてわれわれの精神に印刻づけられることがらに限定されておりジェイムズ自身そのことを明言して

---

4) RE, 42.
5) RE, 159-160.
6) *The Principles of Psychology* (1890), Dover, 1950, Vol. II, 662.

いる*7。このように『心理学原理』では，経験という言葉はふつうに感覚的経験と呼ばれるものに限定されている。経験は外部からの印刻づけの過程であり，経験する主体はまったく受動的あるいは受容的なものと解されているわけである。

これにたいして根元的経験論の立場が自覚的になった段階においては，経験はすべてをふくむものと解されており，「五つの感覚という表口」*8からはいってくるものには限定されない。とくに重要なのは，この段階になると，経験は印刻づけという受動的な過程に限られるのでなく，むしろ経験する主体の能動的な働きかけ——実在の形成——に強調点が移るということである。そこにジェイムズにおける経験についての反省の深まりを認めることができるように思われる。

同じことを別の観点からいうと，『心理学原理』の段階では，経験にたいしては（ロックにおいてそうであったように）もっぱら批判的機能のみがふりあてられていた。すなわち，ロック流の経験論者は或る思想が真正のものであるか，単なる二番煎じであり，おしつけにすぎないものであるかを判定するための基準としてもっぱら経験に訴えたのであるが，そのさい経験がなんであるかということの反省は徹底して行われることがなかった*9。ジェイムズがこのような経験の批判的機能の段階にとどまらず，基本的に経験論にくみしつつ，科学，道徳，芸術，宗教など，人間的活動の全領域を統一的に理解し，説明することを可能にするような「世界観」の建設をめざしたとき，かれにとって経験についての反省を深めることが急務となったと考えられる。根元的経験論はそのような反省の試みの結晶にほかならないといえよう*10。

ところで問題はかれが経験についての反省を徹底的に行ったかどうかであり，そのことの考察が本章の主題である。いいかえると，果たしてジェイムズは「直接に経験されないようないかなる要素も理論のうちにとりい

---

7) *Ibid.,* 628.

8) *Ibid.,* 628.

9) Cf. John Dewy, An Empirical Survey of Empiricisms, in: *Studies in the History of Ideas,* Columbia U. Press, 1935, Vol. III, 16.

10) この論文でとられている解釈と全面的に一致するわけではないが，M. ホワイトがジェイムズのプラグマティズムについて，全体的人間像の復権をめざすものと解釈しているのは当たっていると思う。Morton White, *Science and Sentiment in America,* Oxford U. Press, 1972, 172.

れず，また直接に経験される要素ならなにひとつ理論から除外しない」[*11]
という経験論の基本的立場を貫徹させているかどうかが問題である。かれの根元的経験論は，「根元的」という言葉が示しているように経験の根元（radix）まで達しえているであろうか。

　この問題をつぎにかれの「純粋経験」の概念，およびプラグマティズム真理説の分析を通じて考察してゆくことにしよう。ジェイムズは一つの箇所で「根元的経験論は第一にひとつの要請，つぎに事実についてのひとつの言明，さいごにひとつの一般的結論からなりたっている」とのべ，この要請とはつぎのようなものであるという。「哲学者の間で議論されることがらは，経験からひきだされた用語によって定義できるようなことがらのみにかぎられる」[*12]。これはジェイムズがふつうプラグマティズムの立場と呼んでいるものにあたる内容であるが，べつの箇所でかれは，根元的経験論は二つの「方法的要請」をふくむという言い方をしている。その二つとはプラグマティズムの方法と純粋経験の原理である。この第一のものについて「(プラグマティズムの方法は) 真理に相違があるなら，どこかでかならず事実の相違が見出されるはずだ，という要請から出発する」といわれている。つづいて「純粋経験の原理もまた方法的要請である。すなわち，或る特定の時間に，或る経験者によって経験されうるようなことを除いては，なにごとも事実として受けいれられない，というのがその内容である」[*13] という。さらにそのすこしあとのところで「これら方法の二つの規則」という表現も用いている。ここで要請という言葉がどのような意味で用いられているのかが問題であるが，文脈からいえば，それ自体もはや論証されえない根本的な前提の意味に解することができよう。ジェイムズは，かれの根元的経験論はこれらの根本的前提の上に建設されており，そしてそれらの前提は根元的経験論の展開に応じて確証されてゆく，と考えているわけである。プラグマティズムの方法についてはともあれ，純粋経験が「方法的」要請と呼ばれていることは，この概念の解釈にあたって十分注意をはらうべきであろう。したがって，本章の課題はジェイムズがさいごに到達した哲学説である根元的経験論の二つの根本的前提の分析を通

---

11) RE, 42.
12) MT, xii.
13) RE, 159-160.

じて，かれの経験概念を解釈することである。

II　純粋経験

　ジェイムズは純粋経験について「世界における一つの原初的素材あるいは質料」[*14]「すべてのものがそれから合成されているところの素材」[*15]「すべてのものの第一質料(マテリアプリマ)」[*16]などの名目的な定義を与えている。「すべての」というのは，思惟あるいは精神から区別された事物ないし物質のみでなく，思惟と事物，精神と物質の区別なく，「すべての」という意味である。またべつのところでは，純粋経験とはわれわれがなんらかの経験をするさい，それが何であるかを捉える以前のそれである，とのべている。すべてのものが純粋経験からなりたっているという主張をいちおう受けいれたとして，では純粋経験は何からなりたっているのかという問いにたいしては，ジェイムズは，或るものについてそれが何であるかが捉えられる以前のそれ，端的に現れるところのもの，からなりたっていると答える[*17]。

　ジェイムズがこれらの言葉でもって考えているところを探るため，かれが純粋経験の立場から，知覚，思考，概念的認識などをふくめて，知るという働きの説明をこころみているところをふりかえってみよう。まず，かれによると「知る」という働きを説明するということは，「知ることが現実の，そして実際の生活のなかでどのようなことにあたるのか」を示すことであり，「実際上，知ることはわれわれの活動的（能動的）生活の一機能である」[*18]ということの確認がこのような説明にとっての出発点となる。

　ここから出発して，ジェイムズは，知ることについての常識的理解において想定されている，考える者と考えられる物との対置を，そのまま認識主体と対象，あるいは意識とその内容との二元論へと固定化することなく，むしろ単一・不可分の経験（純粋経験）によって説明しようとする。すな

---

14) RE, 4.
15) *Ibid.*
16) RE, 138.
17) RE, 13; 15; 26-27.
18) RE, 75.

わち，知る者と知られる物とを最終的なものとして，つまりそれ以上の統一あるいは還元の不可能なものとして措定するのではなく，それらは単一の経験がそれぞれ異なった場面(コンテクスト)で受けとられることによって生じた区別であるとするのである。いいかえると，いま問題になっている直接的経験（知ること）が主体・対象という二元的な内的構造をそなえているのではなく，単一の直接的経験がいわば二度数えられ，加算されることによって主体・対象という区別が生じている，というふうに説明される。知ること，あるいは考えることに関してふつう想定されている二元的対置を，このように単一の経験を反省（あるいは回顧的経験(リトロスペクティブ)）において二度数えたものと解するならば，知ることの説明をめぐってこれまで指摘されてきたさまざまの難問，逆説，神秘はすべて見せかけのものであったことがあきらかになる，とジェイムズは言う。

　知るという働きについて純粋経験の立場から与えられた説明は，これまでのところではつぎのように解釈できよう。「知る」とか「考える」という言葉の下にふくまれているのは，じつはわれわれの現実の，実際的な生活のなかのさまざまの経験あるいは事実にほかならず，それらの個別的な経験をはなれて（あるいはそれらに先立って）主体・対象という二元的構造をそなえた知ることという経験があるわけではない。したがって経験論の立場からいえば，「知る」という言葉が指しているのは右の個別的な経験ないし事実だけであり，それらのほかに超経験的(トランスセンデンタル)な知るという働きがあるのではない。したがってまた，知るということはどういうことかを超経験的な仕方で探究することは無意味であり，われわれがなしうること（またなすべきこと）は，われわれが現実の実際生活のなかで経験することがらについての探究のみである，ということになる*19。ところで，この種の探究は科学的方法によって行われるものにほかならない。一言でいうと，純粋経験の立場からこころみられた知ることについての説明は，これまでの二元論的な哲学的説明をすべて偽問題(プセウド)をめぐる空しい議論として斥け，知ることの意味を科学的探究のそれに限定することを意図するものであった，といえよう。

　しかし，ジェイムズが純粋経験の立場から与えた「知ること」について

---

　19) ジェイムズはこうした超経験的なことがらの探求は「皮相な問題」であり，具体的，特殊なことがらの探求が「より深遠な問題」であるという。cf. RE, 186-187.

II　純粋経験

の説明はそのようなことに尽きるのであろうか。かれが知ることに関してこれまで与えられた哲学的説明にあきたらず，純粋経験の立場からあらたにその説明をこころみているという事実そのものが，かれが「知ること」の意味あるいは本質について右にのべた消極的なことがら以上のものを洞察していたことを示唆しているように思われる。たしかにジェイムズは知るという直接経験の構成要素とされている主体および対象なるものは，直接に経験されるものではないことを指摘し，「知ること」の探究は，主体と対象，あるいは意識とその内容という超経験的あるいは経験外的な二元的構造をめぐって行われるべきではなく，むしろその探究の場面は現実の実際生活における個々の直接的経験にかぎられるべきであって，それらを科学的な方法で解明してゆくという仕方で行うべきことを主張した。それが純粋経験の立場からの知ることの説明の意図したところの一つである。しかしジェイムズの純粋経験説は，そのような消極的な側面，いわばオッカムの剃刀をふるうこと以上のものをふくんでいたと考えるべき証拠があるように思われるのであり，そのことについてつぎにのべよう。

　ジェイムズのいう純粋経験は事実の経験のみにかぎられるのでなく，それら事実の間の関係（たとえば共存，空間的隣接，因果性など）もまた直接に経験されるかぎり，純粋経験のうちにふくまれる。ところで，事実の間の関係の経験といえば，事実の経験の間の関係の経験であり，したがって経験の経験である。関係の経験がこのように事実の経験によって媒介されるものでありつつ，しかも直接的な経験であるとされるのはいかにしてか，そこにジェイムズの純粋経験説の積極的な側面を捉える鍵がひそんでいるように思われる。ジェイムズは事実のみでなく，事実の間の関係もまたわれわれによって直接に経験される，という主張をもって，かれの根元的経験論と通常的経験論とをわかつ徴しであるとした。したがって，関係の直接的経験という考え方をてがかりに，かれにおける経験概念の発展あるいは深化をつきとめることができるであろう。

　ジェイムズは知ることの経験も，このような関係の直接経験の一種類であると考える[20]。この関係（認識的関係／コグニティブ）は，互いにまったく異質な主体と対象との間の深淵にさしかけられた橋のようなものではなく，ひとつの

---

20)　RE, 52-.

経験ともうひとつの経験との間の関係であり，この関係の直接的経験である。いいかえると，一連の経験の内部で，その一つが知る者という機能を，もう一つが知られる物という機能をふりあてられる。この二者の間の関係は，ジェイムズによると，類似のそれではない。似ているというだけでは一方が他を認識しているとの説明にはならないのであり，知ることの経験の本質的な徴しはそれとはべつのところに求めなければならない[*21]。むしろこれらの経験の間の特殊な結びつきについての経験が，その一つの経験を知る者たらしめ，他を知られる物たらしめ，かくして知ること，もしくはその直接的経験を成立させているのである。

　この結びつきの（関係の）経験とは，ジェイムズによると「同一性(セイムネス)ならびに成就された意図についての結合的経験」である。すなわち，一つの経験がもう一つの経験へと連続的に導き（連続的推移または同一性の「経験」），或る経験においてそのような推移の成就が「経験」されるとき，そのような経験の連続的過程を知ることにほかならず，その出発点たる経験が知る者となり，到達点たる経験が知られる物となる。「このような推移が感じられる場合にはいつでも，最初の経験が最後の経験を知るのである」[*22]とジェイムズは言う。このように知ることは「経験の組織(ティッシュー)の内部で」[*23]起こるのであり，またそうでなければそもそも知ることについて探究したり，語ったりすることは無意味であろう。

　ジェイムズは上にのべたことが「われわれにとって知られているかぎりでの知ることのすべてであり，経験の言葉にうつされたかぎりでのその本質のすべてである」[*24]と言う。主体と対象の間の認識的合一なるものは，連続的推移による合一であり，経験の過程が連続的であり，成就に達することの「経験」にほかならない。だが経験の連続性と成就の「経験」はどのようにして成立するのか。時間および空間のなかで推移してゆく経験と，それら一連の経験を連続性と成就において捉える「経験」との間の関係はどのように理解したらよいのか。

---

　21) RE, 55. これは模写説の欠陥を指摘する言葉でもある．Cf. "The Function of Cognition," in: MT, 1-42.
　22) RE, 56.
　23) RE, 57.
　24) RE, 57.

この問題にたいするジェイムズの答えは，かれが，知ることの経験は自己の経験の一部をなすものであり，自己が経験される場面において知ることの経験がなりたつ，とのべているところに見出されるであろう。ジェイムズによると自己(セルフ)とか自我(エゴ)と呼ばれているものは，あらゆる結合的関係のうちで最大の親密さ，および統一を示すところのものであり，それは直接的に経験されるものである。それは「私の経験」といわれる場合の「私の(マイ)」の経験である。私は私の身体，私の痛み，私の財産などを直接に経験するのみでなく，「私の」をも直接に経験する。「私は……」という場合の「私」の内容をなすものは，じつは直接に経験される「私の」にほかならない。では「私の」の経験とはいかなるものか。ジェイムズによると，それは連続的推移あるいは連続的推移としての変化の経験である。私は私の一つの経験につづいてもう一つの経験が生ずるとき，それらは二つの違った経験でありながら，その一つから他のものへの推移が連続的であることを経験する。この連続性経験が「私の」の経験である。これにたいして私が私の経験から誰かの経験への移行をこころみるさいには，はっきりと非連続性経験がなされる。ジェイムズによると「私」「自己」「自我」などの言葉でいいあらわされている連続性や同一性とは，上にのべたような生きた仕方で経験されるところの自らの個人的(パーソナル)連続体をさすものであり，そのような結合的(コンジャンクティブ)経験にほかならない。それ以上の連続性や統一性——実体としての自己や，連続性を保証する者としての絶対者など——を想定して直接的経験としての自己とおきかえることは無意味であり，また通常の経験論のようにこの明白な結合的経験が直接的経験であることを否定するのも誤りである，とかれはいう*25。

　このようにジェイムズによると，自己経験とは諸経験の連続性あるいは同一性の「経験」であり，関係の「経験」である。そして知ることの「経験」は，こうした自己経験の一部をなすものと解されている。しかしこのような自己や知ることの「経験」が，（事実の）経験によって媒介されつつしかも直接的「経験」であるのはいかにしてか，という問題については，かれは明示的には論じていない。しかしながら，たとえばかれが因果性について論じているところを見ると*26，或る経験へのふりかえりを通じて，より

---

25) RE, 47-52.

深い意味での直接的経験へとたどりつく過程がのべられており，かれがこの問題にたいして盲目ではなかったことがわかる。すなわち，かれによると因果作用もしくは因果性を探究してゆくべき場面は，われわれの個人的(パーソナル)な行為や活動の場面(シチュエーション)以外にはありえない。そこでの最初の経験は活動（能動性）についての一般的経験であり，「何かが起こっている」という一種の結合的(コンジャンクティブ)経験である。この活動経験へのふりかえり，あるいは透入が進むと，活動が方向を有するものとして経験され，さらに目標への願望や感覚，抵抗，努力などの要素が加わるにつれて，活動の経験は複雑，具体化し，能動者と受動的要素とが明確に捉えられるにいたる。いいかえると能動者(エイジェント)あるいは原因としての自己が経験されるにいたるのである。

上にのべたのは因果性という関係の直接的経験がいかにして成立するか，という問題に関するジェイムズの議論であるが，この議論はかれの経験概念の発展あるいは深化という問題に関して示唆するところが多いように思われる。つまり，かれ自身そのことを明言していないが，関係の経験はすべて同時に自己経験をふくみ，そのことによって直接的経験としてなりたっているのではないか，ということである。事実の経験は主として，外からの印刻づけによって成立し，経験する私は受動的な役割を演ずるにとどまる。これにたいして，関係の経験は私が能動的に問いかけ，探究することによってはじめて成立する。発見されるべき関係は，或る意味でははじめから存在しているが，それが現実に存在するにいたるのは私の問いかけや探究をまってであるといえる。したがって，関係の経験においては，つねに能動者としての自己が同時に，内含的に経験されており，この経験によってはじめて関係の経験がなりたつといえるであろう。そして関係の経験が事実経験によって媒介されつつ，しかも直接的たりうるのは，それを成立せしめている自己経験の直接性によるものと考えられる。

ここで，さきに言及したジェイムズの純粋経験説の積極的な側面に話をもどそう。かれが直接的経験の範囲を事実から関係をふくむところまで拡大したのは，じつはわれわれが経験するのは個々の事実というより，根元的には自己である，ということの洞察によってであった。いいかえると，純粋経験説は経験の方向を事実から自己へと転換させるものであり，その

---

26) RE, 155-. *Some Problems of Philosophy,* Longmans, 1911, 192-.

ことが直接経験の範囲の拡大ということのより深い意味であったと考えられる。さきにのべたように，関係の経験は問いかけ・探究する自己の経験をまってはじめて成立するのであるが，事実に関する部分的経験は，関係についての全体的経験のなかではじめて意味を獲得するものであるかぎり，すべての経験の根底にある根元的経験は自己経験にほかならないといえるであろう。

　ここでジェイムズの純粋経験説についての解釈をひとまずまとめておこう。純粋経験とはかれ自身のべているように「方法的要請」であり，なんらかの二元論的説明でわれわれの探究を停止させるべきではなく，どこまでも統一的理解を求めてゆくべきであるという，要求の意味に理解できる。ところで，かれの純粋経験説のうちには，この節のはじめに指摘したように，われわれの探究を，いわゆる現実の実際的生活のなかで経験される個々の具体的な事実，そうした事実についての科学的な探究にかぎろうとする傾向が認められる。しかし，かれの純粋経験説のより本質的な側面は，直接的経験の場面を事実のそれから自己のそれへと転換あるいは深化させ，それによって直接的経験の範囲を事実から関係をふくむところまでおし拡げたところに認められるであろう。前者は純粋経験なるものをいわば原初的な，主客未分の事実経験と同一視しようとするものであるのにたいして，後者は純粋経験を主体の能動的活動を通じて実現もしくは到達されるべき統一として捉えているといえるであろう。さらにいいかえると，前者は純粋経験を感覚への直接的所与と同一視しようとする立場であるのにたいして[27]，後者は経験している主体が自己へのふりかえりを徹底させることによってはじめてつきとめうるごとき所与——いわば知性への直接所与——をもって純粋経験なりとする立場である。ジェイムズは前者の圧力をつねに強く感じつつ，しだいに後者の立場を強めていったのであるが，それを貫徹させるにはいたらなかったと考えられる[28]。その点をつぎにかれのプラグマティズム真理説の検討を通じてあきらかにしてみたい。

　27）このような解釈はジェイムズが，概念的認識から区別された，より根源的な認識である親近性による認識について，それは事実との親近性であるとのべ，またわれわれのすべての高度の思考は感覚的終極に到達することによってはじめて成就される，とのべている箇所によって裏付けられる。"Function of Cognition," MT, 1-42.
　28）ホワイトもジェイムズの思想に見られるこのような二極性を指摘している。op. cit., 215.

III　プラグマティズム真理説

　ジェイムズのプラグマティズム真理説の解釈をこころみるにあたっては，それが科学的真理についての反省から出発していることを頭にとどめておく必要がある。かれによると科学的真理の観念は19世紀の中頃以後大きく変化したのであり，そこで現れた科学的真理についての新しい見方がプラグマティズムの物の見方ならびに真理説としてのプラグマティズムの成立をうながした。この変化とは一言でいえば人間中心的な視点の確立であり，「いかなる科学理論も実在を絶対的な仕方で複写するものではなく，むしろそれらのいずれもなんらかの観点からして有用でありうる」[*29]という見方の成立である。ここでいう「有用さ」とは，たとえば古い諸発見を要約し，新しい事実の発見へと導きうる，といったことである。ジェイムズはこのように科学のうちですでに実践されていた方法としてのプラグマティズム，あるいは帰納的な探究態度(インダクティブ　マインディッドネス)[*30]について反省し，それをプラグマティズム真理説として理論化したのである。

　ジェイムズはかれの真理説の意図するところは「人々が真理という言葉で意味していること」[*31]の説明であって，真理そのものについてその本質を問うことではない，とのべている。かれは「真理とは何か」という問いは真実(リアル)の問いではないと断定する。かれはわれわれが現実の実際生活のなかで真理として経験しているものの諸相を，とくに科学を例にとりながらあきらかにしようとこころみるのである。いいかえると，かれの真理説はあくまで真理という名辞の「具体的で経験的な解釈」[*32]にとどまろうとする。だがそのことがはたして認識や真理と呼ばれるものについてのわれわれの経験に忠実であることなのか。かれは果たして自らの根元的経験論の立場を貫徹しているのか，そのことをつきとめてみたい。

　29）　*Pragmatism* (1907) *and Four Essays From the Meaning of Truth*, Merdian Books, 1955（略号P），48-49.

　30）　Humanism and Truth（略号HT），MT, 51-101. ただしここでの引用頁の指示は註28による。252; 255.

　31）　P, 151.

　32）　MT, 297.

ジェイムズの真理説の出発点となっているのは，これまでの古い真理説（それは主知主義説と総称される）と新しいプラグマティズム説の両方が認めることがら，つまり真理とはわれわれの観念のうちの或るものにそなわった特性であり，すなわち観念と実在との一致(アグリーメント)を意味するということである*33。ところがこの一致が厳密にどのようなことを意味するのかをふりかえってみると，それがきわめて曖昧で多義的であり，とうてい真理探究もしくは判定にさいしての基準たりえないことがあきらかになる。ジェイムズによると主知主義説はこの一致を模写(コピー)あるいは，複写(ドゥプリケーション)，つまり，或る与えられた既存の実在を知性がたんに複写するという意味に解釈するが，このような受動的な複写を追求してゆくということは，それを冷静に検討すると，ひどくばかげた理想であることが判明する。「なぜそれ自身として存在している世界が模写において存在しなければならないのか？いかにして世界をその客観的なまったき充実そのままに模写できるのか？できたとしても，いったいどんな動機からそれをやるのか？」*34 たしかに，たとえば現象的事実を認識するという場合について見ると，認識は模写たることをめざして行われるかのように思われる。しかし，この場合ですら，現象的事実との一致が模写という静的な関係でおきかえられるのかどうかは疑問であり，まして認識や真理の全体を模写で説明しようとするのはまったく不合理な試みである，とかれはのべている。ここでわれわれは，知る者と知られる物との関係は類似のそれにつきるのではなく，むしろ「連続性と意図の成就の経験」に存する，というジェイムズの言葉を想起すべきであろう。

　一致＝模写説を斥けたジェイムズは，一致をより能動的に解釈しようとこころみる。すなわち，「知る」ということは，すでに完結した実在をいわば知る者の内面において模写することではなく，実在と協働(コラボレイト)してそれをより豊かなものへと形成し，たしかめてゆく活動の一側面ではないか，という考え方である*35。これにともなって一致もまた，より動的な過程として捉えられる。すなわち，一致とは固定的な実在への静的な関係ではなく，実在への働きかけにおいて発展してゆく過程である。ジェイムズは真

---

33) P, 132.
34) HT, 253.
35) P, 55; HT, 234.

理とは verification であるというが、この言葉は veri-fication つまり「真ならしめる」「真理をつくりだしてゆく」過程の意味に解すべきである。真理は知る者と実在との協働あるいは相互作用を通じてしだいに形成されるのであり、そのことは同時に実在そのものの形成を意味する。ジェイムズがくりかえし用いる表現にしたがうと、一致ということにとって本質的なのは誘導ということであり、この誘導のめざすところはより豊かな実在の形成ということであるとされる。

これまで「実在の形成」という表現がくりかえし用いられたが、ジェイムズは「実在」という言葉の下に、具体的な諸事実のみでなく、抽象的な事物ならびにそれらの間の関係、および、すでに所有されている真理の総体をふくめており、このようなものとしての実在は根元的に可変的であると考えている[36]。かれにとって実在とは人間の有限的経験の外にある何物かではなく、「われわれ自身の知的発見の累積」[37]である。それは経験とは別個の何物かではなく、「現在の経験と連続している過去の経験の遺産、もしくは来るべき経験の内容」[38]がそのように名付けられているにすぎない。したがって、観念と実在との一致といわれるものは、実は「経験のうちのより不確定な部分が他の相対的により確定した部分にたいして有する関係」[39]を指示するものと解される。実在はそれを知る者から独立である、といっても、その独立性は相対的なものにすぎない。絶対的な実在は絶対的な視点を予想するものであり、そのようなものはわれわれがどれほど批判的態度を徹底させても到達できない。いかなる批判者も（かれが人間たるかぎり）かれ自身探究者たることをまぬがれないからだ[40]、とジェイムズはいう。

上に概観したジェイムズの真理説においては、ひとまず「すべて実在するものはいずこかで経験可能でなければならない」というかれの根元的経験論の立場が忠実に反映されているように思われる。実在と観念との一致

---

36) P, 139.
37) HT, 236.
38) HT, 238.
39) HT, 239.
40) HT, 249.

Ⅲ　プラグマティズム真理説

として捉えられた真理は，じつは人間が能動的に実在と協働してゆく過程であり，さらにつきつめていうと，人間が能動的に実在を形成してゆく活動あるいは経験にほかならない，とされている。さきに，ジェイムズは経験とは根元的に自己の経験であることを洞察することによって，根元的経験論の立場を確立したことを指摘したが，かれのプラグマティズム真理説においても，真理はたんに観念と実在との一致という抽象的観念として捉えられるにとどまらず，いわばこのような観念を担うところの，実在を形成してゆく能動的な自己の経験にいたりつくところまで深められている。だがこのような経験論的立場の徹底は真に根元的なものだったであろうか。

　ジェイムズは真理発見の道は実在形成の道にほかならないことを主張したが，そのようにしてつくりだされるべき世界はどのようなものでもよいのではなく，価値高く，有用で，善きものでなければならない，という[41]。この指摘は重要であり，正確に解釈しなければならない。かれは個々の認識あるいは真理発見は既存の実在の模写（あるいは既成の基準との一致）という受動的な仕方で行われるのではなく，むしろ未完の実在を形成してゆく能動的な活動であると解した。そこで真理の基準なるものがあるとすれば，それは経験の内部における一貫性ないし整合にほかならない。しかし，このような能動的過程の全体はなんらかの高次の基準に服するものであり，そのような高次の基準が価値，有用さ，善などの言葉で呼ばれているのである[42]。

　したがって問題はかれが「価値，有用さ，善」と呼ぶところのものはいかなるものであり，どのような仕方でわれわれによって経験されるのか，ということになる。さらに，それらが究極的な意味で真理の基準であるなら，なぜそれらを「真理」（そのもの）と呼ばないのか，という問いも可能であろう。この最後の問題に関してジェイムズは，かれが関心を有するのは諸々の真理，あるいは真理と呼ばれるところのことがら（事物における真理 truth in rebus）であり，「真理」（tru*th*）は「富」（weal*th*）「健康」（heal*th*）

---

　41) HT, 243.
　42) わたくしは「真理とは有用さである」「真理は実効がある」等のジェイムズの言葉はこのように解釈すべきであると考える。プラグマティズム真理説は，たんに一致説，整合説と並ぶもうひとつの理論ではなく，一致・整合の側面を経た上で，さらに真理発見の過程を方向づけるものとして善あるいは有用さの観念が導入されている。

「力強さ」(strength)などの場合と同じく，なんらかの具体的な過程や事実を集合的に指示する言葉にすぎず，それらのことがらに先立って(ante rem)真理そのものが見出されるわけではない*43という。この議論についてここで分析をこころみる余裕はないが，富を持つ，健康を持つ，真理を持つ，といわれる場合の持つの意味の変化をてがかりにこの議論の粗雑さをあきらかにしうることだけを指摘しておこう。

　真理判定の高次の基準としての価値，有用さ，善などの意味については，ひとつの箇所で「不安定，失望，頼りなさ，根拠のなさ……の反対である」とのべ，要するに「われわれの生活のなかで価値のあるほとんどすべてのことの総体である」*44という。かれが真理発見の働きの終極(テルミヌス)についてこれ以上の明確な規定を与えていないことはべつに問題とするにたりないが，問題なのはこの終極ないし高次の基準が現実生活において，いわゆる有用な結果として経験される，とのべられていることである。ここでジェイムズはかれが通常的経験から根元的経験論へと進んでいったその方向を逆転させているように思われる。外的事物の受動的経験から，それを成立せしめている能動的な自己の経験へと迫りながらその方向をさらに徹底させることなく，外的事物ないしは事実の経験へと逆行しているのである。この点についてさいごに簡単にのべて結論としたい。

　ジェイムズは『プラグマティズム』のなかで現実的真理(イン・アクトゥ)と可能的真理(イン・ハビトゥ)との区別にふれているが，そこでは前者の優越を指摘するにとどまっている*45。「ヒューマニズムと真理」では「真理の似而非逆説」について語っている。それは，真理はわれわれによってつくりだされるもの(現実的真理)でありながら，他方つねに真理であったもの(可能的真理)が発見される，という逆説である。かれはこの逆説について，「プラグマティズム流にいえば可能的と現実的真理は同じものを意味する」のであり，したがって当の逆説は似而非なるものにすぎないとしている。しかしかれはふたたび「対話」と題する一文でこの問題をとりあげ，発見された真理の新しさ(ノベルティー)，つまりそれが真正の付加たることと，それが発見に先立ってつねに存在してい

---

43) P, 142~.
44) HT, 242.
45) P, 145.

たこととの間のディレンマは，前者を現実的，後者を可能的真理と解することによって解消できる，とのべている*46。

　だがこの逆説ないしジレンマはジェイムズにおいて解決されたのではなく，たんに回避されたにとどまる。というのも，かれが指摘した逆説はプラトンが認識の想起説でもってそれと取りくんでいらい，認識における経験的なるものと超経験的なるものの問題として，たえずその解決がこころみられてきたものにほかならないからである。ジェイムズは，かれが可能的真理と呼んだものが，じつは，現実的真理と呼ばれた能動的な真理発見の過程——人間的経験——の始源と終極をなすものであり，それを探究することが経験のより根元的で充足的な理解のために必要であることを見落としたように思われる。その意味でかれの経験論はかれ自身の意図にもかかわらず，十分に根元的ではなかったといえるであろう。

---

46) HT, 251.

第3章

デューイの経験概念
——ハビットとしての経験——

I　経験の問題——経験の一般理論をめざして

　デューイの「経験」概念を，ハビットの概念を手掛りに解明しようと試みるに先立って，「経験」および「ハビット」の各々について問題点を指摘しておきたい。
　「経験」という言葉はもっとも日常的な言葉の一つである。われわれは出来事の経験，仕事の経験などについて語り，また「経験に訴える」「経験からしてあきらかだ」などと論ずる。また経験と学校でのフォーマルな教育，あるいは学問，科学的知識とを対照させ，さまざまの評価を試みる。さらに，美的，宗教的（神秘的）経験など，特殊な経験に関する報告もある。そこでまず第一の問題は，これらさまざまの場合に，「経験」という言葉は同じ意味で用いられているのか，ということである。別の問い方をすると，果たしてそこに意味の共通性があるだろうか。
　まず一見して，これらの場合に「経験」という言葉が同じ意味で用いられていないことは明らかである。たとえば或る人が或る出来事を経験した——肉親の死，苦痛，悦び——という場合と，或る人がしかじかの実務——セールス，経理の仕方——について経験がある，という場合の経験とはかなり意味が違う。しかし，実は問題なのは，このような意味の相違，あるいは多様性がじっさいにはしばしば無視されているということである。つまり経験とはなんであるか，という問題についての反省があまりにも閑却されている。

たとえば「経験に訴える」――経験の批判的機能，つまり経験を認識批判の規準とすること――という場合に，「経験」がだれにとっても一様に明らかで確実な事実，それこそ「所与」として解される傾向がある。そこには「経験」をあらゆる論争における判定者としてうちたてる傾向が認められる。しかし，じっさいには「経験に訴える」という場合，そこで訴えられている「経験」を，訴えをなす者から独立に成立している事実とみなすことはできない。訴えをなす者の側で，すでに，どのようなものが経験の名にあたいするか，どれだけのことが経験の範囲に入るのか，ということについての決定が――多くの場合，無意識に――行われており，訴えられている「経験」は，あらかじめそのような決定にてらして解釈され，理解されているのである。ところが，さきにのべたように，経験を，中立無色な事実としての所与をまったく受動的に受けとり，記録する過程であるかのように考える立場がある。それはあたかも人間による経験が，さまざまの観測計器が，それぞれに指定された刺激――光，色彩，温度，衝撃など――を完全に受動的に受けとるような仕方で行われるかのように解することである。ところが，人間による経験がそのような仕方で行われるのだ，という考え方は，経験に関してひとつの理論的立場をとることであって，けっして，時として誤解されているように，「経験」という「事実」をありのままに記述することではないのである。それは人間による経験を，観測計器によるデータの処理を模範にして解釈し，後者と同一視しようとする試みにほかならない。このような試みをそのまま経験という事実のありのままの記述であるように考えるのは，そして，「経験」という言葉はつねにそのような意味で用いられるべきだと考えるのはひとつの独断であり，この独断がこんにちふつうに独断として受けとられていないとすれば，その理由は現代の思想的風土のうちに求めなければならない。J. E. スミスの表現をかりると，「経験への訴えはけっしてナイーブではありえない」[*1]のである。

したがって「経験」（事物――世界および人間――との直接的な対面 enconunter）をもって，認識の実質的内容とも，また，認識の規準ともし

---

1) John E. Smith, *Religion and Empircism,* Marquette University Press, 1967, p.6; cf. J.E. Smith, *Experience and God,* Oxford University Press, 1968, ch. 1.

ようとする哲学，つまり経験論ないし経験主義が多様な形をとったことはむしろ当然であった。これら経験主義の多様性は，それぞれにおける「経験」理解の相違にもとづくものである。さらに，「経験」理解の相違は，経験そのものへの立ち返りの程度——それは当然経験している人間の自己理解の深さの程度を意味する——に依存するといえよう。経験概念は結局のところ経験の主体たる人間がどこまで全体的，包括的，根元的，具体的に理解されるかによって規定されてくる。しかし，このような人間の自己理解が完全なものになるためには，人間による客観的な実在の認識が包括的な仕方で行われることが要求されるのである。なぜなら，主体としての人間は，そのような実在の包括的な認識を行いうる存在として自覚されるものであるから。このことを頭におきつつ，つぎに経験主義の代表的なものについて概観し，「経験」概念の多様性，およびそれによって示唆される問題性に目をむけよう。

　まずロック，ヒュームの古典的経験主義において「経験」はどのように捉えられていたか。ロックにおいて「経験」は感覚 sensation と反省 reflection の両者をふくむが，ここで注目すべきは，このいずれも「個々の精神に直接・無媒介的に現存する精神の所産」 "mental product immediately present to an individual mind" と捉えられていることである。ヒュームの場合，「経験」は感覚印象 sense impression に基礎をおくことが力説され，経験を「感覚にたいして直接に現存するもの」と同一視する傾向が強まっている。ただし，ロック，ヒュームいずれにおいても経験の範囲は感覚的な知覚だけにかぎられているわけではない。むしろ，古典的経験主義における「経験」の顕著な特徴は，経験する主体への経験の直接的現存，その直接性 (immediacy) にあるといえよう。

　つぎに古典的経験主義を継承すると称する現代の（主としてイギリスに見られる）経験主義における「経験」概念を見よう。たとえばA. J. エイヤーの『言語・真理・論理』[2]においては，経験は「個別的・アトム的知覚」と同一視され，この知覚は日付，場所，知覚主体を有するものとされる。このことは或る命題が意味を有するか否かを決定する規準である，検証の原理において用いられる「経験的確証」という言葉を吟味することによっ

---

2) エイヤー『言語・真理・論理』吉田夏彦, 岩波書店, 1955, とくに第1, 7章.

てあきらかになる。つまり、経験的とは「感覚的知覚において、またそれを通じて知覚主体に現存するもの」を指していわれているのである。

ここでは上の検証原理ないし規準がいかなる過程をたどって緩和され、ついに放棄されるにいたったかについてのべる必要はない。ここで注意しておきたいのは、現代経験主義において端的に「経験」とよばれているものは、じつは或る根本的な前提にもとづいて解釈され、限定された経験だ、ということである。その根本的な前提とは、自然科学的思考を成立させている前提にほかならない。いいかえると、自然科学の領域内においてのみ妥当する経験概念が、そのまま経験の全体を覆うものとされている。それは経験自体への立ち返りの不充分さによるものであり、そこにこの経験概念の恣意性がある。

これにたいしていわゆる日常言語学派や後期のヴィトゲンシュタインの思想においては、「経験」を科学の次元だけにかぎらず、経験の他の諸次元をも基本的なものとして認めようとする傾向が見られ、それだけ経験自体により完全に立ち返っているといえる。つまり、われわれが世界および人間自身と対面するという意味での経験を、たんにその一面だけについてではなく、そのまったき射程において捉えようとする傾向が見られる。しかしながら、このように経験の諸々の次元を認める方向をとりながらも、現代の経験主義においては経験についての明示的な一般理論は見出されず——経験はアトム的な感覚所与からなり、これら感覚所与は、本質的にいって相互に関係づけられることなく、価値および傾向性を欠如するものであり、ただそれだけのものである、とする実証主義的考え方を別にすれば——いいかえると経験への完全な立ち返りが見出されていないため、さきにのべた経験概念の恣意性を脱しえていない。経験が何であるかについての充分な哲学的反省のないところでは、どのようなことを経験にふくませるか、どこまでを経験の範囲とするかが、恣意的に決定され、しかもこの決定の恣意性は当人にとってはついに気付かれることがないのである。

パース、ジェイムズ、デューイによって代表されるプラグマティズムにおける「経験」概念は、これまでにのべた古典的および現代の経験主義におけるそれとは重要な点で異なっているように思われる[*3]。いうまでもなく、経験の捉え方はこの三人において同一ではないが、経験を個別的（＝

孤立した個別者⇔連続性），感覚的，直接的に immediately 現存するものにかぎらないとする点では根本的な一致がある。かれらにおいて経験とは出発点における「所与」ではなく，むしろ多大の努力を要するところの，批判的探求を通じてはじめて到達されるものとしての「所与」である。この「所与」も所与であるかぎり直接に directly 現存するのであるが，はじめから直接的に immediately 現存するのではない。

　プラグマティズムにおいては，経験は主体（有機体）と客体（環境）との間の相互作用を通じてしだいに形成されるものであり，いいかえると自らを純化し，透明化してゆくものである。この形成―透明化の過程は一個人において短時間に行われることもあれば，生涯あるいは何世紀もかかって一応の成就を見ることもある。この相互作用において，人間は自然あるいは実在界へと超越し，自然は自己を啓示するのである。

　プラグマティズムの場合，経験の確実さ――それが経験をあらゆる認識の規準たらしめる――は，はじめから直接的に与えられたもの（主体内在的な）の確実さのうちに求められるのではなく，むしろしだいに――批判的探求，判断を経て――形成され，純化されてゆく経験のうちに求められる。経験は主体内在的なものとしてではなく，主体的・客体的なものとして，そして連続的なものとして捉えられている。主体は経験において客体へ，後にはより高次の実在へと自己を超越するのであり，その意味ではプラグマティズムの経験概念は自己超越的性格をそなえているといえる。経験が超越的（先験的）性格を有するということは，いたずらに逆説を弄するようであるが，そのような印象自体，経験についての偏見にもとづくというべきであろう。ただし，このような経験の超越的性格はプラグマティズムにおいてはまだ充分に自覚され，解明されるにいたっていないので，その解明を通じて完全な経験理論を形成することが今後の課題である。

---

3) J. Dewey, "An Empirical Survey of Empicicisms," *Studies in the History of Ideas,* Columbia University Press, 1935, Vol. Ⅲ, pp.3-22

II ハビットの問題

　ハビット（略号 H）はどのような意味で哲学的問題となるのか。実験心理学においては H は学習，記憶などの問題に関連してとりあげられる。たとえば，ふつうに能力 ability 技能 skill と呼ばれているものを H として捉える立場がある。また学習から区別された思考（生産的思考，問題解決的思考）と H との関係が問題にされていることもある。また倫理学においては H は伝統的に重要な位置をしめてきた。徳（卓越性）と呼ばれるものは，通常 H として捉えられてきたからである。だが，H がこれ以外の面で哲学的な考察の対象として重要な意味を持つことがあるだろうか，あるとすればどのようなものか。

　手掛りとして W. ジェイムズ（略号 J）の『心理学原理』における H 論[*4]をふりかえってみよう。J は H の論理的定義を試みることはしない。むしろ H とは何であるかは自明のこととして話を進めている。生物 living creatures を外から from an outward point of view から眺めたとき，まずわれわれの注意をひくのはそれらが H の束だということである，とかれはいう。そしてこのような H のうちには生得的傾向性にもとづくものと教育に由来するものとがふくまれる。さらに自然法則と呼ばれるものも一種の H として捉えられている。すなわち，「種々な基本的物質が相互間の作用，反作用においてしたがうところの不可変なる H」であるといわれる。これにたいして生物世界においては H はより可変的である，といわれる。したがって J が H を運動あるいは活動の或る程度恒常化したパターン，もしくは恒常的パターンにしたがって行われる運動ないし活動，という意味に理解していることはあきらかである。

　J はこのように観察され，記述された H について，その成立の根源を尋ね，それは物質の根本的な特性の一つとしての可塑性 plasticity であるという。可塑性とは或るものが「或る程度弱いために影響に屈しはするが，いちどに屈してしまわないほどには強力であるような構造をそなえている

---

　　4)　W. James, *The Principles of Psychology,* Dover Pub., 1950, Vol. III, pp.104-27.

Ⅱ　ハビットの問題　　57

こと」と定義される。Jは「生物におけるHの現象は，それらの身体を構成している有機的物質の可塑性にもとづく」*5，「Hは外から作用するものにたいする物質の可塑性にもとづく」*6などとのべている。可塑性が強さと弱さ，自己同一性と可変性との両者にまたがるものであること，いいかえるとその中間者であることに注目すべきであろう。可塑性を有するものは，自分を変化させようとする作用（外的あるいは内的作用）にたいして，それに屈しつつも，抵抗する。そこにはうちかたれるべき惰性がある。しかし，この惰性は，当の事物が分解してしまうのを防止する役割も持っている。そして，新しいHが形成されると，さきにはそれの獲得，形成に抵抗した惰性は，新たなHの相対的な恒常性を保証する条件となる。Jは有機体を構成している物質，とくに神経組織がこのような可塑性を高度にそなえていることを指摘する。

　Jのいう可塑性の観念はきわめて豊かな哲学的発展の可能性をふくむものであるが，かれ自身はそのことを行っていない。この観念は物質の領域を越えて展開させることが可能であるのに，Jはそれを物質の一特性として指摘するにとどまっている。Hの法則は物質的法則である*7とJはいう。このことと，つぎにのべる，JのH概念の一面性とは無関係ではない。

　すなわち，JはHと自動機構 automatism とを同義と解している。JはH形成の効果として，一定の結果を得るための運動が単純化され，正確となり，疲労が減少する，行為が遂行されるさいの意識的な注意（集中，努力）を減少させる，などの点を指摘する。そして，H形成，つまり教育のもたらす偉大な便益はわれわれの神経系をわれわれの敵ではなく，味方にすることだ，と言う。さらに，そのことを，われわれが獲得したものを基金とし，資本化して，その基金の利息でもって安楽に生活することにたとえる。したがって，できるかぎり早期に，できるかぎり多くの有用な行動を自動的・習慣的なものにしなければならない。「われわれがより多くの日常生活の細々としたことを自動装置の努力を要せぬ管理にゆだねることができればできるほど，それだけわれわれの精神の高次の諸能力は解放されて，それらにとって本来の仕事に専念できる」*8というのがJの結論である。

5)　*Ibid.*, p.105.
6)　*Ibid.*, p.107.
7)　*Ibid.*, p.126.

ここで直ちにつぎの疑問が起こってくる。このように素晴らしいHの法則は物質的な領域にのみ限定されているのだろうか。Jのいう精神の高次の諸能力はその法則に服し，この法則の恩恵に浴することはないのか——もちろん神経組織の場合とはちがった仕方において。それら高次の諸能力（可能性）には可塑性はないのか。それらの能力が固有の活動を遂行してゆくさいにHが形成され，それによって活動自体がより完全な仕方で行われるということはないのか。この場合，もはや活動の習慣化・自動化によってより高次の諸能力の自由を拡大する余地はないのであるから，これら能力自身が受益者となり，その活動における或る種の飛躍——創造性——が生ずるということはないのか。

ラヴェッソン（略号R）はかれの古典的な習慣論において，Hを物質の一特性として捉えるにとどまらず，受容性と自発性，受動と能動，可能性と現実性という対立，相補的な二重の原理の見出されるところ，かならずHが見出されることを指摘している[9]。したがって認識や意志の働きをふくむ意識の領域においても，そこに右の二重の原理が見出される限り，Hは形成される。それだけではなく，意識においては働くものと働きを見るものとは同一の存在être である，いなむしろ働きと働きを見ることとは合一している l'acte et la vue de l'acte se confondent, したがってここにおいてのみわれわれは働きの原理を捉えることが可能となる——つまり，働きの原理の一つたるHを捉えうるのである。したがって，とRはいう「われわれがHのタイプを発見しうるのはただ意識においてである。ただ意識においてのみ，Hについて，もはやそれらの外に現れた法則を確認するのみならず，それの「如何に」comment と「何故」pourquoi とを捉えること，その生成を洞察し，その原理を把握することを期待しうるのである」[10]。

Rは意識の領域の底辺に属する働きである感覚に目をむけ，それが受容性と自発性（知覚），受動と能動という二つの要素をふくむことを指摘する。ところでこの二つの要素が（変化・運動の）連続性ないし反復を通じて発展せしめられるとき，その発展は相反する方向をとる。すなわち，受

---

8) *Ibid.*, p.122.
9) Felix Ravaisson, *De l'Habitude,* Felix Alcan, Paris, 1933（初版は1838）.
10) *Ibid.*, p.17.

動の連続性ないし反復はそれを弱めるのにたいして，能動の連続性・反復はそれを高め・強めるのである。しかしこの相反する方向への発展は実は同一のものの発展を原因としていることが確認される。すなわち，受容性においても能動性においても連続性・反復を通じて一種の曖昧な能動性 l'activité obscure が生まれている。それは無思慮な自発性，受動・能動的自発性 une spontanéité irreflechie, spontanéité passive et active であり，これの発展が受容性を弱め，能動性を強化しているのである。これが H の法則であり，そこで形成されるのが H である。

このようにして形成される H と自然との差異は，R によると程度のそれであり，H は獲得された自然，第二の自然である。それは所産的自然 nature naturée であり，能産的自然 nature naturanté の作品，その継続的啓示である。そして，われわれは第二の自然たる H を内から知っているがゆえに，その光にてらして第一の自然の底辺から頂点までさぐり，それを解明することができるのである。

R の習慣論はきわめて示唆に富むものであり，あらためて考察を試みることにする[*11]。ここでは簡単に経験と H との関連性について考察しておく。

経験と H との結びつきは種々の観点からあきらかにできる。第一は，両者とも受動性（受容性）と能動性（自発性）の二つの要素あるいは原理によって成立し，形成されるという点である。経験がこうした二重の原理を必要とすることはすでに指摘した。経験は刺激あるいは対象を受け取るという純粋に受動的な過程たるにとどまらず，主体の側からの能動的な働きかけ——関心，好奇心，探求心——をまってはじめて成立する。しかもそのような能動的な働きかけがあってはじめて，受け取られたものは受けとる主体のうちに統合される。経験において何かが受け取られ・統合されるといっても，それは食物が摂取，吸収，同化される場合とは根本的に違う。食物の場合，受け取るという作用の始めと終りとでは，受け取られたものはまったく変化している。このような変化は，認識作用としての経験においては致命的であろう。何かを受け取っても，受容の過程のなかで

---

11) ラヴェッソンについては，メーヌ・ド・ビラン，アンリ・ベルクソンなどもふくめて，フランス・スピリチュアリズムと呼ばれる哲学的伝統における「経験」理解の考察を計画していたが，着手できなかった。

その「何か」が変化してしまったのでは、「何か」を受け取ったということの意味がなくなるからである。では経験において受け取られるものの自己同一性を保証するものはなにか。それこそ主体の側の能動的な要素にほかならないと考えられる。たしかに主体の側からの働きかけは、受け取られるものを変容させ、いわゆる「主観的」要素を導入するように思われる。異なった関心、異なった程度の探求心は、おのずから異なった経験を生ずるであろう。しかし、反面、受け取られるものの自己同一性は、この主体の側の能動的作用、あるいはそれによって開かれる場のうちにおいてのほかは、保証されないように思われる。そこにはたしかに一種の逆説がある。受け取る主体の能動性のゆえに、受け取られるものは多様化される。しかし、そのことなしに受け取られるものの自己同一性（それは直ちにその全体をあらわにするのではない）は保証されないのである。したがって、「受容」を純粋化（客観化）してゆくためには、主体の能動性・自発性をおさえ、極少化してゆくべきではなく、むしろ、当の能動性が内容的に包括的・全体的なものとなるよう、極大化をはかるべきであろう。それは一言でいえば経験の拡大であり、そのことによって能動性にともなう偏差をしだいに克服することができよう。（能動性の意味はこの段階では明らかではない。それは自己還帰的であり、それにともない経験の深化という問題が生ずる）。

さらに、経験とHとの類似性、親近性は、両者とも、もの、あるいは自然と、主体あるいは精神の相互作用、滲透あるいは合一の過程であるという点に認められる。わたくしが何事かを経験するというとき、なにが起こっているのか。それは、それまで私の外にあったものが私の内にはいってくるということ、そのものが内面化されるということではないか。それは、そのものが自己同一性を保持しつつ、私の一部となるということではないか。いいかえると、そのものが自己同一性を保持しつつ、私の統一性（私を私として成立させている）のうちに統合されることではないか。それは、私の側からいえば、それだけ、私の統一性の拡大、展開であり、完成ではないか。

どうしてこのようなことが起こるのか。「経験する」という、もっとも単純に思われる出来事において、いわば二つの世界が交わり、統一が行われている。そのことを解きあかす鍵は、やはりさきにのべた主体の能動性

Ⅱ　ハビットの問題　　　　　　　　　　　　61

に求めざるをえないであろう。しかし，この能動性は，経験において遂行され，進行している統一・統合の過程を見つめ，分析することを通じてのみ，つきとめることができよう。

　他方，Hの形成において起こっていることも自然と主体（人間）との間の相互作用，そして後者による前者の統合として捉えることができる。Hは比喩的に，人間が自らの軌跡を自然に刻印すること，あるいは自らの軌跡のうちに自然をとりこむこと，であるといえる。これまでそれぞれ自分の法則にしたがって動いていたものが，人間主体の（自由の）法則の支配に服し，人間の目的に奉仕せしめられるようになる。それは人間による自然（環境）の人間化であり，そのことがHの形成にほかならない。

　このように見てくると，経験とHとは，自然と人間ないし精神との相互作用であるという点で深いつながりを有することはあきらかであろう。経験といい，Hといい，身体（＝自然）－精神の合一体としての人間の動的な側面に注目したものであり，経験ないしHの形成，発展をたどることによってはじめて人間の本質についての全体的な洞察が可能と考えられる。

　これまで見てきたところでは，経験とHとの間の類似，親近性あるいは並行関係が指摘されたにとどまり，この二者が厳密にいってどのような関係に立つかはまだ明確になっていない。経験はHが意識の平面までうかびあがってきた段階で成立するものであり，逆にHは経験の成立過程を構造的・法則的にあきらかにするものであるとも考えられるが，まだそのような説明では充分ではない。いずれにせよ，経験（についての反省）を通じてHを解明し，Hを通じて経験に光をあてることが可能であり，またそのことが必要とされることはあきらかになったと思われる。このことに関してRにもとづいてひとつの点を指摘しておく。それはHが「もの」と「観念」との間の橋渡し，両者の合一を成立させるという点である。（これは経験というものの成立を説明する）。すなわち，H形成以前においては，観念，ないし意図された目的と，素材たるものとの間にはギャップがある。演奏されるべき曲と指の運動，解決されるべき問題と思考能力，等。ところがHは，これらを結びつける。熟練した芸術家の指（極端にいえば）には演奏されるべき曲が現存している。その現存はHによって可能となったものである（演奏家の証言）。つまり，Hは観念とものとを媒介する中間者（手段）であり，そこにおいてこれら二者が合一せしめられる

のである。RはこのМテをつぎのように記述している。
　「反省及び意志に於いては，運動の目的は，一つの観念，即ち完成すべき一理想である，存在すべくまた存在し得，しかも未だ存在せざる何ものかである。それは，実現すべき一つの可能性である。けれども，目的が運動と，運動が傾向と合一するに従って，可能性即ち理想はそこに実現される。観念は存在となる。観念はそれの決定する運動及び傾向の存在自体且つ全体となるのである。習慣は次第に実体的観念となる。習慣によって反省にとって代る不明瞭な知性，そこでは客観と主観とが合一しているこの直接的知性は，実在的なるものと観念的なるものと即ち存在と思惟とが合一しているところの，実在的直観である。」

　Dans la réflexion et la volonté, la fin du mouvement est une idée, un idéal à accomplir, quelque chose qui doit être, qui peut être, et qui n,est pas encore. C'est une possibilité à réaliser. Mais à mesure que la fin se confond avec le mouvement, et le mouvement avec la tendance, la possibilité, l'ideal s, y réalise. L'*idee* devient *être*, l'être même et tout l'être du mouvement et de la tendance, qu'elle determine. L'habitude est de plus en plus une *idée substantielle*. L'intelligence obscure qui succède par l'habitude à la reflexion, cette intelligence immédiate où l'objet et le subjet sont confondus, c'est une intuition *réelle*, où se confondent le réel et l'idéal, l'être et la pensée.*12

　この場合，Rが実体的観念，実在的直観と呼んでいるものについて理解を深めるためには，さきにのべた主体の能動性・自発性なるものを存在論的に解明しなければならないが，経験（ないし認識一般）がいかにして成立するか，ものと観念との合一がいかにして成立するかを理解するためにはHに目をむけざるをえないことが，かなり明らかにされたと思う。

III　デューイの「ハビット」概念（1）

　DのH理解の特徴としてまず目立つのは，Hを自然的条件あるいは環

---

12) Ravasson, *op. cit.*, p.37.

境からきりはなされた自我の内部に閉じこめるのでなく，むしろ主体，自我あるいは有機体たる人間と，自然－物質的条件，自然的－社会的環境との相互作用，協働あるいは相互適応を通じて形成されるもの，その意味でHを社会的機能として捉えていること，つぎにHを単なる行為の反復，機械的な反復 routine にかぎらず，主体のうちにより深く根ざした能力，状態，傾向などを指すものと解していることである。かれはこの後者に関して，心理学の文献に見られる，Hをもっぱら反復の意味に用いる傾向に抗議し[13]，それはHの通俗的慣用にも反することを指摘する。たしかに行為を反復する傾向は多くのHにおいて見られる事実であるが，すべてのHについてそのことがいえるわけではない。たとえば，気にさわった者にたいして凶悪な一撃を加えた人物は，たとえその行為が一生に一回であっても，怒りに身をまかせるHを有していることを示すのである。したがって反復，機械的反復はけっしてHの本質ではない[14]。

べつの言い方をすると，機械性 mechanism はたしかに多くのHのきわだった特徴であり，すべてのHがなんらかの機械性の要素あるいは機械化 mechanization の側面をふくむといえるが，それに尽きるわけではない[15]。この点についてはあらためてのべることになるが，Dは生命と機械性とを対立させる見解を斥け，この二者の連続性を主張する。したがって，芸術家の創造的活動や演奏，独創的な思想家の思索を支えているHにも機械性は認められるし，Hの最低の段階にある機械的反復においても生命の要素は消滅してはいない。生命と機械性との連続性の主張はDの思想の根本的な特徴を示すものであるが，この連続性の主張がHの理論によって裏付けられていることはあきらかであり，またかれの「経験」概念においても反映されている。

つぎにDのH概念の第一の特徴，すなわちHを社会的機能として捉えるという立場にもどって，かれの考えを検討しよう。DはまずHが呼吸とか消化のような生理的機能と同様に有機体と環境との協働を必要とする機能であることを指摘する。生理的機能は，有機体が環境を使用し，自ら

---

13) John Dewey, *Human Nature and Conduct. An Introduction to Social Psychology*, the Modern Library, 1950（初版 1922), p.40.
14) *Ibid.*
15) *Ibid.*, p.65-.

に組み込み，統合してゆく過程であり，そこにおいては有機体自身と同じく，環境も不可欠の役割を有するのであるが，Hにおいても事情はまったく同じである[*16]。さらにHは技術（芸術）と同様に，主体の側の能力と素材，道具との協働をまってはじめて成立するものである。Hは技術と同様，客観的なエネルギーを同化し，やがて環境を主体の支配下におくにいたるような機能である[*17]。このようにHは，主体の内部にとじこめられた特性ではなく，外界との相互作用において成立し，発達せしめられるものである。というよりは，Dによると，主体とか自我といわれるものが，自然的・社会的環境からきりはなされて成立するものではなく，むしろ後者との相互作用を通じてはじめて形成されるのである。というのは，Dは（すくなくとも言葉の上では）Hを自我 self や意志 will と同一視しているからである。そこにDのH思想のより深い特徴が認められ，同時に問題性があらわれてくることを，指摘しておこう。

　ところで，生理的機能や技術（広義のHの種としての）においては主体と外界との相互作用が比較的容易に認められるのに，倫理の分野においては同じことがしばしば無視されている，とDは指摘する。すなわち，徳とか悪徳と呼ばれる道徳的傾向性（moral dispositions）は，ともすれば個人の内面的・私的な所有物であるかのように見なされ，そのことと関連して道徳的主体は自然・社会的環境から孤立せしめられ，後者からきりはなされて成立するかのように信じこまれている[*18]。しかし，道徳的傾向性もやはりHであり，したがって個人の特質と客観世界の諸条件との相互作用，合流をまってはじめて形成される[*19]。ここからして道徳的主体も当然主体的要素と外界の条件との統合として，より能動的な仕方で捉えなければならない。そうでなければいわゆる道徳的問題を，それにふさわしい仕方で，つまり道徳的問題として捉え，それと対処してゆくことは不可能だ，というのがDの主張である。

　一例をあげると，悪行あるいは犯罪についての「道徳的」見解，評価，あるいは判断は往々にしてつぎの二つの極端のいずれか一つに帰着する。

---

16) *Ibid.*, pp.17-18.
17) *Ibid.*, p.18.
18) *Ibid.*, p.18.
19) *Ibid.*, p.19.

すなわち，その「原因」を悪行を行った者の邪悪な意志にもっぱら帰するか，あるいはかれをそのような行為へ追いやった外的・社会的条件のみに帰するという極端である。これらはいずれも人とその環境，精神と世界との非現実的な分離を前提しており，この分離において本来の意味での道徳的問題は見失われてしまっている，というのがDの批判である。邪悪な意志も，社会的条件も，いずれも悪行という結果の産出に影響を与えていることは確かである。それらは或る意味で悪行の原因である。しかし，そこで関わっているのは，いずれも物理的な因果性であり，自由にして道徳的な行為の因果性ではない。そこで語られている「邪悪な意志」は本性的なものと解せざるをえず，したがってそれが悪行を生じるのは自然・必然的な因果性によると考えざるをえない。社会的条件なるものが物理的・自然的な「原因」であることはいうまでもない[20]。

　自由にして道徳的な行為である悪行の「原因」は，同じく自由なものでなければならない。それは主体がその自由を行使しつつ，主体的要素つまり主体の側の種々の能力と客観的・社会的諸条件との統合として形成したHにほかならない。（Dはこれを直ちに道徳的行為の社会性と呼ぶが，そこには問題がある。この場合の社会性は人格性と対立する意味に解してはならず，むしろ人格性の本質的モメントとしての社会性と解すべきであろう。）このように悪行の「原因」を主体と社会的条件あるいは環境との統合と解するならば，悪行を行った者も，社会もともにそれにたいする責任を逃れることはできず，同時にまたその悪行がこれから後にひきおこす結果（自由にして道徳的な因果性）に関してなんらかのことをなしうる。一言でいえば，道徳的問題にたいして道徳的な仕方で対処することができるのである。これにたいして，前述した二つの極端な立場は，いずれも道徳的事実に直面して，その物理的因果性を分析するにとどまっており，そこで行われる相互断罪，責任のなすりあいは，それ自身まったく道徳的性格を有しないといわざるをえない。

　このようにDは人間の生活——生理的活動から道徳的活動にいたる——におけるHの遍在性に注意を喚起し，Hの主体・客体的構造を強調している。このことはDによると，社会の改革・改造（戦争の絶滅，産業

---

20) *Ibid.*, pp.20-21.

界の正義, 万人にとっての機会的均等など) の試みにたいして, 客観的・科学的な基礎あるいは指針を与えるものである。すなわち, 社会変革のためには人間自身の改革が必要であるが, 人間は H であり, H は主体と環境との相互作用によって形成されるものであるとすれば, 客観的・社会的条件の科学的解明を通じて, 人間自身の望ましい改革を実現する道が開かれると考えられるからである*21。

Ⅳ　デューイの「ハビット」概念 (2)

　前節では D の H 概念の著しい特徴についてのべたが, そこから進んでかれが H の本質をどのように捉えているかを探ってゆこう。
　その出発点は, H がどれほど根本的に人間の思考や行動を規定し, 支配しているか, ということの反省である。D は H が人間の行動においていかに重要な位置を占めているかを知るためには, いわゆる悪い H に目をむけなければならない, という。そうすると, H というものは, われわれが自分の都合にあわせて思いのままにとりだして使ったり, しまいこんだりできる道具のようなものではないことがわかる。それはわれわれにとって外的なものではなく, 行動への傾向, われわれをつかまえ, 命令するもの tendency to action... a hold, command over us なのである。H は人間の正式の決定, 意識的な決断などよりも, より強力な制御力, 支配力を有するのであって, それらよりもより親密で根本的な仕方でわれわれ自身を形成するもの, われわれ自身の部分であるといえる。D は,「われわれがとらわれぬ目で自分を眺めるならば, H がこのような力 (支配力) を有するのは, それがきわめて親密にわれわれ自身の一部をなすものだからだ, ということを認めるのである」と言う。「それがわれわれにたいして支配力をふるうのは, われわれが H だからである」(It has a hold upon us because we are the habit.) *22。
　これにたいして, H をわれわれ自身と同一視するわけにいかない, H の

---

21) *Ibid.*, pp.17-24.
22) *Ibid.*, p.25.

なかにはわれわれが持とうと意図しなかったものもあるからだ，という抗議がなされるかもしれないが，これにたいしてDはこう答える。「すべてのHは何らかの種類の活動への要求である。そしてそれらは自我を形成する。およそ意志という言葉を意味のある仕方で理解するかぎり，Hは意志である（In any intelligent sense of the word will, they (habits) are will.）」[*23]。いいかえると，何らかの行為，活動へのHを有するということが，実質的あるいはプラグマティックな意味でその行為，活動への意志を有するということであって，Hからきりはなされた（つまり，客観世界，環境との連続性を有しない，それらとの協働が成立していない）意志なるものは空虚である，というのがDの立場である。

DはHこそ人間の自我，主体，ないし意志といわれるものを構成するものであること，いいかえると自我，主体，意志，さらに理性などと呼ばれているものの存在論的身分はHであることを示すために人間の行為における目的と手段の意味を検討している。すなわち，Dは目的はまず理性によって認識され，意志によって欲求され，その後にそれに到達するための手段が検討され，選択される，というふうに，目的と手段とを異質のものとして区別し，それらを切り離して考える二元論を斥ける。かれによると，目的と手段とは連続的に行為のひとつの系列を形成するものであり，その違いは目的がこの系列中の遠隔的な段階であり，手段は近接的な段落であるということより以上のものではない。

まず手段と呼ばれているものから見てゆくと，手段という言葉でふつう考えられているのは（1）人間がそなえている諸能力（2）外的な素材や道具などであるが，じっさいには（1）（2）が切り離されているかぎり手段とはなりえないことをDは指摘する。人間の内部にいわば閉じこめられた能力は能力とはいえず，また外界の素材や道具のような客観的条件だけでは何事も成就されない。このことは率直に反省すれば直ちにあきらかなことであるのに，しばしば無視され，そのために一方では内的な諸能力あるいは意欲，願望，他方では客観的条件がそれだけで有効であり，全能であるかのように信じこまれている。たとえば強い感情，堅固な望みさえあれば何事かが実現できる，という考え方があるが，これは火に消えよと命

---

23) *Ibid.*

ずれば消えると考えるようなものだ，とDは評する。他方では，道具，可能的手段（例えば法律）potential means だけで何事かを成就できると思い込んでいる人々があるが，これもさきの例と同じ誤りを犯すものである。

Dによると（1）と（2）とは，それらが適当に統合されてはじめて有効な手段，つまり真の意味での手段たりうるのであって，このような統合（joint adaptation）がHにほかならない。いいかえると，Hこそは手段なのであり，手段はなによりもHとして理解しなければならない。

つぎに目的と呼ばれているものに目をむけると，さきにのべたように目的はそれ自体で考えられ，意欲されるものであり，また意欲，願望が十分に強ければその実現が約束されるかのように考えられがちである。しかし，Dによると，実際には目的を意志するということは，その目的へと導くようなHを獲得することにほかならない。したがって或る目的を捉え，欲求するということは，それへの手段（中間項）のa, b, c……の連鎖を捉え，欲求することであり，とりわけその最初の項を見きわめ，欲求することにほかならない。そのことがまず「目的」とならなければならないのである。Dはいう。「ひとがすぐ目前の直接の行為を，それらを，目的とみなすほどに真剣にうけとるのでないかぎり，（いわゆる目的の追求は）時間の空費にすぎない」[24]。しかるに，この意味での手段の確保は，前述したようにHの獲得，形成にほかならない。

さらに目的を捉える（conceive）こと自体，手段確保という意味でのHの形成なしにはじつは不可能である。Dによると，目的がたんに目的として考えめぐらされているかぎり，漠然とつかみどころのない，印象派風の段階にとどまる。目的へと導く行為の系列を思い描くにいたるまでは，われわれは自分がじっさいに何を追求しているのかを知らない。つまり，目的は，それが手段へと転化されてはじめて明確な仕方で捉えられ，知的な仕方で定義される。（魔術の力をもつ）アラジンならば目的を手段へ転化させるという労を省略しえたであろうが，われわれにはそれは不可能である[25]。

Dが例として挙げるのは，或る人が深酒をやめようという目的を追求す

---

24) *Ibid.,* p.35.
25) *Ibid.,* pp.36-37.

IV デューイの「ハビット」概念（2） 69

る場合である。もしかれが，自分は目的をはっきり捉えていると信じこんで，「酒をやめる」ということ（つまり，かれが目的とみなしていること）を考えつづけるならば，かれはけっして目的に到達することはできない。その結果はむしろ深酒という H の永続化であろう。問題はかれが目的を知らないというところにある——かれはその反対のことを信じこんでいるが。かれが必要としているのは，深酒へと導くところの行動の連鎖を消滅させ，それにとって代るような別の行動連鎖を発動させることであり，そのための第一の行動に着手することである。そのことに成功すること，つまり直接の手段を確保することはあらたな H が形成されはじめることであり，この H の形成をまってはじめてかれがじっさいに追求しているところの目的が明確な仕方で捉えられるのである。したがって，そのときにはじめてかれは当の目的を意志しているともいえるのである。観念，意志，行為の順序は，ふつうに想像されるように，まず何らかの目的についての観念が形成され，それにたいする意志がよびさまされ，それが行為によって実現へもたらされるのではなく，行為は観念に先立ち，また観念の明確化には H が先立つ。むしろ行為によって H が獲得され，さらに H によって行為が完成される……という仕方でH が十分に形成されると，目的への意志が成立し，そのことによって目的の明確な把捉も可能となる，というのが D の主張する現実の順序である[*26]。

D はこのような人間の行為における目的と手段との意味，その関係についての考察にもとづいて，H こそは優れた意味において手段であり，また目的の意志ないし把捉なるものも，それへの手段たる H の形成をまってはじめて可能であることを結論する。いいかえると，或る目的の実現をめざす人間の行為なるものは，その目的へと導くところの H の形成にほかならない，というのが D の基本思想である。しかも，D にとっては，このように形成される H をはなれて行為の主体なるもの（自我，意志）はありえない。極端な言い方をすれば，具体的にいって存在するのは H ないしその変容であって，主体および客観的条件なるものはそのモメントであるといえよう。

---

26) *Ibid.*, pp.30-31.

V　ハビットと思想

　Dはふつうに自我あるいは意志などの名で呼ばれる行為の主体を，外界あるいは環境から独立に成立するもの，あるいは固定的で完結したものとは考えず，むしろ内的な能力と外的素材との相互適応，協働によって形成されてゆくHとして捉えた。Dはこのような立場（人間把握）をあきらかに心身二元論，あるいはむしろ精神を身体から超越した実体であるとみなす立場，に対立するものとして，それの批判を通じて形成している[*27]。Dは心・身という要素は反省的分析の結果であり，より根源的なのは時間的過程としてのHであると考えているわけである。Dのこのような考え方はどこまで徹底させることができるであろうか。精神に固有の活動は思惟（思想）であると考えられているので，Dが思想とHとの関係についてのべているところの検討を通して，Dの一元論がどこまで貫徹させられるのかを見てゆくことにしよう。

　Dは「思想（とか目的）の"素材"であるところの感覚 sensations や，観念 ideas は，ともに，〔感覚とか意味とかを生ぜしめるところの〕行為において顕示されているところのHによって影響されている」[*28]という。ところでDによると思想（ないしはわれわれの思念におけるより知的な要素）がそれに先行する経験に依存することはふつうに承認されている。ところがこの場合，「経験」は「空白な精神にたいして感覚が印刻されること」[*29]の意味に解されている。これはDによると，われわれのすべての思念を構成するものを，「純粋思想」（unmixed thoughts）から，「純粋感覚」（pure unmixed sensations）にきりかえたにすぎず，それは同程度に「假構的」fictitious である。なぜなら，或る感覚的性質，たとえば色彩の感覚はけっして根源的な事実ではなく，高度の技能，つまりHを予想するものである。明瞭な感覚を有するということはけっして単純なことがらではな

---

27) このような二元論批判は *Experience and Nature*, The Open court Pub. Co., 1925 において体系的に展開されている。
28) *Human Nature and Conduct*, p.31.
29) *Ibid.*

V ハビットと思想

く，訓練，技能，Hの徴しである*30。

したがって，観念ないし思想が感覚素材に依存するということは，それが具体的な感覚素材を支配しているところのH的態度に依存していることを意味する。思想のもとにやってくる素材はすべてHという媒体を通過してくる。しかも，この媒体は純粋ではなく，そこを通過するものに影響を与える。このように見てくると，われわれの観念や思想が経験に依存するのみでなく，感覚も同様であり，そして，ここで「経験」といわれているのは「Hの作用」にほかならない。

このようにDによると思想のHにたいする依存はきわめて根元的なものである。「そのHがすでに善きものであるような人だけが善とは何かを知りうる」*31。われわれが日常の単純な感覚，知覚において，あるいは道徳的評価，判断において，何かをあるがままにうけとり，直観的に判断しているかのように思いこんでいるのは，実は直接的意識の裏で作用しているHに動かされているのである。Dはこのことを錯覚の例で裏づけている。Hは知覚や思惟の主体の構造そのものに属し，その主体の作用を規定しているのであり，したがって作用の所産がHによって影響をうけないはずはない。エンジンに欠陥があれば，どんなに善い結果を出すよう期待しても無理である*32。

しかしDによると思想とHとの関係は，前者の後者にたいする依存ということにはとどまらない。そのことはかれがHを自我，意志と同一視したことからすでに推察されることであるが，その点をつぎにたしかめよう。Dによるとわれわれの意識にのぼる思想とか観念は，ひとつの現実に結果を生ずるところの有効なH (a) と，もうひとつの有効なH (b) の間にあって，外的表明をさまたげられているHにほかならない。いいかえると (a) がゆきづまり，(b) が獲得されるにいたるまでの過渡的なHであり，(b) を探求し，模索しつつあるHである。それはHの危機であり，「経験の危機」crisis of experience*33である。

このようにHと思想とは別物ではなく，思想はHの或る危機的な状態

---

30) *Ibid.*
31) *Ibid.,* p.32.
32) *Ibid.,* p.33.
33) *Ibid.,* p.52.

を指すものである。Dによると「具体的状況のなかの思想なるものは，時として思想と呼ばれているもの，つまり蒼ざめた，血の気のうせた抽象ではなく，Hの力動的・推進的な力で充満している」のである*34。それは客観的条件と適応しているひとつのHから，あらたな客観的条件との適応をめざして進む間のHにほかならない。

このように思想とHとはひとつのものであるのに，それらが分離された結果としてさまざまの社会的弊害が生じていることをDは指摘する。そのもっとも顕著なものとして，精神の創造性や自発性が圧殺され，既存の制度への盲従および画一主義（conformism）が奨励されている，という事実をあげている。つまり，「理論的には，デモクラシーは独創的な思想を刺激し，前もって新しい力と対処しうるように，思慮深く適応せしめられた行為を誘発するための手段であるべきなのに，じっさいには模倣の機会を数多くつくりだすだけにとどまっている」*35というのである。

こうしたHと思想との分離が生じた原因は，Hを単なる機械的な反復と同一視し，他方，思想を生命，自発性と同一視して，それを進歩の原動力として讃美する，といった誤まった考え方にある。しかし，さきにのべたように，じっさいにHは単なる機械性ではなく，また機械性と生命とは単に対立するのではなく，連続的である。すべての生命はなんらかの機械性を通して作用するのであり，生命が高次であれば，機械性もより複雑，確実，そして弾力的となる*36。ところが，往々にしてHは「死せるH」にのみかぎられ，創造的な生命活動の背後にある複雑なHは気付かれない。人には盲目的，爆発的な行為に生命を見て，労苦にみちた，連続的な適応，組織化のくりかえしによって形成されるH，慣習，制度には生命を認めえない*37。それは型にはまったH routine habitと賢明なH intelligent habitとの連続性を認めえないということであり，Hにおける客観的条件（身体）と主体的能力との一体化，統一にたいして目を閉ざすということである。このようにHの理解における欠陥がHと思想との分離を生じ，これが精神と身体，理想と現実，理論と実践，目的と手段の分離をひきお

---

34) *Ibid.*, p.53.
35) *Ibid.*, pp.65-66.
36) *Ibid.*, p.70.
37) *Ibid.*, p.74.

V　ハビットと思想

こし，そのひとつのあらわれがさきにのべた精神の創造性・自発性の圧殺となって現れている，というのである。しかし，精神を身体からきりはなし，その創造性・自発性を強調することがどうして創造性・自発性の圧殺というパラドクシカルな結末にゆきつくのか？　その理由は簡単である。精神といい，思想といい，じっさいには H であるのに，H は機械的・反復的なもの，死せるものと見なされ，そのような取り扱いを受けるため，思想・精神はその創造性・自発性を讃美されても，その讃美は空虚であり，じっさいには圧殺されざるをえないのである*38。

　この点を D は二つの方向から分析している。一方では，通常の行為的 H のうちに坐を占めていない思想，いいかえると現実の日常的行為との結びつきにおいて営まれない思想活動は，やがてそれ自身の離在的領域を形成する。そうなると，それにもとづいて行動しようとすれば，不様で，効果をあげることができない。そのような失敗が何回かくりかえされるうちに，無意識的に思想は行為の世界の偶然性にさらされるにしてはあまりに貴重で高次のものであり，現実との接触によって汚染し，歪曲せしめられてはならない，との態度が定着する。こうして思想は図書室か実験室の内部においてだけ行動に影響を与えうるような特殊的・専門的なことがらにのみかかわるか，あるいはセンチメンタルなものに堕してしまう*39。

　他方において，思想と H とを一体的なものとして有し，したがって日常的現実の場で有効に行動しうる実際家が存在する。かれは自分以外の人々においては思想と H が分離されるよう画策し，ひとり自らにおいてそれらの統合を実現するのである。D はこれを「実際家の永遠のゲーム」*40と呼ぶ。かれは，他の人々においては H が型にはまった H routine habit にとどまるようにしむけ，順存の制度，慣習への従属を美徳として称賛し，また思想，学問は，それらが現実から遊離しているかぎりにおいて，それらに補助を与える。つまり，かれらは自分は現実に根ざした，独立的な思考を営んでいながら，他の人々が同じことを試みると，それを危険な無政府主義として非難するのである。

　このように D によると，社会権力の独占をもくろむ人には H と思想と

---

38)　*Ibid.*, p.67.
39)　*Ibid.*, p.68.
40)　*Ibid.*

の分離を望ましいものと受け取っている。それによって自らは思考と計画を独占し，他の人々を，自分の考えを実行するためのおとなしい，操作し易い手段たらしめることができるからである。この仕組を変えない限りデモクラシーは現実に歪曲されざるをえない，とDはいう。そして，そのためにはHと思想とが同じものであること，さらにHが単なる機械的反復にとどまらないことの洞察が要求されるのである*41。

VI ハビットと人間

　Dは人間の研究においてはHを根源的所与（original datum）とみなし，そこから出発すべきことを主張する。個人あるいは個別的精神（separate individual mind）は根源的所与ではなく，むしろHのひとつの性質としての個別性（individuality）が誤ってそのように解されているにすぎない。ではどうしてそのような誤解が生じたのか。どうして個別的な魂，精神あるいは意識が根源的な所与であるという考え方が形づくられたのか。

　Dは，このような考え方を，人間本性が自然的ならびに社会的諸関係からきりはなされて捉えられたことからの帰結であると見ており，その過程をつぎのように説明している*42。その起源は道徳の領域にある。つまり，もっとも重要な行為は私的な問題，つまり或る特定の個人だけにかかわる問題であり，その人のいわば内部において始まり，終結するところのことがらとみなされる，という道徳的事実がその起源であるとされる。この道徳的事実は，まずそのような重要な行為が営まれる領域——自由な決定，理想，目的の追求など——は，客観的な自然的・社会的諸条件から離れた，別個の領域であるという客観的・形而上学的解釈をうけた。そこでまず精神が自然から分離されるわけである。ついで，現行の制度や慣習にたいする実践的な反抗と，上の宗教的・形而上学的解釈とが合流することによって，個別的な精神を根源的所与とみなすところの心理学的個人主義が成立した，というのである。しかし，これはDによると，ひとつの歴史

---

41) *Ibid.*, p.67.
42) *Ibid.*, pp.85-86.

的な偶然をそのまま本質的真理に変質させてしまったものである。つまり現行の制度の固定性，硬直性との衝突が，精神と客観的諸条件とを分離するひとつの線を引かせるにいたったものである。このような衝突からして，個別的精神は自然的・社会的条件からは独立であり，それらに先立つものであるというドグマが生じ，それが科学の名において横行している，というのがDの説明である[*43]。

　では個別的精神と呼ばれているもの，個別性において捉えられた精神とは，じっさいにはなんであるか。Dによると，それは本能あるいは衝動であり，それが現行の制度，慣習にたいして意識的な自己主張を行うところに，個別的精神なるものの発端が見られる。つまり，さきにのべた精神と制度・慣習との衝突なるものは，じっさいにはHの衝突である。Hが衝突すると，それまでHとして客観化されていた本能・衝動要素が解放されるが，それらが自らを客観的に表現し，実現しうるためには，あらたなHを形成しなければならない。いいかえると，いま自らの客観的発現をさまたげている慣習，制度を自らに適応させ，変容させなければならない。この場合，当初は（旧い）Hの個別的な色彩，性質にすぎなかったところのものが，この新しいHの獲得，制度・慣習の変容をめざす活動の中心として浮かびあがってくる，というのである。つまり，いま一時的に実現を妨げられているものが自我に属するもの，自我のしるしと解され，それがやがて個別的精神と呼ばれ，根源的所与とみなされるにいたる，とされる。しかし，Dによると，このような本能的・衝動的要素はそれ自体において不確定・不安定なものであって，とうてい自我，主体と呼ぶにはあたいしない。衝動・本能は客観的条件のうちに受肉（incarnate）してはじめて明確で安定した自我となる。そして，それはHにほかならないのである。

　このように，Dは伝統的心理学において根源的所与とされてきた個別的精神は，じつはHに個別的性質を与えるところの本能・衝動にほかならないと考えており，したがって，かれの立場においては，生具的・自然的といわれる本能なるものも根源的所与とは認められない。Dにおいては生得的・根源的 native-original なものがそのまま根源的所与とされるのではない。「行動においては獲得されたものが原初的である」[*44]とかれはいう。こ

---

43) *Ibid.*, p.89.

れはわれわれの主題にとって重要である。認識活動において native-original なものといえば感覚 sensations を考えるのがふつうであろう。ここからして sensations を根源的所与＝経験とみなし，それらを素材に認識の全体を構成しようとする試みが経験主義と呼ばれる。ところが，D によると第二次的－獲得されたもの secondary－acquired としての H が根元的所与であり，したがって「経験」という言葉がまず意味するのは H である。それがわれわれにとってもっとも直接的なのである。たしかに時間的には感覚が先行するといえるかもしれない。しかし行動している人間を具体的に考えてゆくとき，かれにとって直接的なのはむしろ獲得された H である。というよりは，具体的人間とは形成・変容されつつある H にほかならず，したがって H がかれにとっては根源的所与なのである。たしかに根源的所与としての「経験」は，D において——ロック，ヒュームにくらべて——より深い省察（自己還帰）をもって捉えられており，かれの経験概念がより経験的といえるように思われる。ただし D が経験の省察を徹底させているか，根源的所与は真に根源的に（radically）捉えられているかどうか，問題である。

　D は，本能を H に先行するもの，それこそは根源的所与と考えるのは，個人を完結的と見て，自然的・社会的条件から独立に存在していると考える個人主義の影響によるものであるという。しかし，われわれはじっさいにそのような個人に出会うことはないのであり，そもそも客観的条件（たとえば，新生児をとりまく成人たちの H を考えよ，それらなしには新生児は数時間も生きのびることはできない）から孤立した個人は生存できず，そのいわゆる生具の能力を発達させ，生具的な活動を営むこともできないのである。生まれつきの，自然的な行動と考えられる「怒り」すら，よく考えてみると純粋な衝動というよりは，H であり，また H たるかぎりにおいて人間的活動としての意味を有する。人間における怒りの表出とは，ただうなり声，叫び声をあげたり，とびかかって攻撃することではない。それだけなら「物理的な痙攣発作，無駄なエネルギーの盲目的，発散的な突出」[*45]にすぎない。それが怒りとなるのは「くすぶっているような不機嫌さ，い

---

44) *Ibid.*, p.85.
45) *Ibid.*, p.86.

かにも我慢できぬという風のわりこみ, 気むずかしげないらだち, 殺人的な報復, 火のごとき憤激」*46などのように, 意味のある現象として現れるときである。ところで, これらの現象は, 刺激にたいする根源的・生得的反応 original native reactions から生ずるものではあるが, 他方, 他の人々の反応的行動に依存するものである。いいかえると, 意味のある行為としての怒りは, 純粋な衝動ではなく, 現に H を有する他の人々との交わりの影響下に形成されたところの H にほかならない。D はいう。「手短かに言えば, 生得的活動の意味は生得的ではない。それは獲得されたものである」*47。In short, the meaning of native activities is not native; it is acquired.

Ⅶ　ハビットと本性

　前節で, 人間をたえず形成されるもの, あるいはむしろ自らを形成してゆくものというふうに動的に捉えるかぎり, そこでの根源的所与は, ふつうに native-primitive と考えられている sensation ないし instincts-impulses ではなく, 獲得されてゆくものとしての H である, という D の思想をふりかえった。ところでもし, D において人間が根源的に H として捉えられているとするならば, いいかえると, 人間学のもっとも根本的な範疇が H であるとすると, それと区別された本性 nature についてはどのように考えられているのか, かれは H とは根元的に違った意味で人間の本性について語りうるのか, という問題が生ずる。この問題の考察は D の経験的概念の明確化に役立つであろう。経験主義はふつう事実や出来事についてのみ語って, 本性そのものには関心を示さない。いいかえると, そこには本性を事実や出来事に還元しようとする傾向が見られる。D の場合はどうか。経験が H 的性格をそなえているとすると, H をこえるような本性については, もはやその経験的意味について語ることはできないのか。

　D は H の再適応, 再編は生得的な本能によって可能となるという問題をきっかけに人間本性の可変性 alterability of human nature の問題の考察に

---

46) *Ibid.*
47) *Ibid.*

入っている[48]。一般に改革や革新を主張する人々は人間本性が完全な展性 complete malleability を有し、そこに教育の全能、人間の無限の完成可能性 infinite perfectibility of mankind が見出されることを主張する[49]。これにたいして保守的な人々は人間本性における生得的要素を重視し、人間本性が実際上不可変であるという考え方に傾く[50]。

ところが D の見るところではこれら改革派、保守派の主張はいずれも誤った論拠にもとづいており、そこからしてこれらの極端な立場が不合理なものであることが知られる。改革派は H や慣習の可変性をよりどころにしており、保守派は生得的本能の恒久性に訴えているが、じっさいにはひとたび形成された H ないし慣習は最大の惰性を有して改変を拒否するのであり、これらにたいして、生得的本能はその行使を通じて最も容易に変容せしめられるのである。これらにたいして、D は、いわゆる人間本性の改変とは H の改変を意味するかぎり（生得的本能の変化は問題にならない、それは常に H の一性質、側面なのである）、それはふつうに想像されているよりは困難であるが、しかし不可能ではない、と考える。

D が例としてとりあげるのは戦争である。改革主義者は制度の改革（世界国家、世界連邦、社会主義的連帯）によって戦争を根絶しうると想像する。これにたいして保守主義者は、「戦争という制度は不可変なる人間本性に深く根ざすものであり、この制度を変えようとする努力は愚かである」[51]と主張する。これにたいして D は戦争という社会的パターンが本能的活動という素材から織りなされていることを認める。それに素材を提供しているのは生得的人間性 native hurman nature であるが、しかし、機構・構想 machinery, design を与えているのは慣習であり、H である。たしかに怒り、闘争性 pugnacity, rivalry, self-display のごとき生得的傾向 native tendencies なしには戦争はおこりえなかったであろうし、またそれらを根絶しえないことも確実である。しかし、だからといってこうした生得的傾向は戦争をひきおこさずにはおかない、と想像するのは幼稚な誤りである、と D はいう。それは未開人が、自分たちが籠を編むのに用いる繊維が不変の性質を

---

48) *Ibid.*, pp.101-.
49) *Ibid.*, p.101.
50) *Ibid.*, pp.101-102.
51) *Ibid.*, p.104.

Ⅶ ハビットと本性

そなえているという理由で，かれらが織りなす古い模様も同じ自然必然性に支配されている，と想像するようなものである[*52]。

　この誤謬は結果をそのまま原因と解して，それによって或ることを説明しようとする誤った試みにほかならない。かつて阿片が人を眠りにさそうという事実が，それは阿片にふくまれている催眠的能力 dormitive potency によるのだというふうに説明されたことがあった。戦争が存在するのは好戦的本能 bellicose instincts による，という説明も，その幼稚さにおいてこれと変るところはない。戦争という制度，慣習を，まず現存する事実という意味にとり，つづいてこの事実を生みだした根源的な力と解し，前者にのみ属する自明性を後者に与えているのである[*53]。

　生得的傾向について語るなら，人間にはいわゆる好戦的傾向と並んで平和的傾向，たとえばあわれみ，同情 pity, sympathy も見られるが，いずれにしても，それらは素材であって，戦争という制度・慣習の形成力ではない。また戦争がひとつの支配的な生得的力の所産であるならば，それが道徳的非難あるいは弁護の対象となることもありえなかったであろう。これにたいして，D によれば，戦争という制度は多くの社会的要因が相互に抑止あるいは強化し合うことによって形成されたものであり，その形成力あるいは原因について語りうるとすれば，それは H にほかならない。じっさい，戦争はなんらかのひとつの不変なる生得的力によって生ぜしめられると考えることは，敵を悪玉，味方を善玉と思いこむのと同じくらい幼稚なことである。歴史をふりかえり，それぞれの戦争についてそれらをひきおこした要因をふりかえるならば，戦争が或る特定の生得的な力によって生ずるのであり，したがって根絶できないという議論は根拠がないことが判明する，と D はいう[*54]。

　このように，戦争は或る特定の生得的傾向によってひきおこされるのではなく，生得的傾向もふくめて諸々の社会的要因が統合されて成立した社会制度ないし慣習にともなって（それの関数として）生ずるのである。したがって戦争を廃止するためには，全面的な社会制度の再編が必要とされるのであり，特定の制度——たとえば軍隊だけに——目をつけて，他の

---

52)　*Ibid.*, pp.104-105.
53)　*Ibid.*, p.105.
54)　*Ibid.*, pp.106-107.

社会制度を放置するような方法をとるかぎりその成功はおぼつかない。戦争を廃止するためには，たとえば，「平和を（戦争にもまさって）英雄的なものたらしめ」「平和時において生得的な諸傾向を道徳化し，人間化してゆく」*55 という広汎な問題ととりくむことが要求される。つまり，新しい H の形成が必要なのであり，それが D の見るところでは，人間本性の改変ということの経験的な意味にほかならない。

　これまで見たところから D が可塑的な人間本性ないし人間本性の可変性*56 について語る場合に考えているのは H であることはあきらかであろう。これにたいして，しばしば人間本性の名で呼ばれ，その不可変性が強調されるところの生得的諸傾向は，たしかに人間が呼吸することや，食べることをやめることはないのと同じ意味で不可変であるといえるが，それらは実は事実を名付けたものにすぎないのであって，誤って解されているように，当の事実を生ぜしめるところの根源的な力 original force（原因，原理）ではない*57。したがって，それらを人間本性と名付けることには意味がなく，それらを説明原理として用いることは（前述のように）誤りである*58。

　たしかに D は人間本性，つまり H の可変性について，それが容易に行われるものではないことを強調している。しかし，人間本性なるものは環境（客観的条件）から独立に存在するものでなく，むしろ環境との相互作用においてはじめて成立するものであるかぎり，根本的に可変的である。D は人間本性の「基本的同一性」を看過してはならないというが，これはあらゆる時代・場所を通じての同一性ではない。この同一性は，かれの場合，可変的なる人間本性のさまざまの現れにおいて認められる共通の事実的特徴をさすにすぎないのであって，生得的傾向とか活動とか呼ばれるものがそれにあたる。しかし，それらはそれ自体，人間本性と呼ばれるにあたいするものではない。

　たしかにふつう人間本性と呼ばれているものは H であるという D の主張には説得性がある。しかし，われわれが人間本性について語るとき，その意味は H でつくされているであろうか。たとえば，人間本性の同一性，

---

55)　*Ibid.*, p.109.
56)　*Ibid.*, p.101.
57)　*Ibid.*, pp.105-106.
58)　*Ibid.*, p.128.

Ⅶ ハビットと本性

不可変性は，Ｄがいうように，Ｈと同一視された人間本性の素材としての生得的傾向のそれに還元できるだろうか。あるいは，道徳の領域で自然あるいは人間本性への訴えがなされるとき，それは結局のところ事実への訴えにすぎず，したがってそれを規範と解するのは論理的飛躍であろうか。総じて，Ｈよりもより根本的で高次の人間本性（自然）なるものは存在しないのであろうか。

実はＤの人間本性とはＨであるという考え方をさらに検討すると右の疑問を軽々しく片付けることができないことがわかる。かれが人間本性の可変性の問題に立ち入ったのは，生得的傾向を解放することを通じてＨ・制度の改革という問題をきっかけとしてであったが，じつはＨの再編 reorganization という問題はわれわれを悪循環にひきこむように思われる。というのは，生得的傾向ないし活動に，既存のＨ・制度の改変のための足がかりを求めようにも，生得的傾向自体が既存のＨ・制度によって方向づけられているかぎり，それは不可能ではなかろうか。既存の制度・Ｈによって規定されている生得的傾向が，いかにして当の制度・Ｈ改革のための発端となりうるのか。制度・Ｈ改革の回転軸とも始動力ともなるべき生得的傾向はどのようにしてそれがいま組みこまれているところの既存の制度・Ｈから解放されうるのか，という問題である。

Ｄはこの解放を過去におけるごとく偶然や動乱にゆだねないとすれば，その方法としては教育ならびに社会の多元的構造などが考えられるという。若者は既存の制度，慣習の圧力に完全に服してはいないので，その生活はまだ生得的諸傾向の生気，柔軟性を失っていない。これを教育によって助長して「より賢明で，より敏感に知覚し，より豊かな先見の明があり，自分の仕事をよりよく自覚し，より直接的で誠実であり，より柔軟に反応的である」 "more intelligent, more sensitively percipient, more informed with foresight, more aware of what they are about, more direct and sincere, more flexively responsive" ようなＨを形成せしめるならば，かれらは新しい状況・問題に適切に対処して，制度・慣習（Ｈ）の改革に成功するであろう，とＤは期待する。もうひとつは，複雑・多様な社会の内部における諸制度・慣習――たとえば産業界と教育，宗教界，政治社会と家庭――が相互の摩擦ないし摩損をひきおこし，そこから衝動 impulse が新しい冒険のために解放されるという可能性である。

Dは，このような教育，多元性による生得的傾向の解放を，偶発的なそれとは異なったものとしているが，その違いはかれの立場において明確にされているであろうか。解放がそれ自体においてなんらかの方向（少なくとも一般的な）をふくまないかぎり，結局それは偶発的ではないのか。しかし，解放が自らのうちに方向をふくむと考えるならば，それはたんに素材的な意味での本能・衝動の解放ではありえず，むしろHより根源的で高次な，「根源的自由」とも呼ぶべき人間本性の自己発現でなければならないであろう。この意味での本性とは，Hとしての諸本性をその特殊相としつつ，これら特殊相としての本性を通じて自らをあらわすところの普遍的本性である。Hとしての本性は，この根源的自由としての本性の具体的形態であり，具体化であるといえよう。Hの再編・変化，いいかえると可変的なる本性は，その可能性の条件ないし根拠としてこのような超越的な本性を要求するように思われる。Dはそれを認めないが，かれが可変的なる人間本性について語るとき，じっさいにはそのような人間本性を肯定しているように思われるのである。

Ⅷ ハビットと知性（1）

さきに思考がHに依存するものであること，いな思考とHとは別物ではなく，思考とはHの危機的段階にほかならないこと，に関するDの思想を概観した。「H」が「人間的経験」と置きかえられるならば，思考は経験の一側面ないしモメントと解されていることになる。「経験から思考ないし知的認識へ」ではなくて，思考は経験が自らをたえずあらたにしてゆく過程，一言でいえば経験の成長における一機能として捉えられている。中心はあくまで経験＝Hである。つぎにこのようなDの基本的立場を頭におきつつ，かれが知性 intelligence および思考ないし認識の働きをどのように考えているかをふりかえることにしよう。

Dによると，人間の歴史——集団および個人の両者——においては，既存の慣習，H＝制度が客観的条件の変化に対応できず，そのための抑圧的な性格をおびることがさけられないが，そのさいしばしば，慣習・制度の固定化・化石化と，無軌道な本能の爆発という両極端の間をゆれ動く結

果が生ずる。また社会において，これら両極端が共存して，「特定の」批判，「特定の」再建，"specific" criticism, "specific" reconstruction のために必要なエネルギーが対立抗争のために空費されてしまう。これら両極端は厳密には「人間的」行動とはいえない。「人間的」といえるのは慣習・H の刷新 renewal 再編成をはかってゆく努力であり，そのために本能を活用しなければならない。ところで，本能はこのような刷新・再編成の回転軸・起動力とならなければならないが，刷新・再編成の specific な方向づけを与えることはできない。そこにはいくつかの選択肢 alternative が開かれており，そのどれをえらぶかは本能のなしうるところではない。そのためには知性が必要とされるのである[*59]。

H 形成・再適応のためには本能によって生命をふきこまれる animation ことが必要であるが，それだけでは充分ではない。H 形成のためには自発性 spontaneity が必要であるが，H は自発性ではない。D によると，H が阻害されると本能が解放されるが，その時，その双生児として思考も生みだされる。しかし，思想は大事に養育されないと速やかに死亡し，そのあと固定化した H と本能とが内乱を続けることになる。それは前述のように，もはやまったき意味では「人間的」行動とはいえない。では思考を養育するとはどういうことか――いいかえると，どうしたら思考の本来の機能を発揮させることができるか。ここで D は注目すべきことをのべている。それは或る意味では，いわゆる「道具主義」というかれの立場と反対のように聞える。かれは「伝統と直接的本能がゆきついているよりもさらに深く進もうとする知性の勇気」について語り，それをラディカリズムの本質と解する。ラディカリズムは直接行動ではなく，根元 radix へと深くはいってゆこうとする知性の勇気であり，そこで実は知性が誕生する，というのである。つまり，知性が H 形成・刷新における道具であるといっても，そのことは既存の H や，目前の本能に盲目的に従属する道具たることを意味するのではない。むしろ，H や本能の特殊的形態を超越してゆく努力が知性なのであり，この超越を成就することによってのみ，知性は道具として有効でありうる。単なる道具たることを超越することによってはじめて真の道具たりうるのである。単にプラグマティックたることを超越して

---

59) *Ibid.*, pp.163-.

はじめてプラグマティックたりうる。Dの思想のこの一面を見逃してはならないであろう*60。

つぎにHと知性との関連については，Dはまず一般的に，Hは知的活動の有効さにとっての必要条件であるが，そこに二つの側面があることを指摘する。第一はHが知的活動を制限する（restrict）という面である。Hが形成され，思考が型にはまる（ルーティン化する）と，思考はもはや不必要・不可能となってしまう。もはや思考は自らがたどるべき道，行きつくべき目的点を考えなくなる。Dはいう。「すべてのH形成は知的専門化の端初をふくんでおり，それを抑制しないと思考不在の行動にゆきつくことになる」。

じっさいには，われわれの思考はいろいろな障害に遭遇するので，完全なルーティン化におちいることはない。それにもかかわらず，思考のH形成は，もともと容易さや安定を求めるものであったのに，それが直ちに完全性の追求であるかのように思いこまれたところに重大な虚偽がひそんでいる，とDは指摘する。容易さ，安定は一定の条件下においてこそ望ましいものであるが，それを無条件的にのぞましいものではなく，したがってそれを無条件的に追求することはけっして正しくない。たとえば渇いている者が水を飲むことで満足をうるところから，水に溺れることが最大の幸福である，ということにはならないのと同様である*61。

ただ知的活動のH化は，D自身も認めているごとく，ただちにそのルーティン化を意味しないのであるが，Dはこの点について立ち入った考察をしていない。それは，かれが関わっているのがHと知性との関係であって，知性そのものではないことにもよるが，知性のHについての考察の欠如はやはり問題であるように思われる。DはHは技術・人為 art であり，art たるためには本能の自発性のみでなく，知性の機能（観察し，想起し，予見する observe, recall, forecast...）が必要であるというが，art をその一つとする知性のHという考え方には達していない。これはかれの人間把握の中心がHにあり，知性はその一機能としてのみ考えられていることによるのであり，そこに問題がある。

---

60) *Ibid.*
61) *Ibid.*, p.165.

VIII　ハビットと知性（1）

　第二の側面は，Dによると，より積極的なものであり，形成されたH（それらは生物学的能力 biological aptitudes の行使を通じて形成）のみが観察，想起，予見，判断，概念化，推理などの知的活動をいとなむ唯一の作用主体 agents であり，ふつうこれら活動の主体とされている精神，意識，魂などは「神話」にすぎない，ということである。具体的H以外には認識・思考を行ってゆく手段はないのに，魂 soul なるものを迷信としてすて去ったはずの人間が，いまなお或る独立の知る者 a separate knower を想定している。彼等は，意識という流れ，あるいは過程であったり，感覚や表象のごときものを，知性の道具 tools としたり，あるいは認識主体たる意識一般のごときものをでっちあげている。しかし，Dによるとおよそ知的活動をいとなむのは具体的Hであり，上にあげられたものはHの機能，Hの形成，作用における諸現象を指しているにすぎない。

　しかし，DはHがそれ自体で認識する，とはいわない。それは本能が自ら省察，観照を行うのではないのと同様である。Hはそれ自体としては，いわば立止って思考，認識を行いはしない。本能は知的活動をよびおこしはしても，自らそれを遂行することはない。Dは言う──「Hはそれ自体としては組織化され，方向は規定されているので，探求や想像にふけることはない。これにたいして本能はあまりに混沌としており，混乱しているので，認識を行いえない。Hは事物（＝対象 objects ... しかし，いまだ対立，反対していないので対象とはいえない）を統合し，克服してゆくが，それらを知ることはしない。本能はそれらを打ち散らし，打ち消してしまうだけである。ここからして，知的活動のためにはHと本能との，或る微妙な組合せ a certain delicate combination が必要とされる」[62]。「Hがなければ，いらだちと，とまどいとがあるのみであろう。Hのみであれば古い行為の機械的反復，重複があるのみであろう。Hが相克し，本能が解放されるとき，そこに意識的探求 conscious scarch がある」[63]。

---

62) *Ibid.*, p.167.
63) *Ibid.*, p.170.

IX ハビットと知性 (2)

　思考や認識活動，あるいは知性に関する D の理論は，かれの一元論的ないし連続的思考の特徴をよく示している。かれは「考える」「知る」という活動の自明性から出発しない。そうすることは，かれにとって，精神―物体，主観―客観，経験―自然，心―身の二元論に自らを封じこめることを意味する。むしろかれは生物体と環境との間の不断の相互適応・統合としての H，ないし，その意味での経験を根本的カテゴリー，根源的所与として，そこから出発する。思考，知性はそれとの関連において，その側面として理解されるのである。
　このように D においては，思考，知識がなんであるかを理解してゆくさいの基本的カテゴリーは H であるが，かれは H をそのまま認識や思考活動と同一視するのではない。そうすることは「知る」know と「すべを知る」know-how とを同一視することになる。われわれはたしかに H によって know how といえる。一般の慣用でも know how，たとえば，すべての獲得された実際的技能および動物の本能までが知識と呼ばれている。鳥は巣をつくるすべを，くもは巣をはるすべを知っている know how という[64]。D によると，ベルクソンが直観と呼ぶものは，こうした know how についての普通人の考えを学問的に仕上げたものにほかならない[65]。D は know how を知識と呼ぶことに理由がないわけではないが（知識の実際的機能からいって），その場合にはかれが厳密な意味での知識と考えるもの，つまり「事物についての知識，しかじかであるとの知識，反省と意識的評価をふくむ知識は，対処されず，記述されないまま，別種のものとして残る」[66] knowledge of and about things, knowledge that are thus and so, knowledge that involves reflection and conscious appreciation, remains of a different sort, unaccounted for and undescribed. という。
　ここで D が厳密な意味での知識を指す言葉として「反省」（自己への還

---

64) *Ibid.*, pp.167-68.
65) *Ibid.*, p.168.
66) *Ibid.*

IX ハビットと知性 (2)

帰),「意識的」を用いていることに注目しよう。それは H において一体であり,統合されている主体―客観の分化が起こっていることを示す。そのことは生物体と環境との間のバランスがたえず崩され,そして回復されているという事実に対応する。この回復・再適応への過程において思考,認識が現れるのであり,それは主体と環境のバランスが崩れ・分化していることを反映して,当然 reflective-conscious なものたらざるをえない,と考えられる。つぎに D がこの過程についてのべているテキストを検討しよう。

「この再配分の時期においては,本能が運動の方向を規定する。再組織化をめざす運動は本能によって提供される焦点のまわりを回転するのである。一言でいうと,われわれの注意は,(いまにも現れそうだと)予感されてはいるが,まだわれわれの目にとまっていない何物かを捕捉すべく,つねに前方へ向けられている。この熟視,探求,探究を方向づけるのが本能である。論理的に言えば,それは未知なるものへ向かっての運動であるが,未知なるものの無限の空間一般へ向かっての運動ではなくて,かの特定の未知なるもの,すなわちそれにうまく行き当たったときには,秩序ある統一的行動が回復されるような特定の未知なるものへ向かっての運動である。この探究が行われている間,古いハビットが内容を提供する――なかみとなるところの,特定の,明確な素材を提供する。そのはじまりは,われわれが行きつこうとするものの漠然とした予感 (presentiment) である。組織されたハビットが明確に調整され,焦点が定まるにつれて,混乱していた状況は形をとる――それは『明瞭化される』……これが知性の本質的機能である。過程が対象となるのである」[*67]。

このような H の再組織化,つまり新たな H の形成過程において,本能がその運動を規定する,運動の焦点ないし回転軸を提供する,到達されるべきものを予感する。探求を方向づける……といわれていることに注目したい。思考,認識活動,つまり知性の作用は,この方向づけの下に,その

---

67) *Ibid.*, pp.169-70.

予感に導かれつつ，既存の H において統合されていた諸要素をときほぐし，新たな統合へと近づいてゆくのである．その機能は，本能において予感されていたもの，あらかじめ漠然と捉えられていたものの現実化である．そうすると，D が知性の本質的機能だという「明瞭化」は，本能による一般的規定の特殊化という仕方で行われる「想起」であると言えはしないか．ところで，このような特殊的規定（specificatio，つまり species による規定，forma による規定）を遂行する能力をなにか根源的なものとして立てないかぎり，本能と呼ばれているものが根源的な意味での知性であることになり，認識は想起であるというプラトニズムが D において思いがけなく現れてくることになりはしないか．D は，「われわれは H が妨げられ，そこに相剋が生じ，本能が解放されるような場合に，認識する」[68]といい，本能は認識，思考を誘発（instinct-instigate）するものではあっても，それを遂行するものとは考えていない．しかし，じっさいには，かれが本能について認めている認識的機能はそれにとどまらないのではないか．

　D は思考，認識を H 再組織化の過程・運動における一側面として捉え，したがって，認識の担い手，主体は H であり，独立的，離在的な精神，意識のごときものは認められない．D は，自分が認識の個的根源 separate-original を認めないのは，精神と自然との連続性という根本的な事実にてらしてである，という[69]．かれは，ひとたび認識が成立したならば，その独自の価値 distinctive value はきわめて大であって，比類なきもの[70] unique といえるほどだ，という．しかし，認識，判断，信念などは，すべて生得の本能と環境との相互作用とを通じて獲得されたものであること，したがって自然から独立の精神なるものはないという根本的事実を認めなければならないという[71]．

　私はこれにたいして，D のいう自然と精神との連続性そのものを認めつつも，その連続性の説明には問題があると考える．D はあくまでこの連続性をいわば下から，つまり生物体と環境との相互作用・統合から捉えてゆく．簡単にいえば，（生物学的な意味での）「生きる」によって「知る」を説

---

68) *Ibid.*, p.167.
69) *Ibid.*, p.186.
70) *Ibid.*
71) *Ibid.*, p.187.

明しようとする。しかし，その説明はさきにふれたプラトニズムにおいて，その破綻を示しているのではないか。ここに D の経験論的立場の論理ともいうべきものの根本的問題があるように思われる。たしかに「知る」とは「生きる」ことであるといえる。しかし，「知る」ということを，科学によって厳密化された，「生きる」についての日常的理解からして説明することは，とうてい哲学的とはいえないのである。

　しかし，もうすこし「知性」ないし「理性」についての D 自身の説明を見よう。思考とか認識と呼ばれるものは，より具体的には考量（deliberation）とよばれる知的作用にふくまれる。H とは多様な競い合う行動路線の（想像における）ドラマ的リハーサル*72 dramatic rehearsal (in imagination) of varions competing possible lines of action であり，それは H がゆきづまり，本能が解放されて，その間に衝突が生じたとき，各々の H，本能にしたがったならばどんな結果が生ずるかを，現実にではなく，想像において in imagination あるいは思考において in thought 試してゆく過程である。考量は反省 reflection と呼んでもよいが，それは先行した活動 activity とは異質のものというよりは，単に方向が逆になったものにすぎない。行動を構成していた諸要素（つまり H，本能）が統一を失い，互いに抑制し合うようになって，外的行動 overt action が不可能となったため，活動は内向する。行動は反省にあとをまかせるために停止するのではない。行動は遂行から内的・組織的チャネルへと転じ，ドラマ的なリハーサルの形をとるのである*73。Activity does not cease in order to give way to reflection; activity is turned from execution into intra-organic channels, resulting in dramatic rehearsal.

　このような考量は外的行動 overt action をめざして行われるのであり，overt action へと移行するということは，選択あるいは決定が行われるということである*74。選択とは「overt action の回復のための適切な刺激を提供するような対象に，想像のうちでうまく行き当たることにすぎない。なんらかの H，もしくは H や本能の諸要素のなんらかの組合せが，行く先の道が完全に開かれていることを見出すやいなや，行われるのである」*75。

---

72) *Ibid.,* p.180.
73) *Ibid.,* pp.181-82.
74) *Ibid.*
75) *Ibid.*

「このような行動の決定的な方向が選択といわれるものにほかならない」*76。

　Dは，選択が行われるまでは中立的状態が支配し，選択においてはじめて傾きないし方向が生ずると考えるのは大きな誤りだ，という*77。Dによると，考量は選択をつくりだすためというより，選択肢が多すぎるとき，それをどれかひとつへと還元するために行われるのである。しかし，ここに問題が生ずる。いったいどのひとつの方向へと還元するのか，その一つの方向はどのようにして見出されるのか。Dは，われわれはいろいろのことを欲しているが，何を本当に really 欲するのかについて選択を行わねばならない，とか，もっとも全き仕方で most fully 活動を解放するような方向を選びとらなければならない，という*78。だが really, most fully とはどういうことか？　いかにして決定されるのか。そのことと，さきにのべた本能の予感する方向とはどのように結びついてくるのか？

　この点に関してDは合理的と非合理的な選択とを区別している。想像ないし思考にあらわれた或る対象がひとつのHないし本能のみを刺激し，他の可能性をまったく容れる余地のないようになってしまう場合，選択は恣意的で，非合理的である。これにたいして，考量において，或る対象が，さまざまの競争的傾向を，統一し・調和せしめるような仕方で刺激するとき，選択は合理的である*79。いいかえると，すべての傾向ないし欲望に場所を与え，それらを成就するような活動への移行が行われるとき，当の選択は合理的であるとされる。Dは理性を欲望と対立させない。「合理的とは，事実，欲望に対立するものではなく，諸々の欲望の間の効力ある関係という性質である。それは，かつては相容れないものであった多様な諸傾向の間につくりだされた調和であり，秩序である」*80。合理的選択は「包括的な対象の現存」をもって行われる。選択を方向づける対象が包括的である場合にのみ，対立的な諸傾向はすべて所を得て，そこに統一や調和が成立する。合理的な選択をもって可能となる新しい活動は，より包括

---

76) *Ibid.*, pp.182-83.
77) *Ibid.*, pp.181-82.
78) *Ibid.*, p.183.
79) *Ibid.*
80) *Ibid.*

的で，豊かなものである。端的にいえば，Dは合理的な選択をなすためには，われわれは絶対に開かれた態度を保持すべきことを要求される，という立場をとっている*81。

ここでDは合理性（reasonableness, rationality）を示す言葉として「包括的」「豊かな」などの言葉を用いている。古いHと本能，H間の対立を克服する機能としての思考，認識ないし知性は，したがって，なんらかの「包括的なもの」，あるいは端的に普遍的なものの現存を前提とする。思考ないし考量によって成立する新しい行動の構造はより包括的で豊かなものであるといわれるが，それを成立させる思考，考量においては絶対的な包括性あるいは普遍性の現存が要求されるのではないか。Dはしかし，このような絶対的な普遍性によって特徴づけられるごとき根源的能力（絶対的に開かれた能力……存在へと開かれた能力）を認めなかった。Dは合理的な選択をなすために絶対に開かれた態度をとるべきことを要求しながら，そのための能力（それへの可能性）を（存在論的に）認めていないのである。結局のところ，Dは根源的能力としての理性を認めることは，精神と自然との連続性の否定になると考えて，それを斥けるのである。

X 経験の美的および宗教的要素

Dの経験概念の包括性は，さきに見たように，経験が知性や思考と対置せしめられるのでなく，むしろ知性や思考は経験の一要素，局面と解されているところからあきらかであるが，つぎに，かれが経験の美的および宗教的要素についてのべているところにてらしてそのことをたしかめてゆくことにしよう。

デューイは経験の美的要素をつぎのように要約する。

「美的なものは外部から，無用のぜいたくもしくは超越的な理想的なるものとして，経験へとわりこんでくるものではなく，あらゆる正常的に完結した経験に属するところの特徴が，明瞭かつ高度な仕方で展開し

---

81) *Ibid.*

たものである」*82。

...the esthetic is no intruder in experience from without, whether by way of idle luxury or transcendent ideality, but … it is the clarified and intensified development of traits that belong to every normally complete experience.

　じっさい，美的理論ないし芸術哲学を書くにあたって，D が第一の課題とするところは，芸術作品（ならびにその鑑賞）と結びつくところの洗練された高度の経験形式と，ふつう一般に経験なるものを構成するとされているところの日常的出来事，行為，受動との間の連続性を回復することである*83。なぜこの回復が急務であるかといえば，いわゆる芸術作品，およびその鑑賞活動を特定の領域へと祭りあげ，閉じこめ，それ以外のすべての人間の生活や努力の内容をなすところの素材，目標（科学，政治，宗教，生産……）からきりはなしてしまうと，それら芸術作品の持つ意義が理解できなくなるからである。D は自分の立場を正当化するため山と大地の比喩を引き合いに出す。山頂は空中に浮かんでいるのではなく，また大地の上にのっかっているのでもない。それらは大地そのものであり，それが顕在しているにすぎない。地理学者，地質学者はこの事実を，それにふくまれているさまざまのことがらともどもあきらかにすることをめざすのであり，美的理論においても同様の仕事を遂行しなければならない，という*84。

　しかし，現実には多くの場合，D 自身，認めているように，日常的ないし通常的，共通的経験と美的経験（芸術作品の創造の源泉，あるいはその鑑賞における）とはなにか別個のものと受けとられているのであり，この二者の連続性を主張する D としては，そのような分離がどのようにして起こったのかを説明する必要に迫られる。D の説明は二つの視点から試みられている。その第一は「美的」ということがもっぱら芸術作品との結びつきにおいて──美術館的「美」観──考えられるようになった由来，第二は「経験」が美的なものとは無縁であるかのように捉えられるにいった由来，の説明である。

---

82)　J. Dewey, *Art as Experience,* Minton, Balch & Co., 1934, p.46.
83)　*Ibid.,* p.3.
84)　*Ibid.,* pp.3-4.

第一の点についてはDによると，われわれがこんにち芸術作品と呼ぶものは，もともと日常生活の過程の高揚のためのものであった。「それらは，人々の頭上はるかの壁がんに収められる代りに，武勇を誇示し，集団・部族への所属のしるしを示し，神々を礼拝すること，祝宴や断食，戦争，狩猟，その他，生活の流れにきれめをつけ，リズムを与えるすべての危機と結びついていたのである」*85。このように共同体生活――人々の共通的経験――の一環であった芸術作品・美的経験が，孤立させられるようになった理由として，Dは，たとえばヨーロッパのほとんどの博物館・美術館が国家主義や帝国主義の興起のしるしであること，資本主義の発達が芸術作品の座としての美術館の発達をうながしたこと（裏からいえば，芸術作品は日常生活とは無縁であるとの考え方の推進），成金，典型的な資本家の特権的地位のシンボル status symbol，近代国家が文化政策の一環として美術館を作ったこと，現代の国際的産業や貿易によって，芸術作品はそれを生みだした共同体，民族の生命からきりはなされて，商品とみなされるようになったこと，などを枚挙している。これとならんで，もともと芸術作品にはなかった美術 fine art と役に立つ技術 useful art の区別が本質的なものとみなされるようになったが，そこからして，美的なものと日常的経験との分離が生じた。これもDによると芸術作品そのものにとっては外的な区別にすぎない。或る作品がきれい fine で美的 esthetic であるか否かは，それが日常の生活で使用されるかどうかには内的にはかかわりない。むしろ或る作品を fine, esthetic たらしめるのは，制作の過程における生命と経験の充実である。つまり，「それら作品の制作・知覚の経験における，生命の完結さの程度」*86 degree of completeness of living in the experience of making and of perceiving なのである。他方，われわれがこんにち使用する品物，道具が真に美的でないとすれば，それは，それらの事物の制作，生産においてつぎのような経験がなされていないからである――「そこにおいては人間の全体が生命にあふれ，自らの生命を悦びをもって所有しているような経験」*87 experience in which the whole creature is alive and in which he possesses his living through enjoyment.

---

85) *Ibid.*, pp.6-7.
86) *Ibid.*, p.26.
87) *Ibid.*, p.27.

つぎに，第二の点，すなわち経験概念の問題点が指摘される。われわれの日常生活の大半を占める経験は，はっきりとした計画や選択によって制御され，方向づけられているのでなく，外的な圧力や影響のままにおし動かされ，その場かぎりの欲求，気まぐれの連続であるか，あるいは機械的な，無思考的にいとなまれる活動からなりたっている。それら二つの極端が，量的に圧倒的なため，経験の典型とみなされている。そして，この意味での経験にはほとんど美的要素はみとめられないところから，美的なものと経験との分離が生じたわけである。ところがその中間に成長し，成就に達するような経験がある。じつはこのような経験のみが，それぞれに始まりと終結・完成を有する完結的な，統一のある経験であって，充実した意味で「経験」と呼ばれるのである。ところが，経験に完結性と統一を与え，それを充実した意味で「経験」たらしめる要素は，そのまま経験の美的性質にほかならない，というのがDの考えである[88]。かれによると，経験は生命体たる人間と環境との相互作用・相互適応・統一の生命的過程にほかならないが，そこにはさまざまの抵抗や緊張があり，それらの克服によって統一が回復されるとき，統一ある全体的な経験が成立する。その場合に成就された統一・安定は静的な沈滞ではなく，リズムと成長をはらんだ統一である。そして，それは悦びにみちた知覚を与えるもの，つまり美的なものである[89]。この場合，生命的過程である経験は，ひとまず，そのゆきつくべきところに達しており，「高揚された生命性」[90]であり，そのことが経験の美的要素にほかならない，とされる。すべてわれわれの経験における生命の高揚，生命的活動の成就は，悦びをもって自らの成果を眺めることをえしめる（聖書に記されている創造の物語における神の「善し」という言葉）のであり，それが経験における美的なるものである。

　では経験を充実した意味で経験たらしめるのがその美的性質であるとした場合，「美的経験」つまり，芸術作品の制作や鑑賞と結びついた「美的経験」についてはどのように考えるべきか。Dは，「ひとつの経験の展開が，秩序や成就（経験の内在的モメント）など，直接に感じとられた諸関係に照らしつつ制御されるかぎりにおいて，その経験はとくべつに美的な

---

88) *Ibid.*, p.19, 26-27.
89) *Ibid.*, p.19.
90) *Ibid.*

X 経験の美的および宗教的要素　　95

性質をそなえたものとなる」[91]とのべている。もっと厳密にいうと，或る経験が特定の利害や目標，動機——たとえば真理の発見，経済的利得——によって始動せしめられ，成就され，制御されるのではなく，まさしく経験を経験として完全な,完結的経験たらしめる特性が主要的であり，優勢であるときに，経験は明確な意味で美的なのである[92]。裏からいえば，芸術作品の場合，なにかそれ自体として完結的であるような「成果」はない。その到達点，結末（たとえばドラマの結び）は，それ自体においてではなく，諸部分の総合として意義がある[93]。芸術家の真の仕事（作品 worksではなく仕事 work）は，自らの経験における能動と受動との統一，制作と悦びにみちた知覚（＝愛）との統一の成就であり，一貫性を保ちつつたえず発展し，成長してゆくような経験の形成なのである[94]。これは鑑賞の場合についてもいえることであり，見てとるためには，能動的な働きかけ，生命体全体と対象との間のたえざる交渉—相互作用が共有，分有 communication, participation までたかまったものがなければならないのである[95]。ここで，美的経験が H の形成をはなれては不可能であることもあきらかになったであろう。ここにおいても D は経験を H として捉えているのである。或る意味で美的経験は H としての経験の頂点にあるともいえよう。(nature → experience → art)

D は宗教的経験（religious experience）から区別された，経験の宗教的側面 religious (phase, aspect, element, quality, etc of experience.) について語り，厳密に「経験」と呼びうるのは後者のみで，前者は特定の宗教と結びついた解釈が混入しており，こうした解釈は経験そのものに属するものではないという[96]。ではかれのいう経験の宗教的側面とはいかなるものか。

それは第一に，経験，つまり生命過程により深く，恒久的な支持を与えてくれるものであるとされる[97]。経験は生命体と環境との相互作用であり，そこでは順応 accomodation (passive) と適応 adaptation (active) をふく

---

91) *Ibid.*, p.50.
92) *Ibid.*, p.55.
93) *Ibid.*
94) *Ibid.*, p.47, 50.
95) *Ibid.*, p.22, 54.
96) J. Dewey, *A Common Faith,* Yale University Press, 1966, p.13.
97) *Ibid.*, p.14.

めて，たえず調節 adjustment が行われるが，この調節は，行為の特定の様式にかかわるものと，より包括的で，根の深いものとが区別される．つまり，環境の特定の条件との関連における生命体のあれこれの要求（欠如）の調節ではなく，われわれの存在の全体にかかわる調節であり，「われわれ自身の変容」がある[98]．「われわれの存在の有機的充実としての意志，それの恒久的な，服従的であってしかも任意的であり，能動的な変化」[99]というものがある．このような変化がおこる場合，つねに明確に宗教的な態度がある．それは宗教によってひきおこされるのではなく，むしろこうした変化がおこる時に，宗教的な見方ないし機能が生ずるのである．つまり，それが経験の一要素としての宗教的要素である，とされる．

　問題はこの要素が自己，それも自己の全体にかかわる，という点である．だが，つねに変化と成長，進化のうちにある自我の「全体」がどうして捉えられうるのか．D によると，それを可能にするのは観察，思考，実践活動ではなく，想像力であり，想像的拡大によって自己の全体があるべき理想として投影される[100]，という．もちろん，あるべき理想の追求はただちに宗教的ではない．われわれが或る理想，目的を道徳的当為であると確信し，この確信がたんに強度であるのみならず，自我を統一化するほどに包括的で恒久的なものであるときに，それは宗教的と呼ばれる[101]．D はあきらかにここで，ふつう宗教的回心と呼ばれる現象を考えている．この場合の目的や理想は，どのような形でとらえられるにしても，自己の全体を指示する．実現さるべき自己の完成像がそれである．このような理想へとむけて，人はじっさいに自己の統一をなしとげ，この統一をくずそうとするあらゆる障害，脅威 threats of personal loss にもかかわらず，統一を保とうと努力した[102]．すなわち，このような理想の実現へむけて，自らのすべての欲望や選択を制御し，方向づけ，それによって自己の統一を成就したのであり，そのような場合に経験の宗教的側面が認められるのである[103]．

---

98) *Ibid.*, p.16.
99) *Ibid.*, p.17.
100) *Ibid.*, pp.17-18.
101) *Ibid.*, p.22.
102) *Ibid.*, p.20.
103) *Ibid.*, p.33.

X 経験の美的および宗教的要素

　Dはすべての人が自己の完全な統一をなしとげるのではないにしても，経験の宗教的側面は，われわれがふつう考えるよりも普遍的なものであると考えている。すなわち，人間的経験のうちには，いまだ実現されていない可能性の予感があり，またこの予感によってよびさまされた感情，そのような可能性を実現するための行為，という要素はひろく見出される。およそ人間的経験において有意義なものといえば，すべてこのような要素と結びついたものである*104。そして，このような要素が人間存在の全体，自己そのものにかかわり，その統一を志向するものであるかぎり，それは宗教的と呼ばれるにあたいするのである。

　Dはここで，人間存在の全体，自己そのものについて語っている。いいかえると，自己の経験について語っている。そして，それが人間的経験の「有意義性」significance の根源であるとしている。さきには，もっぱら環境——自然的・社会的条件——との相互作用（これは美的経験において最高の統合に到達）において捉えられてきた人間は，いまやその全体，自己自身において捉えられる。それはもはや H としての自己ではありえない。H は全体としての人間ではありえないからである。では人間存在の全体，自己そのものは，どのような場において浮かび上り，捉えられるのか。環境との関係においてでなければ，なにとの関係においてか。D はこの問いを問わない。かれはただ想像力の拡大によって，と答える。それは曖昧にすぎる。またこの答えはかれの哲学・経験思想のダイナミズムそのものからして，果たして当をえたものであったか。D はここで実在的・現実的と理想的（自我の全体なるものはあくまで理想的）とを区別すべきこと，後者をすでになんらかの意味で存在するものと見做すことにたいして強く反発する。それはかれの一貫した二元論批判からくるものである。しかし，D がここで想像的拡大によって可能になるとしている自我の全体の「経験」は，じつは，これまでの経験の根拠をふりかえることによって成立したものではないのか。そして宗教が本来の意味で問題になるのは，このような自我についてその「いずこから」そして「いずこへ」が問われる時ではないのか。

---

104)　*Ibid.*, p.57.

第4章

パースにおける経験主義と形而上学

―――――

I パースは経験主義者か？

　パースが経験主義者であったことは一見してあきらかであるように思われる。J. E. スミスの言葉をかりると「かれは事物がどうであるかを発見してゆくこと，それらがじっさいにどのように作用し，どのようなふうに現れるかを見出してゆくことにたいする情熱をそなえていた。かれは経験に先立って事物がしかじかでなければならないときめてかかるような人間に我慢がならなかった。パースは真実の経験主義者であった」[*1]。かれはたしかに，徹底した意味での経験主義者であり，あらかじめ経験の範囲をきめてしまうような類いの「経験主義者」ではなかった。そのことをよく示しているのはかれの関心の広さである——かれは確率に関する数学理論にたいしても，中世の神学論争にたいしても関心を寄せていた……というよりは関心を抱きうるほどの能力 capacity を有していた。
　そのことはしかし，見方をかえれば，かれの経験主義にたいする疑問を誘発するであろう。かれの経験主義は一貫的ではなく，形而上学的あるいは神学的思弁，さらには神秘主義にたいするかれの好みによって不徹底なものとされていたのではないのか？　パース自身，自らのうちに "Concord transcendentalism" の要素があるかもしれないと認めている。「ここで，精神発達の伝記を学ぶことにたいして好奇心を有する人のために，わたしはエマーソン，ヘッジおよびその友人たちがシェリンクから取ってきた思想

---

1)　*The Spirit of American Philosophy*, Oxford U. Press, 1966, p.4.

（そしてシェリンクはプロティノス，ベーメあるいは東方の奇怪な神秘主義にとりつかれた思想家たちの影響を蒙っている）をひろめていたころにコンコードの近く，つまりケンブリッジで生まれ，育ったという事実をあげておこう。だがケンブリッジの空気はコンコード・先験主義（超越主義）にたいして多くの消毒剤をふくんでいたのであり，わたし自身，このヴィールスに感染した覚えはない。しかしながら，私の知らないうちに，なにか培養されたバクテリア，ないしこの病気の良性のものが私の魂に移しうえられていて，それが長い間の培養期間を経て，数学的概念や物理的研究のための訓練によって変容をうけつつ，いまや表面に出てきたのだ，ということもありうることだ。」[2] (6, 102) 経験主義を科学的思考，あるいは「科学的」という意味での厳密な事実観察と結びつける人々は，さきにのべたパースの経験（可能的経験）の範囲の広さ，その開放性を，むしろかれの経験主義の限界，あるいは欠陥として捉える。たとえば A. J. エヤーはそのような解釈をしており（つまり，パースの経験主義をいわゆる論理的経験主義の意味にとった上で，それが異質な要素と結びついていること，ないし共存していることを批判するのである）[3]，M. ホワイトもそれほど極端ではないが，同じような解釈をとっている[4]。『チャールズ・パースの経験主義』においてバックラーがとっている解釈もこの種のものと考えて差し支えないであろう。かれは現代の論理的な経験主義者における左翼（ゆるやかな経験主義——科学の基本命題……たとえば観察，知覚命題……の感覚的・直感的検証に関して）と右翼（厳格な経験主義）との対立において，パースは左翼陣営に位置づけられるとして，その「現代性(モダーニティー)」を指摘している[5]。

　パースの経験主義は，かれ自身が自らの哲学的立場についてのべているところからも，べつの疑問にさらされる。かれはくりかえし唯名論を斥け，自らの立場を実在論——一般者ないし普遍的なるものの実在性の主張——として特徴づけており，また自らの立場をイデアリズム——実在性は思惟ないし観念に或る本質的な仕方で関連している，それは思惟一般に

---

2) *Collected Papers of Charles Sanders Peirce,* Harvard University Press, 8 Volumes, 1965-1966, 6, 102. 以下，巻数，パラグラフ数表記。

3) A. J. Ayer, *The Origins of Pragmatism,* Mcmillan, 1968.

4) M. White, *Science and Sentiment in America. Philosophical Thought from Jonathan Edwards to John Dewey.* Oxford U. Press. 1972.

5) Justus Buchler, *Charles Peirce's Empiricism,* Octagon Books, Inc. N.Y. （初版1939）pp.86-92.

とって外的でもないし，それから独立でもなく，むしろ意見や信念の観念からして規定される——と称している。してみると，かれが基本的に経験主義者であることを認めた場合，その意味はふつうに経験主義という言葉によって理解されているものとはかなり違ってこざるをえない。

　パースの経験主義の特徴をもうすこし浮かびあがらせるために，ふつうにプラグマティズムの守則(マクシム)と呼ばれているものについて手短にふりかえっておこう。これはパース自身が観念，思想を明晰なものにするための規則，つまり，観念との親近性 familiarity，それの抽象的定義——抽象的な言葉による厳密な定義——よりも，さらに高度の明晰さに達するための規則として提示しているものである。それはわれわれを行動へと導きうるような，具体性をそなえた観念の明晰さである——「信念の本質は習慣の確立である。そして異なった諸信念はそれらが引きおこす行動の様式の相違によって区別されるのである。」"The essence of belief is the establishment of a habit; and different beliefs are distinguished by the different modes of action to which they give rise"[*6] (5. 398). この規定はこう定式化されている。「何らかの実際的な関連を持つことになるであろうと考えられるようないかなる結果を，われわれの概念の対象は持つであろうかを考察せよ。その場合，これらの結果についてのわれわれの概念が当の対象についてのわれわれの概念の全体なのである。」Consider what effects, that might conceivably have practical bearings, we conceive the object of our conception to have. Then, our conception of these effects is the whole of our conception of the object[*7]. この規則の意味するところは，そのすぐ前のところで「私が指摘したいのは，事物について思い浮かべられた感覚的結果を別にして，いかなるものに関係づけられた観念をもわれわれの精神のうちに持つということはおよそ不可能だ，ということだけである。いかなるものについてのわれわれの観念も，そのものの感覚的結果についてのわれわれの観念である。そして，もしわれわれが何か別のものを持つかのように想像するなら，われわれは自らをだましているのだ。」"I only desire to point out how impossible it is that we should have an idea in our minds which relates to anything but conceived sensible

---

6)　5, 398.
7)　5. 402.

effects of things. Our idea of anything *is* our idea of its sensible effects; and if we fancy that we have any other we deceive ourselves, ..." [8]といっているところからとりあえず理解できる。

　すなわち，或るものの観念とはそれの感覚的結果の観念だ，ということである。これはパースのプラグマティズム的意味論であり，そのかぎりでは，論理的経験主義の主張と共通であるように見える。

　しかし問題は，さきの規則における 'practical' の意味である。'practical' はふつうプラグマティズムと結びつけて考えられている有効さ，便宜などにつきるものではなく，主体の在り方，生き方の全体にかかわりがあると考えられる。しかも，その主体は孤立した個人ではなく，あくまで「われわれ」である。パースは1893年の注（本文は1878年）で，「個人主義と虚偽は同一のものである。……とくに，ひとりの人間の経験は，もしそれが孤立しているなら無である。もし彼が，他の人々には見えないものを見ているなら，われわれはそれを幻視と呼ぶ。考慮しなければならないのは，「わたしの」経験ではなく，「われわれの」経験である。そして，この「us」はかぎりない可能性をふくんでいる。」"individualism and falsity are one and the same. ...Especially, one man's experience is nothing, if it stands alone. If he sees what others cannot, we call it hallucination. It is not "my" experience, but "our" experience that has to be thought of; and this "us" has indefinite possibilities." とのべている。また，'practical' は，思想，観念を行動，行為に還元しようとしているのではない。かれにとって思想，観念はあくまで一般性を特徴としており[9]，かれが強調しているのは，思想，観念の実践との本質的な結びつきである。手短にいうと，思想，観念は信念 belief の産出を目標とするものであり，信念は行為と本質的に結びつく。この結びつき，つまりその連続性 continuity をあきらかにするためにパースがしばしば持ちだすのが習慣 habit の観念である。こうしてパースが経験として理解しているものの構造が浮かび上ってくる。それは人間の行動の全般——現在のみでなく，過去・現在・未来をつなぐところの——におよぶものであり，そこでたえず形成されてゆく習慣である。

---

　8) 5. 401.
　9) conception, conceive という言葉を反復使用するのはそのためである。

Ⅱ 認識と習慣

　認識（認），思考（思），経験（経）などは，ふつう主体と対象との間のなんらかの関係——それが因果的関係であろうと，合致，合一の関係であろうと——として捉えられている。そのような捉え方の正しさはひとまず認めることができる。それはたしかに認，思，経の形式的な性格（真・偽との関係で）ないし構造を或る程度言いあてているにちがいない。だが，そうした捉え方は，われわれが具体的に営み，形成しているものとしての認，思，経をいわば内部から捉え，それを生きたままに正確に記述しているとはいえないのではないか。つまり，生きた過程 ongoing process としての認，思，経をそのままに捉えてはいないのではないか。だが認，思，経，がなんであるかを理解するためにはこうした記述——「現象学的」——から出発しなければならないのではないか。そのような観点からパースの「信念の確定」をふりかえってみよう。

　パースはふつう，これこそア・プリオリなものとされている論理学の原則——推論の原理ないしは規則（たとえば因果性，斉一性）——は習慣にほかならないとしている。「所与の前提から一定の推論を行うようにわれわれを規定するのは，精神にそなわった——本来的であるにせよ，獲得されたものであるにせよ——なんらかの習慣である。この習慣は，それが真なる前提から真なる結論を生ずるか否かに応じて，善いものであるかそうではないかである。そして推論は，それぞれの場合の結論の真・偽にはかかわりなしに，当の推論を規定する習慣が一般に真なる結論を生ずるようなものであるか否かに応じて，妥当ないしそうでないとみなされる。あれこれの推論を支配するところの特定の習慣はひとつの命題へと定式化でき，その真理は，当の習慣が規定しているところの推論の妥当性に依存する。そして，こうした定式が推論の指導原理と呼ばれる」[*10]。つまり，論理学の原則はわれわれの習慣を定式化したものであり，習慣が変化，修正 modify されるのと同じ仕方で変化，修正を蒙るとされている。論理学

---

10) 5.367.

の原則——たとえば同一律，全体と部分に関する原則など——がア・プリオリで必然的だといわれるのは，パースにしたがえば，それの修正を必要とするような状況が現実に生じていないため，それにたいする疑いも生じていず，したがってそれが信念としてじっさいにゆらいでいない，ということにほかならない。信念は習慣の性質を有する*11のであり，われわれの行動を規定するであろうような習慣が確立されていることの徴表*12である。信念は，われわれを，機会が生じたならば，われわれが一定の仕方で行動するであろうような状態におくものであり*13，それこそ習慣を有することにほかならない。

　したがって，パースが探究 inquiry の唯一の目標 object は意見の定着，信念*14の確定であるというとき，それはそのまま習慣の形成と言いかえることができる。ここではまだ，なぜ習慣を形成するのか，という問いには立ち入らない。それについてはただ，そのことがわれわれに満足を与える，というパースの言葉を引くにとどめる*15。つまり，信念—習慣と対立するところの疑いはなにか欠如的なものであり*16，それがみせかけのものではなく，生きたものであるとき，われわれはそれからぬけだし，信念の状態に達しようとするのである。この努力が探究なのである。知る，考える，経験する，などは，この探究というコンテクストのなかでのみ生きた過程として捉えられる。

　ここでパースは，探究の唯一の目標は意見の定着であって，真なる意見への到達ではないという。真・偽にかかわらず，確乎とした信念が達せられると，われわれは完全に満足する，というのである。いいかえると，生きた過程としての探究においては，信念と真なる信念との区別は，実際上 in practice 意味をなさない，というのである。いいかえると，パースは

---

11) 5.377.
12) 5.371.
13) 5.373.
14) 信念を確定するために行われる推論を指導するところの信念。
15) 5.375.
16) "Belief is not a momentary mode of consciousness; it is a habit of mind essentially enduring for some time, and mostly (at least) unconscious; and like other habits, it is (until it meets with some surprise that begins its dissolution) perfectly self-satisfied. Doubt is of an altogether contrary genus. It is not a habit, but the privation of a habit." 5.417.

ア・プリオリに（最終的な意味での）真理について語ることに意味を認めない。ここにパースの「経験主義」——きわめて根元的な——が認められるように思われる。その点についてすこし考察しよう。

パースはこう述べている。「われわれの認識の範囲の外にあるいかなるものもわれわれの目標とはなりえない，というのは精神を触発しないようないかなるものも精神的努力の動機にはなりえないからだ。せいぜいいえることは，われわれは，われわれが真であると考えるであろうような信念を追求する，ということであろう。だが，われわれはわれわれの信念のすべてを真であると考えているのであり，じっさい，そのように言うことはトートロジーであろう」*17。つまり，真だと考えているからこそ，それが自分の信念となっているのである。それはいつかは真ではないことが判明するかもしれない。パースはそのことをはっきりと認めている。そのかぎり，真なる意見とそうでないものとの区別は意味がある。しかし，探究という生きた過程のなかでは，それが或る信念にたどりつくということと，真なる信念にたどりつくということとの間には，実際上，なんの区別もない，というのである。

パースはさらにこう述べる。——「真理とはひとつの命題にそなわっている，つぎのような性格以上のものでもなければ以下のものでもない——それは，当の命題にたいする信念は，充分な経験と省察をもってするときには，われわれがそこで有するところの願望を満足させてくれるような行動へとわれわれを導く，ということに存する。真理はこれ以上のことを意味すると言うことは，真理はなんらの意味も有しないと言うにひとしい」*18。いいかえると，真理の「経験的」意味はそれ以上のものではありえないというのである。つまり，真理とは具体的な，生きた過程としての探究が行きついた状態——パースのいう信念——を指していうのであり，それは最終的・不可変のものではありえず，あくまで可変的である。

パースが信念と真なる信念との実際上の同一性について述べていることは，かれが述べているかぎりにおいて，そのまま受けいれることができよう。それは現実にわれわれが（探究において）行っていることの正確な記

---

17) 5.375.
18) 5.375. note 1903.

述である。しかも，パースはここで決して突飛なことを述べているのではない。かれが言っているのは，われわれは実際上，真なる信念，真理と同一視されるところの信念に到達しようと試みており，しかもわれわれは謬りうる，ということである。ついでながら，これはトマスが真理の可変性について述べているところとそれほどへだたってはいない[19]。トマスにおいて，真理とは本来的には proprie 知性 intellectus のうちにのみ見出されるものであり，知性が獲得するところの完全性とみなされている。それは実質的には知性が獲得するところの習慣ないし徳とみなしうるであろう。したがって，トマスにおいても，真理の探究は，それを生きた，具体的な過程として見るとき，パースが述べているごとく，信念・習慣の獲得をめざす過程と考えられていたといえる。

つぎに信念と真なる信念との実際上の同一性に対応して，パースは，論証の根拠はなんらかの究極的で，いかに疑おうとしても絶対に疑いをいれない命題――いわゆる一般的な第一原理や第一の感覚 sensations ――であるというのは誤りであって[20]，現実の疑いをまったく免れているような命題から出発すれば足りる，という[21]。そうした命題は，後になって疑いにさらされるかもしれないが，そうした事情は不可避であり，むしろそのような新しい発見にたいして余地を残しておくような仕方で理論を構成すべきだ，というのである。もちろん，出発点となり，根拠となるべき命題はできるかぎりさまざまの異なった仕方で吟味すべきであるが，他方，いまは予見できなくとも，たしかに有用であると考えられるような修正にたいして道を開いておくべきなのである。つまり，ここでは変容・修正を蒙らないような真理なるものは認められていない。

パースはここで，方法的懐疑によって，絶対に疑いを容れないような確実性をつきとめた上で，その基盤の上にすべての認識を建設しようとしたデカルトのような立場を斥けている。パースの言い分は，「かりに疑ってみよう，あたかも確実ではないふりをして make believe! 吟味してみよう」

---

19) S. T. I, 16, 8, Utrum veritas sit immutabilis.

20) "One proposes that you shall begin by doubting everything, and says that there is only one thing that you cannot doubt, as if doubting were 'as easy as lying'. Another proposes that we should begin by observing 'the first impressions of sense', forgetting that our very percepts are the result of cognitive elaboration". 5. 416.

21) 5. 376.

というのは，真の生きた疑いではなく，したがってそれは真の探究をよびおこさない。「現実の，生きた疑いがなければならない，そしてそれなしにはあらゆる討論は空虚である。」"There must be a real and living doubt, and without this all discussion is idle."*22 パースは言う。「きみは紙の上に私は疑うと書き記すことを疑うことと呼ぶのか？ もしそうなら疑いは真剣な仕事とはなんのかかわりもない。だが見せかけはやめなさい。衒学がきみをまったく空疎なものにしていないのだったら，きみがいささかも疑っていないことが沢山あることを認めなさい」*23。パースはこうした「見せかけ」の拒否 "Dismiss make-believes." を，プラグマティズムが成立するための前提条件を総括したものとまで呼んでいる。

これにたいしてパースにとっての探究の出発点，そしてあらゆる論証のよりどころとなるべきものは，たとえば懐疑によって人為的につくりあげられた状態ではなく，現実にそこからわれわれの探究が出発している，あるがままの状態である。

「しかし，実際にはあなたがそこから『始める』ことのできる心の状態は一つしかない，それはすなわち，あなたが『始める』ときにあなたが現実に経験している当の心の状態である——そこであなたはすでに形成されたぼう大な認識を背負い，そうしたくてもそれを取り除くことはできない，そうした状態である。もしできたとしても，あなたがすべての知識を自分自身にとって不可能なものとはしなかったかどうか，誰にわかるだろう。……あなたが対処できるのはあなたの疑いと信念，およびあなたに新しい信念をおしつけ，古い信念を疑うちからを与える人生の歩みのみである……」

"But in truth, there is but one state of mind from which you can "set out", namely, the very state of mind in which you actually find yourself at the time you do "set out" — a state in which you are laden with an immense mass cognition already formed, of which you cannot divest yourself if you would; and who knows whether, if you could, you would not have made all knowledge

---

22) 5.376.
23) 5.416.

impossible to yourself? ...All you have any dealing with are your doubts and beliefs, with the course of life that forces new beliefs upon you and gives you power to doubt old beliefs. ..."[*24]

このような立場は，ひとまず経験[*25]をわれわれの探究の出発点たらしめようとする立場であるといえよう[*26]。しかしそれは探究そのものを探究の出発点たらしめる立場ともいえるのではないか？[*27] いずれにせよ，この点についての理解のためには，パースが探究の構造をいかに解しているかを詳しく吟味する必要がある。

III 探究の出発点と方法――探究の自己理解を通じて

ところで，パースは確乎たる信念をめざして行われる探究[*28]について，四つの異なった方法を枚挙している。すなわち固執 tenacity, 権威 authority, ア・プリオリ a priori, 科学 science の方法の四つである。かれは前三者についてその長所を認めるにやぶさかでないとしながら，第四の科学の方法がもっとも優れているとする[*29]。それがもっとも優れた探究の方法であるとされる理由はなにか？ それはひとまずは探究としてもっとも効果的だということであり，もっとつきつめていえば，それこそ，言葉のもっとも充実した意味で探究である，ということである。いいかえると，この場合にのみ，探究者は探究していると思っているのみでなく，じっさいに探究しているのである。

まず固執の方法とは，なんらかの仕方でえらびとられた意見を固執するものであるが，これは或る意味では意見の堅固さに達する最短距離のよう

24）　5.416
25）　それになんらの（恣意的）限定も加えることなく，たとえば，感覚的・直接的印象，ないしは考えるわれ，だけに限ることをしない。
26）　そして論証のよりどころたらしめる立場。
27）　探究・経験の自己還帰の遂行であるともいえる。
28）　探究の「習慣」（徳），すなわち習慣の形成をめざして行われる探究を真の探究たらしめるような「習慣」の問題。
29）　効果的に belief-habit を形成しうる habit としての science。

Ⅲ　探究の出発点と方法　　　109

であるが，じっさいには自らを維持できない。なぜなら，人間は孤立して生きているのではないから，当然他の人間の意見に接し，自己の信念にたいする信頼はゆらがざるをえない。したがって，信念の堅固さに，より効果的に達するためには，個人を場としてではなく，社会を場としてそれを追求することが必要となる。そこで登場するのがなんらかの統制によって意見の画一化をはかる権威の方法である。たしかにわれわれが同じ意見を共有する人々の間で生活するとき，それらの意見は堅固でゆらぐことのない信念として効果的に確立されるであろう。しかし，すべてのことについて意見を画一化することは不可能であり，また他の社会の異なった意見に接することも避けがたい。したがって権威の方法にも限界がある。

　そこでこの欠陥を補ってくれるものとしてア・プリオリの方法が登場する。この方法は，恣意的にえらびとられた意見に固執したり，それを権威的におしつけたりするのではなく，どのような意見に堅固さがともなうかを考慮する。それは特定の社会という枠をこえて，人類ないし人間全般が承認するような意見であり，パースの表現をかりると「理性と一致し」「われわれがそれを信ずる方へと傾むく」ごとき意見である。いいかえると，恣意的にえらびとられた意見ではなく，自然本性的な傾向 natural preference にしたがってえらびとられた意見である。これはパースによると，「これ以上の方法が適用できないかぎり，それに従うべき方法である，というのも，その場合，この方法はあらゆる場合において信念の究極の原因でなければならないところの，本能の表現だからである」[30]。だがパースによると，この方法はわれわれの意見を恣意性から解放しようと試みつつも，やはりひとつの恣意性におちこむものである。というのは「自然本性的」といっても，じっさいには或る思想家の主観的な好みを脱するものではなく，したがって探究は（真の意味での探究ではなくて）趣味の発展のごときものとなり，動揺をまぬかれず，探究としてやはり効果的ではない。えらびとられた意見は「理性」に合致するとされるが，かならずしも「経験」に合致するものではないのである[31]。

　そこで探究が信念の堅固さに達し，疑いを解消しうるためには，あらゆ

---

30)　5.383.
31)　5.382.

る恣意性を排除するような仕方で信念を確立しなければならない。これはパースによると，「われわれの信念がなんら人間的なものによってでなく，何らかの外的な恒久性 external permanency, つまりそれにたいしてわれわれの思考はなんの影響も及ぼさないが，他方それはわれわれの思考にたえず影響を与えるごときなんらかのもの，つまりなんらかの実在的なものによって規定されるごとき方法」[32]である。この外的な恒久性は特定の個人にたいしてのみ影響を与えるのではなく，すべての人にたいして[33]影響を与えるのであって，その意味で「公共的」public である。これが科学の方法とよばれるものであるが，それは「充分な経験」を手にした上でそれについて「充分に推論を行う」ことを内容とする[34]。この方法にとっての根本的な仮定は「その特性が，われわれがそれらについて抱く意見からまったく独立であるような，実在的(リアル)なものがある」というものである。パースはこの仮定について，それが（科学の方法による）探究，吟味によって証明されることはないにしても，方法と（それを支えている）この仮定とはどこまでも調和を保ち，矛盾することはないという。したがって，他の方法の場合とちがって，この方法の実践からして，この方法にたいする疑いが生ずることはけっしてない，といわれる。それはどういう意味か？　結局のところ，パースが言う意味での「実在的なものがある」という仮定は，探究が成立するための根拠であり，探究の意味[35]にほかならず，したがって探究をこうした実在的なものへと秩序づけ，それにもとづかせようとする科学の方法とは，探究を探究として成立させるものにもとづいているのであるから，したがって探究の進行によって自らのうちに破綻を来すこと（それが探究でなくなること）はないのである。

　じっさい，パースがいうごとく，われわれの意見によって左右されることのない実在的なものが在ることを疑うならば，或ることについての疑いが不満足をよびおこす——そして探究をよびさます——（つまり真の，生きた疑いである）ことはなかったであろう。いいかえると，実在について

---

32) 5. 384.
33) cf. Perelman の "universal audience".
34) 5. 384.
35) あらゆる探究において内含的に同時肯定されているもの，探究の可能性の制約である。仮定ではなく，それを明示的なものにしてゆくことが可能である。

の「疑い」は，疑いを不可能ならしめる「疑い」ともいえる。逆に，実在的なものが在るという「信念」*36は，疑いを可能ならしめ，したがって探究をよびさまし，おし動かすところの「信念」である。したがって，実在的なものがあるという仮定——原信念——は，（探究する）すべての精神が認める（unthematisch に肯定している）ものであり，探究のいとなみそのものに含意されているものである。

固執－権威－ア・プリオリ－科学という方法の転換・展開は，ひとまず探究の場，および基準が個人－社会－人類－実在へと，より普遍的なものへと移行したこととして捉えることができる。だが，それは同時に，探究が自己を成立させている根拠へとさかのぼり，立ち返ることによって，自己を（探究として理解し）実現してゆく過程であるともいえる。探究は自らを成立させている根拠をつきとめ，それに自覚的にもとづかしめられることによってはじめて——充実した意味で——探究たりうるからである。

パースは科学の方法を「経験の方法」*37とも呼んでいる。われわれの意見によって左右されない実在的なものとは，「圧倒的な経験の潮」overwhelming tide of experience であり，「経験の圧力」force of experience である。実在ないし実在的なるものという概念についてはあらためて考察しなければならないが，それがまったくわれわれの思考や認識の外にあるものではないことはたしかである。それはあくまで経験された実在であり，そのかぎり，経験と同一視される。実在ないし経験はたしかにわれわれが主観的につくりだすもの（Firstness）ではない。他方，実在や経験の圧力なるものは盲目的な強制でもない（Secondness）。むしろ実在ないし経験のうちにはわれわれの理性がそれへの接近をこころみるごとき，いいかえると，われわれの理性がそれへと次第に自らを適合せしめてゆくことが可能であるごとき理性的要素（Thirdness）がふくまれていると考えざるをえない*38。そうでなければそもそも探究なるものが意味を持ちえないであろう*39。

---

36) それは当然「実在的なるもの」についての一般的な内容的理解をふくむ。そうでなければ「実在的なるもの」について語ることは無意味。
37) Cf. 5. 384, note.
38) 5. 159.
39) 自己への還帰としての探究。

探究とはわれわれの理性が，経験＝実在のうちなる理性的要素に自らを適合せしめることを通じて，自らを形成してゆく過程である。いいかえると，それは理性が自己を探究者として形成してゆくことであり，探究が自己を習慣として形成してゆくことであるともいえよう。このような自らを習慣として形づくってゆく探究こそ，より充実した意味での探究であるといえよう。

このようにパースは科学の方法が，探究自体のうちに見出され[40]，その妥当性が確証されてゆくところの方法であるとしているが，この方法はひとつの倫理的な態度を前提するといわれる。パースにおいて論理学は倫理学の基盤の上に建設されているといわれるが[41]，いまの場合，科学の方法は，あらゆる点で絶対に最終的なるものと見なされていた意見の高慢さ(プライド)を捨てて，経験の圧倒的な潮流に従おうとする謙遜の態度を要求するというのである。人間的見解は自然の立場 nature's position へと移らなければならない[42]。パースは，前述のように，他の方法にもそれぞれに長所があることを認めるが，探究の方法であるかぎり，そこで考慮されるべきは事実ないし実在的なるものとの意見の一致ということであり，その点から方法を選択しなければならぬという。ここで選択という言葉に注意すべきであろう。そして，この選択は単なる知的な意見の採択とは違い，探究者の人生を支配するところのある主要なる決定 ruling decisions の一つであり，ひとたび為されたならば，それに忠実でなければならないような選択であるといわれる[43]。いいかえると，いかなる特定の信念よりも，信念が本物の信念たること〔信念の integrity〕がより大事である——つまり，到達された信念が真に探究の到達点であり，みのりであることを保証する方法[44]が大事である。したがって，どのような信念についても，それがひょっとしたら崩れてしまうのではないかとの危惧からして，それの根拠についての吟味を回避することは——つまり徹底した探究の方法を用い

---

40) われわれが探究を行うことを通して，探究自身によって，探究はいかなるものであるかを教えられる。つまり探究自体が自らが何であるかを教える。

41) 「わたしは論理学が倫理学に依存することを認めざるをえなかった」I was forced to recognize the dependence of Logic upon Ethics. V, 111: 哲学の部門 V, 120-121.

42) 5. 384, note1.

43) 5. 386-7.

44) 手続きの重視？

ないことは——不利益 disadvantageous なことであると同じくらい不道徳 immoral なことである，とパースはいう*45。パースにおける論理学と倫理学との関係*46についてはあらためて考察しなければならないが，ここではかれの立場と，「信じなければ——つまり実在への従順さの表白——悟ることはできない」とのべ，また英知の探究にあたって魂のきよめの必要性を説いたアウグスティヌスとの共通性をひとつの問題として指示するにとどめよう。

Ⅳ 実在性の概念

　パースが探究の方法のうちでもっとも優れたものであるとする科学の方法（経験の方法）は，実在的なものが在る，という信念を根本的な仮定とすることによって成立しているといわれたが，その意味をあきらかにするために，パースが「実在的なもの」「実在性」をどのように解しているかをふりかえっておこう。
　まずパースにおける実在性の概念をあきらかにするに先立って，概念をあきらかにする方法についてかれがのべているところを見ておく*47。パースは，「明晰な」概念とは「それに出会った場合にはいつでもそれと認知され，他のいかなるものとも取り違えられることのない，そうした仕方で把捉される概念」にほかならぬ，という通常の論理学の定義をあげる。しかしかれによると，概念の明晰さについてのこの定義は明晰さを欠くものである。なぜならこの定義は，(1) 或る概念がいかなる深遠な形をまとって現れようと，それを認知しそこなうことは決してなく，いかなる状況の下においても取り違えることはしない，という意味での明晰さも，(2) 或る概念が自分に親しいものになっていて，通常の場合，なんの躊躇もなくそれを認知する状態にある……つまりそれに通暁しているという主観的な感情という意味での明晰さも，意味しうるからである*48。パースに

---

　　45) 5. 387.
　　46) logical goodness や badness は，more general distinction of moral Goodness and Badness, or Righteousness and Wickedness. V, 108.
　　47) *How to Make Our Ideas Clear,* 1. 878.

よると，通常，論理学者は明晰さ clearness を第二の意味にとっており，その不充分さを判明さ distinctness の規準によって補おうとしている。判明な概念というのは，「明晰でないところのなにものをも内容としてふくまない概念」であり，つまり抽象的なタームを用いてつくられた厳密な定義にほかならない。このように或る概念を使いなれている familiar use ことと，抽象的な判明さ（区別 distinctness）とをもってことがらが完全に理解されたとなすのはデカルトの立場であるが，それはきわめて不充分なものであり*49，かれ以後の科学の発展にてらして明晰さのより明晰な規準を確立する必要がある*50，とパースは主張する。

ではどのようにして論理学者のいう判明さ distinctness よりも高次の「思考の明晰さ」clearness of thought に達することができるか。パースによると，それは思考の本来的な機能を確認することによってである——つまり，思考の明晰さの規準を恣意的に決定したり，なにか外的な規準を導入するのではなく，思考が本来なんであり，なんのために営まれているのかをふりかえり，あくまでその本来的機能という観点から，その明晰さ（つまり思考としての完全さ）を追求しなければならないとしている。ところで，パースの論文「信念の確定」（The Fixation of Belief）にしたがうと思考の唯一の機能は信念の産出である*51。この点をパースは捲むことなく繰りかえす。思考の唯一の動機，機能は信念の産出であり，信念を思考がゆきつくべき休止，休息にたとえるなら，動いている思考 thought in action にとっての唯一の動機は思考の休止 thought at rest への到達であり，信念に関連づけられないところのものは，なんら思考そのものの部分をなすものではない*52。ところで，信念の本質をなすのは習慣の確立であるから，

48）5. 389.

49）"Such was the distinction of Descartes, and one sees that it was precisely on the level of his philosophy."（5. 392）

50）"It may be acknowledged, therefore, that the books are right in making familiarity with a notion the first step towards clearness of apprehension, and the defining of it the second. But in omitting all mention of any higher perspicuity of thought, they simply mirror a philosophy which was exploded a hundred years ago. That much admired 'ornament of logic' - the doctrine of clearness and distinctness- may be pretty enough, but it is high time to relegate it to our cabinet of curiosities, the antique bijou, and to wear about us something better adapted to modern uses."（5. 392）

51）5. 394.

52）5. 396.

思考の機能は行為の習慣をつくりだすということにつきることになる[*53]。したがって，思考の明晰さもこの観点からつきとめ，追求しなければならないわけである。すなわち，思考によってつくりだされるところの習慣，つまり行為のルールが同一のものであるなら思考もまた本質的に同一と見なすべきである[*54]。

さきに触れた，いわゆるプラグマティズムのマクシム[*55]なるものの意味するのもそのことにほかならない。「実際的影響を有するであろうとかんがえられるところの諸結果」とはわれわれの習慣によって生ずるところの結果をさすものであり，したがってこのマクシムは，思考の最高の明瞭さに到達するためにまず行為の習慣に着目すべきことをのべている。Our idea of anything *is* our idea of its sensible effects[*56]というのは，或る概念の意味を感覚（sensation）ないし感覚的印象に還元しようとする立場ではなく，むしろ sensible effects は，それらが行為のルールないし習慣を指示するかぎりにおいて，当の概念の意味を表示するものとなるのである。この点を明確にのべているテキストを引用しておこう。

　「それ（思考）の意味を展開するためには，それゆえ，われわれは単純にそれがどんな習慣をつくりだすのかを確定しなければならない，なぜなら或るものが意味することとは単純に，それがいかなる習慣をふくむのか，ということだからである。ところで，一つの習慣の本質はそれがわれわれをどのような行動へと導くかによってきまってくる。――たんにありそうな状況の下においてだけでなく，どんなにありそうになくても，とにかく起こることの可能な状況の下で。習慣が何であるかは，それが『何時』『どのように』われわれを行動させるかに依存する。『何時』についていうと，行動へのあらゆる刺激が知覚から由来する。『どのように』についていうと，行動の目標とはすべて何らかの感覚される

---

53) 5.400.
54) 5.398.
55) "It appears, then, that the rule for attaining the third grade of clearness of apprehension is as follows: Consider what effects, that might conceivably have practical bearings, we conceive the object of our conception to have.Then, our conception of these effects is the whole of our conception of the object." 5.402.
56) 5.401.

結果をつくりだすことである。こうして，それがどんなに精妙であろうと，思考のあらゆる区別の真実の根元としてわれわれが行きつくのは，触れられうるもの，何らかの意味で実践的なものである。そして，実践における何らかの違いには存しないほどに微妙な意味の区別といったものは存在しない。」

"To develop its (=thinking, thought) meaning, we have, therefore, simply to determine what habits it produces, for what a thing means is simply what habits it involves. Now, the identity of a habit depends how it might lead us to act, not merely under such circumstances as are likely to arise, but under such as might possibly occur, no matter how improbable they may be. What the habit is depends on *when* and *how* it causes us to act. As for the when, every stimulus to action is derived from perception; as for the *how*, every purpose of action is to produce some sensible result. Thus, we come down to what is tangible and conceivably practical, as the root of every real distinction of thought, no matter how subtle it may be; and there is no distinction of meaning so fine as to consist in anything but a possible difference of practice."*57

　思考の本質的な機能が信念－習慣－行為のルールの産出であるとされるかぎり，それ以外の解釈はなりたたないであろう。
　パースが思考－認識－探究なるものをあくまで進行しつつある生きた過程として，つまりそれについてのべている彼自身がそのなかにつつみこまれているような行為として捉えていることは明らかであろう。パースはわれわれが音楽に耳を傾ける場合を例にとって，思考がどのようなものであるかをあきらかにしようとする。われわれが各瞬間に直接的（無媒介的）に聴きとっているのはばらばらの音（音符によってあらわされる）である。それらの感覚 sensations は各瞬間に，われわれに完全に現存している。しかし，われわれは同時に間接的（媒介的）になんらかの曲をも聴きとっており，それは「それぞれ異なった瞬間に耳をうつところの音の継起のうちなる秩序正しさ orderliness に存する。これをパースは思考ないし思想になぞらえる。"Thought is a thread of melody running through the succession of our

---

　57）　5. 400.

Ⅳ 実在性の概念

sensations." *58 つまり，思考・思想は「始めと中間と終りを持つところの行為であって，精神を通過してゆくところの感覚の継起の内なる調和 (congruence) に存する」*59, というのである。このように思想 thought とは，パースの場合，thought at rest としての信念をめざすとはいえ，本質的に行為 action である (... thought is essentially an action) *60。それは習慣として具体化されるところの行為であり，そして習慣がいかなるものであるかは，いわゆる外的行為ないしそれが生ずる感覚的結果によって知られるのである。

では，このような概念を明晰なものにするための方法を「実在性」のそれに応用した場合にはどのような成果がえられるか？　第一に，慣れ familiarity という意味での明晰さについていうなら，この概念よりも明晰なものはない，とパースは言う*61。つぎに，抽象的定義に関してはなんらかの困難がともなうが，その反対概念たる仮構 fiction, figment との相違を調べることによって，到達可能だという。仮構に対立するものとしてはまず外的実在性の概念が形成されるが，さらに厳密に内的もしくは心的実在性の概念を吟味した上で，「実在的なもの」とは「それの諸特性は，およそ誰かがそれらはこうであろうと考えることから独立であるようなもの」"that whose characters are independent of what anybody may think them to be" と定義される*62。

しかしパースはもちろん，こうした実在性の抽象的タームによる定義で満足することはできないのであり，最高の明晰さに達するためのさきのルールを適用する。それによると，実在性とは，他のあらゆる性質の場合と同じく，この性質を分有するところの事物が産みだすところの可感的結果にほかならない。ところが，実在的なる事物が生ずる結果といえば「信念」であり，したがって，実在的なる事物を非実在的，つまり仮構的な事物から区別して明晰化するためには，前者によって生ぜしめられた信念の特性

---

58) 5. 395.
59) 5. 395.
60) 5. 397.
61) 5. 405.
62) 思考に相関的なものだから直ちにリアルでありえない，とはいえない。"Red is relative to sight, but the fact that this or that is in that relation to vision that we call being red is not *itself* relative to sight; it is a real fact" 5. 430. 詳しくは 6. 327-328 を参照。

character を後者によって生ぜしめられた信念の特性から区別しなければならない。それはパースによると，信念の産出ないし確定をめざすところの探究の方法のうち，もっとも完全な方法——つまり完全性をそなえた信念の産出を保証するもの——をそれ以外のものから区別することに帰着する。要するに実在的なるものとは，もっとも完全な意味での信念を生みだす（信念の十全性を保証する）ものであるから，逆に，完全な意味での信念へといたりつく（信念の十全性を保証しうる）ごとき探究の方法に着目し，そのゆきつくところに実在的なるもの，ないし実在性の概念を位置づけることができるわけである。

ところでパースによると，もっとも優れた探究の方法たる科学の方法を用いる人々の霊感となっているのは，探究を充分に推し進めさえすれば，どのような問題の場合でも，一つの確実な解決がえられる，との「快活な希望」a cheerful hope である。つまり，探究者たちは，かれらの外なる力によって，一つにして同一の結論，あらかじめ定められた解決へと運ばれてゆくであろうとの希望である。「この大いなる希望が真理ならびに実在性の概念において具体化されている。探究するところのすべての者によって究極的に同意せられるべく予定されているところの意見[63]こそ，われわれが真理によって意味するところのものであり，この意見において表明されているところの対象が実在的なるものにほかならぬ[64]。」——このようにパースはのべている。

このような「実在」観にたいしては，それは実在的なるものがそなえている特性を，究極的にそれらについて考えられたことがらに依存させてお

---

63) そこへ行く途中の opinions と同じ意味で opinion でありうるか？ Peirce はそれを否定 (8.104)。

64) 5. 407. cf. 5. 430: "That is *real* which has such and such characters, whether anybody thinks it to have those characters or not. At any rate, that is the sense in which the pragmatist uses the word.Now just as conduct controlled by ethical reason tends toward fixing certain habits of conduct, the nature of which (as to illustrate the meaning,peaceable habits, and not quarrelsome habits) does not depend upon any accidental circumstances, and *in that sense* may be said to be destined; so, thought, controlled by a rational experimental logic, tends to the fixation of certain opinions, equally destined, the nature of which will be the same in the end however the perversity of thought of whole generation may cause the postponement of the ultimate fixation. If this be so, as every man of us virtually assumes that it is, in regard to each matter the truth of which he seriously discusses, then, according to the adopted definition of "real", the state of things which will be believed in that ultimate opinion is real."

り，「実在的なもの」とは「それの（諸）特性が，だれにもせよそれらについて考えたところから独立であるようなもの」という抽象的定義と正反対であるとの反論が予想されよう。これにたいしてパースは，「実在性は必ずしも思考一般から独立なのではなく，わたしや君や，有限数の人間がそれについて考えたところから独立なのであり，さらに，最終的な意見の対象はたしかに当の意見がいかなるものであるかに依存するが，当の意見がいかなるものであるかはわたし，あなた，もしくはいかなる人間が考えるところにも依存しない」，と答える。いいかえると，「探究が最終的にゆきつくところの意見は，なんびとにもあれ，かれがじっさいにどのように考えるかに依存するのではない。だが，実在的なるものの実在性は，探究は，もしそれが充分長く継続されるならばそれ（実在性）への信念へと最終的に導くべく予定 destined されているのだ，との実在的なる事実にたしかに依存している」[65]のである。

　要約するならば，パースは「実在性」の概念をたんに主観的な確信，あるいはそれと対極的な抽象的定義（これも主観的確信の言い直しにすぎない）によって説明し去ることをせず，実在的なるものをめざす具体的な探究の行為のなかで明晰なものにしようと試みている。かれはひとつの箇所できわめて単純に「もしわたしが何事かを真に知っている（"truly know"）ならば，わたしが知っていることは実在的でなければならない」[66]という。この場合問題なのは，いうまでもなく，どのような条件を満たしていれば「真に」知っているといえるのか，である。真に知っていれば，真を知っているのであり，そこで知られている対象は実在的である。こうした知識の例としてパースが挙げているのは，All solid bodies fall in the absence of any upward forces or pressure という一般的命題である。われわれはこの一般的命題が真なることを知っており，それを知っているからこそ，つぎにわたしの手から離れた石が落下することを確実性をもって予見するのである。この場合，さきの一般的命題は実在性に対応する，あるいは端的に，当の一般的命題は実在的である，といえる，とパースは言う[67]。この点に関して，パースは「実在的に在るところのものは，究極的には，経験に

---

65) 5.408.
66) 5.94.
67) 5.96.

おいてわれわれにたいして強制されるであろうところのものに存する，つまり事実のうちにはうむをいわさない強制の要素があり，この事実は単なる合理性の問題ではない」という*68。

しかし，ここでパースのいう「経験における強制的要素」としての実在性は，無媒介的・直観的に捉えられるものではなく，あくまで「真に知る」ことの成就において，つまりつねにより高度の完全さをめざす探究をまってはじめて到達されるものであることを忘れてはならないであろう。「実在的」ということを「所与」given とおきかえるならば，それは出発点ではなく，あくまで目的・終極点である。いまの例でいうと，個々の場合に落下する石，ないしその感覚がそのまま実在的なのではない。むしろ過去の経験において圧倒的な斉一さでもって落下するに任せられた石が落下したこと，そのことの経験からして，当の斉一さはなんらかの「能動的な一般的原理」some active general principle によるものであることが洞察される*69。いいかえると，そのような洞察へと導いたところの習慣がわれわれのうちに形成される*70。そこで洞察されたものが実在性なのである。あるいは，すくなくともこのような過程を経てついにゆきつかれるものが実在性にほかならない。

このようなパースにおける「実在的なもの」はけっして無媒介的に把えられるものではない。それはむしろ，われわれが自分の捉えているものが非実在的であり，幻想であることを発見し，自分を訂正したときに始めてわれわれのうちに形づくられた概念に違いない，とパースはいう。したがって「実在的」とは，自分，ないし何びとかの私的な，特異な思いなし（determination）に対応することがら（存在 ens）と長い目で見て*71確立されるようなことがら（存在 ens）*72との違いにわれわれが気付くところにその発端がある，とされる*73。ここから進んで，「実在的なもの」とは，

---

68) 5.97.
69) 5.100.
70) 〔その習慣は，或る意味で石そのものがそれに従っている習慣ないし法則性と同一であるといえよう〕
71) in the long run ... その問題性。'real' possibility?
72) 5.311.
73) 無媒介的に reality に対するのではなく，自らの idiosyncrasy を自覚することに逆対応する概念としての reality。

Ⅳ 実在性の概念

知識 information や推理が遅かれ早かれ最終的にはそこにゆきつくところのもの，したがって，わたしや君の気まぐれに依存しないところのものであるとされる。積極的にいえば，実在性の概念は何らの限界も有せず，そして知識の明確な増加を可能とするような（わたしや君を超えるところの）共同体 COMMUNITY の観念をふくむ，といわれる[*74]。すなわち，パース自身が「実在性の社会的理論」と呼ぶところのものである。一言でいえば「実在的なものとは，共同体が究極的にそこに落着くところの観念である」[*75]。いいかえると，「実在的に在るところのものとは，完全な知識という極限的な[*76]状態において最終的に知られるにいたるところのもの」であり，したがって「実在性は共同体の究極的な決定に依存するものである」。ところで，思考は実在性にかかわるかぎりにおいて思考の名にあたいするのであるから，およそ思考なるものは共同体の将来の思考，それが最終的にゆきつくところのものとの関係においてはじめて思考と呼ぶことができるわけである[*77]。

しかし，パースにおける実在的なもの，実在性の概念を理解するためには，今度はパースが「共同体」——それの究極的な決定に実在性が依存し，またそれの将来の思考との関係においてはじめて現在のわれわれの思考が成立するとされる——と呼ぶものがどのようなものであるかが問題になる。「何らの限界も有せず，知識の明確な増加を可能とするような共同体」COMMUNITY, without definite limits, and capable of a definite increase of knowledge[*78]といわれたものについて，パースは「この共同体は限界があってはならず，われわれが直接・間接に知的関係に入りうるごとき，あらゆる種族へとひろげられなければならない。それは，いかに漠然とではあっても，この地質学上の時代区分を超えて，あらゆる境界を超えて，のびなければならない」と述べている[*79]。パースによるとこのような「限界なき共同体」unlimited community に関して，人類ないし知的存在が永久に存在するか，それとも存在しないかという問題が生ずるが，いずれの側

---

74) 5. 311.
75) 6. 610.
76) 5. 311, Note: "By an ideal, I mean the limit which the possible cannot attain."
77) 5. 316.
78) 5. 311.
79) 2. 654.

にも明証はない*80。しかし、パースの考える「限界なき共同体」にとって、それはどうでもよい問題である。これは一つの仮定 assumption であって、いかなる理由によっても裏付けられてはいないが（反証もない）、われわれのすべてが有する「無限の希望」であるとパースは考えている*81。かれによると、この仮定はなんらかの感情 sentiment の形でわれわれのうちにあれば足りるのであり、この共同体はいかなる明確に指示しうるごとき日付をもこえて存続するであろうとの希望ないしは平静にして快活なる願望 calm and cheerful wish をわれわれがじっさいに抱いていることで足りるのである*82。パースが「限界なき共同体」なるものが存在するとの信念を「希望」とか「感情」と呼ぶとき、それは特定の、なんらかの理由（reason）によって裏付けられた信念にくらべて、その確実性を低く見ているのではなく、むしろその逆である。これにくらべると「すべての推理は瑣末な見当違い trifling impertinence であるといわれ、また、それは長い目で見て確証されるようなことがら*83ではない。この場合には「長い目で見て」といったことはなく、この問題は「独自かつ至高であって、すべてはそれにかかっている」*84ともいう。さきには、真理や実在性の概念の根底には、〔探究はやがては、一つの、あらかじめ定められた解決へと運ばれるであろうとの〕大いなる希望があるといわれたが、ここでも、実在性の概念と相補的な「限界なき共同体」という観念もひとつの希望の表白であるとされている。

　結局のところ、パースによると「限界なき共同体」の観念は論理学ないしは合理的な探究にとっての必然的な前提条件である。そして、この観念はさきに科学の方法を成立させることのできる倫理的態度として述べられたものに対応して、ひとつの共同体的ないし社会的感情 social sentiment にほかならないとされる。なぜなら、共同体を成立させるものは、それを構成している人間が自らを共同体の一員として自覚すること、その意味での共同体感情であるからである。より具体的にいうと、自らの私的な利害に

---

80) Ibid.
81) 5. 357, cf. 2. 654.
82) 2. 654.
83) 個々の beliefs は in the long run に establish されるが、inquiry そのものにとっての assumption であるところの belief はそれとは違う。
84) 5. 357.

Ⅳ 実在性の概念

共同体の利害を優先させることであり，パースが繰り返し用いる〔福音書をもじった表現によると〕「全世界を救うために自分自身の魂を犠牲にしよう」とする態度[*85]であり，このような態度を有しない者は非論理的であり，推理を行うための資格に欠けているとされる。なぜなら，厳密にしてまったき意味での思考——それに実在性が対応するところの——とは，最終的にかの「限界なき共同体」によって遂行されるもの[*86]であるかぎり，自らの思考をそれと同一化（identification）することによってはじめて，思考の名に値する思考を営みうるからである。

端的にいえばパースによると「論理的であるためには，人々は非利己的たるべきである」，いいかえると，「自己犠牲というヒロイズムに達している人間の行う推理のみが真に論理的である」[*87]。このような倫理的態度をまってはじめてすべての探究者をふくむところの共同体が成立し，そしてこの共同体の決定ないし意見に対応するものが実在性にほかならない。結局のところ，パースが提示する方法にしたがえば，「実在性」の明晰な概念はこのような倫理的態度ないし習慣をもってする探究，ないしそれの感覚的な結果に注目することによってはじめて到達される，ということになろう[*88]。いいかえると，パースは，探究は人間による探究であるかぎり共同的なものでなければならないことを確認し，そして実在的なるものを，そうした探究が究極に到達すべき目標として規定した上で（ここまでは未だ抽象的定義），そうした実在的なものにたいしてわれわれの精神を結びつけるような秩序づけ disposition-habit をつきとめることによって（その可感的結果の吟味を通じて）「実在性」の概念のより明晰な理解にたどりつこうとしているわけである。

さらにいいかえると，実在的なるものの「実在性」は無媒介的に（直観的に）経験されるものではない。そのように経験されるということは第一の親近性としての明晰さに逆戻りすることであろう。いかに，自分が経験しているこの実在的なものは自分のつくりあげたものではないと主張しても，その主張は空虚であろう。そこでパースは実在的なものへむかっての

---

85) 2. 654; 5. 354.
86) unlimited community が thinking の agent, subject たりうるのか？
87) 2. 654.
88) それと，自己中心的な態度をもって遂行される探究との相違。

(共同的)探究における実在性(=非恣意性,非仮構性)に目をむける。この実在性は一挙にではなく,しだいに(固執－権威－ア・プリオリ－経験という探究の純粋化の過程を通して)姿を現すのであり,そのようなものとして探究者自身において経験される。いいかえると,探究者は自分が行っていることの「経験(1)」を通じて,行っている自己を「経験(2)」する。すなわち,次第に非恣意的＝実在的な探究過程と一体化している自己を「経験(2)」する——探究者の共同体の経験——。この経験を媒介として,そのような経験の非恣意性をいわばひきおこしているもの,つまり実在的なるもの自体が経験(3)されるわけである。しかし,実在的なもの自体の「経験」について語ることがパースの立場において一貫的であるかどうかは問題である。ここでは,むしろ実在的なものの「実在性」の概念を明晰にするために,パースが直接に経験されうる(時間的経過をふくむ)探究の「実在性」に目をむけていること,それによって実在性の「経験的意味」を明らかにしていることに注意すべきであろう。

V　スコラ的実在論

　つぎに実在性についてのパースの体系的な立場を考察しよう。それによってかれの経験に関する一般理論を或る程度あきらかにすることができるであろう。
　パースは自らをスコラ的実在論者と呼ぶ。「プラグマティズムに,それに本質的にともなうものとしてふくまれているもう一つの(パースは批判的常識論 Critical Common-sensism につづくものとしてのべている)教説——だが私自身はこれを,プラグマティズムの原理を自分自身の精神のうちで定式化するに先立って,支持したのであるが——は,スコラ的リアリズムの説である。」(5.453)「私自身,幾分極端な傾向のスコラ的リアリストである。」(5.470)ではスコラ的実在論とはどのようなものか?
　パースは自分がスコラ的実在論に関心を持つにいたったきっかけについて,つぎのように述べている。すなわち,かれは論理学の研究をはじめて間もなくそれが極めて未発達であることに気付き——「論理学は最低であった。論理学はそれ以上低下する余地はなかった。」Logic touched bottom.

There was no room for it to become more degraded——その状況を打開するためにスコラ学者たちの塵にまみれていたフォリオ版の書物を開いたという。かれは13世紀の論理学を評価して，当時の思想全般が未発達であったのに比して，論理学は驚くほど厳密で批判的であった，と述べている。すなわち，かれらは子供っぽい puerile 仕方で推理を行っていたので，推論の方法に関してはなんら提供するべきものを持っていないが，かれらが行った思想の分析，およびほとんど形而上学と境を接する論理学の諸問題の考察は教えるところが多く，また論理学において要求される精妙な思考に関して極めて優れた訓練を受けていることを示す，という。(1.15)

「スコラ的実在論」といわれるもののうち，まず「スコラ学」の面に目をむけよう。パースにおけるスコラ学の理解・評価には人の意表を衝くものがあり，またかれの優れた洞察を示す。かれは中世思想の最も顕著な特徴は権威にたいして大きな重要性を認めていたことであると指摘した上で(「これはかれらがまだ教育がなく，独力で形而上学的問題を解決する能力を有しなかったことを考慮すれば，行過ぎではなかった」)，当然，この時代においては思想の独創性は賞讃されず，むしろかれらはアリストテレス，教父，聖書のテキストの一貫的解釈に専念した。ここからして，スコラ学者たちは利口ぶるという虚栄 vanity of cleverness という悪徳からはおどろくべきほど自由であり，むしろ権威とされた著作家について詳細にして徹底的な知識を有しており，またかれらが取り上げたすべての問題の処理においても同様であった，という。(1.30-31)

パースによると，このようなスコラ学者における権威重視の行き方は，現代の哲学者よりも科学者に似通ったところがある。すなわち，現代の科学者は形而上学者よりもはるかに権威を重視する。科学においてはすべての然るべき*[89]疑問が解消され，すべての有能な研究者が普遍的(カソリック)に一致するまでは問題が片付いた，あるいは解決が確実だとは見做されないのに，形而上学者の場合，五十人いれば五十人がお互いにそれぞれ違った主張をしながら，しかもそうした主張の方が，明日，陽が昇るということよりも確実だと考えている。このような，他人の意見の無視は不条理であり，それにくらべると科学者は，自分と同じように有能な，すべての人の見解に

---

89) intelligent and informed.

ついて，積極的な価値を認める。パースは現代の形而上学者——実証主義者をふくめて——における権威無視の態度を知的遊牧民，放浪者の態度と評している。(1.32)

　第二に，スコラ学者は光彩ある（ブリリアント）理論とか洗練された表現などを軽視した点でも，現代の哲学者よりも科学者と似通っている，とされる。たとえば，ハーバート・スペンサーとダーウィンを比較した場合，理論の壮大さや包括性においては前者がはるかにたちまさっているにもかかわらず，後者の理論は，それを支えている詳細，組織的，広範囲，厳密な調査研究のゆえに，科学者たちの間で賞讃を博した，というのである。

　しかし，とりわけスコラ学者を科学者と結びつけ，いわゆる哲学者たちからひきはなすのは，かれらの徹底的な探究態度である，とされる。すなわち，かれらは或る理論を採用するにさいしては，単にかれらの証明に光彩をそえるような，都合のよいテストを行ったのではなく，自分たちの見解をどこまでもテストにかけようという，飽くことをしらない衝動を満足させるために，徹底的にテストを行ったのである。かれらの場合，その唯一の規準はカトリックの信仰であり，アリストテレスの教えであったが，とにかくその規準と合致する結果が出るかどうかを確かめるため，自分の理論をあらゆる主題の，そしてあらゆる主題のあらゆる部分に適用したのである。スコラ学者たちがフォリオ版の著作を数多くものしたのは，一般的命題をテストしようとの，うむことを知らぬ熱意であり，たしかにかれらが用いた基準は不充分なものであったが，かれらの精神，動機は現代の科学者と同じものであった。そしてこの精神がこんにち哲学者と称する人々——経験的と称する人々もふくめて——のそれといかに異なったものであるかは，この精神によって動かされている人ならけっして見損なうことはありえない，とパースは言う (1.34)。

　つぎに「実在論」の面に目をむけよう。パースによるとロージャー・ベーコン，トマス・アクィナス，ドゥンス・スコトゥスの時代，つまり13世紀には唯名論—実在論の問題は決定的に definitively and conclusively 実在論の側に軍配が上がっていたという。その問題は，法則や一般的類型は精神によってつくりあげられたものか，それとも実在的（リアリー）か，というものであり，究極的には形而上学の問題であるが〔じっさいに法則なるものがあるか？〕，その第一段階（意味の問題）として論理学の問題でもある。とこ

ろが14世紀になると唯名論が急激に勃興し（政治との結びつき——教皇権にたいする反抗，俗権との結合），実在論者たるスコトゥス派は新しい実験的研究に反対したため，大勢にとり残された。その後をうけて，ルネサンス期も近代哲学も圧倒的に唯名論に支配されている，というのがパースの見方である*90。但し，これは近代科学が唯名論的傾向を有するとの意味ではなく，科学はその本心において常に実在論的であったし，つねにそうでなければならない，とパースはいう（1. 16-20）。こうした唯名論の根底にある立場は，ただ一つの存在の様相，すなわち個別的な事物ないし事実の存在しか認めない，という立場である*91。この存在とはる事物が宇宙においてひとつの場所を自分だけで占有し，事実という生の力でもって他のすべての事物にたいして反発している，ということを内容とするような存在であり，これをパースは存在 existence と呼ぶ。（1. 21）

これにたいして実在論者（R）は一つ以上の存在様相を認めるとされるが，その起源はアリストテレスにおける質料的存在（可能性）と形相的存在（現実性）との区別に求められる（パースは，アリストテレスのエンテレケイア・完成現実態概念において第三の存在様相への漠然たる見通しもあるという）。パースはこの考え方を展開して三つの存在様相あるいはカテゴリーに関する説をうちたてたわけである。「わたしの見解は，三つの存在様相がある，というものである。わたしは，およそ何かが，いかなる時にせよ，またいかなる仕方で精神に現れるにせよ，その構成要素のうちにそれら（三つの存在様相）を直接に観察できる，と主張する。すなわち，積極的な質的可能性という存在，現実的事実という存在，事実を将来において支配するであろう法則という存在である」（1. 23）。このようにパースのいうスコラ的実在論は三つの存在様相を認める，という考え方の上に成立しているのであるが，これらの存在様相—カテゴリー説についてはあらためてのべることにして，もうすこしリアリズム（R）－ノミナリズム（N）につ

---

90) All modern philosophy is built upon Ockhamism; by which I mean that it is all nominalistic and that it adopts nominalism because of Ockham's razor. And there is no form of modern philosophy of which this is more essentially true than the philosophy of Hegel. But it is not modern philosophers only who are nominalists. The nominalistic Weltanschauung has become incorporated into what I will venture to call the very flesh and blood of the average modern mind. (5, 61)

91) 他の mode of being を，いわゆるオッカムの剃刀によって切り捨てた Entia non sunt multiplicanda praeter necessitatem.

いてのパースの考え方を見ておこう。かれはR-N論争における真の争点を〔Rの側から〕明らかにしようとする。争点は「すべての特性，法則，および現実に存在している事物以上の述語は，例外なしに，単なる仮構であるか否か」であるが，これは，いわゆる「普遍」がこんにち英語で「物」thing といわれるものかどうか，という問題ではない。そこで「普遍」といわれているものは「言葉」word と同一の類的本性を有すると考えることができる。さらに「普遍」それ自体が「実在的」かいなか，というのではなく，「普遍」たとえば「堅い」という言葉が表示 signify するものが「実在的」か否かが問題である。すなわち「堅さ」hardness という特性，述語が人間によってつくりあげられたものではなく（言葉はそうであるが），habit, disposition ないし behavior を記述するものとして，じっさいに堅い事物のうちにあり，それらすべてにおいて同一であると考えるのがRである，という（1. 27 note）。たしかに「普遍」は思惟されたものであり，現実の作用・反作用の世界において完全に実現されうるものではないが，それにもかかわらず，それはわれわれの思考 thinking によって把捉されたものであり，たんに造り上げられたものではないこと，したがってそれはわれわれの思考 thinking を支配すると同様に外的事物をも支配できるし，支配していること*92，それを認めるのがRである，といわれる（1. 27）。

　N-R論争においては，たとえば（落下するに任せた）石が落下するという事実について，個々の事実はリアルであるが，そこに認められる法則もしくはそれの定式は単に思惟されたもの，表示 representation であって，リアルではないとするのがNであり，法則やそれの定式もリアルである，あるいはむしろ，それこそリアルであるとするのがRである*93。パースによると，私が石の落下という一般的法則を知っているということは，当の一般的法則が私の思考に対してのみでなく，個々の〔実在的な〕事実にたいして働きかけ，それらを支配しているということであり，その限りにおいて実在的であることを意味する（5. 96）。このように一般的原則がじっさいに really 自然において作用していること operative in nature，それがパースのいうスコラ的実在論である（5. 101）。このように物理的世界におい

---

　92) Cf. conceptualism（1, 27）.
　93) むしろ，Reality は第三のカテゴリーであり，これにあずかることによって第二，第一のカテゴリーに属するものも real であるということ。

V スコラ的実在論　　129

てさえ，単に力学的な作用（これはパースのいう第二のカテゴリー Reaction に属する）以外にも物質にたいして影響を及ぼしている力があること（パースはとくに進化のことを考えている），観念 ideas が物質に対して作用していることは明白なのに，近代の哲学者（および近代人一般）は，オッカムの剃刀によってそれらを切り捨ててしまい，自分たちが日常目撃していること（日常見ていることがらにおける，物理的作用以外の影響）を認めえない。「われわれは自分たちに親しいことがらの偉大さや驚異を認めるのに困難を感じているかのようである。予言者が故郷において敬われないごとく，現象もまた然り」とパースはいう（5.65）。

　ところで，個別的事実およびそれらの間に認められる物理的な作用・反作用以外になんらかの実在的なものを認めようとするスコラ的 R の立場は，ふつう形而上学的仮構（つまり必要もないのに導入された存在）を信ずるものだとされているのにたいして，パースは，スコラ的 R の立場こそ単純であって，ノミナリズムの方こそことがらを不必要に複雑化していると反論する。すなわち，パースによると R とは真の表示 representation において表示 represent されているもの以上のいかなるより深遠な実在性 more recondite reality も知らない人間にほかならない。かれにとって「人間」という言葉（人間性＝法則）が意味するものは「リアル」である（「人間」という言葉は何物かについて真である，何物かに対して働きかけている……）。これにたいして N は「人間」が何物かに真に適用可能であることを認めなければならないが，その上，このものの根底に物自体，つまり認識不可能な実在があると信じている[*94]。かれがそこで信じているものこそ形而上学的仮構だというのである（5.312）。すなわち，N は或る特定の人間が存在するのでなければ人間なるものは存在しない，と論ずるが，これは個別的存在としての人間から区別された一般的なる人間はなんらの実在性をも有しない，ということを意味するものではありえない。たしかに，「人間」という言葉で意味されているものは，どこまでも規定 determination を付加し，個別化してゆくことができる。R はそのことを否定して，一般的な人間の実在性を主張しているのではない。むしろ R（スコトゥス的）は，他の諸々の規定から抽象された人間（それらの規定の排除ではない）と，

94）　concept, general は mere word, convenience であるとの主張の裏返し。

特定の諸規定をともなう人間との区別を「実在的」なものと認めつつ、この区別は精神と相関的であって、事物そのもののうちに in re 思惟から全く独立に成立するものではないことを主張する。これにたいして事物そのもののうちに in re ないような区別は実在的区別ではないと主張されるならば、それは「実在とは表示的関係からは独立の何物かである」reality is something independent of representative relation という考えにもとづくものであって、悪循環の主張にすぎない（5. 312）とされる。

さらに、スコラ的 R に往々に帰せられている「普遍は存在する」universals exist という主張については、13世紀の偉大な学者がそのような主張をなしえたことは、多少とも当の時代の学問文化に通じているなら、到底考えられない、という。かれらはむしろ、「一般的なるものは個別的なるものを規定する様相であり、したがってそれら様相は思惟の性質をそなえた存在であると考えたのである」regarded generals as modes of determination of individuals; and such modes were recognized as being of the nature of thought (5. 503) そのことは、一般的なるものが「存在」existence であることの否定ではあっても「実在」reality であることの否定ではない。一般者が思惟されたものであることは、それらが思考 thinking に依存することを意味するのではなく、むしろわれわれの思考を支配し、そしてわれわれが自らの思考によって知るところの現実的・個別的な事実を支配し、規定していることを意味する。これにたいして N は「一般的ルール」なるものは単なる言葉にすぎない、と反論することが予想されるが、それにたいするパースの答えはこうである。「何びとといえども一般的なるものが一般的記号の性質をそなえていることを否定しはしない。だが問題は将来の出来事がそれに合致するかしないかである。もし合致するなら『単なる』という形容詞は見当違いであろう。将来の出来事がそれらに合致しようとする傾向 (tendency ... habit, disposition といってもよい) を有するようなルールはそのこと自体からして ipso facto 重要なものであり、これら出来事の生起における重要な要素である。この存在様相、つまり本来の現実的・個別的な事実（第二性）が一定の一般的性格をおびるであろうという事実、その事実に存するところの存在様相がわたしが『第三性』と呼ぶところのものである」(1. 26)。そしてパースのいう実在性はこの第三性に属するものである[95]。したがって、パースの実在観を理解するためにはつぎにパースの

カテゴリー論を考察する必要がある。

VI　カテゴリー論

　多少繰り返しになるが，パースが三つのカテゴリーを要約的にのべているところをふりかえっておこう（1. 23-26）。パースはノミナリストが個別的事物ないし事実の存在（being of an individual thing or fact）という唯一の存在の様相——かれはこれを existence と呼ぶ——しか認めないのにたいして*96，自分は存在の様相には三つのものがあり，それらは何時でも，如何なる仕方で精神の前に現れようとも，あらゆる事物の要素において直接に観察できる，と考える，という。その三つとは，積極的な質的可能性の存在，現実的事実の存在，および将来において事実を支配するであろう法則の存在，の三つである。まず第二の現実性のカテゴリーについて，それはさしあたり或る出来事がその時・そこで then and there 起こっていること，つまり当の出来事が他の存在者にたいして有する関係に存する，というふうに考えられる。いいかえると存在者 existence の世界に対する諸関係が出来事の現実性である。（例として，裁判所が命令を出したり，判決を下しても私はなんらそれを意に介しないかもしれない。だが警官の手が私の肩に触れると，私は現実性の感覚を持ち始める。このように現実性とはそのものずばりであり，何の理由もない。われわれがこのような場合に持つ努力と抵抗の意識，それが現実性の純粋な感覚に近い。）
　これにたいして第一のカテゴリーは，或るものが他のいかなるものとの

---

　95)　Reality is an affair of Thirdness as Thirdness, that is, in its mediation between Secondness and Firstness（5, 121）.
　96)　Nominalist は common nature の reality を認めないということ。The nominalists, I suspect, confound together (a) thinking a triangle without thinking that it is either equilateral, isoceles, or scelene, and (b) thinking a triangle without thinking whether it is equilateral, isoceles, or scelene（5. 301）.
　(a) は一般に triangle について考える場合，(b) はこの triangle について，どのような triangle かを考える場合。パースによれば (a) と (b) とは really distinct（common nature と this nature）。パースによれば (b) はできるが——つまり abstraction の可能性——(a) はありえない。triangle の idea は equilateral, isoceles, scelene のいずれにも規定されてはいない，ないし依存しない。それだけで intelligible。しかしそのいずれかであることは必然的。

関連もなしに，積極的にそのものである，という場合の存在様相である。（ところで事物が相互に作用し合わないかぎり，それらがなにか存在を有するといっても意味はないのだから，この存在様相は可能性 possibility にすぎない。だが赤さ redness という存在様相は，この世界においておよそなにかが赤くあった以前においても，一つの積極的な・質的可能性であったのである。）こうした可能性については，それらが現実化されないかぎり，なんら知られえないとしても，やはりそれ自体における可能性 capacity, possibility として，それが独自のカテゴリーたることを認めなければならない。

つぎに第三のカテゴリーたる法則ないし規則なるものを認めざるをえないことは，われわれが絶えず予測を行っており，そして予測が成就される明確な傾向を有することからの必然的な結論である。予測が成就される明確な傾向があるということは，本来の出来事が法則ないし規則によって支配されているということであり，いいかえると，本来の出来事が法則，規則に合致する傾向を有するということである。もしそうであるなら，こうした法則や規則が，それらの出来事の生起における重要な要素であること，重要なことがら（thing）であることは否定できず，したがってそれを独自のカテゴリーとして認めなければならない。（すなわち，第二性たる未来の事実が一定の一般的性格をおびるであろう，ということに存するところの存在様相がパースのいう第三性である。）

簡単にいえば，パースはノミナリストが唯一つの存在様相，ないしカテゴリーとして認めた個別的な事物・事実の存在を真に理解するためには，論理的にそれを先立つところの可能性のカテゴリーと，それの理由ないし意味としての第三のカテゴリーを認めなければならず，そして第二のカテゴリーに属するものは第三のカテゴリーへの参与によってはじめて実在的でありうるのであるから，実在性の名は第三のカテゴリーに与えられるべきものだ，と主張するのである[*97]。

パースのいう三つのカテゴリー，特に第三性についてはより立ち入った

---

97) To be a nominalist consists in the undeveloped state in one's mind of the apprehension of Thirdness as Thirdness. The remedy for it consists in allowing ideas of human life to play a greater part in one's philosophy. Metaphysics is the science of Reality. Reality consists in regularity. Real regularity is active law. Active law is efficient reasonableness, or in other words is truly reasonable reasonableness. Reasonable reasonableness is Thirdness as Thirdness (5, 121).

説明が必要であるが（それらの特殊的適用をふりかえることを通じて），一般的にパースの考えを探るため，かれが「すべての可能なる形而上学体系の人為的分類」と呼んでいるものを見ておこう。これは，各体系が三つのカテゴリーのうちのどれを重要な形而上学的・宇宙的要素として認めているかにもとづく分類である。すべてを単一のカテゴリーによって説明しようとする試みのうち（一）のみによるのがコンディヤックのごとき感覚主義（qualities of feeling のみによる），（二）のみによるのが力学的（機械的）世界論者（mechanical force のみ）（三）のみによろうとするのがヘーゲルであるとされる。というのはヘーゲルにおいて他のカテゴリーは揚棄されるためにのみ導入されるからだ，という。このような最も単純な方法が成立しないと考える者は二つのみのカテゴリーを用いようとする。穏和なノミナリストは一般的なる思考，記号の実在性を認めない限り（一・二）のみによっており，霊魂と霊魂のうちなる観念のみを認めるバークリー流の体系は（一・三）にのみにより，（二・三）のみによるものとしてデカルト，スピノザ，カント等の名が挙げられている。これにたいしてすべてのカテゴリーを認める体系がスコラ的リアリズムである，と説明している。

Ⅶ　パースの経験主義

　われわれは，パースを「経験主義者」と呼ぶことができるか，できるとすればどのような意味においてであるか，という問いをもってこの研究を始めた。そして，この問いをより厳密なものにするために，パースが「認識」や「実在」をどのように捉えているかを概観した。ところで，これまでの考察は主としてパース自身が反省的に展開した「認識理論」や「実在観」を素材にしたものであり，パースの思考をその生きた活動において捉えたものとはいい難い。われわれはここから進んで，パースが自然，人間，神について行った探究をたどり，いわばかれの思想の鼓動をそこに聴きとらなければならないであろう。しかし，それは別の機会に譲らざるをえない。ここでは，これまでの考察にもとづいて，暫定的にさきの問いに答えてみよう。

　パースのカテゴリー論にしたがえば，かれにおいて経験が第二性に属す

る概念であることは明瞭である。「第二(性)の観念は把握し易いものであると考えなければならない。第一(性)の観念はきわめてもろい tender ものなのでそれをこわすことなしにそれに触れることはできないほどである。だが第二(性)の観念は大いに堅くて触れることの可能なものである。また、それはわれわれに大いに身近なものでもある。それは日々われわれに有無をいわさず迫る。それは人生における主なる教訓である*98。若い間は、世界は新鮮であり、われわれは自分を自由に感ずる。しかし、限界、相剋、抑制、ないし一般に第二性が経験の教訓を形成する……」*99（I. 358）。すなわち、「経験」の概念は個別的な事実、あるいは存在 existence との結びつきで考えられている。この点ではパースと通常の意味での経験主義者との間に共通性が見出される。ふつうに経験は事実の経験、あるいは経験された事実と同一視されているからである。

　しかし、より詳細に見てゆくと、パースは経験をたんに事実の経験として捉えるのではなく、それが有無をいわせない仕方でわれわれに迫る、それが与える衝撃、それがひきおこす驚き、などを経験の第一の徴表としている。いいかえると、かれは経験を思考ないし認識の素材（感覚的経験）としてではなく、むしろ思考にたいして範型的機能を果たすものとして捉えているといえよう。

　パースは厳密な意味における「経験」を感覚 sensation や知覚 perception から区別する（I. 355-336）。音や色の感覚、なんらかの事物 objects の知覚はただちに経験ではない。むしろ、われわれが経験するのは「出来事」event である。これにたいして「出来事」を「感覚する」「知覚する」という言い方は正確ではない。ということは、経験には、感覚や知覚には見出されなかった総合 synthesis の要素が見出されることを意味する。パースが挙げる例は汽笛を鳴らしながら急速にそばを走り過ぎる機関車のそれである。機関車が通過するさい、周知の原因からして汽笛の音は突然低くなる（ドップラー効果）。この例の場合、わたしは汽笛の音を知覚ないし感覚するとは言えるが、音の変化を感覚するとはいえない。わたしが感覚するのは「より低い音」であって、変化の認知は「より知的な種類」of a

---

　　98) Experience is the course of life. The world is that which experience inculcates. Quality is the monadic element of the world (I, 426).

　　99) Cf. I, 537, "it (secondness) is of the general nature of experience or information."

more intellectual kind のものである。それをわたしは知覚するというよりは，むしろ経験する。こうした出来事，つまり知覚の変化にわれわれを通暁せしめるのが経験なるものに特有の分野である，とパースは考える。

「出来事」event は「事物」object とちがって，主体的要素をふくむ。さきの例でいうと，近づいてくる機関車の汽笛の音は，それを感覚しているわたしのうちに一種の惰性 inertia，ないし，それが続いてゆくとの期待を生ずるので，それが突然低くなると，わたしにうちにそれにたいする抵抗を生ずる。そして，音の低下は，こうした主体の側からの抵抗——意志的なもの——にもかかわらず起こるところから，わたしにたいして衝撃 shock を与えるのである。経験にはつねにこうした衝撃や驚異がともなう。それは経験がわれわれの思考にたいする「絶対的な抑制であり，強制」[100]であることの徴しというべきであろう。われわれは「世の中は自分の思い通りにならないことを経験によって学んだ」という言い方をするが，パース流にいうと，事柄が自分の思い通りに運ばないこと，したがってわれわれの思考の修正を迫ること，そのことがまさしく経験にほかならないわけである[101]。いいかえると，経験はつねにわたしにたいする対立的要素 oppostional element をふくむ。それは裏からいえば，経験は努力の要素をふくむということである。なぜなら，対立，抑制は抵抗なしにはありえず，抵抗はつねになんらかの努力だからである。したがって，経験は知覚よりもより広いものであり，知覚の対象とはなりえないものをふくむ。(1. 336) それは主体の能動的な活動，ないしはそれへの反省をふくむ，といえよう。

このようにパースは変化，衝撃，努力などの要素によって知覚ないし感覚と経験とを区別しているが，じつはこの区別は相対的・程度上のものであり，両者の間には連続性がある。すべての知覚，感覚に低い程度の衝撃がともなっているのであり，そうした衝撃によってはじめて，単なる可能性としての感じ feeling ないし質 quality から現実的な感覚への移行がなされるのである。すなわち，なんらかの感覚（ないしその欠如）は，それが

---

[100] It is the compulsion, the absolute constraint upon us to think otherwise than we have been thinking that constitutes experience (I, 336) Cf. VI, 20.

[101] I call such forcible modification of our ways of thinking the influence of the world of fact or experience (I, 321).

斉一的・単質的に継続している間は，感覚というよりはむしろその可能性の状態というべきであり，それが他の感覚にきりかわるときにはじめて現実の感覚として浮かび上る。パースが言うごとく，感覚とは感じ feeling の状態の発端であり，終結であり，裏からいえば，感じ feeling とは，なんら特定の主体に帰せられることのない感覚である（I. 332）。このように主体——それはパースにしたがえば思考 thonght にほかならない（V. 314「というのは，人間とは思考であるから」for the man is the thought.）——にたいして有無をいわさぬ仕方で迫るものは，経験において明確な仕方で現れ出るに先立って，感覚，知覚においてもすでにその影響力を行使しているのであるが，いわゆる経験の後にくる思考・信仰活動においてはどうであろうか。すなわち，感覚・知覚における衝撃・強制の要素をも類比的な意味で経験と呼ぶとすれば，それとは逆の方向においても類比的な意味で経験が語られうるであろうか[102]。もし語られうるとすれば，それらのうちのいずれを第一の類比項と見なすべきであろうか。もし語りえないとすれば，その理由はなんであろうか。この問いにたいしてはあらためて答えることにして，もうすこしパースの「経験」概念を明確にする試みを続けよう。

　パースは，人間精神は当初は白紙状態 tabula rasa であって，すべての認識や思考は外からやってくるところの経験から始まる，とは考えていない。むしろ「確立された科学的理論のぼう大な貯水池の中のどの一滴の原理をとってみても，それは人間精神の，真なる観念を生ぜしめる originate という能力以外の源泉に由来するものではないことは明白である」（V. 50）という。したがって，いわゆる生具観念を否定し，経験をもって唯一の認識・思考の源泉と見なす，という意味での経験主義にかれはくみしてはいない。かれは単なる思い込み，夢想から区別された思考や認識，つまり批判的思考の源泉は経験であると主張し，ロックの経験主義の立場をその意味に解している。すなわち，パースによる経験とは「人間が好むと好まざるとにかかわらず，かれの認識 cognition にたいして強制的に迫り，かれの思考を，それをほっておいたらなってしまったであろうものとはまったく違ったふうに形づくるもの」（V. 613; cf. 611-613）を指していうのであ

102）存在そのもの，実在そのものの「経験」。

る。つまり，人間精神は自ら観念を産出する能力を有するのであるが，そこで産出される真なる観念は偽なる観念のなかに埋没し，おぼれてしまうほどなので，経験はそれらをえりわけ，偽なる観念を排除する役割を果たすのである。しかも，じっさいにこの経験の役割がどのようにして行使されるかといえば，一連の驚きを通じてである。つまり経験がなにかを教えるのは，それが驚きや衝撃にともなわれていることによってであり，それによって有無をいわさずわれわれを目ざめさせ＝発見させるのである（V. 50-51）。いいかえると，このような驚きなしにはわれわれの思考は修正されることも，成長することもない。

このように経験は驚きないし衝撃という形で，人間の思考に有無をいわさぬ仕方で迫り，それを修正し，成長させる要素を指す，というパースの考え方は，誤謬についてのかれの積極的な見方において反映されている。すなわち「人間，この誤りを犯す者」errare est humanum といわれるごとく，誤りにおちいる傾向はぬきがたいものであるが，それは注意深く反省すると，じつは「時間のうちなる，われわれの行動における偶然的な変様 fortuitous variations」（VI. 86）にほかならないことがわかる。しかるに，パースによると，われわれの知性はまさしくこうした偶然的変様を養分とし，それによって成長するものであることが見落とされがちである。すなわち，こうした偶然的変様が排除されることは，知性の活動が必然的な機制によって支配されることを意味し，そこにはなんらの創造性への余地ものこされないことになる。パース流にいうと，知性が新しい習慣を獲得することは不可能になる。しかるに，「知性とはまさしくこうした新しい習慣を獲得する可能性」，つまり習慣の可塑性にほかならないのである（VI. 86）。

このように見てくることによって，先の問いに対する答えも見出される。すなわち，知覚・感覚を一種の「経験」と考えることができるとして，パースが出来事の経験と呼んでいるものよりもさらに高次の「経験」を考えることができるか，という問題に対する答えは，かれの「習慣」概念のうちに求めなければならない。パースにとって思考——一般的概念 general conception とは習慣ないしは習慣の意識にほかならない。つまり思考とは，新奇な経験によってかきみだされることがなく，つまり連続的な経験が習慣となったものにほかならない（VI. 20-21）。もっと厳密にいうと，パースにおいては，前述のように，思考は信念の確立をめざして行われるもの

であり，そして信念は習慣であって，それは衝撃や驚きによってのほかはうちやぶられることはない。ところがそうした衝撃とは新奇な経験にほかならない（V.524）。したがって経験はあくまで思考をそれが単なる惰性あるいは固定化した習慣（つまり機械的必然性）に陥ってしまうことから救うものであり，人間精神が精神たることを示す徴表であるといえよう。逆に習慣としての思考はたえず新奇な経験に自らを開いていることによって，自らを展開させ，超越してゆくものである。さらに，経験は第二性のカテゴリーに属するものであり，パースにおいてはそれよりも高次の第三性なるカテゴリーが考えられているのであるから，当然，経験はさらに高次の思考においてさらに思考ないし認識として完成されるのではないかとの予測が生まれる。パースは，第三性としての思想にたいして第二性としての思考を統制 govern する役割を帰しており，そこにおいて（I.537），第一性においては単に曖昧なるままにとどまっていた観念が第二性の批判を経て明確化される，とのべている（Ibid）。この第三性としての思考の考察において，「すべての思考は記号によって行われる」という主張をラディカルに展開した「およそ思考とは記号であり，言葉である」「思考，知性，精神と呼ばれるものは，推理の法則にしたがって展開する記号である」というパースの興味深い思考＝記号論（人間＝記号論）が展開される。しかし，この問題，およびそれと思考・精神の法則は習慣にほかならぬとするパースの根本思想との関係，などの問題の考察は別の機会にまたざるをえない。

第 5 章

習慣の理論
―――習慣の形而上学―――

I 経験主義と習慣の問題

　一見,習慣は経験主義[*1]にとって至極好都合な経験的事実であるように思われる。じっさいヒュームはかれの有名な因果性の分析において習慣を形而上学破壊の道具として用いたのではなかったか[*2]？
　しかし,「経験」の意味を感覚,感覚による知覚あるいは印象 sensation, sense perception, impression に限るならば――いわゆる感覚主義的あるいは実証主義的な経験主義――習慣は経験主義にとって厄介な問題になりはしないか。習慣は樹木とか顔面のしわのように,単純な,表面的な観察・調査で発見できるものではない。われわれは習慣そのものを,それ自体として見ることはできないのである[*3]。
　われわれは習慣なるものを疑うべからざる日常生活の事実として,経験

---

　1) 形而上学の否定という意味において。たとえば A. J. エイヤーは『言語・論理・真理』(岩波書店, 1955) において,形而上学とは「経験から独立に知りうる,世界についての真理がありうる」ことを主張する (72ページ) ものであり,経験主義はそれを否定する立場であると述べている。
　2) 拙稿「習慣と因果性―形而上学的な因果性理論への試論」『思想』1973年9月。すなわちヒュームは形而上学の第一原理の一つとされている因果性がなんら必然的真理をふくむものではなく,むしろ習慣を起源とするものであることを示した。それは通常経験主義の徹底―形而上学の否定と解されている。
　3) George P. Klubertanz, *Habits and Virtues,* Appleton-Century-Croftsk, 1965, p.3. ヒューム自身,因果性に関するわれわれの自然的信念の起源は精神の領域にあると考え,そこに探求の目をむけた。

世界のなかで重要な場所を占めるものとして認めているのであるが，それがどのようにして捉えられるのかを反省してみると，感覚によって，直接的に知覚されるものではないことが判明する。知覚されるのは習慣と呼ばれるもの——恒常的な変様 stable modifications——を示唆するところの活動，運動であって，習慣としての習慣ではない。しかも，習慣そのものは活動・行為において現れる何らかの（習慣が獲得される前とは異なった）状態ではなく，むしろ活動の主体における，或る状態と見るべきである。すなわち，習慣そのものは或る仕方で——確実，迅速，容易さ，優美さ，快適さ，規則性，など——行われている行為ではなく，そのような仕方で行為することを可能にしているところの，或る場合には，それ以外の仕方で行為することを困難にしているところの——主体における何らかの要素である。行為主体はそのように行為することを容易と感じ，また快感，悦びを経験しているかもしれない。あるいは殆ど無意識に行為しているかもしれない。しかし，そうした情意的要素も習慣に伴うものであって，習慣そのものではない。習慣そのものは見てとることも，手でふれることもできないのである*4。

このため，かつては実証主義的立場をとる多くの心理学者や教育学者が習慣の観念にたいして激しく反発した。かれらは顕微鏡，化学的分析，その他の実験・計測装置によって発見・確認できるような要因のみをうけいれたのであり，習慣はそのような方法では発見できないものであったところから，否定されたのである*5。実証主義的な経験主義の立場においては習慣は経験の世界から追放されざるをえないように思われる。

他方，習慣にたいして経験の世界における基本的・中心的な位置を与えた場合，実証主義的ないしは感覚主義的な経験主義にたいしては批判的な態度をとらざるをえなくなるのであり，デューイがやったのはちょうどそのことであった。すなわち，感覚（的知覚）を根源的所与 original datum とみなし，それを経験の構成要素とするのが通常の経験主義 ordinary empiricism（W. ジェイムズの用語）の立場であるといえるが，デューイはそのような感覚は，実は，より根源的な経験の枠組 context のなかで捉えなけれ

---

4) 散歩の習慣，技能や知識の習慣について習慣そのものと，それの「存在」を示すところの徴候や事実との区別をあきらかにできる。

5) Klubertanz, op. cit.

I　経験主義と習慣の問題

ばならないと考え,この根源的な経験とは習慣にほかならないとしている。この立場からすれば,ヒュームを代表者とする通常の経験主義は真に経験的ではない,いいかえると経験の根元に達していないとの意味で「根元的」とはいえないのである (根元的経験主義 radical empiricism W. ジェイムズの用語)。

デューイによると「われわれの認識や思考を構成する要素であるとされる感覚 sensation や観念 idea はともに習慣によって影響されている」[*6]。つまり観念についてはいうまでもないとして,感覚も経験の究極的あるいは根源的な要素ではなく,より根源的な経験たる習慣に依存するというのである。もっとも単純な感覚,たとえば色彩,音などの感覚なるものもけっして根源的な事実ではなく,高度の技能を予想する。明瞭な感覚を有するということは,とらわれない態度で反省するとき,けっして単純な事実ではなく,複雑な過程をふくむところの訓練や技能を前提とする,つまり習慣に依存することがあきらかとなる。

われわれは認識活動において原初的・根源的なものといえば,感覚を考えるのが普通であり,ここからして感覚を根源的所与とみなし,それらを素材にして認識の全体をいわば発生的に説明し,再構成しようとする試みが通常の経験主義である。これにたいして,デューイは通常第二次的・獲得的なものとされている習慣こそ根源的な所与であり,したがって「経験」という言葉がまず意味するのは習慣であることを主張した。たしかに感覚が時間的に先行することを認めなければならないかもしれないが,認識活動を具体的に考えてゆくとき,われわれにとって直接的なのはむしろ獲得された習慣である。そもそも経験への立ち返りが示すごとく,行動する人間とは具体的には形成・変容されつつある習慣なのであって,その理由からして習慣はかれにとって根源的所与なのである。もっと詳しくいうと,行動するとは主体の側の能力と客観的な諸条件との統合であり,この生命的過程が経験であり,それがまた同時に習慣の形成にほかならない。それは端的にいって人間であることの経験的意味にほかならない。デューイはこうした主体と環境との経験的統合・統一,つまり習慣を人間と同一視し,

---

6)　John Dewey, *Human Nature and Conduct,* The Modern Library, 1957, p.31.
　　――, *Reconstruction in Philosophy,* The New American Library, 1950, pp.85-86.

それを根源的な所与と見なした。たえず獲得され・変容されてゆく習慣, もしくはたえず形成され・発展せしめられる経験がそのまま人間と同一視されたのである。

このようにデューイの「経験的な経験主義」もしくは根元的な経験主義においては習慣はほとんど経験と同義語に用いられている。そのことによってたしかに「経験」はたんに対象あるいは事物の経験のみでなく, 経験する主体の経験をもふくむものとなり, 経験のより全体的な把握の成立が示されている。われわれは熟慮をへて下した決定を「わたくしの」決定だというが, 習慣はそれよりもより親密かつ根源的な仕方でわれわれ自身を形成するもの, あるいはわれわれ自身の部分をなすものである, とされる。デューイはいう「われわれが捉われぬ目で自己を眺めるならば, 習慣が（われわれにたいして強力な制御力や支配力をふるうのは）それがきわめて親密にわれわれ自身の一部をなすものだからだ, ということを認めるであろう。習慣がわれわれにたいして支配力をふるうのは, われわれが習慣だからである」[7]。

このように, デューイにおいて経験とは個々の断片的な事実の経験たるにとどまらず, 経験している自己・主体の経験をふくむ。というより経験する自己とは経験の過程からの独立の, 何か固定したものではなく, むしろ成長・発展する経験そのものであり, すなわち習慣である。いいかえると, 自己は経験の過程＝習慣に完全に内在しているものであり, なんらそれを超越しているものではない。経験する自己, 習慣を形成する自己は, それ自体, 習慣にほかならないとされる。このようにデューイにおいて経験する自己・自我と経験される事物・対象との二元性は究極的なものではなく, それらは根元的には統合されており, この統合が習慣というカテゴリーにおいて指示されているといえよう。それは経験する人間と経験される人間とが一体であるところになりたつカテゴリーであり, デューイにおいて「経験」とはまさしく「人間の経験」（経験する人間—経験される人間）にほかならない。

このように習慣をいわば究極のカテゴリーとし, 経験を「人間の経験」

---

7) *Human Nature and Conduct*, p. 25, "It has a hold upon us because we are the habit." 「習慣こそ意志である」 "In any intelligible sense of the word will, they (habits) are will." ibid. p.26という言葉を参照。

と同一視するところにデューイの経験主義の根元性・徹底性を見ることができるが，同時にその問題性もあらわになるように思われる。それはデューイにおける本性 nature および知性 intelligence の概念を吟味することによってあきらかにすることができる[*8]。まず本性についていうと，かれは人間本性の可変性あるいは人間本性の可塑性について論じているが，その際意味されているのは習慣にほかならないとしている。しかし，かれによると習慣の改変は偶発に委ねるべきものではなく，計画的に改革（平和，社会正義へ向けて）されなければならないのであるが，そのためには到達されるべき，望ましい習慣があらかじめなんらかの方法で把握されていなければならないであろう。デューイはそうした望ましい習慣＝到達されるべき統合の，本能による予感について語っており，知性 intelligence つまり思考や認識は本能による一般的な方向づけの内部で，いくつかの可能な選択肢 alternative のなかから選択を行う機能であるとしている。

ところで，デューイは人間のさまざまな動物的本能——生具的な傾向や活動——についても語っており，それらの単なる観察された事実としての本能と，新しい習慣の形成を根本的に方向づけるものとしての本能を同一のレベルにおくことはできないと思われる。後者はまさしく人間たるかぎりでの人間に固有の「本能」ともいうべきものだからである。デューイによると本能が予感する方向とは，われわれが欲している諸々のことがらのなかにあって真に really 欲しているもの，もっとも十全的に most fully 活動が行われるような方向，互いに対立し，競争している欲望や傾向を調和と秩序へ導き，それらのすべてを成就するような方向，つまりより包括的で寛い comprehensive and generous 活動を可能ならしめるような方向であり，これをデューイは合理的 reasonable と呼んでいる[*9]。これをわれわれは普遍的と言いかえてもよいであろう。

デューイが人間活動のこうした根本的な方向づけを本能と呼んだのは，それが通常の意識的な認識・思考の機能，つまり，知性よりもより根源的であることを指示するためであった。ところで通常の意識的な認識・思考を営む主体が習慣であるかぎり，ここでいう本能は習慣よりもより根源的

---

8) 習慣形成の根拠，原因としての intelligence, その終極・目的 finis としての本性という考え方。

9) *Human Nature and Conduct*, pp.181, 183.

なカテゴリーという意味での自然本性でなければならないのではないか。そして、それは同時に、通常の意識的な認識・思考活動の根底にあって、それらを成立せしめている——根本的に方向づけることによって——自然本性的な知性にほかならないのではないか。じっさい、われわれの知的活動が普遍的なるものに秩序づけられていること、そのことが人間の自然本性に属することではないのか。そしてわれわれは自らの知的活動・知的探求がそれへ向かって全体的・根源的に秩序づけられているところのもの——個々の認識対象ではなく——を指して「存在」と名付けるのではないのか。

したがってデューイがわれわれの経験の展開・習慣の形成を根源的に方向づけるところのもの、その予感について語ったとき、かれは「存在」へと秩序づけられている根源的な能力——すなわち知性 intellectus を見てとっていたように思われる。じっさい、経験・習慣に関するかれの立場を徹底させればそれを認めざるをえなかったと思われるのである。しかし、このような能力を肯定することはかれの経験内在的な立場を否定して、「存在」へ向かっての「超越」をもって人間のより根源的な在り方であるとしなければならなくなるが、それはデューイにとってまったく無縁な世界であった。その点においてパースは、経験によって開かれ洞察をより忠実に受けいれたように思われる。

デューイにおいて習慣が専ら生命体としての人間という立場から考察され、生命体としての人間と同一視されたのにたいして、パースにおいては「精神の法則」law of mind として捉えられた。しかるにパースにおいて精神とは実在を意味する——客観的観念論 objective idealism[*10]——のであるから、習慣は実在の根本的構造を指示する形而上学的概念にためられることになる。

パースは実在を精神と見、精神の法則は習慣であるとする。したがって、人間が習慣を獲得することによって自己を形成し、成長を遂げてゆくよう

---

10) 知るものと知られるものとの間の affinity からして、知られた対象は知るものとしての精神の如きものと解する。物質の法則である物理法則 physical laws は目的因果性 final causality によってさらに説明されることを要する。物質 matter という説明不可能 inexplicable なものに説明のよりどころを求めることはできず、matter は弱体化された精神 effete mind であり、硬化した習慣 inveterate habits が物理法則 physical laws となる、と解する (6, 25)。

に，宇宙 cosmos 全体としても習慣の獲得を通じて発展を遂げてゆく，とされる。しかるに，実在・宇宙形成の法則たる習慣は，それ自体も何らかの法則にしたがって発展をとげるのであり，このいわば法則の法則たるものも再び「習慣」である。いいかえると習慣獲得・形成の法則そのものが，高次の法則＝習慣にしたがって獲得・形成されてゆく。つまり，そこには自由ないし自発性が認められる。いわばパースはデューイが生命過程として捉えたものの根底に自由を見てとっているのである。

パースによると精神の法則としての習慣は固定的・完結的・閉じこめられたものではなく，そこに自由・自発性が認められるのであるが，そうした自由・自発性は自己に還帰し，自己を新たにし，自己を完成する働きとして現れるのであって，パースはこれを名付けて理性 Reason という。すなわち，宇宙の発展，すなわち進化は「理性」の発展であり，具体的合理性 concrete reasonableness の成長 growth である。いいかえると，「世界における諸観念（法則）の成就」working out of ideas (laws) in the world が理性であって，パースは理性を「それ自体において讃美に価するもの」「至高善」admirable in itself, summum bonum と呼んでいる（I. 615）。この意味で理性は自己発展的な精神の法則としての習慣の説明および成立根拠であるといえる*11。

上にのべた習慣の自己発展的性格・自己還帰的性格をより正確に理解するために，習慣の自己制御性 self-controlled についてパースが述べているところをふりかえっておこう。かれによると習慣はもともと自己制御的なものであるが，それは人間が獲得する習慣において極めて根元的な仕方で認められる。すなわち，人間の習慣においては，少なくともつぎの五つの自己制御の段階が認められる。「（1）第一に，全く意識されないような抑圧 inhibitions や調整 coordinations があり，（2）次に，きわめて本能的なものと見えるところの自己制御の様相がある。（3）さらに訓練（＝他者による）の結果たる一種の自己制御がある。（4）次に，人はかれ自身の訓練師 training-master となり，それによって自分の自己制御を制御することができる。この段階に達したならば，多くの，もしくはすべての訓練は想像

---

11) 精神の法則としての習慣の中核，ないし能動的根源が自己還帰性であり，そこに精神の最高段階（？）としての理性が現れ出るわけである。

力において in imagination 遂行されうる。人が自らを訓練し，制御を制御してゆくさい，かれはいかに特殊的で非合理なものであっても，何らかの道徳的規則を頭に置いているのでなければならない。ところで（5）彼はこの規則を改善しようと企てることができよう。すなわち，彼の制御の制御にたいして，制御を加えることができよう exercise a control over his control of control。だが，これを為すためには，彼は非合理的な規則以上の，何か高次のものを見てとっているのではなければならない。つまり，彼は何らかの道徳的原理 principle（規則 rule との対照に注意）を有しなければならず，この原理はさらに，何が美しいか what is fine にかかわる美的理想 esthetic ideal への関連において制御されるであろう」(5.533)。

　パースはこの他にも恐らく無際限に自己制御の段階がありうると言い，非理性的なる動物も若干の自己制御をなしうるが，人間の優越性はその多能多才 versatility よりも，自己制御の段階の数多さに存するのではないか，という。つまり人間の理性的性格はそこにあるとされる。理性は習慣獲得・形成における，根元的な自己制御・自己還帰のモメントを指すとされている。「理性」を捉えるためには習慣を媒介としなければならないのである。逆に習慣と呼ばれるもののうちには，「習慣」という言葉によっては的確に指示できない自発性・自由あるいは自己制御・自己還帰のモメントがふくまれていることが，その発展を通じてあらわになってくるのであって，このモメントが理性と呼ばれるものである。

　ではパースが admirable in itself, summum bonum と言う「理性」と人間が生具的に有すると考えられている理性能力（可能性 potentia）との関係はどう考えたらよいのか。パースは，人間はその理性能力によって宇宙の進化そのものに能動的に参与している，と考える。あるいはむしろ，進化（の根源たる「理性」）への能動的な能力を指して「理性」と名付けているともいえる。じっさいには，人間において理性は習慣を通じて自己を形成している。推理の原理や規則と呼ばれるもの，論理学の原理が信念 belief であり，習慣にほかならないというのがパースの立場であり[*12]，それらが普

　12）信念・習慣 belief-habit が「漠然・特殊・僅少」"vague-special-meager" の状態から「厳密・一般・十全」"precise-general-full" の状態へと進化 evolve してゆく，この過程 process が想像力のうちに in imagination おいて生起するかぎり，「思考」'thought' と呼ばれる。推理 inference は信念・習慣 belief-habit の増大・発展 increase, development の過程 process. 3, 160,

I 経験主義と習慣の問題

通ア・プリオリ,必然的と受けとられているのは,それらの修正を必要とするような状況が生ぜず,そのためそれらにたいする疑いが生じていない,ということにすぎぬ。このように,人間の理性(能力)は宇宙の進化の終極たるところの「理性」の分有ともいうべきものであり,習慣はこの分有の諸段階あるいは様相を指示するものといえるであろう。

このようにパースは習慣なるものにふくまれている自由・自発性の要素を強調する。そして彼はこの要素を自己への還帰—自己制御性として捉え,そこに理性の働きを見てとった。いいかえると,パースは習慣が根本的にいって自己超越的構造を持つものであることを洞察し,この自己超越の運動のいわば終極にあるものを理性と名付けた,といえるであろう。そこにわれわれはパースの徹底した経験主義が——「習慣」概念を媒介として——一種の形而上学へと連続していたことを見出すのである。

なお,パースの「習慣」概念をデューイのそれとの比較においてさらに明確にするため,両者の人間概念を手短にふりかえっておこう。

パースは,人間は言葉ないし記号であるとする有名な一節において次のようにのべている。「人間の意識のうちには,言葉においてそれと対応するところの何物かを有しないような要素は何一つ見出せない。そして,その理由は単純である。つまりそれは,人間が使用するところの言葉ないし記号がその人間自身である,ということである。というのは,あらゆる思考は記号であるという事実を,生命は思考の連続であるとの事実と結びつけて解するとき,人間は外的記号であることが立証されるのである。すなわち,人間と外的記号とは,homo と man という言葉が同一的であるのと同じ意味において,同一的なのである。このようなわけで,わたしの言語は私自身の総体である。なぜなら,人間とは思考だからである」。(5.314) ここでパースが「人間」という言葉によって,ふつう人間と呼ばれるものと結びつけられている諸々の事実,とくに彼の意志,つまり動物的有機体にたいする支配力,本能的な力のようなものではなく,人間が為し,考えることがらにおいて認められる統一性や一貫性——それらがまさしく人間の行為であることの徴し——を考えており,そこに人間を人間たらしめるもの,かれの自己同一性 identity を見てとっていることはたしかであ

「信念の自発的発展」 "spontaneous development of belief". 3, 161. cf.3, 164.

る。このようなパースの考え方を理解するためには，一般的観念 general idea こそ実在的 real であって，まさしく「生命ある実在」であるという彼の実在観に親しむ必要があろう。いずれにせよ，パースは「人間」を第一に，習慣形成を通じてしだいに明確化されてくるもの，この過程の終極において実現されるもの，との関連において理解している。これにたいしてデューイは習慣形成の過程そのものを人間と同一視した。人によってはデューイの立場において経験主義の徹底を見るかもしれない。しかし，習慣の自己発展性，そこにふくまれている自発性ないし自己還帰性は，習慣を超える何物かを指示しており，その意味ではむしろ経験超越的なパースの立場がより「経験的」であるとの見通しが開かれるであろう。

II　習慣の本質

　(A)　前述のように，さまざまの経験主義において「習慣」の概念の占める位置，あるいはそれに与えられている評価に著しい違いが認められることは，この概念にふくまれている問題性にたいしてわれわれの目を開くのに充分であろう。そこであらためて，習慣とは何であるかを探求することにしよう。その第一段階として，ふつう「習慣」の名でもって呼ばれているものに目をむけ，はたしてそこに意味の共通性が見出されるのかどうかを確かめよう。つまり，身体的レベル physical level において語られる「習慣」と知性的なレベルにおいて語られる「習慣」との間には何らかの共通性，あるいは内的な結びつきが見出されるであろうか。見出されるとすれば，それはどのようなものであるか。

　まず，「習慣」が語られる代表的な場面が身体的動作――歩行のような単純なものから，種々の器具の操作，あるいは高度の技能を要求される芸術的行為まで――であることは明らかであろう。それはまた「練習」practice や反復が強調される場面でもある。このため，「習慣」の名をこの場面のみに限定する傾向が見られる程である。あるいは，習慣をこの場面のみに限定することは避けても，この種の習慣において認められる顕著な特徴を習慣そのものの本質的特徴であると見なす傾向がある。たとえば，習慣化した身体的動作においては注意の必要性が減少するところから，習慣を無

II　習慣の本質

意識的あるいは自動的な動作形態と同一視する傾向がそれである[*13]。

たしかに身体的動作の習慣が一度獲得されると、動作は無意識化され、自動化されるが、この習慣の獲得は無意識的・自動的に行われるのではない。この習慣は技能 skill であり、技能とは生具的な能力・可能性が何らかの程度に完成され・高められた状態にほかならない。したがって、この種の習慣において本質的なのは、無意識・自動的性格ではなく、生具的能力に付加された完全性 perfectio であると見るべきであろう。つまり、或る身体的動作が確実（成功）、一様（一貫性）かつ容易（快適、満足）になされるとき[*14]、われわれは習慣の現存を認めるのであるが、それは当の動作を行うために要求される諸（生具的）能力が何らかの程度に完成されたこと、つまり技能が獲得されたことを意味する。そして、この能力の完全性ないし技能なるものは、諸々の生具的能力が一定の仕方で組織化され・統一されることに存する、といえるであろう。

すなわち、或る動作が確実、一様かつ容易に遂行されるためには、遂行されるべき動作が一つのまとまった全体として知覚されることが必要であり、いいかえると知覚が組織化・統一されることが必要であり（ピアニストの証言、タイピストにおけるフレーズ、センテンスを全体として見てとる必要）、また身体運動の制御が必要であるが、この後者は筋肉運動（知覚）表象 kinesthetic images（筋肉感覚から引きだされた、身体諸部分の位置および運動の表象 image of the position and movement of bodily members, derived from the muscle sense）の発達によって有効になされる。いいかえると、知覚においては遂行されるべき動作の全体がいわば空間的に一つの統一として捉えられるのにたいして、筋肉運動（知覚）表象においては同じ動作の全体が時間的継起において一つの統一として捉えられているのである。それは数秒の短さ（体育演技）から、時としては一時間、あるいはそれ以上にもわたる統一であり、その間注意が持続されることによって動作の統一が保証されるのである。

ところで、知覚の組織化や kinesthetic image の完成において想像力 imagi-

---

13)　或る刺激とそれに対する反動との系列がしばしば反復された結果、獲得された刺激と反動との自動的連合、ある行動や意識の形態が固定して、それがいつも同じ形で、意識することなしに現れるようになったこと。参照『広辞苑』。

14)　習慣の現存と認める規準　Klubertanz, p.13-15.

nation が直接に大きな役割を果たすことは容易に推察されるが[*15]，さらに高度の理性能力や動機づけが多くの場合重要な役割を演ずることを否定できないであろう。或る注目すべき習慣論の著者は学習過程における観念・思考要因 ideational factor の重要性をつぎのように強調する。「とくに，学習において突然の，著しい進歩が起こる場合には，われわれはいつでもそこに観念・思考要因がからんでいることを推測する。獲得された知識が進歩の現実の基礎なのである」[*16]。

すなわち，生具の能力・可能性を技能へと高めるためには，それらの組織化・統一が必要とされるのであるが，組織化・統一のためには想像力を媒介としつつも，高次の理性能力の介入が要求されるのであり，そこに習慣の獲得の，したがってまた習慣そのものの秘密があるように思われる。さらに高度の，複雑な身体的動作——例えば演奏，制作——の技能を修得するにさいして，強度の関心，興味，集中力が必要とされることは明らかであり，そしてそれらが呼び起こされるために高次の動機づけが要求されることも否定できないであろう。いずれにせよ，身体的動作の習慣が，それらの遂行にかかわる身体的部分——筋肉，神経系統——の強化，調整のみによって説明できないことは確かである。

つぎに，「習慣」が語られる——あるいは，伝統的に語られてきた——もう一つの典型的な場合は「諸々の学知と徳」[*17] scientiae et virtutes つまり知性的レベルにおけるものである。徳についても同様であるが，学知の習慣によって遂行される活動——すなわち推論——が無意識化されることはない。学知の習慣——知性的徳——を有する者は，推論において真なる結論に到達するのみでなく，その結論が真なることを知っており，そのことについて確証，確信を有する。当の活動は無意識的になされるどころか，それを遂行する主体は反省的に，つまり当の活動，およびそれを成立させる根拠に立ち返りつつ（つまり自己に立ち返りつつ）そのことを遂行しているのであって，最高度に意識的に当の活動を遂行している。

この点において知性的活動の習慣は，身体的動作のそれとは際立った対照をなすものであるが，それが生具の能力・可能性に付加された完全性で

---

15) Klubertanz, pp.18-19.
16) Knight Dumlop, *Habts. Their Making and Unmaking,* Liveright, 1972, p.76.
17) Thomas Aquinas, *Summa Theologiae,* I-II, 50, 1.

ある点では共通的である。このことは学知の習慣を臆見 opinio のそれと比較することによって明白にすることができよう。知性的能力は本来，自己還帰的な能力なのであるが，それはたとえば学知の習慣を獲得することによって，或る特定の認識領域に関して，完全に自己還帰的な能力——自らが真であることを知っている，つまり自らが遂行する活動の根拠を知っている——へと高められるのである。いいかえると，知性はそのときはじめて全き意味で知性となるのである。

ところで，知性はその固有の活動を営むにあたって直接に身体的要素の介入を必要としないとはいえ，身体的要素なしには知性活動が営まれえないこともあきらかである。なぜなら，知性的認識は感覚的表象なしには，つまり感覚的表象からの抽象という仕方によることなしには，さらに感覚的表象へと自らを向けること conversio なしには行われえないのであるが，感覚的表象は身体的器官をもってする感覚的知覚なしには形成されないからである。しかも，知性的認識が有効に行われるためには——学知の習慣の形成のためには——想像力が適当に秩序づけられること（それが知性の支配，制御下に入ること……独走するのでなく）が必要とされるのであり，後者のためには身体が適当な状態に保たれることが要求される（疲労，情念 etc はそうした状態を破壊）のであってみれば，知性活動のレベルにおける習慣が身体的要素を離れては成立しえないことも明白であろう。

（B）　「習慣」の名で呼ばれているものの多様性から何らかの共通性についての見通しをえたのにつづいて，習慣とは何か，という問いをあらためて問うことにしよう。つまり，そこでの共通的な規定について，さらにその意味を問うことにする。習慣なるものの本質へむけられたこの問いは，習慣の定義を求めるものであり，何よりもまず一般に習慣なるものの「存在論的身分」ontological status を問うものとも解されるであろう。

さきに，習慣は生具の可能性・能力が何らかの程度に高められ・完成された状態を指示するものであり，ふつうに技能と呼ばれるものにあたることを見たが，知識と対立的な技能ではなく，知識もふくめてそこには身体的動作性の技能 motor skill のように最小限の意識・意志をもって行使されるものから，知性的活動にかかわる習慣のように完全な反省的意識をもって行使されるものまで，一口に技能——獲得・修得的能力——といって

も，その意味するところにはかなりの差異が認められる。そもそも習慣が一義的な概念であるか conceptio univoca，つまり「習慣」なるタームを一義的に univoce 使用できるかどうかを問題にする必要があろう。われわれが通常そのことを問題にしていないとすれば，それは習慣を身体的動作の技能において見られるような「自動機構」automatism 的なる習慣に限定し，独断的に習慣概念の一義化を行っているからであると思われる。

ところで習慣 habitus は技能であり，それは能力・可能態 potentia に付加された一種の完全性，すなわち可能態が獲得した一状態であるから，この場合の「可能態」と「完全性」とのそれぞれの意味を明らかにする必要がある。ところで可能態は必ず現実態を通して知られるものであるが，たとえば，何らかのものが人間になりうる，との意味で人間の可能態といわれる場合と，人間が黒く・白くなりうる，との意味で黒く・白くあることの可能態といわれる場合とでは，可能態の意味は異なる。さらに，上の場合は，共に何かになりうるという受動的な意味での可能態であるが，何かを為しうるという能動的な意味での可能態（むしろ能力）もある。「見る」「知る」などの能力はこうした能動的な可能態 potentia activa である。(operatio への可能態……これに対して potentia passiva は実体的ないし付帯的存在 esse substantiale, accidentale への可能態)。では習慣（能力態）が可能態であるといわれる場合は，そのいずれにあたるのか？ トマスが言うように，「習慣もまた一種の可能態を指示する概念だからである」habitus est quaedam dispositio alicujus subjecti existentis in potentia vel ad formam vel ad operationem[18]。この可能態は常になんらかの基体 subjectum を予想する可能態であり，その意味ではすでに何らかの限定・確定をふくむ可能態である。しかし，それは多くのものへの可能態たりうるものであり，そのかぎり高度の多義性をふくむ概念であることに注意しなければならない。

ところで習慣が一種の可能態 potentia であるといわれる場合，通常は形相 forma への可能態としてではなく，活動 operatio への可能態が意味されている[19]。したがって，そうした習慣にとっての基体は，活動・現実態 actus への可能態としての能力・能動的可能態である。それゆえ，それ自

---

18) *S.T.*, I-II, 50, 1; cf.51, 1.
19) *S.T.*, I-II, 49, 3; cf.51, 1; 2.

体一種の可能態である習慣は，この後者との関係においては一種の現実態（形相）であるといわなければならない。こうして，習慣は現実態と可能態との中間に位置し，何らかの中間的な性格を帯びるものである。すなわち，習慣とは，純粋な可能態と純粋な現実態との中間に見出されるものであり，前者にとっては現実態，後者にとっては可能態の関係に立つ quodammodo medio inter puram potentiam et purum actum[*20]。そこに習慣の特異な存在論的身分が認められる。だが可能態と現実態の中間とは何を意味するのか？　いったい可能態と現実態の中間に第三者が介在しうるのか。習慣——可能態と現実態の中間者としての——の概念は可能的存在と現実的存在をめぐる形而上学的思弁・探求にたいして重大な問題を提起するものであり，おそらくその展開の鍵を握るものともいえるであろう。

　何らかの活動・働きをなす能力・可能態は,当の働きへと秩序づけられ，当の働きを志向するかぎりにおいて，働き・現実態は何らかの完全性, を意味するといえよう。したがって，習慣が中間者であるといわれるかぎり，それもまた何らかの完全性を意味するはずである。この完全性は厳密にいっていかなる完全性であるのか——それが問題である。習慣が完全性であるのは，能力・能動的可能態との関係においてであるが，それは厳密にいかなる意味で後者の完全性・現実態なのか？　能力が働き・活動によって現実化・完成されるのと，習慣によって現実化・完成されるのとはどのように違うのか？　どうして能力・可能態が一挙に働きによって現実化されるのでなく，その中間にもう一つの現実態・完全性（習慣）が介在しうるのか。この点の解明のためには能力・能動的可能態と呼ばれているものの構造をより精細に検討する必要があろう。

　すなわち，われわれが働きの根源 principium actus としての能力の在り方をふりかえって見る時，たとえば成長，栄養，新陳代謝，順応などの生命体としての活動を営む能力，感覚的知覚の能力，知性的認識，推理の能力などにおいては，同じく能力といっても構造に著しい差異があることは明白であろう。いまトマスの説明によって見ると，これら能力には（1）単に能動的なるもの tantum agens,（2）単に受動的なるもの tantum acta vel mota,

---

　20)　Thomas Aquinas, *Quaestiones Disputatae De Veritate*, 10, 2, ad 4; *Summa Contra Gentiles*, I, 56; *S.T.*, I, 79, 6, ad 3; I-II, 49, 3, ad 1.

(3) 能動的にして受動的なるもの agens et acta の三種が区別される*21。(1) はそれが働きの根源たるために何ら附加・導入的なもの aliquid inductum をも要しないような能力であり、そうした能力はそれ自体で「ちから」virtus にほかならない。その例は神的能力、能動知性および自然的能力 potentiae naturales であり、それら能力はそれ自体において完結的なもの completa である。(2) は、他によって働きかけられるのでなければ働きを為さないような能力であり、自ら「働きを為すか為さないか」を左右しうるものではなく、動かすものの力の力勢・衝撃にもとづいて secundum impetum virtutis moventis 働きをなすような能力である。その例はそれ自体において考察された感覚的能力であり、これらは能力といっても、それに付加されたところの何ものかによって——視覚についていえば可視的な形象によって——働きへともたらされるのであって、いわば受動という仕方でのみ solum per modum passionis 働きを為すのである。(3) の能力は、何らかの外的なるものによって働きへと動かされる（対象によって）ことを要するが、それによって何か一つの働きへと確定される determinatur ことはなく、自らのうちに能動的要素を残している。すなわち、この種の能力が働きをなすためには何か後で付加されたもの aliquid super inductum によって補足・完成されることを要するのであるが、そうした付加・補足はこれら能力のうちに、単に受動という仕方で見出されるのではなくて non est in eis per modum passionis tantum 基体のうちに恒久的にとどまる形相という仕方で per modum formae quiescentis, et manentis in subjecto 見出される。しかも、これらの付加・補足的なる「ちから」virtutes によって、当の能力は一つの働きへと強制されることはなく、あくまで自らの働きにたいする支配力を保持するのであって、（理性的能力はあくまで理性的なものにとどまる、意志は意志であり続ける）理性的諸能力がかくのごとき能力である。すなわち、能力 potentia に付加された、それを補完する「ちから」たる習慣は、「それによって或る人が、自ら欲するときに働きをなしうるものである」*22 habitus est quo quis agit cum voluerit とされている。

このように、習慣が可能態と現実態との中間であるというとき、それは

---

21) *Quaestio Disputata De Virtutibus in Communi*, 1.
22) *S.T.*, I-II, 49, 3.（アヴェロエスの言葉として引用）

II 習慣の本質

常に現実に働きをなしつつあるごとき能力でもなく、また外的な刺激（当の能力・可能態を現実態へともたらすもの）によって全体的に現実化されるごとき能力でもないような、その中間の能力を予想し、そうした能力・可能態に付加され、それを何らか完成するところの「ちから」を意味する。この種の能力——理性的能力——は、いわば常に現実に働きをなしつつあるごとき能力であるような面、「部分」と、外的な刺激によって現実態へともたらされるごとき能力としての面、「部分」とをあわせ備えている、と考えられるであろう。そして付加的・補完的な「ちから」「習慣」はこの後者の部分を現実化し、完成する何ものかであると考えられる。しかし、それが何であるかはまだ明らかにされていない。

これまでの考察において習慣なるものは純粋な可能態としての能力 potentia activa, potestas と、現実の働き・現実態との中間に見出されるものであること、いいかえると、習慣は純粋な可能態としての能力を基体とし、それに付加され、それを補完するところの何物かであることが示唆された。この何物かが付加されることによって、当の能力によって営まれる働きは大きな変容を蒙る——確実性、斉一性、迅速さ、悦び（firmitas, uniformitas, promptitudo, delectatio）。このように働きの様相 modus が著しく変化する。ところで、働きの様相の変化（習慣をそこで捉える場合もある—日常的慣用）は、当の働きの基体・根源たる能力の様相・在り方の変化を予想するものであり、そうした基体の様相を変化させた何物かが習慣にほかならない。しかるに、一般に或るものの様相を規定する determinare ものは質 qualitas と呼ばれる。したがって、習慣とは何かという問いは、習慣はいかなる質であるか、とくに、同じく質であるところの能力からいかに区別されるのか、という問いとして提起されることとなる。

ところで「質」とは、アリストテレスによると「それにもとづいて何か或るものが『これこれ様の』と言われるところのものである」[23]が、アリストテレスが続けて注意しているように、それは「いろいろな意味で」言われるものどもに属する。アリストテレス自身はそうした多様な意味として（1）習慣（山本光雄訳では「性状」hexis）と状態 diathesis（2）自然的な能力（と無能力），（3）受動的性質（と受動），（4）形や姿、の四つを枚挙

---

23) Cf. カテゴリー論第8章。

しているが，この枚挙およびそれらの順序について原理的・体系的説明を与えているわけではない。したがって注釈家の間で解釈が分かれている。いまこうした原理的・体系的説明の一例としてトマスをとりあげる。まず様相 modus といえば「何らかの基準にもとづく規定」quaedam determinatio secundum aliquam mensuram であり，そして様相といえば何等かの現実化の様相であり，可能的なるものを現実化するにあたっての様相であるから，そこでの基準は最高の現実態にあたるものでなければならない。ところで，最高の現実態とはトマスの場合「存在」esse であり，したがって，質とは「存在」を基準とするところの基体の諸々様相であり，規定 determinationes である，ということになる[*24]。

　さらに，これら諸々の様相およびそれらの間の順序は，やはり受動態－現実態の観点から捉えられる。トマスによると，それらは（1）基体の本性そのもの（2）基体の活動（3）受動——（2）（3）が本性の原理たる形相，質料にともなうものであるかぎりにおいて，つまり当の基体のうちにその根源を有するかぎりにおいて——（4）量，の四つとの関連において捉えられる。ここで（1）－（4）が現実態―可能態の順に排列されていることはあきらかであろう。すなわち，量は質料的・形体的な事物を特徴づける第一の範疇であって，それら事物における純粋可能態である第一質料にもっとも近接した範疇である。ついで甘さ，辛さ，温かさ，冷たさ，白さ，黒さなどの受動（的性質）は質料的・形体的事物を構成する元素 elementa に由来するものであって，やはり質料的・可能態的性格が強い。しかしつぎの能動・能力はあきらかにより現実態的である。実はこれこそもっとも現実態的であるかのように思われるが，これは作用面での現実態であり，これよりも高次のものとして，存在面における現実態が考えられる。それが事物の本性そのものである。本性が活動・作用よりも現実態的である（活動よりもより「活動的」である！）という考え方は，われわれには縁遠いものとなっているが，これは本性は終極・目的 finis であって，目的因は作用因よりも高次の原因である，という洞察が欠落していることにもとづく。習慣が質の第一の種であるとされるのは，習慣がそれとの関連において捉えられているところの基体の本性そのものが，存在という最高の現

---

24) *S.T.*, I-II, 49, 3; cf.51, 1; 2.

実態を基準として，それにもとづいて考えた場合，それに最も近い高度の現実態であることによる。

　すなわち，能力（自然的能力）が能動・活動との関連において考えられている基体の様相であるのにたいして，習慣は本性そのものとの関連において捉えられた様相である。能力の例としてアリストテレスが挙げているのは，「それによって或るものが拳闘のできる者，競走のできる者，健康的な者，病的な者，堅いもの，軽いもの，などといわれるところのもの」などであるが，これは或る人は生まれつき腕力，脚力において勝っていること，身体の平衡を乱す力にたいする抵抗力の強・弱，分解にたいする抵抗力の強・弱などを指している。これにたいして習慣の例は知識 scientia や徳 virtus である。知識や徳は，それらによって，それらの持主が卓越した仕方で働きをなしうるごとき「ちから」virtus にほかならないのであるが，それらは自然的な能力とどう違うのか。また習慣の方が質の第一の種として，能力に優越するものと考えられているのはなぜか。

　結論的にいえば，自然本性的な能力が始源としての自然本姓との関連において捉えられているのにたいして，習慣（という「ちから」）は終極・目的としての自然本性との関連において捉えられている，というのがその根拠である。「事物の本性との関連における何らかの関係をふくむことが習慣の本質に属する」[*25] Est enim de ratione habitus ut importet habitudinem quamdam in ordine ad naturam rei (I-II, 49, 3)。「習慣は第一かつ本質的に事物の本性への関係をふくむ」[*26] habitus primo et per se importat habitudinem ad naturam rei. といわれるとき，その本性とは「事物の形相および本性そのものが目的であり，それのゆえに何事かがなされる。」[*27] ipsa forma et natura rei est finis et cujus causa fit aliquid において指示されているように，終極・目的，つまり最終的な完全性としての本性なのである。したがって，始源としての本性と，終極としての本性との間に質的な相違がない場合には――完結された，閉じこめられた本性――自然的能力・可能態はそのまま「ちから」virtus であり，そこに，それから区別された習慣が獲得される余地はない。裏からいえば，始源としての本性と終極としての本性の

---

25)　*Ibid.*, 49, 3.
26)　*Ibid.*
27)　*Ibid.*, 49, 2. cf.Aristoteles, *Physica*, II, 7, 198b3-4.

区別を認めうるか否かが，習慣の何たるかを捉える根拠になるといえる。さきに純粋可能態と純粋現実態との中間的境位としての習慣について提起した存在論的問題は，始源としての本性と終極としての本性の区別，その中間的完全性の問題としてあらたに提起できるであろう。

習慣が働き actus への関連を有することは明白である。もともと習慣の現存が確認・主張されたのは働きにおける変容にもとづくものであった。しかし，同じく働き・現実態への関連において言われる自然的能力と違って，習慣がその本質上 de ratione habitus 第一かつ本質的 primo et per se に秩序づけられるのは事物の本性（終極・目的としての）であって，働きへと秩序づけられるのもそれが本性の終極 finis naturae（作用面での完全性・現実態）たる限りにおいてである。われわれが習慣の現存に気付くのは働きを通じてである。しかし習慣の何たるかは，最終的には，働きにもとづいてではなく，終極としての本性にもとづいて捉えられるのでなければならない。「われわれにとって」は働きが習慣よりも「より先」であり，したがって習慣の本質の探求は働きの検討から出発した。しかし，「それ自体において」は終極としての本性が習慣よりも「より先」であり，習慣の何たるかはそのような本性にもとづいて捉える必要がある。それは習慣の原因・根拠としての本性の問題であり，つぎに習慣の原因について考察しなければならない。

Ⅲ　習慣の原因

習慣の本質の探求の継続として習慣形成の原因——それは習慣の強化，衰退，消滅の原因ともかかわりがある——を探ることにしよう。

習慣形成の原因として直ちに頭に浮かぶのは行為あるいは働きの反復であろう。アリストテレスが『ニコマコス倫理学』（Ⅰ, vii 1098 a18）で語っているように「『一羽の燕は春を招かない』」し，一日の好日だけでは春は来ない」のであって，習慣（あるいは徳）の形成のためには，通常長期間にわたる同一の行為の反復が必要であることは経験の示すところである。しかし，無気力かつ冷淡な行為の反復が習慣の形成あるいは増強を生ぜず——学習の場合，技能獲得の場合——かえって既得の習慣の弱化を結果

することも経験の示すところであってみれば，単なる行為の反復をもって習慣の原因とみなすことはできない。むしろ反復される行為・働き actus 自体のうちに，さらに習慣の原因であるところの要因をつきとめなければならない。

右の点に関連して，習慣の原因が反復された行為であるといわれる場合，それはあくまで能動 actus であって，単なる運動 motus ではないことに注意する必要がある。いいかえると，習慣を獲得すべき基体 subjectum は，当の行為の行為主体 agens でなければならず，外から運動・変化を受けとるにとどまってはならないのである。アリストテレスがいうように石を一万回も上方に放りなげて習慣づけようとしたとしても，上方に運動するように習慣づけることはできないし，火を下方に運動するように習慣づけることもできないであろう（『ニコマコス倫理学』，II, 1103a20）。それは，自然本性によって運動の在り方が確定されているからである。石や火の行為・働き actio, actus について語りうるとすれば，それは，それらの自然本性を原理・根源とするような運動を指すのであって，石にとっての上昇運動，火にとっての下降運動は自然本性に逆らう運動 violentia であって，いかなる意味でも行為・働きではない。ここからして，習慣が形成される原因となりうるような行為・働きはまさしく行為主体によって能動的に行われる行為でなければならず，さらに，行為主体・能動者をまさに能動者 agens たらしめるところのものが，よりつきつめた意味で習慣の原因であろう，という見通しがえられる。

他方，右にのべた石や火の例からあきらかなように，自然本性によって一つの運動・能動への確定がなされている場合には習慣づけ，習慣の形成にとっての余地はない。これはどのように解釈すべきか。この場合，当の働きをなすところの能力は，働きの根源・原理としてすでに完成された状態にあり，能力として完全に現実化されているといえよう。同じことが栄養能力についてもいえるし，さらに，いわゆる第一原理を把握するかぎりでの知性についてもいえるであろう。これらは何らかの外からの刺激，素材の働きかけによって働きへと現実化されるというよりは，むしろ働きかけるべき素材の到来をまって働きにうつるのであり，働きをなす能力としてはすでに完成されていて，現実化されることを必要としないのである（感覚機能との対照。感覚機能は対象による働きかけにたいしてまったく受

容的であり，全面的に現実化されることを要する）。裏からいえば，習慣の形成のためには，或る働きを行う主体・能動者のうちに未だ現実化されていないところの，受容的な面がなければならない。働きや行為が習慣の原因であるという場合——ひとは家を建てることによって建築師となり……（建築に関する習慣・能力を獲得し）……正しいことをすることによって正しい人となり（正義の徳を獲得する）——そこに受容的な面についての考慮がなければならない。習慣は能動者・能動的能力 potentia activa によって，能動者自体のうちに形成されるのであるが，能動者のうちにそれを受容する面，つまりそれによって現実化される面がなければならないのである。しかし，他方，受容性あるいは受動性のみによって習慣を説明することはできない。W. ジェイムズの習慣概念はこのような考え方に傾いていたといえる。物質の可塑性 plasticity による習慣の説明——可塑性をもって習慣の原因とすること——は，習慣形成のための一つの不可欠条件に触れてはいるが，主用原因・能動的原因には触れるところがない。

したがって，習慣の原因はあくまで行為・働きのうちに探求しなければならないが，行為が習慣の原因であるといっても，行為は行為主体・能動者を離れてはありえず，行為主体の現実態なのであるから，習慣の原因は，行為主体のうちにあって行為を生みだすところの原因と同一のものであると考えられる。では，つきつめた意味での行為の原因とはなんであろうか。行為が現実態であれば，その原因たるものは，より高次の現実態でなければならないと考えられるが，それはいかなるものであろうか。そもそも行為が現実態であるということ自体，何を意味するのか。

例として正しい推論の行為をとろう。正しい推論という行為は，ひとまず理性と呼ばれる能力によって遂行されるといってよい。ところで，理性は正しい推論を行いうるが，必ず正しい推論を行うとはかぎらず，誤った推論も行いうる。したがって，理性は正しい推論を行う能力であると同時に誤った推論を行う可能性もふくむ。理性が或る領域に関して確実に，必ず，正しい推論を遂行するのは，その領域に関する学 scientia という習慣を獲得している場合である。この習慣が推論の正しさを保証するものであり，その意味で正しい推論を行う「能力」であるといえる。ではどのようにしてこの習慣は形成されるのか。

最初の答えは，正しく推論することによって，そしてそれの反復によっ

III 習慣の原因

て、というものであろう。では何によって正しく推論するのか。それにたいして「学」という習慣によって、とは答えることはできない。しかし、正しく推論するための能力、あるいはこの行為の原因が、同時に正しい推論という習慣（学）の原因でもある、ということは確かであろう。問題は正しい推論という行為の原因、その行為を生ずる根源・原理は何かである。

ところで、それは理性に備わっている限りでの推論の規則と呼ばれるものであり、さらに推論・論証の第一原理と呼ばれるものをおいて他にないのではないか。単に定式化された規則ではなく、推論を行う能力たる理性に内在しているかぎりでの規則であり、それは現実には（学とは異なった）一種の習慣であるといえよう。結局のところ、われわれが一定の領域で正しく推論を行うことができるのは、理性に内在している推論規則が適用されることによってである。いいかえると、当の領域が、「理性に内在している推論規則」という能力のうちにつつみこまれることによってである。したがって、正しく推論するという行為の根源・原因、能動因は理性に内在しているかぎりでの推論規則ないし第一原理であるといわなければならない。（それがさらに高次の原因を持つかどうかは、当の能力が働きへと現実化されるさいに一つの働きへと確定 determinatio されているか否かによる）

こうした原因によって生ぜしめられる行為の反復を通じて、正しい推論という習慣が形成される場合、その原因はほかならぬ「理性に内在化しているかぎりでの推論規則・第一原理」であって、それが習慣よりも高次の現実態である。それが理性と呼ばれた推論能力（能動者）における能動的原理 principium activum である。この原理によって正しい推論という行為は遂行されるわけである。では正しい推論という習慣の形成とはどういうことか。それはつぎのように説明できよう。推論はこの能動的原理のみでなく、想像力、感覚能力、さらには欲求、情動などの協力、介入をまってはじめて遂行される。しかるに想像力、情動などは、いわばそれ自体の傾向性を有し、必ずしも推論の規則・原理に従順ではない。したがって、それらが後者に従うように習慣づけられないかぎり、推論は不確かで、誤りに陥り易い。いいかえると、能動的原理が、それらの要因によって左右される（理性のうちなる）受容的原理・受容性を確定しないかぎり、正しい推論という習慣は根づかないのである。

したがって、習慣がそれを通じて形成されるところの能動・働きを行う

主体であると同時に，習慣がそこにおいて形成される基体でもあるところの能力（能動的可能性）は，自らのうちに能動的側面・根源と受容的側面とをそなえていることがわかる。ここで能動的根源と呼ばれているものが，厳密にいえば働きを生ぜしめる作用原因 causa efficiens であり，或る意味ではそれさえあれば働きを遂行することは可能であり，習慣も絶対的には必要ではない，といえる。（学的推論についていえば，推論・論証の第一原理を内蔵しているかぎりでの理性，つまり自然的理性のみによっても推論は可能である）しかし，じっさいにはわれわれの能力のうちには受容的なる側面が見出され，それはさまざまの方向への可能性をはらんでおり，そのいずれにたいしても確定されていないため，能動的根源によって遂行される働きは不確定な性格をおびる。いいかえると，能力はいまだ全体的に能力virtus（つまり働きの根源）として機能するにいたっていないのである（チームワーク，ないしは規律が確立されていない運動チーム，軍隊との類似）。したがって，能力が能力として全体的に機能しうるためには，能力のうちなる能動的側面がいわば受容的側面の不確定性を確定しなければならない――いいかえると，自らにむけて秩序づけなければならない。さらにいいかえると，能動的側面は，受容的側面のいわば惰性にうちかって，自らに同化させなければならないのである。このような受容的側面の不確定性の確定化，もしくは同化は，とりもなおさず受容的側面に或る新しい質 qualitas が形成されることであり，それが習慣にほかならない。それは当初の能力の増強，強化でもあろう。

　これはつぎの喩えによってあきらかにできよう。われわれがたとえば木片を燃えあがらせようとする場合，最初火がついても，一挙に燃えあがらない。むしろ段々と，火が自らに対立するところの状態（湿り気）にうちから，それを自らに適合的な状態へと変化させてゆき，それに成功した瞬間に火は盛んに燃え上がる[*28]。いいかえると，火が自己の類似性を素材にたいして刻みつけたときに，その素材は燃え上る。この「自己の類似性の刻印づけ」が習慣の形成にほかならない。

　この喩えをすこし先へ進めてゆくことにしよう。最初に点火され，ちょろちょろと燃えている火は，能動的根源であると共に，それによって遂行

---

28) *S.T.*, I-II, 51, 3.

III 習慣の原因

されている働き（その反復）でもある。それが弱いと，素材の全部が燃え上る前に火は消えてしまう。その場合，能動的根源は受容的側面の惰性にうちかつことができず，むしろうちまかされ，そのために習慣は形成されない。いいかえると，それを通じて習慣が形成されるべき働きは，或る程度以上の強度 intensio のものでなければ，習慣の形成（もしくは増強）へと導かないのである。だが働きの強度とは何か，また何によって齎されるのか。それはあらためて考察しなければならない。

もう一つの点は，最初に点火され，燃えつづけている火と，素材の全体が燃え上る火とを比べたとき，後者が前者に優越することはいうまでもないが，これはちょうど習慣が付加され，それによって完成された能力と，それ以前の能力の状態に対応する。「学」の習慣なしにもわれわれは推論をなしうる。しかし，「学」によって完成された理性による推論は，それを欠如した理性によるものと比べた場合，まさしくそこに能力の違いを示す。同じことは「思慮」「正義」等々の徳によって完成された実践理性，意志能力についてもいえる。この点の理解は身体的習慣の場合にくらべて，往々にして不充分であると思う。

われわれは習慣の原因・成立根拠を尋ねて，それを通じて習慣が形成されるところの働きを遂行する主体・能動者であると同時に，そこにおいて習慣が形成される基体であるところの能力の構造のうちにそれを見出した。すなわち，この能力（potentia）自体における能動－可能（受容）的構造が習慣形成の根拠である。では探求をさらに推し進めることができるだろうか。

ここで探求をすこしもとにもどそう。習慣自体が身体動作のレベルにおけるものと知的活動におけるものとの間で著しい違いを示したごとく，その原因においても著しい相違が見てとられる。たしかにそれを通じて身体動作の習慣が獲得される行為・働きと，言語の習得，学知，徳の獲得の場合のそれとを無差別に論ずることはできない。しかし，習慣そのものの場合にも共通的側面（それ自身が変様を示すのであるが）つまり心・身的構造があったように，その形成原因においても共通的側面が認められる。それは働きの反復と強度である。或る習慣の場合にはその一つが，他の場合にはべつのものが重要なものとして浮かび上ってくるが，一般的にいって，人間の習慣すべてにおいてこの二つの要因が習慣形成のために必要とされ

るといえる。おそらく反復は習慣の身体的側面に、強度は心的側面に対応するといえるであろう。したがって、身体動作のレベルでの習慣形成にさいしては、働きの反復が必要条件として強調され、知的活動のレベルに移動するのに応じて働きの強度が強調されることになる。

　その理由は理解するのに困難ではない。身体動作のレベルでは、能力のうちなる受容的側面の惰性（それは肉体的、物質的性格である）にうちかつには、最少限の強度を保ちつつ、働きが反復（これも機械的・物質的）されることで足りるのであり、これにたいして、知的活動のレベルでは、受容的側面の惰性なるものが心的な性格のものであるため、それにうちかつには心的性格のものである働きの強度がより必要とされるのである。このうち、反復がいかにして受容的側面の惰性にうちかち、習慣の形成へ導くのかは、いわば外的に記述されうるにとどまるのにたいして、強度な働きの場合はいわば内的に理解できると思われるので、そちらに目をむけて、習慣形成の根拠をさらに探ることにしよう。

　働きの強度とは何であろうか。強度はともすれば想像されるようにあらゆる節度の無視、過剰 violence, excess を意味するものではない。強い悦び、悲しみ、怒りは必ずしもすべての抑制の無視ではない。それはむしろ働きの統一、集中を意味する。このような集中は通常は注意 attentio によって齎らされる。注意とは、それが外部からの強い刺激によってひきおこされるにせよ、内部的な意志、欲求によるものにせよ、われわれの心ないし意識が何らかのものへ向けられる ad-tendere ことを意味する。それは精神の運動であり、適用・行使 applicatio である。ここで問題になるのは、外部からの刺激によってひきおこされた注意ではなく、われわれ自身の自発的・自由な意志によって生ぜしめられる注意である。

　われわれの精神がそれへと向かうものは何らかの意味で「善」いものである。われわれはさまざまのものに注意を向けることができる。しかし、自発的な注意がしばしばそれへ向けられ、習慣が形成されるにいたるような対象とは、人間自身の本来的で根源的な在り方──自然本性──と何らかの結びつきを有するものであろう。それはいいかえると、人間が自然本性的にそれへと傾いてゆく自然本性的な善、自然本性の完全性としての善、あるいはそれと何らかの仕方で関わり、そのような善を分有するものと考えられる。そのように考えると、精神の「注意」の根底には人間の自

然本性の完全性へ向かう根源的な傾向性・運動が見出され——それは同時に理性の根源的運動でもある——これが習慣形成の究極の根拠であるとの見通しが開かれる。

第6章

ホワイトヘッドと経験の問題

I　ホワイトヘッドにおける「哲学」の概念

　ホワイトヘッドの哲学は，彼が実在を根本的にプロセスとして捉えているところからプロセス哲学と呼ばれ，また有機体の哲学 philosophy of organism とも呼ばれる。後者については，この哲学の主要な立場を最も完全に予感していたのはジョン・ロックであるとしている[*1]。ホワイトヘッドが注意を喚起しているロックの考え方とは[*2]，われわれが無反省的に抱いている実在観，すなわち，われわれが出会う諸々の事物（substances）は，それぞれ「それ自体のうちにそれのすべての性質を有し，他のものから独立であるような，それ自体で完全なもの」であるかのように受けとっているのは，重大な見落としにもとづく，というものである。「たとえば一塊の金をそれ自身で孤立させ他のあらゆる物体から手がとどかず，影響が及ばない状態に置いたならば，それは直ちにそのすべての色彩，重さを失い，おそらくは展性も失い，私が知るかぎり，一つの完全な砕け易いものに変ってしまうであろう。ところが，われわれが形成している「金」の観念のなかにはそうした他の物体（それらに金がしかじかであり，また在ることは依存しているのに）のことは全然入ってこない。それらはまったく看過されているのである。」したがって「事物のうちに在るようにわれわれに見えるところの諸性質を，事物がそれら自身のうちにふくんでいるのだと

---

1) Alfred Norch Whaitehead, *Prosess and Reality. An Essay in Cosmology,* The Free Press, 1978, Preface.

2) John Locke, *Essay concerning Human Understanding,* IV, 6, 11.

考える場合，甚だしく見当外れなのである。」だから「事物は，いかにそれらがそれら自身において絶対的であり，完全なもの (absolute and entire) と見えようと，それらが最もわれわれの注意をひくところのことがらにおいて，実は自然界の他の部分に随伴するものにすぎないことはたしかである。」つまりロックはここで，われわれが事物を感覚所与の集合体として捉えることにたいして警告を発し，そのような見方が極めて皮相的であると指摘している。それはわれわれが本当に，また直接的に経験している世界ではないのである。ホワイトヘッドの有機体の哲学はそうした見失われた直接的経験の世界を回復することをめざすものであるといえるであろう。

　ホワイトヘッドの哲学の基礎的概念を考察するのに先立って，かれの哲学観に目をむけておきたい。(The Aim of Philosophy. In: Modes of Thought. Epilogue) ホワイトヘッドによると哲学は根本的に反省的である[*3]。この反省的性格はかれ独持の表現では「哲学は無知なままに受けいれられた教説に立ち向かう精神の態度である」[*4] "philosophy is an attitude of mind towards doctrines ignorantly entertained" となっている。"ignorantly entertained" とは，どんな学説でも無限に多様な状況と関わりを持ちうるのであるから，そうした無限に多様な状況との関わりで当の学説がおびるであろう意味を知りつくすことはできない，ということの自覚である。ここからして哲学的態度とは，われわれが現在形成している思想に入ってくるすべての観念がいかなる適用範囲を持つかということの理解をどこまでも拡大しようとする試みである。この哲学的試みは，思想の言語的表現において出会うすべての言葉や句をとりあげて「それは何を意味するか？」と問う。その際，物わかりのよい人間なら誰でもその答えを知っているのだとの，ありきたりの前提では満足しないのである。「哲学者」は決して「物わかりのよい人間」(sensible people) の賛成では満足しない——たとえ彼等が同僚であり，かれ自身の過去の自我 (his own previous self) であろうと。

　ここで哲学者と科学者，および学者 (scholar) の在り方が比較される。科学者も知識の拡大に従事するが，かれは何らかの前提 (assumption) から出発する[*5]。たとえばニュートン力学はユークリッド空間，質量，運動，

---

3) A. N. Whitehead, *Modes of Thought,* The Free Press, 1968.
4) *Ibid.,* p.171.
5) A. N. Whitehead, *Adventures of Ideas,* The New American Library, 1955, p.148.

I ホワイトヘッドにおける「哲学」の概念

力などの観念を前提とする。科学の営みは，これら観念の適用可能性を前提とした上で，諸々の帰結（consequences）を引きだすことに存する[*6]。科学者は帰結を問い，これら帰結の自然界における実現を観察しようとする。哲学者はこれにたいして，これら（科学者によって前提された）観念の意味を尋ねる。たとえばニュートン自身，かれの時代の哲学的前提によってその科学的思考が確定されていたのであり，自然的事物は物質・素材的なるものの瞬間的な配列 instantaneous configuration として考えられうる，との立場をとり，このため事物の説明における時間的要素の無視をひきおこした，とされる。この無視からしてニュートンの学問体系の妥当性は根本的な限定を蒙った，とホワイトヘッドは解釈する。このようなわれわれの思想の根本的前提——第一原理（それは言葉で表明されるというより，その前提となっていて，あまりに明白であるため，われわれには秘められている）[*7]——についての反省が哲学なのであり，これはわれわれが好みに応じてそれに耽ったり，無視したりして差し支えのないような「無害なぜいたく」ではなく，怠れば危険を招くことになるような企てなのである。

哲学者と学者との違いは言語慣用の限界内にとどまるか，それを超えようと試みるかに存する[*8]，とホワイトヘッドは主張する。ホワイトヘッドによると「完全な辞典の虚偽」[*9]（The Fallacy of the Perfect Dictionary）なるものがあるが，これは「人類はその経験に適用可能なすべての基本的観念を意識的に抱いてきた，そして人間の言語は，その個々の言葉あるいは句において，これら観念を明示的に表現している」との自然的信念であり，これが常に哲学的思想を不毛化してきた頑固な前提である。ところで学者はこの前提を疑問視しない。むしろ学者とは辞典を完全にマスターした人のことであり，表現における微妙な正確さの能力を身につけた者である。

さらに哲学者と称する者の間でも，この虚偽をめぐって二つのグループが区別される。その一つは「批判学派」（Critical School）であり，これは思弁的哲学（speculative philosophy）を斥けて，「辞典の限界内における言語分析」に自らを限定する。第二の「思弁学派」（Speculative School）は直接的

---

6) *Ibid.*, p.160.
7) *Ibid.*, p.148.
8) *Process and Reality*, p.10.
9) *Modes of Thought*, p.173.

洞察に訴え，さらにかかる特別の洞察を推進するところの状況への訴えをなすことによって，その意味を指示しようと試みる——つまり辞典を拡張するわけである。ホワイトヘッドによるとこの学派の相違は，安全性と冒険との争いだという[*10]。

ホワイトヘッド自身の哲学観は Speculative School のそれであり，思想の根本的前提・観念を常に（反省によって）新しいもの・活発なものとして保つのがその使命である。この思弁哲学の努力がないところでは，「受けいれられた（承認ずみの）思想」が「不活発な月並」(inactive commonplace)へと落ちこんでしまう。

哲学において「明晰・判明」の理想を追求することは自明のこととされている。ところでホワイトヘッドによると経験のうちで明晰・判明な要素とは可変的・変動的なものなのであり，これに対して必然的なものは不可変 invariable であり，その故に暗く・曖昧なものとして思想の背景にとどまる。ここからして哲学的真理は明言的な言明 express statements のうちにではなく，むしろ言語の前提をなすもののうちに探求しなければならないのである。明晰・判明の追求は「完全な辞典の虚偽」と結びつくのである。

以上の準備的考察のあとで主著『過程と実在』におけるホワイトヘッドの思弁哲学 Speculative Philosophy の定義に目を向けると，Speculative Philosophy は「それに基づいてわれわれの経験のすべての要素が解釈されうるような，一般的観念の斉合的，論理的，必然的な体系を組み立てようとする努力」[*11] として定義されている。この定義は，ホワイトヘッドの説明によると，Speculative Philosophy が「合理的」rational と「経験的」側面 empirical side を有することを示す。すなわち，「合理的」側面とは，Speculative Philosophy は斉合的・論理的・必然的な一般的観念の体系だというところに見られる。「斉合的」ということは，Speculative Philosophy の基本観念は相互から切り離されえない incapable of abstraction ということであり，さらにいうと「いかなる存在も世界・宇宙のシステムから完全に切り離して考えられることはできず，そしてこの真理を開示することが思弁哲学の仕事である」"that no entity can be conceived in complete abstraction from

---

10) *Ibid.*

11) The endeavour to frame a coherent, logical, necessary system of general ideas in terms of which every element of our experience can be interpreted. *Process amd Reality*, p.3.

the system of the universe, and that it is the business of speculative philosophy to exhibit this truth" ということが前提となっているわけである。「論理的」については特別の説明は不要とされ，「必然的」とは「すべての経験に普遍的に妥当する」との意味であるとされる。ところでわれわれが知りうるのは「経験可能」なことにかぎられ，「経験可能」なものとは「直接的な事実そのものとコミュニケートするもの」"that which communicates with immediate matter of fact" である。それを超えては「経験不可能」「知ることが不可能」unknowable したがって「何も知られていない」unknown。だから "communication" ということで定義された「普遍性」universality で充分だ，とホワイトヘッドはいう。

つぎに「経験的」側面とは，こうした一般的観念の体系によってわれわれの経験のあらゆる要素が解釈されうること，つまり経験に「適用されうること」applicable において示されている。しかも「必然的」「普遍的」とは「経験可能」なものに「適切に」適用できるということであるから，これら二つの側面は互いに結びついているわけである。

Speculative Philosophy は「一般的観念」general ideas「一般性」generalities を追求するのであり，その方法は「哲学的一般化」philosophic generalization ないしは「記述的一般化」descriptive generalization (p.13) であるといわれる[*12]。そして重要なのは，この一般化は中途で停止してはならず，すべての事実，実践 (facts, practices) に適用されるところなので進めなければならない，という点である。「哲学的」とは「科学的」一般化と対比して，そうした一般化の徹底性・根元性を指すものである。つまり，「制限された事実のグループに適用できる特殊的観念を，すべての事実に適用できる一般的観念を予測するのに利用する」"the utilization of specific notions, applying to a restricted group of facts, for the divination of the generic notions which apply to all facts" ような方法である。科学はこれに対して「合理主義と非合理主義の奇妙な混合」"curious mixture of rationalism and irrationalism" を示した。即ち，それ自身の限界内では徹底的に一般的観念の適用可能性を主張するが，それをさらに一般化してゆく可能性を認めず，反対に，当の一般的観念で完全に表現できないような要素は世界に存在しないことを独断的に主

---

12)　*Ibid.*, p.5.

張する。「このような否定は思考の自己否定である」"Such a denial is the selfdenial of thought"（p.8）とホワイトヘッドは言う。ここからして「哲学のひとつの目標は科学の第一原理を構成しているこの半分だけの真理に挑戦することである」"one aim of philosophy is to challenge the half-truths constituting the scientific first principles" とされる。

　他方「一般化」の探求において「最終的」ということはありえない。つまり、何らかの効用や便宜のために、或る時点で一般化を停止させることは許されないことをホワイトヘッドは強調する。そしてこれらの一般的観念は、われわれが経験的事実をあきらかに理解するのを可能にしてくれるのである。このように Speculative Philosophy ないし形而上学は究極的な一般的観念ないし原理——すべての事実、実践を説明しうるような——をめざす点で大胆（bold）であるが、そうした試みが決して最終的な完成に達しえないことを自覚している点で謙遜（humble）である。この大胆さと謙遜さとは共に同一の源泉、すなわち経験との密着（あるいは経験への忠実さ）から来る。経験——単にかぎられた領域のみでなく、また一時的偶然的でなく、広汎で反復される経験 widespread, recurrent experience との接触がこうした大胆な試みを呼びおこし、また謙遜さを教える。これにたいして、哲学が経験の領域を恣意的に限定し、科学の真似事をして、事象を説明しつくすという輝かしい離れ業にのめりこむとき、あるいは経験との接触を忘れて、哲学が或る例外的な個性の気まぐれな確信の反映にすぎないとき、when it is merely a reflection of the temperamental presuppositions of exceptional personalities、そこには哲学の病いが認められる。哲学の最終的訴えはわれわれが実際に経験することについての一般的意識に向けなければならない。

　哲学がその探求において用いる道具は言語 language であり、自然科学において先在する器具 appliances が改造されるように、哲学は言語を再デザイン redesign する。ところが言葉は Speculative Philosophy ないし形而上学が表現しようと試みるより一般的な事柄 larger generalities を明示的な形で表現するという課題において、まさしくそこで破綻 break down するのである。言葉や句はそれらの通常の用法とは無縁な一般性へ向けて引きのばされなくてはならず、そして言語のこうした要素が技術的なものとしていかに安定させられようとも、それらは想像上の飛躍をするよう、力なく訴

える隠喩にとどまるのである。Words and phrases must be stretched towards a generality foreign to their ordinary usage; and however such elements of language be stabilized as technicalities, they remain metaphors mutely appealing for an imaginative leap.

　言葉の（哲学思想を表現する為の道具としての）不充分さの理由は，非存在のなかに浮いている自立的な事実といったものはない，というのがその理由である。つまり，事実を提示する命題は，それの完全な分析において，当の事実のために必要とされる世界・宇宙の一般的特質を提示しなければならないのである。(Since) there are no self-sustained facts, floating in non-entity... 〔Thus〕every proposition proposing a fact must, in its complete analysis, propose the general character of the universe required for that fact. 従って言葉の言いまわしを命題の適切な言明として受けとるのは単に盲信にすぎない。命題は常に世界全体に対するレファレンス（当然形而上学をふくむ）を有するのである。言葉の言いまわしと完全な命題とは違うということは，論理学者の「真と偽」との厳格な峻別なるものが知識の探求にとってはほとんど無関係なものであることをしめす理由の一つなのである。The distinction between verbal phrases and complete propositions is one of the reasons whey the logicians' rigid alternative, 'true or false', is so largely irrelevant for the pursuit of knowledge.

　言語に対する過度の信頼が哲学的思索にとっての落とし穴になりうることは広く知られている。すなわち日常言語にいわばひきずられて，その構造を客観的必然的なもの，普遍妥当性を有するものと思いこむ虚偽である。ホワイトヘッドによると，言語の不充分さはさらに追求の必要がある。すなわち言葉はまったく不確定なものであり，けっして充分に規定されたことを言明するのではないことをホワイトヘッドは強調する。たとえば，「ソクラテスは死すべき存在である」'Socrates is mortal' という言語表現は，それが言明している命題について言えば極めて多様でありうる。たしかに同一の経験的事実を言明しているとしても，その背景に関する形而上学の相違に応じてその意味は違ってくるのである。

　こうして Speculative Philosophy は決して明確に規定された原理から出発することはできない。一応の出発点である原理は絶えずそれに続く討論，考察において仕上げられなければならない。「こうした後に続く仕上げは，

そこで用いられた言葉や句にふりあてられた意味を明確にしなければならない。このような意味についての正確な理解 (A) は，それらにたいして世界・宇宙が提供する形而上学的背景についての (Aと対応した) 正確な理解なしにはありえない。しかし，いかなる言語も，それの意味を直接的経験との関わりにおいて理解するための想像力による飛躍を要求するという仕方で，省略的なものしかありえないのである」[*13]。This subsequent elaboration should elucidate the meanings to be assigned to the words and phrases employed. Such meanings are incapable of accurate apprehension apart from a correspondingly accurate apprehension of the metaphysical background which the universe provides for them. But no language can be anything but elliptical, requiring a leap of the imagination to understand its meaning in its relevance to immediate experience.

II　ホワイトヘッドにおける「経験」の概念

　前述のように，ホワイトヘッドによると哲学は経験のすべての要素を解釈することをめざす企てであり，いいかえると人間的経験の全体を明瞭に把握することをめざす企てである。その意味でかれの哲学を「全体的経験の哲学」と呼ぶことができよう。しかし，ここで直ちに問題が出てくる。かれは経験をどのように捉えていたのか。いわゆる経験主義哲学にたいしてどのような態度をとっていたのか。かれ自身は人間的経験の構造をどのようなものと考えていたのか。この問題に関連して，通常，経験の構造として考えられている (1) 主体－客体の二極的構造，(2) 観察－概念の二段階構造，(3) 暗示 (内含) 的―明示的二重構造などについてどのような見解をとっていたのか，などの点を見てゆくことにしよう。また経験と言語の問題にも特別の注意を向けることにしたい。
　まず『思想の冒険』第15章「哲学的方法」[*14]によりながら，ホワイトヘッドの「経験」概念を一般的に紹介する。

---

13) *Process amd Reality*, pp.3-17.
14) *Adventures of Ideas*, Ch.15, Philosophic Method.

従来の「経験」概念にたいするホワイトヘッドの第一の批判は，経験ないし経験的明証が理論を前提し，理論に支配されていることが見落とされてきたことの指摘である。その例はヒュームによる因果性の観念の分析である。ヒュームは原因，結果と呼ばれる事物の間に相互結合性があるかどうかを問題にして経験のうちにその直接的明証を見出そうとする。ところがヒュームはその際，反省的経験 reflective experience（この場合は因果性の観念）を生ずる唯一の所与は感覚的印象であるとしており，その前提と，こうした印象のどの一つをとっても，それ自身の個別的本性からして他のそうした印象についての情報を与えてくれるようなものはない，という明白な事実とを一緒にすると，事物間の相互結合性を示すような直接的明証は，当の仮説からして消滅してしまうのである。これにたいしてホワイトヘッド自身の立場に従って，すべての最終的な個別的現実性 final actualities は経験の生起 occasion であるという形而上学的性格を有することを認めるならば，その仮説にもとづいて，或る人の直接的な現在の経験の生起 immediate present occasion of experience と直接の過去の生起との結びつきに関する直接的明証は，自然界におけるすべての生起の結合性に適用可能であるような範疇を指示するものとして妥当的に使用されうることになる。裏からいえばホワイトヘッドが事物間の結合性（たとえば因果性）を明示（論証）するための直接的明証として提示しようとする経験は，ヒュームの場合，その理論（暗黙の前提）によって無関係・無意味 irrelevant として無視されているわけである。理論が方法を支配し，方法がそれによって集積，整理される事実・明証の関係性・意味 relevance を支配するのであるから，因果性の観念をめぐる討論においては，まずその観念を捉えるさいの前提になっている理論の適用範囲（scope of useful application）を吟味しなければならないわけである。（今の場合でいうと反省的経験 reflective experience の起源たる所与としてどのようなものを認めるのか，に関する理論，つまり形而上学的原理である。）

　従来の「経験」概念にたいするホワイトヘッドの第二の批判は，(1)事物（外界）との交渉 communication の経路，つまり経験の通路が恣意的に制限され，(2)また経験を吟味する方法についても恣意的な制限が加えられていた，という点である。およそわれわれが何かについて語る時，語られているものはその「語る」という行為，経験の構成要素になっており，

或る意味で経験に内在する。他方，われわれが同じものについて二度（あるいは何度も）語るということは，その語られるものの存在が個々の「語る」という行為から独立であること，いわば経験を超越することを示す。じっさいそのような超越性のゆえに，経験された，ないし経験されうるも○のについての問いが生ずるのである。

　ところでホワイトヘッドによると「経験される事物」についての問いは，近代以前においては「われわれは何を経験するか」"What *do* we experience?" であったのにたいして，ヒューム以後は「われわれは何が経験できるか」"What *can* we experience?" となった。この変化は方法に関する暗黙の前提をともなうものであり，その前提とは，われわれ自身を「内観的な注意の態度」introspective attitude of attention におくもので，これによって，反省，推測，情感，目標などによる，われわれの私的な主体的反応を切り捨てて，経験の所与の内容を確定しようとする方法がとられる——つまり所与とは感覚器官によって提示された感覚されたもののパターン patterns of sense provided by the sense organs であることになる。こうした「経験」概念は前述の二つの誤りにもとづいている。

　第一の誤りは外界との交流の通路は五つの感覚という少数のものに限られているとの前提 assumption である。ここからして経験所与を専ら感覚器官，とくに眼によって確保されることがらにかぎる方法がとられる。ところが，こうした方法の有効さの範囲はかぎられている。たとえば科学研究において，厳密な科学的観察はすべてこうした所与から得られるが，科学的な思考カテゴリーは別のところから得られるのである。

　ホワイトヘッドによると「経験の生きた器官・道具は全体としての生きた身体」[*15] living organ of experience is the living body as a whole である。「それらのあらゆる部分のすべての変動——化学的，物理的，質量的のいずれであろうと——が有機体のすみずみまで再調整の活動を強いる。このような物理的活動の経過のうちに人間的経験はその起源をもつ」[*16]。Every instability of any part of it—be it chemical, physical, or molar—imposes an activity of readjustment throughout the whole organism.In the course of such physical

---

15) *Ibid.*, p.226.
16) *Ibid.*

activities human experience has its origin. こうした経験についての説得的な説明は，それはこのような高度の生命体の機能にふくまれている自然的活動の一つだ，というものである[17]。こうした経験を単に脳の活動だけに結びつけることはできない。脳は身体と連続的であり，身体は自然界の他の部分と連続的である。「人間的経験は自然の全体をふくむ自己発生的活動である。焦点である領域からの見通しに限定され，身体のうちに位置してはいるが，必ずしも脳の特定の部分とのいかなる特定の統合のうちにもとどまるものではない」[18]。Human experience is an act of self-origination including the whole of nature, limited to the perspective of a focal region, located within the body, but not necessarily persisting in any fixed co-ordination with a definite part of the brain.

　第二の誤りは経験を吟味する唯一の方法は意識的・内観的分析であるという前提である。内観においては明確な感覚所与 clear-cut data of sensation が前面におし出され，経験の主な素材を形成する漠然とした強制や派生・起源の感じが蔽いかくされてしまう。とくに内観の態度は（われわれの経験が）身体に由来するというあの親密な感覚を除外してしまう——じつはこの感覚こそわれわれがわれわれの身体をわれわれ自身と本能的に同一視する理由であるのに[19]。したがって，われわれは経験の構造をあきらかにするためには，内観でつきとめられるような経験（感覚所与）にかぎらず，あらゆる種類の経験に訴えなければならないのである[20]。

　つぎに，ホワイトヘッドは積極的に「哲学がその討論をもとづかしめるべき直接のなまの明証はどこに見出されるのか？」What is the store-house of that crude evidence on which philosophy should base its discussion? と問う。これに対する答えは「言語，社会制度および行為であり，この三つの融合したもの，すなわち行為と社会的制度を解釈する言語もそこにふくまれる」[21] The main sources of evidence respecting this width of human experience are language, social institutions, and action, including thereby the fusion of the three

---

17) *Ibid.*
18) *Ibid.*
19) *Ibid.*, p.227.
20) *Ibid.*
21) *Ibid.*

which is language interpreting action and social institutions. というものである。

　ところで言語は三つの段階で経験的明証を伝達する（1）言葉の意味，（2）文法形式に包みこまれた意味，（3）個々の言葉や文法形式を超えて，偉大な文学において奇蹟的に啓示される意味。(3) についていえば，すべての人間がすでに語源的，文法的に安定化された意味を超えて，洞察のひらめきを持ちうるのであり，ここからして文学，特殊科学，哲学は，それぞれの仕方で，未だ表現にうつされていない意味を表現しようと試みるのである。

　そしてホワイトヘッドによると日常の言語にせよ，日常の慣行あるいは文学的表現にせよ，それらはわれわれが，ヒューム流の感覚的印象から派生した反省的経験，内観によって確認されるような経験領域を超えていることを示す。たとえばわれわれの共通の慣行 common practice——たとえば，或る状況に対処するための方策を検討し，そのなかの一つを採択する，というやり方——はわれわれが事物の間の相互結合性（現在の出来事と将来の状況の間の），それと同時に選択や知慮のための余地が残されていること，などを見てとっており，確信していることを示す。いいかえると，われわれは或る意味で必然性と自由の両者を認めているのである。

　さらに（ヒュームによる事物間の結合性の否認に反して）「経験する」という行為自体が事物間の結合性の特別の場合，逆説に満ちた事例である。「各々の経験主体は世界の遠近法的把握を有することと並んで（当の抱握——それは彼を，彼自身の経験を超越する世界へと定着させる——のゆえに）世界のうちなる一要素である。というのも，このように開示された世界が当の開示を自ら超越していることを宣言することは，この遠近法的派生の本性に属することだからである。すべての盾には，秘められたもう一つの面がある」[22]。Each experient enjoys a perspective apprehension of the world, and equally is an element in the world by reason of this very prehension, which anchors him to a world transcending his own experience. For it belongs to the nature of this perspective derivation, that the world thus disclosed proclaims its own transcendence of that disclosure. To every shield, there is another side, hidden. こうして経験の内部の世界は経験を超える世界と同一であり，経

---

22) *Ibid.*, p.229.

験の機会・場面は世界のうちにあり，世界は機会のうちにある。諸々のカテゴリーはこうした事物の結合性——多くの事物，外部および内部なる一つの世界——を説明・解明しなければならないのである。このような経験的洞察は通常の言語で適切に言いあらわされえないものであり，したがって，哲学において言語分析は道具であって，主人となってはならぬものである。言語の適切さにたいする無批判的信頼は，内観という一面的で無理な態度にたいする無批判的信頼と並んで，哲学的方法が陥り易い主なる誤謬である。

　哲学的探求・討論のための経験的明証が言語，社会制度，行為のうちに見出されるとした上で，そうした明証を処理するための方法はどのようなものでなければならないか。ホワイトヘッドによるとこの方法とは（内観ではなく）前述のように記述的一般化・類化 descriptive generalization である。社会制度についていえば，諸々の特性のなかから末梢的・一時的なものを排除して，恒久的なものを捉えるという仕方で行われる。つまり特定の事実あるいは種から出発し，それらによって例示されている類へと上昇するという方法である。この逆はありえない——なぜなら事実や種は諸々の類の混合 mingling の所産なのであるから（つまり，ホワイトヘッドは事実を究極の構成単位としてはいない。それでは何事も理解できないのである。）むしろ最高類——それは同時に（それ自体において）最も可知的なものである——をつきとめた上で，それらの組合せとして事実や種（それらはわれわれに親近的であるが，理解・認識されてはいない）を理解しようとするのである。こうして哲学は「諸々の類的・一般的なるものへと——それらの組合せ・結合の可能性を理解することをめざしつつ——上昇すること」[*23]である。

　行為についていえば，原初時代における狂暴な行為の背後には或る偉大な原則の把握・直観があり，これが複雑な感情・情念をともない，そうした行為へと導いたと考えられる。さらに高度に発達せられた言語は，それぞれ特定の相において一般的・類的観念を含むところの言葉のグループを提示する。これら種々の特殊な表現に共通な類的・一般的なるものに到達するためには，そうした言葉を網羅的に集めて，共通的要素を探求する必

---

23) *Ibid.*, p.236.

要がある。或る親近的な言葉を性急に使用すると，その言葉の親近的・特殊的意味を引き入れることによって，遂行すべき一般化・類化に制限を加えることになってしまう。

　たとえば，究極的に実在的なるものとは生成の過程における出来事であるとの仮説を立てた場合，個々の出来事は，その諸構成要素がばらばらである状態から具体的な一体化へと移行する過程として捉えられることになる。この過程に関しては外的創造主 external Creator の説と，創造性 creativityの説がある。Creativity は Creator を暗示するから，後者の説はパラドクシカルであるが，新しさの創始 origination of novelty を示唆する点で採るべきところがある。Concrescence はラテン語 concresco から取られたもので「共に成長する」'growing together' を意味するところから右の過程を表現するのに適し，「具体的」'concrete' との結びつきから「完全な物理的実在」'complete physical reality' を意味する利点もある。この言葉は「完全で複雑な一性を取得している多くの事物」'many things acquiring complete complex unity' という観点を表現するのに役立つが，「創造的新しさ，個別性，主体的形式」creative novelty, individual character, 'subjective form' を表現しない。

　したがって，哲学的，記述的一般化のためには，一見過剰，冗舌と思われるような諸々の用語が必要となる。together, creativity, concrescence, prehension, feeling, subjective form, data, actuality, becoming, process など。これらの言葉は相互に訂正するのである。

　さらにこうして到達された形而上学的観念ないし原理の適用範囲は可能な限り最大に保つようにしなければならず，そのようにしてはじめてこうした観念を真に吟味することができる。オッカムの「節約原理」にもまして重要なのは...this doctrine that the scope of a metaphysical principle should not be limited otherwise than by the necessity of its meaning である。たとえばプラトンは非有 non being は有の一形式であるとの洞察をイデアに対してのみ適用したが，本当は消滅する事物に対しても適用すべきだったのであり，そのことによって因果作用，記憶の観念に光をあてることができた筈である。

　「したがって，われわれはアリストテレス，いや，より正確にはプラトンの生成の教説を消滅の教説によってバランス回復しなければならない。

生起するものは，それらが消滅するとき，存在の直接性から直接性の非存在へと移行する。しかし，そのことはそれらが無であることを意味しない。それらは『頑固な事実』であり続ける。滅びても滅びていないように見なされる。

　人類の共通的表現は過去を三つの側面でわれわれに示す——原因性，記憶，そしてわれわれによる，われわれの直接的過去の経験の，われわれによるそれの現在的修正の基礎への，能動的変容。こうして，『消滅』は超越的未来における役割の受容である。生起するものの非存在はそれらの『客観的不死性』である。純粋な物理的抱握は，一つの生起がそれの存在の直接性においてもう一つの生起——それの非存在の客観的不死性へと移行したところの——を吸収する仕方である。それは過去が現在において生きる仕方である。それは原因性である。それは所与の状況への情緒的な同化，過去が現在と情緒的に連続することである。それは，そこから各々の時間的生起の自己創造がわき起こる根本的要素である。こうして，消滅は生成の始まりである。過去がいかに消滅するかはそのままいかに未来が生成するかである」*24。

　Thus we should balance Aristotle's — or, more rightly, Plato's — doctrine of. becoming by a doctrine of perishing. When they perish, occasions pass from the immediacy of being into the not-being of immediacy. But that does not mean that they are nothing. They remain 'stubborn fact': — pereunt et imputantur.

　The common expressions of mankind fashion the past for us in three aspects, — causation, memory, and our active transformation of our immediate past experience into the basis of our present modification of it.

　Thus 'perishing' is the assumption of a role in a transcendent future. The not-being of occasions is their 'objective immortality.' A pure physical Prehension is how an occasion in its immediacy of being absorb another occasion which has passed into the objective immortality of its not-being. It is how the past lives in the present. It is causation. It is emotional conformation to a given situation, an emotional continuity of past with present. It is a basic element from which springs the self-creation of each temporal occasion. Thus perishing is the initiation of

---

24)　*Ibid.*, pp.238-39.

becoming. How the past perishes is how the future becomes.

III　経験の主・客構造

　ホワイトヘッドは主体―客体関係 subject-object relation が経験の根本的な構造パターンであることを認めるが，その際主観―客観を knower-known と同一視してはならない，と強調する。それは経験の範囲を単にその表面的な層だけに限定することであり，明晰・判明への訴えが重要な位置を占めるのも，そうした経験範囲の限定を前提とした上でのことである。これにたいして，ホワイトヘッドによると経験の根底は情緒的 emotional なものである。より一般的にいうと，根本的な事実とは「それの関わり・意味が与えられる事物から生じてくる効果的な音調の高揚」[*25] the rise of an effective tone originating from things whose relevance is given である。

　ホワイトヘッドによると主・客関係という経験の基本構造を表現するのにより適した言葉は関与 concern というクェーカーの言葉である。主体が客体に対して「関与」を有する，という形で経験が成立する。そしてこの場合，客体は主体の経験の構成要素 component となる。「そして『関与』は直ちに対象を主体の経験のうちに構成要素として位置づけ，それにはこの対象から引き出され，それへと向けられた効果的な音調がともなう」[*26] And the 'concern' at once places the object as a component in the experience of the subject, with an effective tone drawn from this object and directed towards it. この 'concern' という用語の長所は経験が「知る」という働きだけにかぎられず，情緒面をふくむことを示していることのほか，経験が単に受動的なもの Recipient-Provoker として成立するのではなく，対象・客体によってひき起こされつつも，主体の活動であることを示している点にある。

　ホワイトヘッド自身が経験の主・客的構造を記述するのに用いる用語は ① 経験の生起 occasion of experience （主体）② 所与 datum （客体）③ 主体形式 subjective form であり，これらは経験の根底にある根源的活動である

---

25) *Adventures of Ideas* (A. I.), p.178.
26) *Ibid.*

Ⅲ 経験の主・客構造　　　183

「抱握」prehension の構成要素である。抱握は活動 activity であると同時に生成過程 process of becoming であり，根源的な現実性 actuality にほかならない。所与は主体における抱握の活動をうながす provoke ものであると同時に，主体によって抱握された対象でもある。「主体―客体」はかくして相関的な用語である。「主体形式」はブラッドレーのいう，生きた情緒 'living emotion' にあたるとされており，「経験の生起における抱握の効果を確定する情緒的音調」[27] the affective tone determining the effectiveness of that prehension in that occasion of experience と限定され，これによって経験はしかじかのものとして成立するとされている。

すなわち，右にのべたように経験における主体―客体は相関的，相対的であって，或る重要性をおびた（relevant）所与（客体）によって誘発されることによって生じた活動（抱握）の主体は，それ自体，こんどは他の経験生起にとっての所与となることによって消滅することになるが，その間において経験は或る個別性あるいは自己同一性を達成するのであり，それが主体形式にほかならない。これをホワイトヘッドは絶対的（つまり相対的ではない）実在性，純粋な個別性 sheer individuality と呼ぶ。「しかし，それ（生起）は情緒的統一として絶対的な自己達成という決定的なモメントを有する」[28]。"But it (the occasion) enjoys its decisive moment of absolute self-attainment as emotional unity" (AI. 179) つまりホワイトヘッドは世界（Universe）における唯一の実在性を構成するものは個別的な事物であるとするが，その個別的事物とは主体と客体との相互作用（interplay）でありそれの成果が主体形式の統一性である。そこには根元的な一元論（経験―自然の一元論）が見出される。「そこでは個別的な事物が経験の個別的生起，現実の存在である」[29] There individual things are the individual occasions of experience, the actual entities. この中心的テキストにおいて「個別的な」'individual' といわれているのは主体形式の個別性 individuality である。

では上にのべられた経験の基本的構造自体はどのように「経験」（普通の意味で，つまり「直観，観察」の意味での「経験」）されるのか？　ここでホワイトヘッドは「経験する」を「知覚する」と同一視し，さらに「感覚的知

---

27)　*Ibid.*
28)　*Ibid.*, p.179.
29)　*Ibid.*, p.183.

覚」と同一視することが致命的誤謬であることを強調する。この感覚主義的誤謬は経験の創造的性格を見落とし，所与，対象の受動的受容 passive reception として経験を捉えるところにある（たしかに「受動的」は客観への忠実さを意味するという長所はあるが，ホワイトヘッドによると，経験の根本的な意味が見失われているのである）。「赤」「乾草の香り」などの言葉が通常用いられていることから，直ちに「赤色」の知覚がそれだけで成立するかのように考えるのは，あまりに没批判的な方法である。ホワイトヘッドによると過去二世紀の認識論はそのような誤りに毒されている。「単純な文学的形式を多数使用すれば，読むのに快く，理解するのに容易だが，まったく虚偽であるような哲学を提供することが可能である。」A copious use of simple literary forms can thus provide a philosophy delightful to read, easy to understand, and entirely fallacious. 実はホワイトヘッドによると感覚的知覚は，非感覚的知覚のほう大な背景・前景と融和せしめられ，それなしには成立しないものなのである（AI 183）。

　ホワイトヘッドは人間的経験における，こうした非感覚的な知覚の最も圧倒的な例として，われわれ自身の直接・無媒介的な過去についてのわれわれの知識をあげる。ここで過去についての知識というのは前日，一時間あるいは一分前の記憶ではなく，現在の直接的な事実とそれとの間に何の介在するものもなく，経験のうちに直接に入ってくるところのものである。大雑把にいって，それは1/10秒から1/2秒の間のわれわれ自身の過去にあたる。この直接的過去は，現在において再び生きられる（体験される）べく存続しているものとして捉えられる。現在と「直接的過去は，現在において同時に生きられる——過去が現在における生ける関心事として，その自己同一的存在を要求するさいに，過去の生起を現実化することによって」[*30] The immediate past as surviving to be again lived through in the present ... the two (immediate past and the present) conjointly live in the present, by the energizing of the past occasion as it claims its self-identical existence as a living issue in the present. いいかえると，直接的過去と現在の事実との間には生きた結びつき，連続性があり，この連続性において過去が非感覚的に知覚されるのである。

---

30) *Ibid.*, p.184.

III 経験の主・客構造　　185

　ホワイトヘッドが例としてあげるのは "united states" という四綴りの言葉を発音する人の場合である。たしかに単なる感覚的知覚としては，ヒュームが主張するように，始めに発音される "united" は，それ自体の本性のうちに，後に発音される "states" への何らのつながり，結びつきもふくまない。しかし，発音者は "united" から "states" へと運ばれるのであり，後の言葉を発声することへとかりたてられているのである。そのことは発声者が前の経験の生起にたいして関与を有すること——いいかえると前の経験の生起が彼を挑発していること——を別にしては説明できない（これら前の経験の生起は当の完全な成句 "united states" の発声を確保しようとの意図という主体形式を有するのである）。そして，意識がある以上，現在の事実においてその完結を見出しているところの意図・志向をそなえた過去の直接的な観察が成立している。これはヒューム流の感覚主義によっては説明できない直接的な直観的観察—非感覚的知覚の例である。ホワイトヘッドはこのような過去についての非感覚的な知覚は，自然の連続性の一つの側面であるとしている。直接的過去の諸主体形式は現在のそれらと連続的である。「これは直接的過去・生起の主体的形式と，それの新しい生起の起こりにおける第一次的抱握の主体的形式との間の連続性である」[*31]。
This is a continuity between the subjective form of the immediate past occasion and the subjective form of its primary prehension in the origination of the new occasion.

　実はここで非感覚的な知覚の例として考察された過去の知覚は，そのまま人間的経験の前述の主客的構造の知覚と見なすことができる。すなわち，過去の経験の生起は所与として現在の経験生起へといわば流れ入っており，そして自己同一的な主体形式がこれら二つの経験生起において継承され，経験の連続性を成立させている。経験生起としてはあくまで非連続で，それぞれが個別性を有するが，主体形式の継承という面では経験の連続的側面が認められる。

　このようにホワイトヘッドにおいては経験の主・客的構造は，つきつめていえば客体から主体へ……という過程を意味するものであり，究極の現実性としての経験は，静的なアトムの如きものではなく，それ自体「生成」

---

31) *Ibid.*, p.185.

として，時間的なものとして，捉えられている。客体は単に主体によって「観」られるのではなく，むしろ主体をうながして創造の過程をたえずおし進めさせるのである。したがって，経験の主・客構造を静的に捉える見方は「自らを，創造のプロセスにおいて，新しい特殊におしつける先行的な特殊の現実的な働きかけ」*32 real operation of the antecedent particulars imposing themselves on the novel particular in process of creation. を捉えそこねているのである。

経験の主・客的構造についてこのような解釈は，同時に，徹底した一元論であると共に二元論の要求をも満足させようとするホワイトヘッドの生成の哲学の立場を明瞭に示している。たしかにホワイトヘッドは経験における主体（精神）と客体（自然）との二元性に対して徹底した批判を加える。他方しかし，各々の経験の生起あるいは抱握が二元的要素をふくんでいるのである。各々の生起が物理的な遺産を有すると同時に，それを自己完結へとうながすところの心的反動を有する。世界は単に物理的でもなければ，単に心的でもない。ホワイトヘッドによると，むしろ悪しき二元論は抽象を最終的な具体的事実と見誤ることから生じたものである*33。

ホワイトヘッドによる二元論批判についてすこし述べておくと，二元論には認識論的な主体—客体のそれと，形而上学あるいは自然哲学的な精神—自然（物質）の二元論が区別されるのがふつうである。しかしホワイトヘッドによるとこの区別がすでに相対的なものにすぎない。精神的なものと自然とを峻別するのは人間的経験の半面（感覚的知覚—知識）のみに注目したところから生じたものである。じっさいに人間の精神的，生命的活動は自然のなかで，自然との連続性のなかで営まれている。いわゆる精神活動は自然の基本構造をつくりあげている諸要因の一つと考えなければならない。それは自然の過程から遊離して営まれるものではなく，自然の過程に影響を与え，それを条件づける仕方で営まれるのである。「精神活動はそれに続く自然の行程を条件づけることにおいて作用しているのである」*34。mental occurences are operative in conditioning the subsequent course of nature.

---

32) *Adventures of Ideas*, p.191.
33) *Ibid.*, p.192.
34) *Modes of Thought*, p.156.

こうした自然—精神の連続性ないし統一を集中的に示しているのが霊魂—身体の合一体としての人間である。精神と身体との合一・統一は根本的な事実である。われわれは自らのすべての精神活動において身体の介入を意識している――漠然とした仕方で，しかし決して否定できない，われわれにたいする一種の強制として。われわれは，われわれが自分の眼でみ͙て͙い͙る͙こ͙と͙を直接に知っている。正常な視覚活動ではそのことに注意を向けないが，それは視覚活動を成立させる根本的事実として常に意識されている。われわれが何を見るか，どこで見るかはわれわれの身体の生理的機能に依存し，そこから由来・派生するものであること，その意味での精神・身体の合一が根本的に経験されている。さらに，われわれの情緒の全体が身体に由来するものであることも根本的な経験に属する。一般的に「精神的経験の全複合構造が身体的機能から派生するか，それによって影響されているかである，ということが根本的事実である」*35 the one fundamental fact is that whole complexity of mental experience is either derived or modified by such (bodily) functioning.

ところが精神的・直接的経験はもう一つの根本的な源泉から派生する。それは「われわれの意識的経験の直接的な現在に直接的に先行するわれわれ自身の精神状態」（MT 160）であり，現在の経験はそれの継続――それと自己同一的であると同時にそれの創造的展開である――として営まれる。この連続性が個人の自己同一性，すなわち精神・霊魂と呼ばれるものであり，そして，それは常に身体からの派生，身体への依存において営まれる経験の流れにほかならない。そこに人間的存在が成立している。

「このように，現在，われわれの経験は，二つの源泉，つまり身体と先行する経験的機能から派生しているという，自らの本性を開示する。また，そこにはこれらの源泉の各々との同一視の要求がある。身体はわたしのものであり，先行する経験もわたしのものである。さらにまた，身体と経験の流れを（わたしのものと）要求するのはただ一つの自己である。思うに，われわれはここに，われわれが自らの存在の営為の全体をそれの上に築くところの，根元的な基礎的信念を有するのである」*36。

---

35) *Ibid.*, p.160.

Thus our experience in the present discloses its own nature as with two sources of derivation, namely the body and the antecedent experiential functioning. Also there is a claim for identification with each of these sources. The body is mine, and the antecedent experience is mine. Still more, there is only one ego, to claim the body and to claim the stream of experience. I submit that we have here the fundamental basic persuasion on which we found the whole practice of our existence.

　ホワイトヘッドの立場は，明確に規定された霊魂と身体から出発して，それらの合一を論ずるのではない——そもそもそうした明確な規定は不可能である。「霊魂が一つであるとの主張は身体が一つであるとの主張と類比的であり，また身体と霊魂が一つであるとの主張と類比的であり，さらに身体と外的自然との共生社会があるとの主張と類比的である」[*37] The claim to the unity of the soul is analogous to the claim to the unity of the body, and is analogous to the claim to the unity of body and soul, and is analogous to the claim to the community of the body with an external nature.

　そのような規定が可能であるように考えるのは感覚的知覚への経験の限定にもとづく。しかしそれはわれわれの経験を構成する真に根本的な要素を排除することである。むしろホワイトヘッドは精神的経験と身体とが因果的・相互作用的に合一的であり，先行的経験と現在の経験とが連続的であるという，漠然としているが，動かしがたい根本的経験——これが具体的である——から出発して，そこにふくまれている精神的，身体的側面を解明しようとするのである。

　これまで「身体」と言ってきたことは「世界」とおきかえることができよう。そうすると，或る意味で「世界」は経験に包みこまれる。経験された世界は，経験の内部における根本的事実であり，「経験の流れ」の構成に入ってくる複雑な，多くの要素のなかの一つであるといえる。しかし他方，同時に，われわれが世界について経験するところは，霊魂それ自体を，世界の内部における構成要素の一つとして提示する。このように経験の生

---

36)　*Ibid.*, pp.160-61.
37)　*Ibid.*, p.162.

起 occasion of experience と経験された世界 experienced world という二つの関係項の間には二重の，不思議な，逆説的 baffling, paradoxical な側面がふくまれる。

「世界は或る意味では生起のうちにふくまれ，他の意味では生起は世界にふくまれる。たとえば，私は部屋のなかにいる，そして部屋の私の現在の経験におけるひとつのアイテムである。しかし，私の現在の経験は私がいま在るところのものである」[*38]。

The world is included within the occasion in one sense, and the occasion is included within the world in another sense. For example, I am in the room, and the room is an item in my present experience. But my present experience is what I now am.

認識論的（超越的）主体と，いま，ここに存在する，自然の一部としての私・主体との同一性が，私がそれであるところの現在の経験において肯定されているわけである。そこにホワイトヘッドの，デカルトにおいて始まった精神と自然の二元論（そして哲学と科学，日常的経験と科学的説明との分裂）を，人間的経験の完全的な豊かさの回復を通じて克服しようとする試みが認められる。

このようにホワイトヘッドは主・客的な経験構造を静的にではなく，きわめて根元的な仕方で動的・時間的なものとして捉え，ふつう主体による客体の受容ないしは客体への働きかけ・反応として説明される経験（認識―情意的）を創造的過程として特徴づけている。ふつう，それぞれ独立的な事物，事実として理解されているものは，世界全体としての創造的過程のなかではじめて成立し，また意味を持つものであり，またそれらの事実はそれぞれが創造的過程（全体の反映）であり，経験にほかならない。われわれの意識的経験はそのなかの一つの特殊な事例であり，それは世界全体へと一般化されると同時に，世界全体についての洞察からして光をあてられるのである。

ホワイトヘッドの経験理論はきわめて独創的であると同時に，深く伝統

---

38) *Ibid.*, p.163.

に根ざしている。たとえば創造的過程としての経験は可能態―現実態の原理にもとづいて説明されている。すでに現実態にある一つの経験（生起）が，もう一つの経験を成立させる場合，後者は可能態から現実態へと転化せしめられる。その場合，現実態にある前者は未だ可能態にある後者にとっての原因であり根拠である。しかし，同時に，このような前者（先行者）の後者（後続者）にたいする働きかけは，後者からの関与・関心という形での別の働きかけ（目的因果性）を予想している。このようなホワイトヘッドにおける創造的過程としての経験という考え方は，経験の記述，あるいは記述的一般化という仕方で展開される，かれの形而上学の中心思想であるといえよう。

IV 宗教的経験

　これまでの概観からあきらかなように，ホワイトヘッドの哲学＝形而上学は経験の記述として展開されている。つぎにかれの形而上学において宗教がどのように解釈されているかを見ることにしたい。（さきに触れたように）ホワイトヘッドの形而上学・宗教哲学は現代のキリスト教神学に大きな影響を与え，プロセス神学と呼ばれる学派を形成している程である。ここではホワイトヘッドが宗教的経験をどのように捉えているか，またかれのいう宗教的経験において創造および神の本性がどのように捉えられているかをたしかめよう。

　宗教的経験について論ずるさいには，先ず「宗教」の概念を明らかにする必要があるが，ホワイトヘッドは「宗教」の定義に関してこれまで意見の一致はなく，したがって「人間の歴史の長い歩みを通じて見出される，一つの疑問視されることのない要素」としての宗教に眼を向ける必要がある，という。ここでホワイトヘッドは宗教を第一義的に社会的事実として捉える立場に対立する。宗教の社会的側面は否定できないが，その核心は或る人の「最も奥深い確信」にあり，これが結局のところ人間を形成する力を持っているとする。宗教は「内的な諸部分を清める信念の力」[*39] "force

---

39) A. N. Whitehead, *Religion in the Making*, Meridian Books, 1960, p.15.

of belief cleansing the inward parts "「真剣に保持され,生き生きと捉えられた場合には性格を変容する効果を有するような一般的真理の体系」*40 "A system of general truths which have the effect of transforming character when they are sincerely held and vividly apprehended"「宗教とは,それが人間自身,および事物の本性における恒久的なるものに依存するかぎりでの,人間の内的生活の技術と理論である」*41 Religion is the art and the theory of the internal life of man, so far as it depends on the man himself and on what is permanent in nature of things.（引用は *Religion in the Making*）等々と定義されるが,最も注目すべきは「宗教とは個人が彼自身の単独性をもって為すところのことである」*42 Religion is what the individual does with his own solitariness. という定義である。「もし貴方が一度も単独的であったことがないなら,貴方は決して宗教的ではない」*43。さまざまの運動,祭儀,制度,経典は結局のところ宗教の外面であり,宗教の目的はそれらを超えたところにある。そして単独的 solitary という在り方も展開をとげるのであり,ホワイトヘッドはそれを (1) 空虚なる神 God the void, (2) 敵なる神 God the enemy (種族宗教,神はなだめるべき対象), (3) 仲間である神 God the companion (普遍宗教,神は模倣すべき者) の三段階で説明する。

　ホワイトヘッドが「宗教」概念に関して強調するもう一つの点は,宗教が人間の内的確信にかかわり,人間を形成し,その価値を決定するといっても,その価値は必ずしも積極的なものとはかぎらない,ということである。たしかに宗教は「超越的な重要性」を有するが,それは必ずしも善とはかぎらない。宗教は必然的に善いものだ,と考えるのは危険な妄想だ*44,とホワイトヘッドはいう。

　ホワイトヘッドによると宗教には (1) 祭儀 ritual, (2) 情意 emotion, (3) 信仰 belief, (4) 合理化 rationalization の四つの要素があり,発生順序からいえば (1) → (4) であるが,その宗教的重要性の深さからいえば順序は逆転する*45。単独性は (3) (4) の段階において始めて感知されるの

---

40) *Ibid.*
41) *Ibid.*
42) *Ibid.*, p.16, 47, 58.
43) *Ibid.*, p.16.
44) *Ibid.*, p.17.
45) *Ibid.*, p.18.

である。祭儀は，たとえば狩猟のさいの動作を，それ自身のために，あるいはそれが呼びおこす感動のゆえに反復したものであり，精神の生命が動物的必需品を確保するという仕方に専念することから解放され，それを超越するところまで高められたことを暗示している*46。ここでは宗教はまったく集団行事である。逆に宗教が社交的なことに専らとなるのはその堕落の徴候である。こうしてホワイトヘッドによると宗教は高度になるにつれて個人主義的形式をとるにいたり部族のダンスは個人の祈りに，さらに少数の人にとっては祈りは悟りによる成義と合流するにいたる。しかし，こうした宗教の発展・進化は全体的に行われるわけではなく，宗教の集団的形態は無数の人間的悪徳と結びついている。すなわち，人身御供，幼児殺害，人食い，秘密祭，拝物迷信，憎悪，下劣な慣習，ヒステリー，偏狭主義，など，宗教は人間の残酷さの最後の隠れた家である*47。human sacrifice, slaughter of children, cannibalism, sensual orgies, object superstition, hatred, degrading customs, hysteria, bigotry…Religion is the last refuge of human savagery 宗教を無批判的に善と結びつけてはならないのであって「招かれる者は多いが，選ばれる者は少ない」many are called, but few are chosen は厳しい真理なのである。

　ところで宗教の個人主義化は集団的・共同体的宗教からの脱却であったが，それは同時に宗教の合理化，そして世界・意識化，人類化の過程をともなっていた。宗教は共同体の利害から解放され，事柄の本性，事物の本質的な正しさに自らをもとづかしめる*48。こうして成立した世界宗教としてホワイトヘッドはキリスト教と仏教を挙げ，ただしこの両者とも自己の内部に閉じこもった結果として衰退しつつある，という*49。ホワイトヘッドがこの二つを，キリスト教が形而上学を求める宗教 a religion seeking a metaphysic であるのにたいして，仏教は宗教を生ぜしめる形而上学 metaphysic generating a religion である，というふうに対照させているのは興味深い*50。キリスト教において第一に来るのは宗教的事実——キリス

---

46) *Ibid.*, p.23.
47) *Ibid.*, p.36.
48) *Ibid.*, p.40.
49) *Ibid.*, p.44.
50) *Ibid.*, p.50.

IV 宗教的経験

トの生涯，行為——であるのにたいして，仏教の場合，第一義的に重要なのは教説である[*51]。

上にのべたところから，ホワイトヘッドにおいて宗教とは「個人がその単独性の深みにおいて到達する普遍的な洞察・直観」を意味していることがわかる。それは情緒をともない，あるいは呼びおこし，教義として定式化され，さらに祭儀，経典，その他の制度化をともなう。教義はさらに合理化，すなわち形而上学による基礎づけ——神学——と導く。しかし，宗教の核心は，個人の最も深い単独性において到達されるがゆえに普遍性を要求しうるような洞察，つまり宗教的経験である。

ホワイトヘッドによると，一般的にいって宗教的経験は三つの関連ある概念が合流するところに成立するものであるが，この合流は世界の究極的性格についての何らかの直観を通じて成就される。これら三つの概念とは(1) 個体がそれ自体にとって有する価値，(2) 世界を構成する個体が相互にたいして有する価値，(3) 客観的世界（これは，それを構成する諸々の個体の相互関係から派生し，これら個体の各々が存在するために必要な共同体である）の価値，に関するものである。宗教的経験ないし意識の発端は(1) についての問い——いったい人生にはどんな価値があるのか，人生においてわれわれが成就することにはどんな価値があるのか——にあるが，この問いにたいする解答は，客観的世界の価値についての洞察との結びつきにおいてしか見出されない。いいかえると，事物の本性のうちに恒久的にふくまれている性格が洞察されることに依存する。

具体的にいうと，世界の究極的な性格，その恒久的な本性が——あたかもわれわれの友人の性格が或る時われわれの眼に開示されるように——啓示されるとき，すなわち，いわば世界の秩序の根底にあるもの，根本的な正しさが啓示されるときに，宗教的経験が成立する[*52]。ただし，世界のすべての個体が，あらゆる細部にいたるまで，世界の根本的な性格，すなわち恒久的な正しさという性格と合致・調和しているわけではなく，この合致が不完全であるかぎりにおいて世界のうちに悪が見出される[*53]。逆に，こうした合致の欠如は，世界の根本的な性格・正しさの洞察を不可

---

51) *Ibid.*, p.52.
52) *Ibid.*, p.60.
53) *Ibid.*

能にするものではない。宗教的経験とは，このように，「現実の世界において例示されているところの世界の根本的性格を直接に把捉」[*54]することである。われわれの存在はたしかに単なる事実の継起ではない。われわれは相互調節・適応が行われている世界，有意義な諸関係，評価，目標をめざす熱意，悦びと悲しみ，自己に集中した利害，自己を超える利害・関心，短期および長期の失敗や成功，感情の異なった層，人生への倦怠と歓喜などによって織りなされる共同の世界のうちに生きている。しかし，事実ではない，こうした事実の性質 quality は，われわれが経験する究極のものではなく，さらにそれを超えたところに現実的なもの，過ぎ去るものといった世界側面・性格が見出される。宗教的経験はそれの直接的な把捉である。宗教的経験は，存在している諸々の事実は，存在の本性のうちに，すなわち世界の究極的な性格のうちにその意味・正常化を見出すことをわれわれに教える[*55]。

　こうして，宗教的経験においては世界は単なる偶然としては捉えられない。何らかの程度の秩序なしに現実的でありうるような，そうした現実的なるものはおよそありえない。こうして宗教的洞察とは次の真理の把握である。すなわち，世界の秩序，世界の実在性の深み，全体ならびに部分における世界の価値，世界の美，生命の歓喜，生命の平和，および悪の克服，こうしたことすべては偶然的にではなく，つぎの真理にもとづいて統合されている——すなわち，なるほど世界は無限の自由をともなう創造性と，無限の可能性をふくむ形相の領域を提示しはするが，この創造性とこれらの形相だけでは，つまり完成された理想的な調和，すなわち神を離れては，現実性を成就するのに無力であるとの真理にもとづいて[*56]。

　上述したことからわかるように，ホワイトヘッドによると宗教的経験は，世界のうちに見出される秩序の根源としての神の経験をふくむが，この神は世界を超越する（離在的な）人格神ではない。キリスト教は人格神の存在を真理として説くが，ホワイトヘッドの解釈によると，そうした人格神が直接的に経験・直観されると説いてはいない[*57]。ホワイトヘッドによ

---

54) *Ibid.*, p.84.
55) *Ibid.*, p.83.
56) *Ibid.*, p.115.
57) *Ibid.*, p.61.

ると，もし人格神の直観が宗教的経験として成立するとの立場をとると，情緒を理性に優先させざるをえなくなる。一旦こうした立場をとったら，どのようなことでも「立証」できるが，理性的な人を説得することは不可能である。じっさい，理性は宗教の客観性の保証であり，ヒステリーには否認されているところの全般的な整合性を保証してくれるのである。

　ホワイトヘッドの説く神は世界に内在する神である。但し，世界の秩序・理法をそのまま神であるとするのではなく，また，われわれが現実的世界と解しているものは実は神的存在の一つの様相であり，神をはなれては何らの実在性も有しないとする汎神論（世界に帰せられる唯一の実在性は神の実在性である）を説いているのでもない[*58]。ホワイトヘッドによると神は或る意味でこの世界の構成要素であると同時に，その成立根拠である[*59]。ホワイトヘッドの哲学の根本的立場は，経験＝事物＝現実存在 actual entity を創造的過程として捉えるというものであるが，ホワイトヘッドによるとこうした創造的過程を解明するためにどうしても考慮に入れなければならないのが「非時間的現実性」non temporal actuality としての神である，という。つまり各々の創造的過程は無限な可能性 possibilities をはらみ，それ自体においては未確定 indeterminate であるから，なんらかのものによって確定を与えられることを必要とする。ところが創造的過程としての世界にたいして特定の確定を与え，そこに秩序あるバランスが創り出されるためには，すべての創造的過程にたいして，自己自身の不変なる，整合的な性格を刻印するところの，或る現実的存在が必要であり，これがホワイトヘッドの考える神である[*60]。

　前述のように，ホワイトヘッドの考える神は世界を超越する神ではない。ここで「超越」というのは，いうまでもなく，空間的な距りという素朴な意味でのそれにとどまらず，世界が流転的で，欠如的な実在であるのにたいして，神は恒久的（＝静的）で最高に実在的 ens realissimum である，という形而上学的な意味においてであり，ホワイトヘッドはそうした神の超越性を虚偽 fallacy として斥ける。

　ホワイトヘッドによると，原初的な，最高に実在的であるような超越的

---

58)　*Ibid.*, pp.66-67.
59)　*Ibid.*, p.87.
60)　*Ibid.*, pp.91-92.

な創造主が存在して,その命令によって世界は存在を得,またその高圧的な意志に世界は従う,という教義は一つの虚偽であって,それによってキリスト教やイスラム教の歴史に悲劇が導入された,という。すなわち,西欧世界がキリスト教を受けいれたのはローマ皇帝が権勢をふるった時代であり,ローマ帝国の支配体制がそのままキリスト教神学に反映された。神はエジプト―ペルシア―ローマの帝王にかたどって概念されたのであり,「神には神のものを,カエザルにはカエザルのものを」というイエスの教えに反して,教会は「カエザルにのみ属するところの諸々の属性を神に帰した」[61]というのである。

こうしたキリスト教―イスラム教的な神概念は,文明の歴史のなかで現れた三つの神概念の流れのなかの一つであり,その三つとはそれぞれ(1)帝王にかたどって,(2)道徳的エネルギーが人格化されたものにかたどって,(3)究極的な哲学的原理にかたどって,概念するものである。(2)の代表な唱導者はヘブルの預言者,(3)は「不動の動者」を説いたアリストテレスであるとされる[62]。(1)は前述のようにキリスト教―イスラム教で見出されるが,それは「あらゆる時代・地域における,最も自然で明白な,有神論的・偶像礼拝的象徴」にすぎぬ,といわれる。

ところが,有神論的哲学の歴史のなかには,これら三つの神概念のいずれにも属さない考え方,ホワイトヘッドが「ガリラヤ人(キリスト)の謙遜のヴィジョン」[63] Galilean vision of humility と呼ぶものがふくまれている,とホワイトヘッドはいう。それは「世界における,愛によってゆるやかに,そして静かに作用する柔和な要素に注目する。そして,それはこの世のものならぬ王国の,直接的な現存のうちに目標を見出す。愛は支配することもなければ,不動でもない。また愛はそれほど道徳をやかましくいわない。愛は未来に目をむけない。なぜなら直接の現存においてそれ自らの報いを見出しているからである」[64]。ホワイトヘッドはあきらかに,こうした,世界のうちにあってそれを生命づけ,その創造的過程をうながす原理として神を考える立場に共感を示している。

---

61) *Process and Reality*, p.342.
62) *Ibid.*, pp.342-43; *Science and the Modern World*, pp.156-57.
63) *Process and Reality*, p.342.
64) *Ibid.*

Ⅳ　宗教的経験

　ホワイトヘッドの神観の基本的立場はつぎの言葉においてあきらかに示されている。「神はすべての形而上学的原理が崩壊するのを救うために呼び求められた（それらすべての形而上学的原理にたいする）例外と見なされるべきではない。神はそれらの主要なる例証である」[65] God is not to be treated as an exception to all metaphysical principles invoked to save their collapse. He is their chief exemplification. つまり，われわれは神について，それ以前の段階で実在あるいは経験について考えてきたところとまったく違った考え方をしてはならない，というわけである。これについて一言すると，これは安易な Deus ex machina 流の考え方を斥けている点では正しい。しかし，「神」と呼ばれる実在のいわば形而上学的構造について，それ以外の実在についてと基本的にまったく同じような考え方をしなければならない，という意味ならば，そのまま受けいれることはできない。

　いずれにせよ，ホワイトヘッドはこれまで実在―経験の基本的構造についてとってきた考え方をそのまま神にあてはめて，神は原初・帰結的な二極構造をもつ，と解する。「すべての現実的存在と類比的に，神の本性は二極的である。彼は原初的本性と帰結的本性を有する」[66]。analogously to all actual entities, the nature of God is dipolar. He has a primodial nature and a consequent nature. 原初的な神とは具体化（共同成長 concretion）の原理，すなわち，単なる可能性の状態にあって，多義性で満ちていた事物に秩序を与え，それらを創造的過程へともたらす原理としての神である。ホワイトヘッドはこの意味での神を，目的因であるかぎりにおいて万物を動かすとされる，アリストテレスによって考えられた神に近いとしている。

　しかし，神は原初的であると同時に帰結的である。創造的過程は，その全体において神の自己創造であり，帰結的な神とはこうした世界の創造的進展の帰結・結末である，とされる。神の本性は帰結的な神において完結される。いいかえると，神の原初的な本性とは，創造的過程のはじまりにおける，ひとつの決定 decision にもたとえられ，この決定が完全に具体化されたものが神の帰結的本性であるといえるであろう。

　要するにホワイトヘッドは個々の現実的実在 actual entity ＝経験 experience

---

65)　*Ibid.*, p.343.
66)　*Ibid.*, p.345.

を主・客的な二元ないし二極構造としてとらえているが、その考え方をそのまま全体としての創造的過程の場面にうつして、原初的・帰結的神を考えているわけである。ただし、時間的世界における現実的実在と神とでは、つぎのようなコントラストが見出される、とされる。すなわち、前者は客体→主体という展開をふくむものであり、物理的経験 physical experience をもって始まり、概念的経験 conceptual experience をもって完結するのであるが、後者は conceptual experience → physical experience という展開をたどる、とされる。そして、この全体としての創造的過程を特徴づけるもの——主体的形成——は、何ひとつ失われることのないようにとの、優しい配慮*67 tender care である、とホワイトヘッドはいう。それはまた無限の、優しい忍耐*68 infinite, tender patience として特徴づけることも可能である。「彼（神）は世界を創造するのではなく、より正確にいうと、彼は自らの真理、美、そして善のヴィジョンによって、世界を優しい忍耐をもって導く、世界の詩人である」*69。He (God) does not create the world, he saves it : or, more accurately, he is the poet of the world, with tender patience leading it by his vision of truth, beauty, and goodness. つまり、神は圧倒的な力をもってこの世界を支配し、それを意のままに動かすのではなく、むしろこの時間的世界における諸々の事物の最大限にして調和的な自己実現をもたらすことを通じて——そこに不可避的に悪も生ずる——自己の本性を実現する、というふうに考えられている。

このようなホワイトヘッドの神概念において、神と世界とが別個のものとして捉えられていないことはあきらかであろう。神と世界とを恒久的＝最高度に実在的・対・流動的＝偶然的というふうに対立的に捉える誤まりの根元は、ホワイトヘッドによると恒久性と流動性とをきりはなしたところにある。ところが、じっさいには原初の直観は流動性における恒久性－恒久性における流動性 permanence in fluency－fluency in permanence であって、恒久性と流動性とは現実的なるものが自らを完成するためには、相互に要求しあうものなのである。言いかえると、過程が実在である。

こうしてホワイトヘッドは神と世界についての自らの洞察を、一見自己

---

67) *Ibid.*, p.346.
68) *Ibid.*
69) *Ibid.*

矛盾をふくむように見える一群の命題でもって要約する。

　　神は恒久的であり，世界は流動的であると言うことは，世界は恒久的で
　あり，神は流動的であると言うのと同じく真である。
　　神は一であり，世界は多であると言うのは，世界は一で神は多であると
　言うのと同じく真である。
　　世界と較べて神は優れて現実的であると言うのは，神と較べて世界は優
　れて現実的であると言うのと同じく真である。
　　世界は神に内在すると言うのは，神は世界に内在すると言うのと同じく
　真である。
　　神は世界を超越すると言うのは，世界は神を超越すると言うのと同じく
　真である。
　　神が世界を創造すると言うのは，世界が神を創造すると言うのと同じく
　真である*[70]。

　　It is as true to say that God is permanent and the World fluent, as that the World
　　is permanent and God is fluent.
　　It is as true to say that God is one and the World many, as that The World is one
　　and God many.
　　It is as true to say that, in comparison with the World, God is actual eminently,
　　as that, in comparison with God, the World is actual eminently.
　　It is as true to say that the World is immanent in God, as that God is immanent
　　in the World.
　　It is as true to say that God transcends the World, as that World transcends God.
　　It is as true to say that God creates the World, as that the World creates God.

　ホワイトヘッドにおいては神と世界とは，それによって創造性 Creativity が切り離された多 disjoined multiplicity を 共同成長（具体）的一性 concrescent unity へと変容させるという，自らの最高の仕事を遂行するところの対立的な両極なのである。世界と神は互いに相手を必要とするものであって，いずれも自分だけで静的な完成に到達することはない。両者はともに

---

70) *Ibid.*, p.348.

究極的な形而上学的根拠，すなわち「新しさ」への創造的な進展のなかにくみこまれているのであり，それらは互いに相手が「新しさ」を実現するための道具なのである[*71]。したがって，創造的過程の全体を，自らを創造しつつある神といっても，自らを創造しつつある世界といっても本質的に変りはない。この創造的過程において，概念的極 conceptual poles をより先と見た場合，それは神と呼ばれ，物理的極 physical poles をより先と見た場合には世界と呼ばれるのである[*72]。

---

71) *Ibid.*
72) *Ibid.*

第7章

ロック「経験主義」の再検討

I 経験および経験主義の問題

　この講義ではロック（John Locke 1632-1704）の「経験」概念，および経験論（経験主義）の立場の検討を試みる。
　一見，ロックを「経験論哲学者」とよぶことには何の問題もないと考えられるかもしれない。ロックは『人間知性論』[*1]において人間が生まれながらにその心に刻みつけられた，自明的な原理，すなわち生得的原理 innate principles を持つという主張を論駁し，生得的原理はつまるところ生得的観念 innate ideas からつくりあげられているが，人間はそうした生得的観念をもって生まれてくるのではなく，すべての観念は経験という源泉に由来するものであることを説得的に論じた。われわれのすべての知識 knowledge の素材 originals は観念であり，観念はすべて経験に起源を持つというのがロックの経験論の基本的主張である。そして，かれはすべての観念は感覚 sensation と内省 reflection に由来するという基本的な立場をとっているのであるから，かれのいう経験 experience とは感覚と内省を意味するものであることはあきらかである。要するにわれわれが外的・可感的な事物，もしくはわれわれの心の内的作用について行う観察 observation が経験にほかならない。ロックはこうした経験論の立場を繰り返し要約的にのべており[*2]，その基本的な主張・意図についてはいささかの疑問もさしはさむ余

---
1) *An Essay concerning Human Understanding* (1690), Oxford, 1975.
2) *Ibid.*, II, i, 2; i, 24; vii, 10, xii, 8, xiv, 2; xxv, 11.

地はないように思われる。

　もしロックの経験論について問題があるとしたら，かれがさまざまの概念，たとえば実体，関係，時間，空間，因果性，人格としての同一性 personal identity，無限性などを論ずるさいに，経験論の立場——そうした概念が経験（感覚と内省）に由来するという立場——を貫徹しているかどうか（ロック自らが言明しているように），という問題であろう。しかしこれはかれの経験論の立場そのものを根本的に問題にすることではない。このように，ロックの経験論の立場を基本的に受けいれた上で，いわばそれを内在的に吟味，批判，補足，訂正するという仕事は，いわゆる英国経験論の内部で行われてきたし，今日でもそのような研究が行われている。

　だが，ロックの経験概念および経験論の立場そのものに問題はないだろうか。ライプニッツが『新論』[3]（1704に書かれたが1765年に刊行。ライプニッツが望んだロックとの討論はロックの死のため実現されなかった）で行ったロック批判はそうした経験論の根本的立場にふれるものであったと考えられる。カントの哲学もまたロックの経験論批判という面をふくんでいたと考えられる。だが，ロックの経験論の批判的考察はどのように行った場合にみのりあるものとなるだろうか。

　それはいうまでもなく，経験なるものに何の場所も与えないような哲学的立場に立った上で，ロックの学説を批判する，という形でなされるのではない。むしろ，ロックが経験をかれの哲学の基礎としたとき，かれは経験をはたして十全的な仕方で捉えていたのか，いいかえると，かれの経験論は本当に「経験的」だったのか，という点に考察をむけるべきであろう。むしろ，かれは何らかの先取された前提に影響されて経験にはじめから限定を加えているのではないのか。

　このようにロックの経験論の立場を，その不徹底なところを徹底させ，より根元的なものにしていくという仕方で批判すること，いわばそれを内部からつきぬけていくという仕方で克服すること，それがこの講義のめざすところである。それはすでにジェイムズの根元的経験論において試みられたところであり，現代において経験概念に深い省察を加えた他の哲学者たちもそのことを行っている。

　3）　*Nouveau Essais sur l'entendment humain*, 1765.

上にのべた観点からロックの経験論の問題点の一，二にふれておこう。まず生得説 innatism 批判について見ると，ロックによる生得説－経験論の対置は，或る致命的な思いこみ，前提によって禍いされているように思われる。すなわち，ロックがそこでとっている方法は，かれがそこで取り組んでいる事柄に適合しない incommensurate ように思われるのである。かれは人間的知識の起源，確実性，範囲，および信念，意見，および承認の根拠と程度を探求するにあたって精神の自然哲学的考察にはかかわらず(「本質」を理解しようとするのではなく)，記述的平易な方法でもって，われわれの有する事物についてのこれらの知見に知性が到達する仕方を解明するのだというが[*4]，はたして認識の問題がそうした観察－内観 observation－introspection という方法で適切に対処できるのか，その核心に触れることができるのか，についての反省がなされていない。というよりは，かれがそのような反省をなしえなかったことは，かれがその時代の自明的な考え方に影響されていたことを示しているといえよう。それは実験的方法によって人間の問題を解明できるという考え方である。それは人間についての科学的研究 Science of Man という理念 (むしろ幻想) である。このため，ロックにおける Innatism－Empiricism の対置は哲学あるいは認識論の全体を二分するものではなく，ごくかぎられた場面における対置ではないか，との疑問が生じる。

具体的にいうと，前述のようにロックは生得的原理は生得的観念から構成されているのだから，生得的観念がないなら生得的原理もない，と結論するが，この議論は厳密ではない。生得的ではない観念の形成を機会に，生得的としか解釈できない「原理の理解」が成立する，という可能性を排除できないからである。さらに，「生得的」innata, a natura という考え方について，ロックは実験的に確認・記述できるような事実を指すものと解しているが，じつは innata つまり in natura, a natura という言葉は，natura を神の創造にかかるものと解した場合，われわれの働きによって為され，つくりだされるものではなく，高次の原因に帰すべきものを指示している (明確な規定はなしえないままに) と考えられる。ロックにおける生得説批判においては，認識の問題が記述的心理学のレベルにおいて考察されてい

---

4) *Essay*, I, i, 2.

るとの印象を斥けることができない。

つぎに，ロックは経験こそすべての観念（したがってまた知識や推理）の源泉であると考え，またその著作のなかでくりかえし経験に訴えて議論を進めるが，経験についての明確な，考えぬかれた理論はつくりあげていない。そのことは，ロックが経験にたえず訴えつつも，経験についての哲学的な反省を行ってはいないことを示すように思われる。いいかえると，ロックにおいて経験はたんに人間的認識の素材であるのみでなく，その規準としての役割をふりあてられている（用法の検討からしてそのことが確認できる）が，経験にそうした特権をふりあてることについて，またそのような特権を認められた経験が厳密にどのようなものであるかについての反省が欠如しているように思われる。

II 「観念」Idea について

ロックはわれわれがさまざまの観念 Ideas を有すること，は明白であると考え，また Idea がどのようなものであるかについて立ち入った説明は必要ではない，と考えている。まず Idea についてのいくつかの基本的言明と思われるものをあげておこう。

① It ("idea") Being that term, which, I think, serves best to stand for whatever is the object of the Understanding when a Man thinks, I have used it to express whatever is meant by Phantasm, Notion, Species, or whatever it is, which the Mind can be employ'd about in thinking; and I could not avoid frequently using it.

I presume it will be easily granted me, that there are such Ideas in Men's Mind; every one is conscious of them in himself, and Men's Words and Actions will satisfy him, that they are in other[*5].

② Whatever the Mind perceives in itself, or is the immediate object of Perception, thought, or Understanding, that I call Idea; and the power to produce

---

5) *Ibid.*, I, i, 8. 訳はジョン・ロック『人間知性論』大槻春彦訳，岩波文庫，1972-1977年，を参照。

II 「観念」Idea について

any Idea in our Mind, I call Quality of the Subject wherein that power is[*6].

③ Since the Mind, in all its Thought and Reasonings, hath no other immediate object but its own Ideas, which it alone does or can contemplate, it is evident that our Knowledge is only conversant about them[*7].

ここで ① ② と ③ との間に重大な相違が認められる。すなわち, ① ② では人間が思考する場合にその対象 object となるもの, 知的活動の直接的な対象であるものを観念と呼ぶといっているのにたいして, ③ では精神の直接的対象はそれ自身の観念であるといわれている。前者では観念が精神ないし知的活動の直接対象であるということは「定義」の問題とされているのにたいして, 後者ではそのことが結論として, あるいは確立された事実としてのべられているのである。これは循環論か, それとも ① ② と③ との間にロックが行った考察がまさしく ③ を基礎づけるものであったとすると, その考察・探求はどのようなものであったのか。というよりは, むしろ「観念が精神にとっての直接的対象である」という主張は, ロックにとっては自明的として受けとられていたようであり, それを定義の形で言いあらわすか, 確立された事実として言いあらわすか, は問題ではなかった, といえるであろう。しかし, この主張は大きな問題をふくんでおり, われわれが行っている知的活動の単純な記述(経験の記述)として受けとることはできない。以下, この点を中心にロックの観念説を見ていこう。

ロックの観念説は意識現象論(知識は観念間の一致・不一致の知覚)とか意識内在論として特徴づけられ, また観念は知性が考察する事物の記号 Sign ないし表象 Representation とされているところから[*8], かれの認識説は表象説 Representationism として特徴づけられる。精神ないし知性に直接的に現存する present のは物(それ自身)ではなくて観念だ, というわけである。ロックがどのような意味でこの「観念の直接的現在」「観念が直接的対象である」という命題を理解していたのか, どのような理由から, つまりどのような明証・根拠にもとづいてこの立場をとったのかをあきらかにしたい。

---

6) *Ibid.*, II, viii, 8.
7) *Ibid.*, IV, i, 1.
8) *Ibid.*, IV, xxi, 4.

いいかえると，ロックの立場は彼が述べているところからすればフェノメナリズムであると考えざるをえないが，どうしてかれはこの立場をとるにいたったのかが問題である。ここでフェノメナリズムというのは，われわれが最初に，直接に知るのは実在 reality あるいは事物そのものではなく，われわれと事物との中間にある何らかの心的対象 mental object つまり観念 idea（それは事物の表象・記号 representation-sign である）だ，とする立場である。このような立場が起こる理由は理解に難しくない。われわれは普通，われわれの知識 knowledge はわれわれが事物についてもつ観念 idea から成る，という言い方をする。そして，われわれの観念が事実や事物と一致するものではなかった，という経験は稀ではない。ここからして，観念と事物・事実の間には断絶があるように考え，この二つが一致すればわれわれの観念は真であり，一致しなければ偽である，という風に考える。だが，この一致・不一致はどのようにして確立されるのか。どうして観念と事物そのものとを比較するために，観念を超えることができるのか。事物そのものに到達しようとしても，結局はそれの観念にとどまらざるをえないのではないのか——事物は観念を通じてのみわれわれに現存するが故に。このように，事物を知るためには，観念と事物とを連続させるものを見出さなければならない，と考える立場はフェノメナリズムである。

　このようなフェノメナリズムの立場を外的事物（身体もふくめて）に関して，始めて明確にうちだしたのはデカルトであるが，デカルトのこの説は中世の認識説に由来するとされる。

　すなわち，中世の認識説において感覚的知覚は，質料 materia なしに事物の形象 species を受けとること（つまり感覚は感覚対象のもつ形相を，それの質料を抜きにして受けいれることのできるもの）であるとされた[*9]。知覚する者は対象の形象によって現実化されると主張されたのである。ところで，アリストテレスの流れをくむ中世的な認識説においては，こうした対象への主体の類同化 assimilatio は，感覚的知覚の働きに先立つもので，知覚の働きそのものを構成するとは言われなかった。「知覚する」とは形象をつくり出したり，あるいは形象を（対象として）知覚することではなかったのである。それは感覚的知覚を反省することによってはじめて，知

---

9) 参照。アリストテレス『霊魂論』424a18-21。

II 「観念」Idea について

覚成立の必要条件として措定されたものであった。ところが後期スコラ学者においては、あたかもわれわれは最初に形象を意識し、形象を通じてはじめて事物を知りうるかのように考えられるにいたったのである。

つぎにオッカムが観念、概念を記号 signum と呼んでいることがフェノメナリズムへの道を備えた。もちろんオッカムは、記号が認識の直接的対象で、事物は記号の後で知らされると考えたのではない。しかし、オッカムの用語は、あたかもわれわれは記号を先に学んで、記号によって表示されている事物をその後で知るにいたるかのような印象をつくりだした。

上の二つのスコラ的認識説が合流したときに、デカルトにおいて認識の「問題」がつくりだされた。すなわち、事物ないし対象の心的記号・表象と事物との結びつきはいかにして確立されるか、という問題（フェノメナリズムの問題）である。表象を通じてしか知られえないところの事物と表象とをどのようにして比較しうるのか。表象を通じてしかわれわれに現存しないところの事物そのものへ、いかにして表象を超えて到達しうるのか？

ロックはどうして知性が考察するところの事物（それ自体）が直接的対象だと考えなかったのか。

一つの明白な、そして重大な理由となった事実（そしてそれが適切な理由であるかどうかは別として）は、人々の間にかれらが考察することがらに関して見解の相違・対立がある、という事実である。神の存在、霊魂の不滅、道徳的なさまざまの問題、精神は常に思考しているか、真空はあるか……の問題をめぐって人々の論争は果てしなく続く。もしも、そこで問題になっていることがら、事物がそれ自体、それらを考察している知性に対して現存するのであったら、そうした見解の相違・対立は生じえなかったであろう。事物それ自体が裁定者として直接に姿を現さないからこそ、論争が続くのである。だから、われわれの知性、知的活動（思考、判断…）の直接の対象は事物そのものではなく、われわれの精神のうちにつくりだされたもの、そしてそれを素材にわれわれの精神がつくりだすもの（＝単純－複雑観念）である、とロックは考えた。

上にのべたことと実質的には同じであるが、ロックが知性の直接対象を事物そのものではなく、事物によってわれわれのうちに生ぜしめられた観念であるとした理由は、或る特定の体系が真理であることを盲信するあまり、自分たちは事物そのものを捉えているのだと思いこむ独断的立場への

批判としてであった。

> To this Abuse (taking Words for Things), thou Men are most subject, who confine their Thoughts to any one System, and give themselves up into a firm belief of the Perfection of any received Hypothesis: wherely they come to be persuaded, that the Terms of that Sect, are so suited to the Nature of things, that they perfectly correspond with their real Existence[*10].

つまり、われわれは皆、事物そのものを知ろうと努めているのだが、事物そのものが直接に知性に現存するという主張は、見解の対立という厳然たる事実にてらして、独善的主張にすぎず、われわれは直接に対象とし、また知りうる観念を通じて、事物そのものへの接近をはかっているのだ、というのがロックの立場であると思われる。

ついでながら、事物そのものが知性の対象であるとする立場をロックが斥けるのは、それが一種の知的怠惰である（独善であると同時に）という理由にもとづく。ロックが口をきわめて学院の哲学を斥けるのは、じっさいには言葉を操っているにすぎないのに、事物それ自体、実在そのものを捉えているかのように思いこみ、真の意味での探求を等閑にしている、との理由にもとづく。実は彼による生得説の否定も、同じ動機にうながされているところが大きい。（I, iv, 22; 24. さらに、こうした独善的態度、知的怠惰が、学問における権威の横行、そのいわれなき支配を支えている点もロックによって批判されていることに注意）。

しかし（事物についての）われわれの知識が相対的なものにとどまることが多く、不完全で、誤りの危険につねにさらされているとの自覚は評価すべきであるとしても、そこから直ちに知性の（知的活動の）直接的対象は観念であるとし、いわば精神・知性の内部に観念の世界をつくりだすことが正当化されるか。それはわれわれの心的経験、あるいはむしろ認識的経験 cognitive experience の適切な記述であるといえるか。そこにはわれわれの知的活動、とくにその対象をどのように適切にとらえるかについて（いいかえると、われわれが現実に行っている認識的経験における認識の構造を

---

10) *Ibid.*, III, x.14.

いかに記述するかについて）重大な問題が見出される。ロックのいう観念は「心的経験を対象化」したものだといわれるが，そもそも認識的経験を，内観・内省 introspection によって捉えられ，記述されるべき「心的経験」としたことに問題がある。ロックのいう観念は，われわれの現実の認識的経験を解明することができるのか。かれはそれを素材に，人間のいっさいの認識を構成しようとするが，その企図は成功しているのか。「対象化」とはどういうことか（精神が，もともと自らとは異質のものを自らと同質のものたらしめ，それによって自らに現存せしめることなのか）。どうして，ロックの場合，観念の対象化（観念がその成果であるような対象化）が必要であると考えられたのか。

III 観念と実在

ロックは精神ないし知性の直接的対象は（精神のうちにつくりだされた）観念である，そして知識は観念の間の一致・不一致の知覚に存するとの立場を一貫して主張しながら，われわれの「外なる」事物 Things without us について語り，観念の事物性・実在性 reality を問題にする。このことはロックの体系的な不整合性として批判されたり，世界との知識の結びつきを保っているとして評価されたりするが，われわれはロックの語る経験とはどのようなものであったかを理解するために，この問題を考察する。

ロックは『人間知性論』第二巻第三十章で実在的観念と空想的観念 real and fantastical との違いを考察する。それは観念と，観念がそこから取られた事物，あるいは観念が表象していると想定されうる事物との関連 reference to things from whence they are taken, or which they may be supposed to represent の考察であり，実在的-空想的という区別の他，適合（等化）-不適合（不等化）adequate-inadequate, 真-偽 true-false という区別が考察されている。

ロックはまず実在的の意味を「自然のうちに基礎を持つこと，つまり実在するもの，事物の存在，あるいはそれら（＝観念）の原型との一致」(to) have a Foundation in Nature; such as have a Conformity with the real Being, and Existence of Things, or with their Archetypes と規定する。これにたいして空

想的の意味は「自然のうちに基礎をもたず，また，それら（観念）が暗黙のうちに，それらの原型に対するごとくに関連づけられているところの，ものの実在性との何らの合致も有しないこと」(to) have no Foundation in Nature, nor have any Conformity with that reality of Being, to which they are tacitly referr'd, as to their Archetypes というふうに規定される。

このような規定のあとで，まず「単純観念はすべて実在的であり，事物の実在性と一致する」Our simple Ideas are all real, all agree to the reality of things と主張される。そこでの観念の実在性とは，事物のかたどり，表象，類似 Image, Representation, (exact) Resemblance たることに存するのではなく（これは第一次性質の観念の場合にのみ言えるとされる），ただ事物のうちの何らかの力 power によってつくりだされた結果であること，につきるといわれる。いいかえると，単純観念の実在性とは，それらがまったく受動的につくりだされたものであって，精神が自ら好むままにつくりだしたものではないことを意味する。実在的 real は虚構的 fictitious, arbitrary に対立させられているわけである。

ところで，ここでロックは，（われわれの外にある）事物のうちにある力 power，つまりわれわれのうちに感覚 sensation ないし観念を生ぜしめる力と，われわれ（つまり精神）のうちに生ぜしめられる観念との間に創造主を介在させている。なぜその必要があったのだろうか。そこには，デカルトが神の真実さ veracitas に訴えたことと類似の事態が認められるであろうか。われわれが雪について感覚する（＝観念を形成する）白さや冷たさ，は，ロックによると，苦痛と同じように，雪のうちにはない。いいかえると，それがじっさいに雪によって，ないし雪のうちの何物かによって生ぜしめられた結果であることを確かめるべき手段はない。そのことをわれわれにたいして保証するのは，雪のうちの何物（＝力）かが，われわれのうちにそうした結果 Effect をつくりだすように創造主が定めたのだ，という説明だけである。われわれはこうした観念がつくりだされる因果作用 causality を経験するわけではなく，またその原因たる力を（そのようなものとして）経験することもできないからである。

これはまことに奇妙な事態であるといわざるをえない。ロックの経験主義と，観念の形成という，もっとも原初的な経験においてなされる神への訴えとはどのように両立させることができるのか。これはロックの経験主

III 観念と実在

義にひそむ難点を示しているように思われる。ロックは経験を観察－内省（ともに感覚のレベル）にかぎったために，性質－観念という場面では経験について語ることができるが，力－結果という場面ではもはや経験について語ることはできず，そのためそこでの原因が経験される，ということも不可能とされる。そのため，一足とびに第一原因への訴えがなされるが，これが何の「説明」にもならないことはいうまでもない。結局「経験」の意味の探求への道を閉じてしまったことがここでの奇妙な事態の原因であるように思われる。

単純観念が実在的 real とされるのは，それらが「実在的なものの明確な構造との間に有する恒久的な対応に存する」the reality lying in that steady correspondence they have with the distinct Constitutions of real Beings のであって，「そうした構造への対応が，原因に対するそれか，範型にたいするそれかは問題ではなく，それらによって観念が恒常的につくりだされる，ということで足りる」whether they (Ideas) answer to those Constitutions, as to their Causes, or Patterns, it matters not; it suffices, that they are Constantly produced by them. とされている。単純観念は，それらをわれわれの精神のうちにつくりだす「事物の力に対応し，一致する」answer and agree to those Powers of Things, そして「それだけがそれらを実在的たらしめる必要条件とされる」all that is requisite to make them (Ideas) real が，ここでロックのいう「対応・一致」とは，要するに，単純観念の産出において「精神は全面的に受動的」the Mind is wholly passive, in respect of its simple Ideas である，ということにつきる。いいかえると事物のうちなる力に依存し，その範囲のうちにあるとの意味で実在的とされているわけだが，その意味はまだ明確にされているとはいえない。

つぎに複雑観念の形成においては，人間精神は何らかの自由を行使する，とされる。すなわち，いくつかの単純観念を複合・集合させて複雑観念を形成するさいに，或る者は或る単純観念をふくませ，他の者は除外するところから，たとえば「黄金」，「正義」などの名前で呼ばれる複雑観念の多様性が生ずる。では，そのなかのどれが実在的，つまり事物の実在性と合致し，どれは単に想念だけの組合せ・集合であるのか[11]。

---

11) *Ibid.*, II, xxx, 2.

ロックによると，複雑観念のうちで先ず混合様相 Mixed Modes（同一の単純観念の異なった変容 modification——たとえば「一」から，その反復によって「二」が，さらに「ダース」「万」などの数の観念が形成される——が単純様相であるのにたいして，いくつかの種類のいくつかの観念の組合せによって形成される様相，たとえば美，盗み，正義など）と関係についていえば，「それらは，それらが人々の精神のうちに持つ実在性の他には何の実在性も有しないので，この種の観念を実在的たらしめるために必要とされるのは，それらに適合的な存在の可能性があるような，そういう仕方でそれらが構成されることだけである」… having no other reality, but what they have in the Minds of Men, there is nothing more required to those kind of Ideas, to make them real, but that they be so framed, that there be a possibility of existing conformable to them[12]. つまり，この種の複雑観念はそれ自身が原型 Archetype であるので，不整合な inconsistent 観念が組合わせられないかぎり，常に実在的だ，というわけである。いいかえると，論理的可能性がそのまま実在性とされるわけである。倫理学において用いられる諸観念——正義，勇気，盗み，など——は，多くが混合様相であり，ここからして，倫理学は知識 Knowledge たることが可能であるとするロックの主張が理解される。これについては改めて考察する必要がある。

最後に，実体 Substance という複雑観念については，それが実在的であるためには，単にそこで組合わせられた単純観念の間に一貫性・整合性が見出されるというだけでは足りず，そうした組合せがわれわれの外なる事物においても見出されるのでなければならない。なぜなら，実体観念——人，馬，黄金，など——はすべて，われわれの外に存在する事物との関連において，そして，実在的に在るがままの実体の表象たることを意図して形成されたものだからである。だから，そうした観念が実在的であるためには，（実体観念において為されている単純観念の組合せは）「われわれの外なる事物において実在的に合一され，共存しているような，そうした単純観念の組合せ」Such Combinations of simple Ideas, as are really united, and coexist in Things without us でなければならないとされるのである[13]。

---

12) *Ibid.,* II, xxx, 4.
13) *Ibid.,* II, xxx, 5.

III 観念と実在

　ところが，或る実体観念が実在的かどうかをたしかめるためには，当然，その原型・範型 Pattern たる実在的な実体を「知って」いなければならないし，いわば実体（そのもの）が，われわれに単純観念の組合せの原型たる組合せを「示し」てくれているのでなければならない。（「知る」「示す」の言葉は第2巻第30章第5節に出てくる）だが，どうしてそのようなことが可能か，これはロックにとって大きな問題である。

　ロックは同様の問題を『人間知性論』第四巻第四章 Of the Reality of our Knowledge で再び取りあげている。すなわち，第二巻第三十章では観念のレベルで実在的－空想的観念 real－fantastical ideas の相違を論じたのにたいして，ここでは同様の問題を知識のレベルで考察する。つまり，もしも知識が単にわれわれ自身の（＝われわれの精神のうちにある）観念の間の一致・不一致の知覚に存するのであったら，Dreams, Fancies, Visions と Knowledge of the reality of Things とはどう区別されるのか，いかにしてわれわれは後者に到達しうるのか――たんに空中楼閣を築くのではなく――が問題である。

　ロックは先ずつぎのように答える。「もしわれわれの観念についてのわれわれの知識がそれら観念において終結し，何かその先にあるものが意図されている場合に，それより先には届かないとしたら，われわれの最も真剣な思考も，狂った頭脳の夢想以上の有効さを持つことはないだろう……。だが私は，この考察を終える前に，われわれ自身の観念についての知識による，こうした確実性の道は単なる想像よりもすこし先まで進むということを明らかにしたいと望んでおり，そして人間が有する一般的真理のすべての確実性はほかならぬその点に存する，と信じるものである」[*14]。

　さらに，ロックはこの問題の困難さをつぎのように指摘する。すなわち，われわれ（精神）が直接に知るのは観念であり，精神が知覚するのはそれ自らの（＝自らのうちにつくりだされた）観念のみであるとしたら，どうして観念が（われわれの外なる）事物それ自体と一致することを知りうるのか，という問題である。ロックはこれが難問であることを認めつつ，二つの種類の観念について，それらが事物と一致することをたしかめうる，と主張する[*15]。

---

14) *Ibid.*, IV, iv, 2.

まず，単純観念については，それらが事物そのものの働きかけ——但し，創造主の知恵と意志による秩序づけに従って——によってつくりだされるものである，という点で事物との実在的合致 real conformity を有する，とされる。そして，このような単純観念と事物の存在 the existence of Things つまり reality of Things との間の合致が実在的知識の成立のための必要条件である，とされるのである*[16]。

　ここでロックが，単純観念は natural and regular production of Things without us, really operating upon us;... とのべていることの意味は大いに問題になりうる。sensible が sense に働きかけ，触発する，という言い方は聞きなれたものであるが，そこでの働きかけとはどのようなものか？ ロックは Things operating on the Mind in a natural way と言うが，natural とは「物理的」という意味なのか。どうして精神に対して物理的な働きかけがなされうるか，これは後にバークレーが疑問視したことである。

　第二に，実体観念を除くすべての複雑観念は，精神が自らつくりだす原型 Archetype であり，いかなる事物のコピーたることも意図されていず，いかなる事物の存在 existence にも関連づけられていないので，それらは実在的知識に必要とされる合致を何等欠如していない，といわれる。そこでは表象の失敗 wrong representation ということはありえないからである。むしろ事物のほうが，これら原型と合致しうるかぎりで考察されるのであるから，これら観念についてわれわれが到達する知識はすべて実在的であり，事物それ自身に届いている，と主張される。この場合，われわれは事物を，それらがわれわれの観念に合致しうるものたるかぎりで意図し，それより先に進むことはない。このため，われわれはこの種の観念にかかわる思考，推理などにおいては実在に到達しそこなうことはない，というのである。

　単純観念についていわれる実在性は，事物が精神に対して（作用）原因の位置に立つかぎりにおいて保証されているのにたいして，複雑観念の場合は，その実在性は，精神が事物に対して原因（形相因）たるかぎりにおいて保証されているように思われる。この両者の場合において「実在的」real

---

15) *Ibid.,* IV, iv, 4.
16) *Ibid.*

の意味が大きく変っていることはたしかである。

　ついでロックは，複雑観念（「実体」以外の）の実在性の例証として，われわれが数学的真理について有する知識，および道徳的知識についてのべる。すなわち，それらは単にわれわれ自身がもつ観念のみにかかわるにもかかわらず「実在的」なのである。なぜなら，これらの場合，事物は，それらが（われわれの精神のうちにある）観念と一致する範囲内で——それから先に進むことなく——意図されているからである。

　しかし，「実体」観念については事情は別である。それは，われわれの外なる原型 Archetypes without us に関連づけられているため，われわれの観念はそれとは違ったものになりうるのであり，したがってそれらについてのわれわれの知識も「実在的」であるといえないことがありうる。「実体」観念は事物それ自体に厳密に合致しないことがありうるし，事実，しばしば合致しない，とロックはいう*17。

　すなわち，実体観念の形成においては，そこで組合わせられる単純観念に整合性ないし論理的な一貫性があれば充分だ，というわけにはいかない。実体観念はコピーであり，われわれの外なる原型に関連づけられていると考えられているのであってみれば，こうした観念は事物に合致しなければならない，だから実際に存在しているか，存在した何物かから取られなければならないのである。

　ロックのこうした立場の根底には，われわれは実体の実在的構造 the real Constitution of Substances（それにわれわれの単純観念がもとづいているところの）を知りえない，という考え方がある。したがって「経験と感覚による観察」Experience and sensible Observation が届きうるかぎりで，つまり，そうした手段によって自然のうちに in Nature 見出されうるかぎりでの単純観念の組合せにもとづいて，われわれは実体観念を形成しうる，というのである（第12節）。たとえば白色，芳香，……などの単純観念の組合せが恒常的に見出されることにもとづいて「ゆり」と名づけられる複雑観念が形成されているわけである。

　ここでロックは実体観念と，それを表示するのに用いられる言葉・名前とを区別すべきことを強調する（第13，第17節）。すなわち，さまざまの実

---

17)　*Ibid.,* IV, iv, 11.

体を指す名前は，じっさいにはわれわれが形成した（複雑）観念（つまり単純観念の集成）を指す記号にすぎないのに，それらが何か確定された事物の本質を指すかのように（単純観念がそれに対応するかのように）考えてはならない，と主張する。つまり言葉がわれわれにたいして根拠のない拘束力を行使することのないように，との警告を発する。要するにロックにとって実体そのものは不可知なのであり，さまざまの名前——黄金，ゆり，人間——で表示される実体観念は経験によって見出されたかぎりでの単純観念の恒常的な集合・組合せにすぎない。それにしても，ロックは単純観念が表示する性質のほかに，それら性質の基体・担い手として実体を考えたのであり，そこにロック哲学の問題があった。

Ⅳ　実体観念と実在の問題

　ロックにおける観念と実在の問題は，とくに実体観念の場合に鋭く感じられ，また難問をなげかけるものであることが確認された。そこでつぎに，かれにおける実体観念をより詳しく考察することによって，観念と実在の問題へのあらたな接近をこころみ，そのことを通じてロックの経験概念と経験主義の立場に光をあてることができないかどうか，ためしてみよう[*18]。

　実体「観念」についてのロックの議論のねらいは，①通常われわれは実体についての明瞭な観念を持っているかのような話し方をしているが，じっさいにはそのような観念は有しないことの確認，②ではどのようにしてそのような観念が形成されたのかの説明，③さまざまの実体（黄金，水，人間，天使，神）についてじっさいにわれわれが持っている観念とはどのようなものであるかをあきらかにすること，であったといえよう。

　①まず，ロックの実体「観念」としてよく挙げられるのは「何だかわからないもの」we know not what,「われわれが知覚する諸観念の支え・基体と想定されるところの何らかのもの」support, substratum... something「われわれのうちに単純観念をつくりだすことのできるような，何だかわからないが，諸性質の支え」[*19] We know not what support of such Qualities,

---

　　18) 主要テクストは *Essay*, Ⅱ, xxiii. および Ⅰ, iv, 18; Ⅳ, vi, 14-.

IV　実体観念と実在の問題　　　　　　　　　　217

which are capable of producing simple Ideas というふうにいいあらわされるものであるが，そうした規定は，厳密にいえば（そしてロックによると）なんら明晰・判明な観念をいいあらわすものではない。ロックは「何らかのものという混乱した観念」[20] confused Idea of something という表現を用いることもあるが，厳密に観念ではなくて，単にそうした不可知の支え，基本である何らかのものについての想定 supposition にすぎない。For our Idea of substance, is equally obscure, or none at all in both (material and spiritual Substances); it is but a supposed, I know not what, to support those Ideas, we call Accidents[21]. つまり notion of pure Substance in general[22] という意味での実体観念をロックは否定しているのである。

　いいかえると，ロックは事物（物質にせよ霊にせよ）の内的構造 inner Constitution ないし本質 Essence という意味での実体そのものは，われわれには不可知だと主張するのである。これは経験に訴えて，そう結論せざるをえない，とかれは論じている。たとえば拡がり Extension とか思考 Thinking の明晰な観念をわれわれが持っていることはたしかであるが，それらの本性，原因，および在り方 Nature, Causes, Manner を探るということになると，たちまち迷路に入りこんでしまい，一歩も進めない。そこで知性にたいしてあきらかになることは自らの無知のみである，とロックはいう[23]。

　要するに，ロックが実体そのものは不可知だと主張するのは，かれが経験に訴えてそのことを主張し，またわれわれに経験にてらしてそのことを確認するように要求するにもかかわらず，われわれに知られうるのは単純観念のみだ，というかれの基本的主張のくりかえし，ないし言いかえにすぎない。すなわち，感覚と内省からわれわれが受けとるところの単純観念がわれわれの思考の限界なのであって，精神はいかに努力してもそれをいささかでも前進させることはできないし，これら観念の本性とか秘められた原因をのぞきこもうとしても，何の発見もできない，とロックはいう[24]。

19)　*Ibid.*, II, xxiii, 2.
20)　*Ibid.*, II, xxiii, 3.
21)　*Ibid.*, II, xxiii, 15.
22)　*Ibid.*, II, xxiii, 2.
23)　*Ibid.*, II, xxiii, 28.
24)　*Ibid.*, II, xxiii, 29.

とくに，天使とか神の実体の場合にこのことはあきらかである，とロックは主張する。すなわち，天使や神という言葉によってわれわれが形成している観念は，じっさいには単純観念の複合・集成であり，したがってそれら単純観念がそこから由来する感覚や内省をこえては一歩も先に出ることはない，というのである*25。

②では，それについて明晰な観念を持つことのできない，その意味で不可知な実体という想定 Supposition がなぜ必要とされるのか，またそれはどのようにして形成されるのか。ロックは結局のところ，それをひとつの言語使用の上の便宜あるいは慣習として理解しているように思われる。すなわち，実体を想定する動機は，一定数の単純観念が恒常的に共存 together するものであることが気付かれる，ということである。恒常的 constant というかぎり，経験のくりかえしが予想されている。いいかえると，単に個々の単純観念が知覚されるのみでなく，それらの恒常的共存が知覚されるようになる。他方，ロックによると，われわれはこうした単純観念がいかにしてそれら自体で自存する subsist かを想像できないところから，それにおいてそれらが自存・存立し，そしてそれからそれらが結果するところの何らかの基体 substratum を想定するように自らを慣習づける we accustom ourselves のである*26。

ここでロックは実際にはつぎの二つのことを混同しているように思われる。すなわち，一つは一定数の単純観念の共存（精神における）——それらに対応する性質の共存（事物における）——の知覚・経験であり，もう一つは単純観念はそれらを支えるものなしには存在しえない，という考えである。ここで前者はたしかに経験に属することといえるが後者はそうではないのではなかろうか。したがって，前者についていえば，想定された実体とは，それからこれら単純観念が流出 flow・結果 result する根源であるのにたいして，後者はこれら単純観念・性質にとっての基体・支えとしての実体である。この場合後者はどこまでも不可知 unknown にとどまらざるをえないが，前者は経験の積み重ねを通じて，経験のなかに入ってくることが可能であるのではないか。じつは単純観念の恒常的共存が気付か

---

25) *Ibid.*, II, xxiii, 32; 37.
26) *Ibid.*, II, xxiii, 1; 3.

IV 実体観念と実在の問題　　219

れた時に，不完全にではあっても実体が直接的に「見てとられている」といえるのではないか。またそれ以外の仕方では——つまり統一性として，いいかえると感覚的経験に統一を与える根源として以外には実体が認識されることはないのではないか（何らかの能動的な根源としての実体）。ロックはしかし，支え・基体としての実体という考え方に禍いされて，不可知の基体という，矛盾的な観念を想定してしまったのではないか。だから，ロックが「習慣」といった時，そこに経験の積み重ねによって成立した，もはや感覚的ではない知覚，ないしは洞察——それを当然，経験と呼んでもさしつかえない——が成立していたと見るべきではなかろうか。

　他方，ロックはわれわれが普通，事物について語る場合の語り方の分析を通じて，つまりそうした語り方 fashions of speaking が暗示 intimate しているものとして，かれの実体「観念」についての考え方を形成したようにも思われる*27。すなわち，われわれがどんな事物（たとえば人間，馬，金，水，鉄，ダイヤモンド）について語る場合でも，そうした諸々の実体についてわれわれが持っている観念といえば，それらにおいて見出さるべき諸々の単純観念の集成 collection からして形成されたもの以外にはない。だが，こうした諸実体についての複雑観念は，それらを構成するすべてこれらの単純観念の他に，常に，それにたいして諸単純観念が属し，そしてそれのうちに自存・存立するところの何ものかについての混乱した観念をふくんでいるのである。ここからして，われわれはどんな種類の実体について語る場合でも，つぎのような語り方をする it is a thing having such and such Qualities. E. g. Body is a thing that is extended, figured, and capable of Motion; a spirit is a thing capable of thinking. しかし*28，このような語り方から，不可知の基体としての実体を想定する必要性があるかどうかは問題であるとしなければならない。

　③ ロックによると，実体という一般的観念は，しばしば誤って受けとられているように，明晰な単純観念なのではなく，むしろ単なる想定であり，混乱した観念にすぎず，厳密には観念ではない。他方，ふつう実体として語られている事物についてのわれわれの観念は，諸々の単純観念の集

---

27)　*Ibid.*, II, xxiii, 3.
28)　*Ibid.*

成にほかならない。それらは経験によって共存していることが知覚されるのであり*29，そして，われわれがそれらの事物について持っている観念をふりかえるならば，そうした単純観念の同時共存 coexisting together 以上の何ものでもないことが経験によってたしかめられる，とロックはいう*30。

さらにくわしく見ると，形体的実体 corporeal substance についての複雑観念を構成する単純観念にはつぎの三つの種類が区別される*31。(1) われわれの感覚によって見出されるもので，たとえわれわれが知覚していない時でも事物のうちにあるような，事物の一次性質 primary Qualities of things の観念（例・Bulk, Figure, Number, Situation, Motion of the parts of Bodies）(2) 一次性質に依存する可感的二次性質（の観念）sensible secondary Qualities ——じつは，それらは形体的実体が，われわれのうちに，われわれの感覚によって若干の観念をつくりだす能力 Power にほかならない。そして，この場合の観念は事物自体のうちにはない——事物はたしかにそうした観念の原因であるから，原因たるかぎりでの事物のうちに在るとはいえるが。(3) 能動的および受動的能力（の観念）active and passive Powers，すなわち，諸々の形体的実体が持っているこうした能力のゆえに，それらは相互に一次性質の変化をひきおこし，その結果としてわれわれはそれら実体について以前とは違った観念を受けとることになるのである。ロックによると，われわれが気付く変化は，じっさいに生起しているものの極く一部であるという。

要するに，上の分析によってロックが主張しているのは，われわれがともすれば事物そのものを在るがままに示していると思いこみがちな，いわゆる諸々の実体についての観念が，いかに相対的なものであり，「われわれにとって」「われわれの認識能力・条件に相応して」現れたかぎりでの事物にすぎないか，という点である。一次性質と二次性質の区別もその観点から理解できる。すなわち，ロックのいう一次性質の担い手は物体の真の意味での構成要素である minute particles of Bodies であって，じつはそうした微少な物体について一次性質は直接には感覚されない——われわれ

---

29) *Ibid.*
30) *Ibid.*
31) *Ibid.*, II, xxiii, 9.

IV 実体観念と実在の問題 221

が現実にそなえている鈍い感覚能力では――のである。われわれが感覚するのは，諸々の物体が互いに相手の minute particles の一次性質を変化させ，それが或るスケールのものである場合，つまり二次性質の観念がつくりだされる場合である。したがって，われわれが形体的実体について持つ観念内容の大部分は，そうした二次性質の観念をつくりだす能動的－受動的能力にほかならない，というわけである。注意すべきは，そこで形成された実体観念なるものは，われわれの感覚能力のいわば感度・精密度に相関的なものにすぎない，ということである。

　ここでロックの立場の問題性が浮かびあがってくる。一方では，われわれの感覚能力の弱さが，事物それ自体をあるがままに捉えることを不可能にしているとかれは考えている。したがって，もしわれわれの視覚がいまの10万倍も鋭いものであったら，人間は would come nearer the Discovery of the Texture and Motion of the minute Parts of corporeal things; and in many of them probably get Ideas of their internal Constitutions, つまり実体そのものを捉えることができたろう[*32]，と考えている。

　他方，そうした鋭敏な感覚は必ずしも人間にとって有用なものとはかぎらない（鋭敏すぎる聴覚は潜心を不可能にするし，鋭敏すぎる視覚は陽光に耐えず，巨視的な見方を不可能にする……ついでながら多くの美も消えうせるであろう！）したがって，ロックによると，創造主は人間の便宜と使命とに応じて，最も適当な鋭敏さ（あるいは鈍さ）をその感覚能力に与えたというのである。つまり，自然界についての感覚的知覚からして神の認識とわれわれの義務の自覚にたどりつき，また日常の必要をみたすのに充分なだけの感度と精度がわれわれの感覚にはそなわっている，というわけである[*33]。

　これは人間的認識についての目的論的な考察であり，それとしてきわめて常識的であり，健全であるといえよう。しかし，それは人間的認識に固有の完全性についての説明にはなっていない。ロックの場合，認識の完全性はむしろ感覚の高度な鋭敏さ，精度に求められているように思われる。人間的認識の理性的あるいは知的な完全性はどのように説明されるであろ

---

32) *Ibid.*, II, xxiii, 12.
33) *Ibid.*

うか。どうしてロックはわれわれは感覚や内省から受けた単純観念を超えて一歩も先に進めない[34]，と主張するのか。この主張にはどのような根拠があるのか。

ついで第2巻第23章第15節以下でロックは非物質的 immaterial ないし精神的 spiritual 実体という複雑観念について述べる。ここでロックが強調するのは，われわれは物質的・形体的実体についてはよく知っているが，非物質的・精神的実体については知らない——つまり，われわれの感覚は後者については何事も告げていない——と考えがちだが，それは省察の不足によるもので，われわれは同じくらい明晰な（あるいは同じくらい曖昧な）観念を両者について持っている，ということである[35]。それは，いいかえれば，精神的実体についてわれわれが有する明晰な観念とは，つまるところ諸々の精神的実体についての複雑観念を構成するところの，単純観念の明晰さであり，曖昧で不明晰なのはそれら単純観念（Thinking, Willing, Hoping）の根底にあると想定されている実体についての観念である。そしてこの点，形体的実体の場合もまったく同様なのである。

さらに神についてわれわれが有する観念も，その真相は諸々の単純観念——Existence, Power, Knowledge——から形成されたものである，とロックは主張する[36]。ただ，それらは無限という観念によって，拡大されうるかぎり拡大されている，という点で他の精神的実体からは区別されるのみである。

ここで実体的観念に関して強調されているロックの基本的立場，すなわち，われわれの思考と知識は，それが直接にかかわる単純観念という境界線，ないしはその源泉たる感覚・内省をいささかでもこえることはできない，という立場と，われわれの思考や知識が単なる幻想に終らないためには，その実在性——つまり，われわれの外なる物との一致——が保証されていなければならない，という要求とは果たして両立するか，するとしたらどのように両立するであろうか。もっと厳密にいうと，ロックは，実体の観念の実在性については，当の観念はこの場合コピーであり，したがってその実在性について語りうるためには，原型について知っていなけれ

---

34) *Ibid.*
35) *Ibid.*, II, xxiii, 15, 16-31.
36) *Ibid.*, 33-36.

ばならない，と述べており，また，直接には観念にかかわるわれわれの知識が，何かその先にあるものを意図・志向する場合には，知識は単なる想像よりもすこし先まで進む，と述べているのであるが，そのことと，単純観念こそは人間的思考・認識の限界であるとする立場とはどう両立するのか。

ここで単純観念は，ロックによると，まったく受動的な仕方でわれわれのうちにつくりだされるものであり，その意味で，われわれの作為ではありえず，実在的であるとされていることを想起する必要がある。この実在性は因果性的な意味での実在性であり，事物によって生ぜしめられたものだから事物（実在）的だ，という意味であって，「物理的」physical と言いかえることもできよう。つまりロックの観念は ideal-real, mental-physical なのである。

しかし，問題は，そうした観念が「自由」の行使を通じて組合わせられた実体観念が，精神の外なる事物と合致するかどうか，ということである。この合致がそもそも問題になりうるためには，われわれの認識は事物そのものに何らかの仕方でとどいていなければならないが，それは果たして可能なのか。

ロックは，われわれが事物はそれ自体で「何であるか」を知っている（実体の本質，内的構造），あるいは知りうる，という意味で，われわれの知識が事物そのものにとどくことを否定している。しかしかれは，同時に，われわれが事物の「存在」Existence を知っていること，知りうることを断乎として肯定している。

......I know, by seeing or hearing, etc. that there is some Corporeal Being without me, the Object of that Sensation, I do more certainly know, that there is some Spiritual Being without me, that sees and hears[37].

Experience assures of the Existence of such Being (solid, extended Substances and thinking Substances)[38]. If this notion of immaterial Spirit may have, perhaps, some difficulties in it, not easie to be explained, we have therefore no more reason to deny, or doubt the existence of such Spirits, than we have to

---

37) *Ibid.*, 15.
38) *Ibid.*, 29.

deny, or doubt the existence of Body, because the notion of Body is cumbered with some difficulties very hard[*39].......

We have as much reason to be satisfied with our Notion of immaterial Spirits, as with our Notion of Body; and the Existence of the one, as well as the other[*40].

　いいかえると，ロックが実体観念に関して，われわれは単純観念よりもすこし先に進むことができる，あるいは，原型たる事物そのものを知ることができる，というときに頭においているのは，事物ないし実体の「存在」のことではないか，と思われてくる。そしてこの「存在」とは，個々の単純観念が「事物によって原因されたもの」であるかぎりで実在性を有するのにたいして，そうした単純観念の組合せ・集合としての「事物」が有する実在性である，といえるように思われる。実体観念（実は単純観念の組合せである複雑観念）の実在性は，こうした「存在」経験との関係において（後者にもとづいて）確立されるのではなかろうか。

V　ロックにおける「存在」Existence の問題

　前節で，ロックによると諸々の実体についての複雑観念はそれらが「われわれの外にある事物の存在」Existence of things without us に一致するときに「実在的」である，とされることを見た。ロックはしばしば「事物の存在」Existence of things に言及し，それと単純観念との厳密な一致，そして実体観念とのゆるやかな一致について語る。その場合，事物の存在をわれわれに気付かせるのは感覚 sensation であるといわれる。感覚および内省を通じてわれわれのうちに観念がつくりだされるのであるが，そうした観念を生ぜしめた原因である事物の存在（単純観念の場合と，それの組合せである実体観念の場合とでは相違があるが）もまた感覚によって気付かしめられる，というのである。

　ここで直ちに問題が生じる。単純観念の実在性についてはしばらくおい

---

39)　*Ibid.*, 31.
40)　*Ibid.*, 32.

て，実体観念の実在性は事物の存在との一致によって確立されるものとされた。われわれの「うちなる」観念と，われわれの「外なる」存在との一致がそこで問題にされたのである。ところが，「『存在』もまた感覚によってわれわれに気付かしめられる」，ということが，「感覚を通じてわれわれのうちに存在の観念がつくりだされる」，ということと同一の意味であるならば，観念と存在との一致は，結局のところ観念と（「存在」の）観念との一致へと還元されてしまい，実体観念の実在性について語ることは無意味になってしまうのではないか。ロックはこの問題をどのように解決していたのであろうか。

　ロックは単純観念としての「存在」Existence について語っている。周知のように，かれは単純観念を ① ただ一つの感官 Sense だけによってわれわれの精神のなかに入ってくるもの（色，音，におい，味，および触覚に属する熱・寒 Heat and Cold, 固性 Solidity），② 一つ以上の感官によって精神に入ってくるもの（Space or Extension, Figure, Rest, Motion…目と触覚，seeing and feeling），③ 内省のみによってえられるもの（Perception or Thinking, Volition or Willing, Remembrance, Discerning, Reasoning, Judging, Knowledge, Faith），そして ④ 感覚と内省とのあらゆるやり方で精神に入ってくるものを区別している。そして「存在」は Pleasure or Delight, Pain or Uneasiness, Power, Unity などと共にこの部類に属するとされている。

　すなわち，「存在」と「一性」とは外なるすべての事物 objects，および内なるすべての観念によって知性にたいして示唆される観念である。諸々の観念がわれわれの精神のうちにあるとき，われわれはそれらを，現実にそこにあるというふうに考える——それは，事物がわれわれの外に存在するというふうに考えるのと同じである。つまり，それら（観念および事物）が存在する，ないしは「存在」をもつ，と考えるのである。他方，われわれが「一つのもの」one thing というふうに考えることができるものは，実在的なもの a real Being であろうと，観念であろうと，知性にたいして「一性」の観念を示唆する，とロックはいう。

　ここでロックが「存在」Existence を，精神における観念の存在，および精神の外なる事物の存在の両者について理解していることはあきらかである。また，かれがこの二つの間に重大な意味の相違を認めていないこともあきらかである。とにかく，感覚を通じてであろうと，内省を通じてで

あろうと，とにかく何か特殊なものが経験されるとき，そこにかならず「存在」の観念が成立する，と考えているようである。

したがってロックが「事物の存在」Existence of things について語るとき，「事物」のなかには「観念」もふくまれることになる。したがって，当然「事物」は「性質」をもふくむと考えなければならないであろう。そうすると，事物のうちなる性質ないし能力 Qualities, Powers がさまざまの観念を生じる原因であるが，「存在」の観念を生じる原因についてはどのように考えたらよいのだろうか。事物の性質とはちがった「存在そのもの」が「存在」の観念を生ぜしめるのか。それとも「存在そのもの」はじつは何らかの性質あるいは能力なのか。それとも何らかの性質あるいは能力が，或る時は特殊的な観念をつくりだし，或る時は「存在」という一様な観念をつくりだすのか。単純観念の一種として，他の特殊な単純観念と並べられた「存在」の観念は，容易に処理できない混乱を生みだしているように思われる。

ところで，ロックは感覚・内省を通じてつくりだされる事物の「存在」観念の他に，直観 Intuition によって知られる自己の「存在」，論証 Demonstration によって知られる神の「存在」についても語っている。これらは感覚 Sensation によって知られる「存在」と同一の「観念」なのか。さらに，かれは或る箇所で「われわれは自分自身をふりかえることによって，存在，知識，能力，快などの観念を取得する*41 ......having got from reflecting on our selves, the Idea of Existence, Knowledge, Power, and Pleasure とのべているが，ここでは直観による自分自身の「存在」の知識とはべつのことが語られているようである。いったい「内省」Introspection と「直観」Intuition とはどのように区別されているのか。さらに，論証による神の存在の知識は，感覚による事物の存在の知識とはどう違うのか。ロックによると神の観念は単純観念の複合にほかならず，したがって単純観念，つまり感覚と内省の限界から一歩もふみだすものではない。では論証によって神の存在を知るときも，やはり感覚から一歩もでないのか。もしそうだったら，神の存在も感覚によって知られることになるだろうが，ロックはそうは考えていない。ではやはり感覚によって知られる「存在」，直観によって知ら

---

41) *Ibid.*, III, vi, 11.

V ロックにおける「存在」Existence の問題　　　227

れる「存在」，論証によって知られる「存在」はそれぞれ意味がちがうのか。それと単純観念（すべての感覚・内省によってつくりだされる）としての「存在」とはどのような関係に立つのか。

　まず直観によるわれわれ自身の存在についての知識，に関してロックの語るところを考察しよう。注目すべきことに，ロックは存在についてのわれわれの知識について語りはじめるさいに，存在を本質 Essence に対照させ，これまで考察してきたのは事物の（諸）本質のみであり，それらは単に抽象的な観念であるところから，われわれの思惟（考）においては特殊的な存在からへだたっていて，われわれに実在的な存在についての何らの知識も与えてくれない，と述べる。

　ここだけ読むと，さきにのべた単純観念としての「存在」は事物の本質としての「存在」であり，抽象的な観念であって，ここで問題になっている「実在的存在」real Existence, あくまで特殊的な事物の存在とは区別しなければならないようにも思われる。ロックは本質的存在と実在的存在とを区別していたかのようにも思われてくる。果たしてそうであろうか。

　ロックはさらに，その真・偽についてわれわれが確実な知識を持ちうるような全称命題 Universal Propositions は存在にはかかわらないのであり，他方，すべての特称的な肯定と否定——もし一般化されたならば確実ではないような——は，単に存在のみにかかわる，それらは存在する事物における，諸観念の偶然的な結びつき・分離を言いあらわすにとどまるがゆえに，と述べている*42。ここでロックは全称命題は本質にかかわるものであり，特称命題は存在（実存）命題である，として，本質と存在との領域を明確に区別しているように思われる。いったいロックはどのような意味で本質と存在とを区別したのであろうか。また，その区別をどの程度まで一貫的にかれの体系のなかで展開しているであろうか。

　さて，直観によるわれわれ自身の存在の知識にもどると，ロックは，われわれはそれをきわめて明白かつ確実に知覚 perception するので，証明の必要もないし，またそれは可能ではない，という。けだし，われわれ自身の存在よりもわれわれにとってより明白 evident なものはない，というのである*43。ロックは，私は，私が考えている，推理している，快・不快

---

42)　*Ibid.*

を感じているなどの作用を知覚するのと，まったく同様の確実さをもって私自身の存在を知覚するのだ，という。だが，ロックのいう自分自身の存在の知覚－直観とはどのようなものか。

そこには重要な相違があるように思われる。しかもロックはこの相違をあきらかに自覚していなかったようである。ロックは，自分の存在を疑うような者とはもはや話は通じない，つまり自分の存在をあえて疑うと称する人間との間には，もはや共通の言語はありえないのだ，という，ヴィトゲンシュタインを想起させる議論で，その自明性——論証不必要・不可能性，つまり直観であること——を強調する。そして「われわれがわれわれ自身の存在について直観的知識を有することを，経験がわれわれになっとくさせる」[44]と述べる。しかし，「自分自身の存在」my own Existence, our own Existence というときの「われわれ自身」our selves については明確なことをのべていないのである。

それについては，せいぜい，単に物質的な身体は「私」「あなた」自身ではありえず[45]，それは「考えるもの」thinking Thing であること[46]，あるいは感覚し・思考し・知覚するもの sensible, thinking, perceiving being, 思考的存在[47] cogitative Being などというが，そのようなものの「存在」を知覚することと，内省によって思考，感情などの作用を知覚することとの違いは決してあきらかにされない。いったい，思考する作用の「存在」を知覚することと，思考するものの「存在」を知覚することはどうちがうのか。

実はここにこそ「実体」と「性質」「作用」などの付帯性との区別を認めるべきであったのに，ロックは実体についての誤った理解（静的・固定的な基体 sublratum）にわざわいされて，そのことをなしえなかったのである。つまり，それにたいして「存在」が自体的・本来的・第一義的に帰せられるべき実体（実体こそは「存在する」といえる）とは，諸々の作用（性質といわれるものも，何か能動的なものである）の主体であって，それ自体，

---

43)　*Ibid.,* Ⅲ, vi, 3.
44)　*Ibid.*
45)　*Ibid.,* Ⅲ, x, 18.
46)　*Ibid.*
47)　*Ibid.,* Ⅲ, x, 9.

もっとも高度に能動的であり，動的であるものとしての「実体」にほかならない。実体はさまざまの働き——思考，意志，知覚，運動——をいとなむが，それの第一の働き（現実態）は「存在する」ことなのである。そして，直接的に知覚されるさまざまの働き・作用は，まさしく第一の働きたる「存在」を開示しているのである。ロック自身がくりかえし強調するように，われわれが自らの精神をそれに「適用」しさえすれば，われわれ自身の「存在」（実体がそれの担い手であり，主体であるところの）は直観できるのである。ただし，ロックはこのことを明確に解明していない。

ロックは神が存在すること there is a God は理性が発見する真理のうちもっとも明白 obvious であって，その明証性は数学的確実性にひとしい，という。しかし，この真理の発見のためには思考と注意 Thought and Attention が必要であって，精神は，われわれの直観的知識の或る部分からそれを規則的に演繹するように，専念しなければならない[*48] the Mind must apply it self to a regular deduction of it from some part of our intuitive Knowledge と強調している。つまり，明白であるといいながら，この真理に到達するためには，精神の或る状態 disposition が必要だ，というのである。これは注目にあたいすると思う。

ロックによると神の存在は論証 Demonstration によって知られるのであるが，この論証の出発点は「われわれが，われわれ自身の存在について持つ，あの疑いをいれない知識」that undoubted Knowledge we have of our own Existence である[*49]。つまり論証の第一段階は「人はかれ自身が存在者 Being たることの明晰な知覚を有する。かれは，かれが存在し，かれが何物かであること，を確実に知っている」ということの確認である。だれでも，「かれが現実に存在する何物かである」he is something that actually exists ことについて，確実な知識を有する。この知識に，ロックは論証以前の，いわばわれわれの生自体がそれを証ししているような確実性を帰している。

第二段階は，「単なる無はいかなる実在的な存在者をも生ぜしめえないこと，あたかも無が二直角に等しいものではありえないことと同じである」

---

48) *Ibid.*, Ⅳ, x, 1.
49) *Ibid.*

ということの直観的確実性をもってする知識である。そして，上の直観的知識と，現実に実在的な存在者があることの知識（つまり自己の存在）からして「永遠（の昔）から何物かが存在した」from Eternity there has been something という結論が，明白な論証として導きだされる。なぜなら，永遠から存在するのでないものは始まりを有するのであり，始まりを有するものは何か他のものによって生ぜしめなければならないからである[*50]。

この第二段階はかなり複雑である。まず，無からは何物も生じないEx nihilo nibil fit という公理が直観的確実性をもつと主張される。しかし，この公理は色々なふうに理解されうる。いかなることも理由・根拠なしには生じない，という意味にも，あるいは創造 creatio ex nihilo を否定する意味にも解される。それはともかく，この公理を大前提として，第一段階のわれわれ自身の存在についての確実知を小前提として，何ものかが永遠から from Eternity 存在した，つまり，何物も存在しないような時はなかった，と結論される。

ところで，「永遠から」はどのように理解すべきであろうか。時の無際限な，過去へ向かっての延長であろうか。ロックは「始まりを持たぬ」ことを「永遠」と解しているようであるから，永遠は時間の無際限な持続を意味しているようである。

「永遠から何物かが存在した」というのは，因果の系列が無際限であることを意味しているのか，それとも，そこでいわれている「何物」かは，因果の系列を超えたものであろうか，この点は曖昧である。「始まりを持つ」ような存在者の因果系列が無限に続くのか，それとも「始まりを持つ」ような存在者とは区別された独自の存在者を「永遠からの存在者」としているのか，はっきりとしない。「始まりを持つものは何か他のものによって生ぜしめられねばならぬ」というときの「他のもの」は，常に同一レベルの存在者なのか，そうではないのかが問題である。

第三段階でロックは飛躍を行っている。すなわち，他のものによって生ぜしめられる存在者の因果系列から，そうした全系列の「永遠的源泉 the eternal Source」へと飛躍しているのである。ロックはここで，すべての存在者の存在と能力のすべてがそこから由来するような永遠的存在者に到達

---

50) *Ibid.*, Ⅳ, x, 3.

V　ロックにおける「存在」Existence の問題　　　231

し，この存在者は（すべての能力の源泉であるから）最高度に強力でなければならない，という*51。さらに，われわれが有する知覚，知識もこの永遠的源泉に由来するものであるから，この永遠的存在者は知識ある，賢明な存在者であることが確実だ，という。しかもロックはこうした存在者が「世界のうちに」存在する，という*52。

　ここでロックはどのようにして，他によって生ぜしめられる存在者の系列から，永遠的存在者への移行・飛躍を行ったのであろうか。他によって存在するものから，自らによって存在するもの，トマス流にいうと「分有による存在者」ens per participationem から，「本質的に存在するもの」ens per essentiam への飛躍はどのようにして行われたのか，あきらかではない。ロック自身は「思考と注意集中によって，専心によって」たしかにそうした飛躍を行っているが，それについての明確な説明は与えていない。結局のところ，ロックが考えていた永遠的存在者はさまざまの卓越した属性を帰せられてはいるが世界内的存在者ではなかったのか，との疑念も生ずる。

　ロックは右の三つの段階によって，われわれの理性は神の存在を確実に論証しうる，と確信していた。Thus from the Consideration of our selves, and what we infallibly find in our own Constitutions, our Reason leads us to the Knowledge of this certain and evident Truth, That there is an eternal, most powerful, and most knowing Being*53。この「論証」は複雑な構造を持っているが，じっさいには，われわれ自身についての反省から，われわれ自身を超えるような存在者が存在することの直観に到達したものと解釈でき，またそのように解釈する時にのみ，神の存在の「論証」としての妥当性をもつ。自己の存在の直観知に媒介されているがゆえに論証であるが，あくまで自己の存在（完全性）を超える或る存在者についての直観があってはじめて成立する論証である。

　ロックは，人間が自らの精神のうちに形成しうる「最も完全な存在者」の観念から，神の存在を論証しようとする試み，いわゆる der ontologische Beweis für das Dasein Gottes については論ずることをさけ，ただ，人間の

---

51)　*Ibid.*, Ⅳ, x, 4.
52)　*Ibid.*, Ⅳ, x, 5.
53)　*Ibid.*, Ⅳ, x, 6.

性格，気質が多様なのに応じて，論証の説得性も異なるのであるから，この論証を唯一のもので "Darling Invention"*54 であると見なすのは適当ではない，という。ロックは「観念」からではなく，われわれ自身の存在 our own Existence, our own Being から出発して，神の存在を明白かつ説得的で，抗弁を許さない仕方で説明できる，と考えたのである。ここで問題になっている自己の「存在」，そこから論証される神の「存在」は，果たして単純観念としての「存在」，つまりすべての単純観念にともなう，そこで感覚され・内省されたものがそこに在ることの「知覚」と同じレベルで語られているのであろうか。この点について暫定的な見通しをのべよう。

　ロックは，ここで論証された神は，かれによって存在せしめられるすべての存在者の完全性を，しかもより高度に所有している，と考えている*55。And whatever is frst of all Things, must necessarily contain in it, and actually have, at least, all the Perfections that can ever after exist; nor can it give to another any perfection that it hath not, either actually in itself, or at least in a higher degree*56. ロックはここでは神・第一の永遠的存在者が物質ではありえないことを論じているのであるが，神は当然，われわれ自身よりもより完全な存在者でなければならぬはずである。ただし，ロックは神が「すべての」完全性を自らのうちにふくむ，「より高度に」もつ，ということの意味をあきらかにしてはいない。いずれにしてもロックによる神存在の論証は，われわれ自身の「存在」についての直観知から出発し，その有限性（始まりをもつ存在者）の自覚からして，それの原因（存在根拠……たんに「より前に」存在するというだけではなく）としての神が存在しなければならぬことを結論するものである。したがって，神の「存在」について語ることは，われわれ自身の存在の「存在根拠」「原因」が何らかの仕方で洞察・直観されていなければ意味をもたない。逆にいえば，ロックが神の「存在」について意味のある仕方で語っているかぎり，かれはそうしたわれわれ自身の存在の「存在根拠」「原因」を洞察しているはずである。

　ではこの洞察は「経験」とどのようにかかわりあうものであろうか。すくなくとも感覚・内省という意味での経験，それと同一のレベルの経験で

---

54) *Ibid.*, Ⅳ, x, 7.
55) *Ibid.*, Ⅳ, x, 10.
56) *Ibid.*, Ⅳ, x, 13.

はないであろう。神をそのようなレベルにつつみこむことはできないからである。ではそのような経験をこえているのか。神の「存在」について意味のある仕方で語られうるかぎり、それはやはり「経験され」ているのではないか。ロックは自己の存在の「直観知（＝経験——これは感覚・内省というときの経験とはちがう）」とは異なったものとして神の存在の論証知について語っている。そのことは、そこで語られている「存在」が異なった仕方で経験されること、したがってまた自らのうちに経験の異なったレベルがあることに、かれ自身、気付いていたことを示す。しかし、かれはそのことを認めて、自己の哲学体系に反映させようとはしない。

　じっさいにロックは神の存在についてのわれわれの知識は、われわれの感官 Senses がわれわれに告知するところを超えていることを認めている。神の観念はどこまでも単純観念の組合せであるとしながら、その存在は、そうした単純観念によって構成される知識（それら単純観念の一致・不一致）とは別種の知識に属する、としているのである[57]。この点はさらに精密な検討を必要とするように思われる。

VI　ロックにおける「抽象」の問題

　通常、経験主義は唯名論と結びつくと考えられている。その理由は容易に想像できる。「経験」を「感覚」sensation に還元し、そして「感覚」を通じてわれわれのもとにやってこないものにたいして「存在」の資格を拒むならば、「存在する」ものとは特殊的、個別的なものだけに限定され、普遍的・一般的なものがそれ自体として存在する、と考えることは不可能とならざるをえないからである。じっさいにロックは「存在する」のは特殊的なものだけである、とくりかえし述べており[58]、そのかぎり唯名論にくみしているように見える。

　他方、われわれは個々のものを表示するにとどまらず、事物の種類あるいは集合を表示する一般的な言葉を用いている。人、馬、生物、金……。

---

57) *Ibid.*, IV, x, 14.
58) *Ibid.*, III, iii, 1; 6.

そうした一般的な言葉は，あきらかに意味のあるものとして用いられているから，それらによって意味表示されるもの，つまり一般的な本質とか本性のようなものが何らかの仕方で「存在する」と考えるのも自然である。すくなくとも唯名論者はこうした一般的な言葉の使用および起源について説明を与えなければならない。ロックもこの問題を意識していた。The next thing to be considered is, how general Words come to be made. For since all things that exist are only particulars, how come we by general Terms, or where find we those general Natures they are supposed to stand for?*59 そしてかれの与える答えは「抽象」である。

そこで次に，ロックが「抽象」をめぐってのべていることは，(1) 果たしてわれわれが一般的な言葉を使用している事実を充分に説明しえているか，(2) かれの基本的な経験主義の立場と整合的であるかどうか，を検討することにしたい。われわれがこんにち「抽象」という言葉で理解しているのはロックに影響されるところが大きいように思われるが，それは「抽象」理論がそもそも導入されたときの「抽象」理解を忠実にうけついでいたのかどうか，その点にも触れることにしたい。

　ロックは Essay の第二部（11章9節）ではじめて抽象 Abstraction について語っている。注意すべきは，ロックは観念一般について抽象を語るのではなく（すべての観念が抽象によって成立する，と主張するのではなく），一般的観念，ないし観念の一般化の説明として抽象をもってくる，ということである。ここから逆に，ロックの「観念」は必ずしも一般的なものではないことがわかる。但し，またそれらはすべて感覚的表象 image のように，特殊的であるとも限らない*60。

　もう一つ注目に値するのは，ロックが抽象——一般的観念——を言葉の使用との関係でとりあげている点である。ロックにおいては観念もそれ自体記号 Sign であるとされているが（少なくとも観念のうちの或るものは），言葉はさらに観念を表示する記号であるとされている。（厳密には，言葉を用いる人間自身がその心の中にもつ観念の記号であって，他の人々の

---

59) *Ibid.,* III, iii, 6.
60) この点でロックは次章でとりあげるバークリとは異なっている。

Ⅵ　ロックにおける「抽象」の問題　　235

心のなかにある観念，あるいは事物それ自体の直接的な記号ではない，とされている）いずれにせよ，抽象は観念の形成というレベルにおいてではなく，一般的な言葉の使用から生じる問題として論じられていることに注目したい*61。

　その本文はつぎの通りである。

　そこで，ことばを使うのは私たちの内部の観念の外部の標印としてであり，この観念は個々の事物から取られるのだから，もし私たちの取り入れる個々の観念がすべて個々の名まえを持つとしたら，名まえは限りなくなければならない。これを防ぐため，心は個々の対象から受けとった個々の〔特殊な〕観念が一般的になるようにする。これはこれらの観念を，他のすべての存在や，時間とか場所とかのような実在するときの諸事情や，その他いっさいの同伴観から切り離されて心に現われたものとして考察することによって行なわれる。これが抽象と呼ばれ，これによって，個々の存有者から取られた観念は，同種類のすべてのものの一般的代表となり，その名まえ，すなわち一般名が，そうした観念に合致して存在するどんなものにも当てはめられる。」（大槻春彦訳）

　ここで「抽象」は一種の現象学的還元ともいうべきものとして記述されている。すなわち，観念は特殊な事物から受けとられた（それらによってつくりだされた）特殊なものであるが，それを，（いわばそれらがつくりだされ，それらが受けとられた特殊的な条件からきりはなして）それが精神のうちに現れているままに捉えることが抽象だというのである。それは「本質」を，それが実在においてまとっているさまざまの特殊的条件や限定からきりはなして捉えようとする試みである。つまり，すこし極端な言い方をすれば，ロックはここで一種の本質直観のようなものを考えているようである。時間，場所など，当の観念が現実の存在においてまといつかれている制約から，その観念が精神においてもつ「厳密で，あるがままの現れ」を抽出することは，単なるメカニックな操作，ないし心理的な過程としては説明されない。

61）　*Ibid.*, Ⅱ, xi, 9.

第二に，抽象によって，さきには特殊な事物につながれていた（いわば一対一の関係で）観念が，この種 kind, sort, species のすべての事物の「一般的代表・表象」となる，といわれていることに注目したい。それは特殊記号としての限定された・低い機能から，普遍的（「すべての」）記号としての高い機能へと強化されることである。この強化はどのようにしてもたらされるのか。ロックはこの点に注意していないが，この「強化」は，観念が「精神のうちにある」ことを通じてなされたものであり，精神へのいわば同化を通じてかちとられたものと考えられるであろう。問題は「精神のうちにある」「精神への同化」の意味である。たしかにロックは精神が観念をこうした普遍的記号たらしめる，としている。そして，それは「（精神における）現れ」のみを考察することによってである。とすれば，「精神のうちなる現れ」のみを考察することは，単なる心理的経過ではなくて，精神のうちに以前にはなかった洞察，あるいは直観が産みだされることを意味するのではないのか。こうして，さきにのべた「本質直観」「現象学的還元」への言及は，それほど見当ちがいではないように思われる。しかし，それはロックのいわゆる「経験主義」からの逸脱を意味するものではないのか*62)。

　同じく第二巻の別の箇所では*63)，抽象の働き Act は，(1) いくつかの単純観念を複合して一つの複合的な観念，つまりもろもろの複雑観念を形成する働き，(2) 二つの観念を一つの観念へと統合することなしに結びつけて，それらを一度に見ることができるようにする働き（それによって関係の諸観念がえられる）と並んで，(3) 諸々の観念を，それらに，それらの現実の存在においてともなっているすべての観念からきりはなす働き（これによって一般的観念がえられる），として記述されている。（単純観念の受容においてはまったく受動的である精神が，それら単純観念を素材に他の観念を形成するさいには，それ自らの働き・能動を行使する，というわけである。）

　ここでも現実の存在への引照はあるが，若干の観念を他の観念からきりはなす，という点に強調点がおかれている点にニュアンスのちがいが認められる。それは抽象を一種のメカニックな操作，心理的過程として描くこ

---

62) *Ibid.*, II, xi, 10.
63) *Ibid.*, II, xii, 1.

とに一歩近づいている。

つぎに第三部第三章第六節 Of General Terms において抽象はつぎのように記述されている。

Words become general, by being made the signs of general Ideas; and Ideas become general, by separating from them the circumstances of Time, and Place, and any other Ideas, that may determine them to this or that particular Existence.

By this way of abstraction they are made capable of representing more Individuals than one; each of which, having in it a conformity to that abstract Idea, is (as we call it) of that sort.

ここでも抽象・一般化は，特殊的な観念を，それに，その現実的存在においてまつわる限定や制約から解放することとして記述されている。ところが，それにつづいて抽象の実例をのべる段階で，ロックは（おそらくかれ自身気付くことなしに）大きく抽象についての捉え方を変えるのである。

ロックは幼児が「人間」man という一般的観念をどのようにして形成するかをのべる。かれはいう There is nothing more evident, than that the Ideas of the Persons Children converse with, are like the Persons themselves, only particular. The Ideas of Nurse, and the Mother, are well framed in their Minds; and like Pictures of them there, represent only those Individuals[64]. ここで幼児の持つ「観念」が特殊的といえるかどうか，問題であろう。むしろ，それらは曖昧，不分明という意味で一般的ではないのか。幼児は女の人ならだれでも「母」と呼ぶのではないか。

しかし問題はつぎの記述にある。ロックによると，幼児はその父・母に似た存在が沢山あることに気づき，それら多くの特殊存在がそれにあずかっていることを見出す一つの観念を形成し，それを「人間」と呼ぶ，という。この場合子供がやっているのはつぎのことである。

Wherein they make nothing new, but only leave out of the complex Idea they have of Peter and James, Mary and Jane, that which is peculiar to each, and

---

64) *Ibid.*, III, iii, 7.

retain only what is common to them all[*65].

　これは抽象についての（前のものとは）全然ちがった説明である。あるいは，これは前の説明を根底においた上で，それを補う説明であるのかもしれない。しかし，じっさいにはロックの「抽象」概念としてひろまるのはこの後者なのである。つまり，この場合，抽象の結果としての一般的観念は，そのもとのものである特殊的観念を構成していた要素（諸観念）のうちの，或るものを除去し，或るものを残したものであり，特殊的観念からいえばその「部分」である。ロックはこれは明白だという[*66]。ロックは「一般」や「普遍」General and Universal は事物の実在的な存在 real Existence of Things に属するものではなく，「それらは，知性自身が使用するために，知性によって作られた，知性の発明であり，創作品であって，記号にのみかかわる」[*67]という。Inventions and Creatures of the Understanding, made by it for its own use, and concern only Signs. 言葉が一般的であるのはそれらが一般的観念の記号として用いられる場合であり，観念が一般的であるのはそれらが多くの特殊的事物の代表として立てられるときである。そして，観念をそうした事物の代表 Representative たらしめるのは知性であるから，一般とか普遍は知性の産物だというのである。知性あるいは精神が，それ自身としては特殊的である言葉や観念に「多くの特殊的なものを表示し，あるいは代表する」能力 Capacity を付与するのであり，この能力が一般的本性といわれるものにほかならない。

　しかし，「多くの特殊的なものを表示し，あるいは代表する」signifying or representing many particulars といっても，どうして一つの言葉が多くのものを表示しうるのかが問題になる。ロックはこの点に関して一般的な言葉は単に一つの特殊なものを表示するのではない——もしそうだったら固有名詞になってしまう……他方，一般的言葉は複数 Plurality を表示するものでもない——もしそうだったら Man と Men が同じものを表示することになってしまう，という。したがって，一般的言葉が表示するのは「事物の或る種類」A sort of Things であり，そして各々の一般的言葉は「精神

---

65) *Ibid.*
66) *Ibid.*, Ⅲ, iii, 9.
67) *Ibid.*, Ⅲ, iii, 11.

の『うちなる』抽象的観念の記号たることによって」そのことをなす，というのがロックの答えである。つまり，多くの事物が，この抽象的観念と一致するかぎりにおいて，その名前のもとに類別されるところから，当の抽象観念の記号たる一般語は多くの特殊的なものを表示・代表する……つまり普遍性をもつ，というわけである。

　ここからして何らかの種類 sort ないし種 species として語られる「本質」Essence なるものは抽象観念にほかならないことは明白だ，とロックは力説する[68]。したがって，抽象を行って一般的観念をつくりだすのは知性である以上，いわゆる事物の「本質」なるものも知性の所産にほかならないことは容易に見てとられる，とロックはいう[69]。この議論は正しいか。抽象するとは事物の本質を認識することではなくて，事物の本質をつくりだし，構成することなのか。

　ロックの議論は単純である。それは(a)たとえば人間（という種的）本質を持つこと，人間という種に属することと，(b)「人間」という名前・称号にたいする権利をもつこと（つまりは人間という抽象観念にたいする合致 Conformity をもつこと）とは同一である，というものである。「人間である」という命題が意味するところは，「人間」と呼ばれる権利をもつ，ということであり，そしてこの権利は「人間」という抽象観念への合致によって保証されている。そしてこの抽象観念は知性の所産であってみれば，人間の本質なるものも知性の所産であることになる。こうして，われわれは本質を認識するのではなく，むしろ本質を構成するのである。そうすると，事物についてのわれわれの認識は，事物の現実的な存在 real Existence of Things との合致に存するのではなく，そうした現実的存在を有効に利用するために諸々の本質のシステムのようなものをつくりだすことに存するのか。

　ここでロックは「事物の種的本質は知性の所産である」Workmanship of the Understanding であるという主張が，知性があたかも恣意的に事物の本質を構成するという意味にとられることを顧慮して，事物のうちに見出される類似がこうした知性による操作にとっての機会になっていることを指摘する[70]。すなわち，自分は「自然が事物の産出にあたって，それらの

---

68) *Ibid.*, Ⅲ, iii, 12.
69) *Ibid.*
70) *Ibid.*, Ⅲ, iii, 13.

うちの若干を似たものとした（これは動物や，すべて種子によって繁殖するものにおいては明白だ），ことを忘れてはいないし，否定するつもりは全くない。」という。しかし，事物のうちに観察される類似をきっかけにして，それらを名前の下に類別することは知性の仕業なのだ，とロックは強調する。

　しかし，ここでいわれる「知性が事物のうちに観察する類似」なるものは，もちろん知性の産物ではない。そしてこの観察される類似はそのまま事物の本質ではないことも明らかである。問題はそれが抽象作用の occasion とされていることであり，その厳密な意味である。この類似を機会にして知性が抽象的・一般的観念を「つくりだす」というとき，知性は能動的にその作用をするのか，それとも「観察された類似」のうちにふくまれている何ものかがそうした作用を（形相的に）規定するのか，が問題である。第13節の表題は They (abstract general Ideas) are the Workmanship of the Understanding, but have their foundation in the similitude of things となっているが，この前半，後半のいずれに重点がおかれるかが問題なのである。ロックは明らかに前半に重点をおいている。

　いいかえると問題はこうである。ロックは単純観念の形成において精神はまったく受動的であるとしており，抽象においては知性はまったく能動的であるとしている。いいかえると知的直観（Existence, Being が対象であるような）の要素を否認している。しかし，抽象において受動的要素をまったく排除できるのか。そもそも抽象を成立させる根拠はどこにあるのか。おそらく，ロックが抽象を能動的なものと解するのは，かれが抽象を認識の次元においてではなく，言葉の使用（一般語の使用）の次元において問題としたところからくるように思われる。

　事物の本質は抽象・一般的観念と同一であり，知性の所産であるというロックの説は，かれによる実在的と名目的本質 (a) Real − (b) Nominal Essence（「それ自体における」と「われわれにとっての」との区別に当たる）の区別を頭にいれるとき，かなりわかり易いものとなる[71]。(a) は，或るものをそのものたらしめる存在そのものを指す。つまり，ふつう実体においては不可知であるところの internal real Constitution of Things である。(b)

---

71) *Ibid.*, Ⅲ, iii, 15.

は類，種などの人為的構成物，つまり単純観念の組合せとしての抽象・一般的観念を指す。ロックは (a) についても，(イ) 事物がそれを分有することによって何らかの種に属するものとなるような不可知の何物かと，(ロ) 可感的性質がそこから出てくるところの，感覚されない部分・微粒子からなる不可知の構成物 real, but unknown constitution of their insensible Parts, from which flow whose sensible Qualities とを区別するが，いずれにしても「不可知の本質」なる想定はまったく無用であるとして，「本質」をわれわれの知識の範囲内にあるもの，つまり抽象的・複雑観念＝名目的本質にかぎった方がよい，という。

ところで，単純観念や様相観念についていえば Real－Nominal Essences は常に同一である（幾何学の図形の例）が，実体についての観念においては常に大いに異なっている。そして，われわれが名前をつけて語っている本質とは名目的本質であることを指摘する。さらにロックは現実に存在する事物が変化し，生成・消滅するのにたいして，本質はそうした変化を免れるものである，という観点からも，(名目的) 本質は抽象観念のことだ，とする立場が裏付けられる，という。名目的本質が不生・不滅であるのは，それらが「精神のうちに確立されている」からである[72]。だが「精神のうちに確立されている」とはどういうことか。この問題を追求していくと，ロックの Real－Nominal Essence の区別は，ロックが考えているほど明確なものではありえず，むしろ相対化されるのではないか。名目→実在的というふうに。そして「本質は知性の所産である」という主張も崩れてくるのではないか，と考えられる。

ロックは抽象の問題を主題的に論じた箇所をつぎの言葉でしめくくっている。「類，種およびそれらの本質をめぐる大げさな論議のすべては，つぎのこと以上のものを意味するものではない。すなわち，人々は抽象観念を作り，それらを，それらに付着された名前ともども精神のうちに安住させることによって，かれらの知識の進歩と伝達をいっそう容易かつ迅速にするために，事物をいわば束にして考察し，語ることができるようにするのである——かりにかれらの言葉と思考がただ特殊的なものにかぎられていたら，知識の進歩はひどくのろいものになっただろう」[73]。

---

72) *Ibid.*, Ⅲ, iii, 19.

ここでもロックが抽象を一般的言葉の使用という側面で考えていることはたしかである。たしかに一般語の使用は抽象能力の，あるいは抽象が成就されたことの徴しではありえよう（たしかな徴しであるかどうか，問題であるが）。しかし，抽象を単に言葉の使用という場面で考えていくことには限界があるのではないか。

---

73) *Ibid.*, Ⅲ, iii, 20.

第8章

バークリ哲学における「存在」理解と経験主義

I 経験主義と経験の問題

　経験主義あるいは経験論哲学といえば，広い意味では（1）知的な直観ないしはそうした直観によって捉えられた普遍的な法則あるいは実在よりは，むしろ直接に観察された個別的，特殊的な事実を重んずる哲学，つまり方法として（普遍的な性格の）知的な直観ではなく，個別的な事実の直接的な観察を重視する哲学を指すといえよう。この意味でアリストテレスはプラトンとの比較において経験主義的と称せられることがある[*1]。（2）探究したがってまた論述の範囲を経験の及ぶ範囲にかぎろうとする哲学，一言でいうと「知識」という言葉を経験の範囲内にかぎろうとする哲学が経験主義と呼ばれる。ロックはこの意味での経験主義の立場を明確にしたといわれる。ところが，この意味での経験主義哲学は，容易に（3）反形而上学的哲学を意味するようになる傾向がある。エヤー『言語・真理・論理』[*2] はこのような意味での「経験主義」を通俗化するのに寄与した。そして，ここにおいて「経験主義」の問題，より厳密にいうと「経験主義」における「経験」概念の問題が浮かびあがってくる。それは簡単にいうと，いわゆる経験主義哲学において，すべての知識の源泉であると同時に真・偽の基準であるとされた「経験」が，じっさいにいかなるものであるかについて充分な反省がなされていたのか，という問題である。いいかえると，

1）　参照。出隆『アリストテレス哲学入門』岩波書店，1972年，1頁。
2）　吉田夏彦訳，岩波書店，1955年。

経験主義哲学は「経験」への訴えは行ったが「経験」への立ち返りについてはこれを怠っていたのではないか——おそらくは，経験への立ち返りがそれ自体経験の構造（経験の成熟・深化－超越）に属するものであったかもしれないのに，という問題である。

この第三の「経験主義」哲学にたいする反省はつとにパース，ジェイムズ，デューイなどによって提唱された根元的な経験主義 radical empiricism の立場においても見られるし，形而上学は充足的経験 experience integrale にほかならないとしたベルクソン，さらに超越論的経験 transzendentale Erfahrung を説くフッセルにおいても認められる。最近においては形而上学的経験（J. ヴァール），存在論的経験[3]，超カテゴリー的経験（K. ラーナー，J. ロッツ）[4] などが，それを通じて形而上学の対象が与えられるところの経験として語られており，経験主義をそのまま反形而上学的として性格づけることは，経験への立ち返りが遂行されたことの成果として，まったく無意味であることがあきらかにされたといえる。もちろん，「経験」という言葉の日常的使用とのつながりを断ちきるような仕方で「形而上学的」ないし「超カテゴリー的」経験について語ることは哲学にとって致命的であり，この点，問題は残っている。「宗教」的ないし「神秘的」経験の問題点についても同様である。それと通常的，共通的，公共的な経験との連続性と非連続性をいかに解明するかという問題があり，私自身はこの点に関して，habitus-habit の理論が或る程度まで有効・説得的ではないかと考えているが，この講義では立ち入ることはできない。

つぎに問題をすこし特殊化すると，いわゆる古典的なイギリス経験論哲学のなかでのバークリの位置づけについての問題がある。ジョン・ロック John Locke 1632-1704, ジョージ・バークリ George Berkeley 1685-1753, デイヴィッド・ヒューム David Hume 1711-1776 の三人がイギリス古典経験論哲学の代表者であり，ロックによって確立された立場と方法を批判的に継承，徹底させていく（たとえば一次・二次性質の区別，物質的実体，因果関係の実在性などの否定においてバークリは直接的観察という意味での経験の立場を徹底させ，ヒュームはさらに精神的実体の存在を否定することによ

---

3) Karl Albert, *Die ontologische Erfahrung* A. Henn Verlag, 1974.
4) Johannes B. Lotz, *Transzendentale Erfahrung*, Herder, 1978.

って，それをさらに推進させたといわれる）という通説は，今日では最早そのままの形では認められない。すなわち，ロック→ヒュームの系列の中間にバークリを位置づけることは，バークリの哲学が他の二者とは大いに異質的であるところから，根拠がない，というのである[*5]。

しかし，バークリの哲学がその動機（護教的）においてロック，ヒュームとは異質的であること，あるいは観念論－形而上学－非物質論というバークリ哲学に対して与えられてきた本質規定がロック，ヒュームとは異質的である，などの理由からバークリの（イギリス経験論哲学における）位置づけを問題にするだけではたりない。そこには経験論と形而上学との対立，経験論→批判的立場→懐疑主義という秘められた前提があるように思われる。こうした前提－偏見を去ってバークリの哲学的議論そのものを吟味するとき，ヒュームよりはむしろバークリがイギリス経験論の完成者であり，ヒュームはほとんどそれに付け加えるべきものを持っていなかった，との評価が可能なのではなかろうか。この場合，バークリが神の存在をきわめて明白なこととして論じていること，ないしはかれの非物質論（超物質論）が経験論と逆行するかのような印象を拭い去ることが難しいかもしれないが，それは神の存在が「どのように」論じられているかにかかっている。むしろ彼が経験論の徹底と形而上学との間にいささかの違和感も有しなかったことが，経験の立ち返り・深化としての形而上学という現代的立場の先触れとも受けとられ，その経験論が根元的な性格のものであることを示唆しているともいえる。他方，バークリは「覚え書き」であるphilosophical Commentaries 1707-8 は別としても，かれの認識論の主著である A Treatise Concerning the Principles of Human Knowledge. を1710年，すなわち24歳の若さで書いており，これを補う An Essay Towards a new Theory of Vision 1709, Three Dialogues between Hylas and Philonous 1713 はいずれも20歳台で著作されており，そこに未熟さや未完成の徴しが見出されても不思議ではない。いずれにしても，この講義では，経験論者であると同時に形而上学者であったバークリに焦点を合わせ，その経験論の立場を理解することにつとめたい。

つぎにバークリ哲学の理解に必要と思われる若干の予備的な考察を行っ

---

5) 大槻春彦「経験の哲学」注46参照。岩波講座「哲学」XVII, 166頁。

ておきたい。それは，かれの物質的実体ないしは物質否定論は果たして真剣な吟味に値するのか，という問題である。この主張は，多くの人にその著者の正気を疑わせ，名声を欲する若者が逆説的な奇抜さ・斬新さをねらったものと批判され，あるいはユーモア好きなアイリッシュが手のこんだ冗談をとばしているとも受けとられた。しかしバークリ自身は，自分が常識の側に，つまり，不必要な混乱をつくりだしている学者の側にではなく，「素朴な人間」the vulgar の側にあると確信していた。また実際に彼の主張に常識と重なる面のあることも容易に見てとれる。すなわち，一説によると，バークリは前述の主張によって，われわれが感覚でもって知覚する事物の実在性 reality を否定しているのではなく，むしろそうした事物が「在る」といわれるさいの「意味」を正確に言いあらわそうとしたのだ，と解される。バークリは言葉の意味や使用に重要な関心を抱いており，言語分析の先駆者と見なされているところから，この解釈は説得性をもつ。

だが，バークリの試みていることがただそれだけのことにとどまっていたならば，彼の説があれ程の誤解と論争の的になることはなかったと思われる。つまり，バークリは単に形而上学者たちがつくりあげた不必要で無意味な付加物を除いただけではなく，かれ自身の形而上学を提示していたのであり，それは普通の人間が容易に受けいれうるようなものではなかったのである。さきの例でいうと，たしかにわれわれが物体について，それらが「在る」というとき，その意味は（物体がいわば「主体」として「在る」という働きを行使している，というよりは）「知覚される」「在ると知覚される」こと，ないし「現れる」ということに尽きると言えるであろうが，そこから直ちに「事物」things は「観念」ideas である，と結論されるとき，その結論は容易に受けいれられないのである。

しかし，私はここで直ちに，観念は事物の表象として主観ないし意識に内在するものであり，したがってバークリは観念論者であり，意識論者，フェノメナリストであったと断定するのは正しくないと考える。むしろバークリを捉えていたのは心とか精神と呼ばれるものの実在性と，その因果性についての力強い洞察であり，バークリはむしろ心・精神の側から（ふつうに実在的なものとされている物体の側からではなく）物体を基礎づけ・説明しようとしているのであり，その場合には物体を観念と呼ぶ外なかったのだ，と考えるべきであろう。したがって，バークリは対象および対象

認識の成立根拠が主観の側にあることを主張したカントと、それほどかけはなれたことを主張していたのではなく、また真の意味での「存在」について語りうる場面を求めて、自己の内面へ、さらに自己の根拠へと探究を進めるべきことを説く伝統的な形而上学の立場からそれほど外れているのでもない。

ではどうしてバークリ自身の「物体は観念である」という説明が誤解と論争の的になったかといえば、バークリの説明の根底にある精神的実体、精神の存在についての洞察が容易に理解されない類いのものだからである、といえると思う。そこにはアンセルムスのいわゆる「存在論的証明」の場合と相通じる事情がある。アンセルムスの場合、「存在」といえば「神の存在」であるとの根本的な洞察がある。その洞察をぬきにして議論を追うと、そこに論理の飛躍と見えるものがあり、逆説と受けとられることはむしろ必至であった。しかし、アンセルムスの洞察そのものは否定されえないものであり、そこから論証もまた単なる論理の飛躍として片付けられないことになる、と考えられる。いずれにしても、われわれはバークリの物質的実体否定論は、かれにおける精神的実体についての洞察をいかに評価するかに応じて、その理論的価値が定まってくると考える。

II 抽象観念 abstract idea の否定

『人知原理論』はその副題が示しているように諸々の学問（数学や物理学、とくに哲学）における誤謬と困難の主なる原因、および懐疑主義、無神論、無宗教の根拠を探究して、神の存在と非物質性、あるいは霊魂の自然本性的な不死性を論証することをめざしている。ところで、こうした真理に到達することを妨げているのは、バークリによると、事物の不鮮明さ、あるいはわれわれの理解能力の自然本性的な弱さや不完全さ obscurity of things, or the natural weakness and imperfection of our understandings ではない[6]。バークリはあきらかにロックを頭において、われわれの有する能力は身近なことがらを処理するのには有効であるが、事物の奥深い本質や構造を探る

---

6) *A Treatise Concerning the Principles of Human Knowledge,* Introduction, 2.

のには適していないのだ，という考えを斥ける。かれはまた，創造主は，われわれのうちに，われわれが到達することのできないような知識にたいする強い望みを植えつけるような無慈悲なことはしないはずだ，と論じている。むしろ上述の妨げは，われわれが自らの能力をまずく用いていることに由るものであり，われわれは自分で埃をたたいておいて，見えないと不平を鳴らしているのだ we have first raised a dust and then complain we cannot see という*7。

　ところで，バークリによると，われわれが自らつくり出した（真理と知識に到達することにたいする）妨げの最大なるものは言語・言葉にかかわっている。より厳密にいうと一種の言語観，言葉と観念との結合 union betwixt words and ideas に関する誤解，より一般的にいうと言語の機能に関する誤解，つまり「言語の主要にして唯一の目的は言葉によって指標されている観念の伝達である」*8。the communicating of ideas marked by words is (not) the chief and only end of language とする通念がそれにあたる。バークリはこの妨げを除くことが容易ではないことを自覚している。しかし，こうした言葉の欺瞞 deception や言葉のひきおこす困惑と幻想 embarrassment and delusion of words に気付かないかぎり，いわばそのわなから逃れることはできない。そして，ひとたびそのことに成功したならば，真理と知識をめざす探究は目標に達したも同然である，とバークリは考える。「そこでは果実は甚だよいもので，われわれの手の届くところにある最も美しい知識の樹を見てとるためには，言葉のカーテンを引くだけでよいのだ」*9。we need only draw the curtain of words, to behold the fairest tree of knowledge, where fruit is excellent and within the reach of our hand.

　ところで，言葉の欺瞞から自らを解放することは至難の業であるが，それをさらに困難ならしめているのが抽象という教説 doctrine of abstraction である，というのがバークリの考えであり，ここからして彼は序論において抽象の所産とされる抽象観念なるものがまったく不可能であることをあきらかにしようと試みるのである。つまり，抽象観念なるものがあり，人間の思考・認識活動にとって不可欠である，という考え自体が言語によっ

---

7) *Ibid.*, 3.
8) *Ibid.*, 20. バークリが否定している通念を紹介するため，not を括弧に入れた。
9) *Ibid.*, 24.

II 抽象観念 abstract idea の否定

て欺かれることによって生じたものにすぎない，とバークリは考えている。では一体，彼は抽象および抽象観念をどのように理解していたのか。彼によると，精神が事物の抽象的観念ないし思念 abstract ideas or notions of things を形成しうる，という意見こそ思弁を複雑でわかりにくいものたらしめ，ほとんどすべての学問分野で無数の誤謬と困難をひきおこしてきた主役なのであるが，彼のこうした批判は果たして，またどこまで当たっているのか。

バークリは抽象および抽象観念についての通説をつぎのように要約する[10]。それによると抽象とは一種の切り離し precision，心的分離 mental separation であって，たとえば視覚 sight でもって「拡がりがあって，色づけられ，動いている事物」an object extended, colored, and moved が知覚されるとき，精神 mind はこの混合，複雑観念 mixed or compound idea を，それを構成する単純な部分へと解消して，その各々を，他のものを排除して，それだけで眺めることによって延長，色彩，運動という抽象観念を形成する。(第一段階)

つぎに，たとえば，このうちの延長についていうと，感覚によって知覚される延長は特殊化され，多様であるが，精神はそれらにおいて，それらすべてに共通・類似的である或るものと，それぞれに特有なもの（この形，あの大きさ……）とがあるのを見てとって，共通的であるものだけをとりだし，それによって最も抽象的な延長の観念を形成する。この「延長」は線，表面のいずれでもなく，固体でもなければ何らの形，大きさも有せず，それらすべてからまったく切り離された観念である。色彩，運動についても同様である。赤でも青でも白でも，その他いかなる特定の色でもない「色彩」の観念，これが抽象観念である。(第二段階)

さらに人間 man（ないし人間性，人間本性 humanity, human nature）という抽象観念については，Peter, James, John... と呼ばれるものにおいて，それらが相互に形状や他の諸性質の若干の共通的一致において類似 resemble in certain common agreements of shape and other qualities しているのを精神が見てとるとき，それら Peter, James... について有する複雑観念のうち，それぞれに特有のものを除去して，それらすべてに共通のものだけを残すこ

---

10) *Ibid.*, 7-9.

とによって，「人間」という抽象観念が形成される。ところが，この「人間」という抽象たるや，色彩なしの人間というものはないから，そこに色彩はふくまれているものの，白でも黒でもなく，いかなる特定の色彩でもありえない。というのも，すべての人間が分有する partake ような特定の一つの色（「人間の色」？）というものはないからである。身長についても高くも，低くも，中背でもない，それらすべてから切り離された或るもの，と言わざるをえない。（第三段階）

さらにまた，精神はすべての生物に共通であるような性質，精神だけを残し，人間，鳥，獣，魚のそれぞれに特有であるようなものを排除することによって「動物」animal という抽象観念を形成する。この抽象観念を形成する要素は身体，生命，感覚，自発的運動であるが，この身体についていうと，それは何ら特定の形ではありえず，また毛髪，羽毛，鱗のいずれで被われてもいず，またそうした被いなしの裸でもありえない，といった代物である。運動にしても，歩くのでも，飛ぶのでも，這うのでもないような自発的運動であるといわざるをえないが，そうした運動を表象することは容易ではない。（第四段階）

このような通説を紹介した上で，バークリは，このような意味での抽象観念を表象 conceive することは自分にはできない，と断言する。白くも黒くも褐色でもなく，高くも低くも中背でもないような人間を思い描くことはできない，と言うのである。もっとも，或る事物においては何かと結びついているとはいえ，それらと結びつかないでも存在しうるようなものは，それだけ切り離して考察することができるのであり，その意味では抽象できる——ひげのない男，葉が落ちた樹木（？）。しかし，（1）分離されては存在しえないような諸性質については，それらを相互に切り離して考察すること，つまり抽象することは不可能であり，（2）また上述の仕方で特殊なものから一般的な思念 general notion（たとえば延長，色彩，人間，動物）を形成することも不可能である。そして抽象の本来的な意味はこの二つにほかならない。

ここでバークリはロックが抽象の能力をもって，人間を人間以外の動物から決定的に区別するもの，と見なしていることに触れ，そしてロックは人間が抽象の能力を有することの根拠を，人間が言葉あるいは他の一般的記号を使用 use of words or any other general signs しているとの事実に求め

II 抽象観念 abstract idea の否定

ていることを指摘した上で，こうした言葉を使用する能力は抽象能力を予想するものではないと論じている。つまり一般性を有する言葉を使用しているからといって，抽象によって一般的観念を形成する能力を有することにはならない，というのである。

すなわち，ロックにおいては言葉の一般性は，言葉が表示している観念の一般性を予想するとされているのにたいして，バークリはそのことを明確に拒否する。バークリはロックが『人間知性論』第Ⅲ巻第3章第6節で，言葉は一般的観念の記号となることによって一般的となり，観念は時，場所，および他の観念の状況をそれらから切り離すことによって一般的となる，と説明している箇所を引用した後，「しかし，言葉が一般的となるのは抽象的一般観念の記号たらしめられることによってではなく，それらのいずれをもそれが無差別に精神にたいして示すような，いくつかの特殊な観念の記号たらしめることによってである」[*11]と述べる。

バークリはここで，自分は絶対的に一般観念 general ideas があることを否定するのではなく，抽象的一般観念 abstract general idea があることを否定するのだ，と注意する。すなわち，それ自体としては特殊的である観念（たとえば黒板に描かれた三角形）が，同じ種類のすべての他の特殊的観念を代表せしめられることによって，一般的なものとなる[*12] an idea which, considered in itself, is particular, becomes general by being made to represent or stand for all other particular ideas of the same sort というのである。つまり，「それ自体においては」特殊的である観念が，「その表示機能に関して」with regard to its signification あるいは「記号たらしめられることにより」by being made a sign というのである。言葉ないし名辞が一般的になるのもこれと同様の理由による。すなわち，それが不特定な仕方で indifferently 指示する種々の特殊的観念からして一般性を得てくるのである。

バークリはさらに抽象観念の不可能性を示すために，ロックが挙げている例——「斜角三角形でも直角三角形でもなく，等辺，等脚，不等辺のどれでもなく，それらのすべてであると同時にどれでもないような三角形の観念」——を想い描くことが不可能であることを指摘する。これを実際

---

11) *Ibid.*, 11.
12) *Ibid.*, 12.

にやってみることはいとも容易だから、いったいこうした観念を形成できるかどうか試してほしい、とバークリは言う。そうしたら抽象観念なるものの不可能性は明白になる、というのである。

ここでバークリが一般性、および普遍性を、何らかのものに属する絶対的、積極的な本性 absolute, positive nature or conception of any thing ではなく、むしろ当のものが、それによって表示ないし再現されているものにたいして有する関係に存する、と見ていることは注目に値する。すなわち言葉、観念はそれ自体においてはあくまで特殊的でありながら、さきにいわれた関係の故に普遍的たらしめられる、というのである*13。つまり、或る特定の観念が同じ種類の（！）すべての特殊な観念を表示するものたらしめられるとき、われわれは当の特殊な観念の「特殊な徴表」（たとえば三角形については等辺、直角……）を考察の外におくことができる、とバークリはいう*14。だがこれは「抽象」を認めることではないのか。（！）第二版で付加されたつぎの言葉はバークリの譲歩とも受けとられる。

「またここでつぎのことを認めなければならない。われわれは諸々の角の特別な質や辺の間の関係に注意することなしに、ひとつの図形を単に三角形として考察することができる。そのかぎりで、われわれは抽象するといえる。だが、このことはわれわれが抽象的、一般的で、不整合な三角形の観念を形成しうることを証明するものではけっしてない。同じように、われわれはピーターを人間あるいは動物であるかぎりにおいて、知覚されたすべてのことが考察には入らないかぎりにおいて、人間あるいは動物についての前述の抽象観念を形成することなしに、考察することができるのである」*15。

And here it must be acknowledged that a man may consider a figure merely as triangular, without attending to the particular qualities of the angles or relations of the sides. So far he may abstract, but this will never prove that he can frame an abstract, general, inconsistent idea of a triangle. In like manner we may consider Peter so far forth as man, or so far forth as animal, without framing the

---

13) *Ibid.,* 15.
14) *Ibid.,* 16.
15) *Ibid.,* 16.

forementioned abstract idea either of man or of animal, in as much as all that is perceived is not considered.

　いずれにしても，バークリは人間精神が一般的な言葉や観念を駆使できることを否定しているのではなく，むしろ一般性，普遍性を観念そのものに帰属・所属させることを否定するのである。いいかえると，精神が「一般化」「普遍把握」の能力を有することを否定するのではなく，観念（つまり精神以外の事物）にそのような本性を所属させることを拒否するのである。

　バークリによると「抽象観念」という不可能なものが措定されるようになった原因はわれわれの言語観にある。すなわち①「すべての名前はただ一つの厳密で確定した意味を有する，ないし有するべきである」every name has, or onght to have, one only precise and settled signification という考え方が，②「すべて一般的名前はそれに対応する抽象観念を有する」，という考えを生む，というのである。ところがバークリによると，「いかなる一般的な名前にも，それに付着させられた一つの厳密で確定した意味というものはないのであって，それらはすべて無差別に極めて多数の特殊的観念を意味しているのである」[16]というのが真相である。さらに①の考え方の根底には，前述したように，③「言語は観念を伝達すること以外の目的は有しないのであって，あらゆる有意味な名前は観念を表示する」language has no other end but the communicating ideas, and that every significant name stands for an idea という信念がある。ところが言語には「言葉によって指示された観念を伝達すること」以外にも感情や行動にかかわる[17]重要な目的ないし機能がある。

　したがって，「抽象観念」という，それ自体においてまったく表象不可能なものが横行する原因は，誤れる言語観，つまり言葉と観念とが必ず結びつくという信念である。しかも「抽象観念」の説は，逆にこの言語観を強化している。というのも，「抽象観念」の場合，われわれは観念の代りに言葉を用いがちになるからである[18]。ここからして，バークリは一挙に抽象観念の説と，誤れる言語観を斥けて，事物・事象そのものに向かう

---

16) *Ibid.*, 18.
17) *Ibid.*, 20.
18) *Ibid.*, 23.

べきことを説く。かれが「自分はできるかぎり自分の思想から名前，言葉を切り離そうと試みる」とか「言葉を脱ぎ捨てた私自身の観念に私の思惟をかぎる」という時，かれが考えているのは「事物そのものに向かう」ということである。なぜなら，かれの場合「観念」とは事物そのものであるからである。じっさいバークリは序論の末尾で，読者にたいして，「私の言葉を読者自身の思考の機会 occasion たらしめ，私がそれらを書き記すことにおいて抱いたのと同じ思考過程に，読むことにおいて到達されるように」と勧告している。

　バークリによると物質的事物は「知覚されたもの」であり，知覚・感覚，つまり観念の束である。ところで，特定の色，大きさ，堅さなどの「感覚」＝「観念」が精神のうちにのみ・精神に依存して存在することは誰しも認めるが，それらから抽象－形成された一般的・抽象観念は「感覚」されるものではなく，したがってそれ自体で存在するものであるかのように受けとられるのである。

III　esse is percipi（テーゼ）

　バークリが序論で行った抽象観念排除の試みは，可感的事物 sensible things の存在 esse は知覚されること percipi に存する（というのも sensible things とは ideas であり，ideas とは perceive されたものにほかならないから），というかれの有名な主張にたいして読者の心を準備するためのものであった。抽象観念は「観念」といわれながら心に描くことの不可能なものであり，「知覚されるもの」＝「観念」というバークリ自身の立場からは到底受けいれがたいとされたのである。

　バークリ哲学（知識論）の全体が或る意味で本論，第1, 2節において要約されているように思われる。バークリはそこにおいて人間的知識の対象 objects すなわち観念と，観念とは在り方において明確に区別される精神 mind（あるいは霊 spirit, 霊魂 soul, 私自身 myself）とについて語っている。まず観念についていうと，それらは（1）現実に感覚に印刻された観念 ideas actually imprinted on the senses, （2）精神の受動や働きに注目することによって知覚されたもの such as are perceived by attending to the passions and

III esse is percipi（テーゼ）　　　　　　　　255

operations of the mind, (3) 記憶と表象力の助けによって形成された観念 ideas formed by help of memory and imagination ((1) (2) の仕方で originally perceived された ideas を compound, divide, or barely represent することによって) の三種に区分される。たとえば視覚における光，色などの観念，触覚における硬，軟，熱，冷，運動，抵抗などの観念。さらに，或る色，味，匂い，形，堅さなどが互いに伴うものであることが観察されるとき，それらは一つの名前，たとえば「リンゴ」で指示され，一つのものとして取りあつかわれる。いわゆる感覚的事物 sensible things とはそのようなものであり，それらは実際には観念の集合 collections of Ideas である[*19]。

　これにたいして，これら観念を知り，知覚すると共に，それらに関して意志，想像，記憶などの働きをいとなむもの，知覚する能動的存在 perceiving, active being があり，これをバークリは mind, spirit, soul, myself と名付ける。これらは決して観念ではないのであり，観念とはまったく異なったものである。むしろ観念はそれら（=minds）のうちにある，つまり観念はそれらによって知覚される――というのも観念の存在は知覚されることに存するからである[*20] for the existence of an idea consists in being perceived。

　第3-6節においてバークリは可感的事物は観念（の集合）であり，したがってそれらの存在は知覚されることに存する，という主張がいかに明白であるかを示そうと試みる。われわれ自身の思想，情動（念），想像力によって形成された諸観念が，それらを知覚する精神においてしか存在しえないのと同じく，感覚に印刻された種々の感覚的知覚あるいは観念 sensations or ideas も，それらを知覚する精神をはなれては存在しえないことは直観的知識 intuitive knowledge であるという[*21]。exist という term が sensible things に対して適用された場合に意味するのは，私か，あるいは他の精神がそれらを「見たり，感じたり」すること以外の何物でもない，This is all that I can understand by these and the like expressions. 精神以外の事物が，それらが知覚されるということと関係なく絶対的に存在する absolute existence ということは完全に不可知 perfectly unintelligible である[*22]。それは明白な

---

19)　*Ibid.*, 1.
20)　*Ibid.*, 2.
21)　*Ibid.*, 3.
22)　*Ibid.*

矛盾 manifest contradiction である。というのも，前述の事物（家，山，川，……すべての可感的な事物）はわれわれが感覚によって知覚する事物以外の何であるか？ そしてわれわれはわれわれ自身の観念あるいは感覚的なもの以外の何を知覚するのか？ そしてこれらのうちのどれか，あるいはそれらのどれかの組合せが知覚されることなく存在するというのは明白に矛盾することではないか？*23 For what are the forementioned objects (= houses, mountains, rivers...all sensible objects) but the things we perceive by sense? And what do we perceive besides our own ideas or sensations? And is it not plainly repugnant that any one of these, or any combination of them, should exist unperceived?

　バークリの議論はつぎの通りである—感覚的事物にたいするわれわれ（＝精神）の関わりは，色や光を見，堅さや冷たさを触れて感じ，匂いをかぎ，音を聞く……といったことに尽きている。こうした知覚を離れて，それら事物の「存在」を知覚することはない。ところが，われわれは「存在」という言葉を持っており，それら感覚的事物について用いる。ここからして，それら感覚的事物が知覚されるさまざまの特殊な様相（見られる，感じられる……）から「在る」という観念が抽象される。そして，ひとたび「在る」という抽象観念が形成されると，それら事物は「知覚されたもの being-perceived」——これは当然，知覚する者への依存をふくむ——としてではなく「存在するもの being」として取りあつかわれることになるのである。「存在する」は「知覚される」と違い，能動形であるから，精神への依存なしに，自分で存在するというふうに受けとられるのも当然のことだ，というのである。

　したがって，バークリの esse (of sensible things, unthinking things) is percipi (by thinking things, minds, spirits) という主張，およびそれの自明性の主張を支えているのは，われわれは the being (of a sensible things) を its being perceived から抽象できないこと，そしてこの不可能性の明白さ（あるいはこの抽象が manifest absurdity, contradiction をふくむこと）の主張にほかならない。したがって，われわれは existence, being の「抽象」（不可能性）に関するバークリの立場（この主張の真意）を検討しなければならない。

---

　23) *Ibid.*, 4.

III   esse is percipi（テーゼ）

まず第7-32節における（可感的事物の）存在は（それらが）知覚された（知覚されてある）ことに存する，という議論を概観しておこう。

第7-8節においては，色，形，運動，味，匂いなどの可感的性質 sensible qualities は，感覚によって知覚される観念 ideas perceived by senses であり，したがって，それらは，それらを知覚する精神のうちにのみ「在る」ことができ，精神の外において「在る」，つまり思考しない事物を基体 substratum として「在る」ことはできないことが論じられる。ここで問題になるのは可感的性質（色彩，形状，運動，匂い，味……）は感覚によって知覚された観念である sensible qualities (color, figure, motion, smell, taste…) are ideas perceived by sense という前提であるが，これにたいしては，sensible qualities はそれ自体 ideas ではなく，ideas がそれのコピー，類似 copies, resemblances であるようなものだ，そしてこうしたものは material substance なる基体のうちにあるのだ，という反論が予想される。これにたいし，バークリは ideas がそのようなものに「似ている」ということの意味を問題にする。ideas は ideas にだけ似ているといえる，というのである。さらに，そうした原物 external things (qualities) 自体は知覚されるのか，という問いが提起され，もし知覚されるのならそれは ideas であるし，もし知覚されないのなら，そうした something invisible に「色」が「似ている」というのはどういう意味か，意味をもちえないではないか，と論じられる。要するにバークリの論点は，可感的 sensible 事物の実在性は「可感的」sensible-perceivable ということを超えるものではない，というところにある。

第9-15節においては一次と二次性質 primary-secondary qualities (extension, figure, motion, rest, solidity, impenetrability, number ── color, sound, taste, smell...) との区別には根拠がなく，一次性質も二次性質と同じく，精神のうちに存在する ideas であると論じられている。その論拠は一次性質は二次性質と不可離的に一体・統合していて，思惟においてさえ後者から切り離す（抽象する）ことは不可能である，ということである。そしてこの論拠は何人でも反省によって容易に確認できると主張される──つまり，他のすべての可感的性質なしに物体の拡がりや運動を思い描く conceive することは不可能だ，というのである。

第16-21節においては物質 matter ないし物質的実体 material substance という概念が空虚であり，何らの意味も見出しえないことが論じられる。物

質が基体 substratum として「拡がり」なる付帯有 accident, mode を支えている supporting とはどういうことか，柱が建物を与えるようにか？と問われる。そして物質的実体の概念は結局のところ① the idea of being in general と ② the relative notion of its supporting accidents の二つを組合わせたものであるが，このうち ① については存在という一般的観念は他のすべての観念のうち最も抽象的で不可解なものに思われる The general idea of being appears to me the most abstract and incomprehensible of all other として片づけ，② は何ら通常，共通，文字通り usual, common, literal の意味では理解されえないところから，結局この概念には意味がないと結論される。

　かりに精神の外に実体 solid, figured, movable substance が存在したとして，それはいかにしてわれわれに知られるのか。その方法としては ① 感覚による知覚か，② 理性による推論以外にはないが，① によって知られるのはわれわれの感覚，観念 our sensations, ideas のみであり，② についてはわれわれによって直接に知覚される感覚，観念 sensations, ideas とこれら実体との間に必然的結合 necessary connection がないことは反対論者も認めており，夢や狂乱 frenzies において精神の外に原型たる物体がなくとも，さまざまの感覚像が生ぜしめられることにてらして，そのことは明白であってみれば，この方法も不可能である。これに加えて，バークリは精神の外なる物体がいかにして精神 spirit に働きかけうるか，というアポリアを持ちだして精神の外なる事物，物体という仮説の無用さを主張する。

　バークリは物質の存在を否定するためにかれが提示した議論はア・プリオリ（原因から結果へ）であり，ア・ポステリオリ（結果から原因へ）議論ではない，という[*24]。かれのいうア・プリオリ議論とは「感覚能力によって直接的に知覚されるものはわれわれの感覚ないし観念であり，それらは精神のうちにのみ存在する，つまりそれらの存在は知覚されることに存する」というものである。

　第22-24節においては，精神の外なる物体，物質の存在，という主張はただ単純なふりかえりによってその無根拠なることがあきらかになること，つまり反省，ふりかえり reflexion の方法が強調される。バークリはこの「反省」がいかにも単純な操作であるように語るが，そこには問題がふくま

---

24) *Ibid.*, 21.

れている。たとえば "easy trial"*25, it is but looking into your own thoughts...*26, least inquiry into our own thoughts*27, attend one's own thoughts*28, mind, ... taking notice of itself*29, などの表現が提示されている。これらの表現は，いわゆる内観の方法を示唆しているようであるが，じっさいにバークリのいう「反省」を行うことは困難であって，それは自己認識の困難さにほかならない。かれによると物質的実体，ないし外的物体の「存在」を認める者，それらが絶対的に存在するかのように考える者は，実は自らの精神に気付いていない者，自らの思考に注意をはらっていない者，自らが認識をいかに行っているか（認識が自らにおいていかにして成立しているか）をふりかえりえていない者なのである*30。そしてこうした人間が人類の大多数であるという事実は，バークリのいう「反省」がいかに稀にしか行われないかを示している，といえないか。

　たとえば，誰も知覚する者が居合わせなくとも公園の樹木，物置のなかの書物を想像することほど容易なことがあるか，という反論にたいして，バークリは，だが君はそのさい君の精神のうちに君が樹木とか書物と呼ぶ ideas を形成しており，同時にそれらを知覚する者についての idea を形成することを怠っているだけだし，その間，君はずっとそれらについて知覚もしくは思考しているのではないか*31，と応酬する。つまり，知覚する者から独立の樹木，書物の存在を主張する者は，かれらが「樹木，書物」と呼ぶものの全体を見ていない——反省の欠如からして——のである。それは帽子掛が見えないところから，帽子が帽子掛に依存せず，宙に浮いていると想像するようなものである。

　つまり，繰り返して指摘したように，バークリによると，物体，（物質的・可感的）事物は color, figure, hard, soft, smell... などの idea なのであり，そして ideas は知覚されることをはなれては，つまり精神のうちにおいてでなければ存在しえないのである。ideas の being は being perceived なので

---

25) *Ibid.*, 22.
26) *Ibid.*
27) *Ibid.*, 24.
28) *Ibid.*
29) *Ibid.*, 23.
30) *Ibid.*, 23-24.
31) *Ibid.*, 23.

ある。バークリはいう。「われわれが外的物体の存在を捉えようと極度の努力をするとき，われわれはそのさいたんにわれわれ自身の観念を眺めているにすぎないのである」[32]。When we do our utmost to conceive the existence of external bodies, we are all the while only contemplating our own ideas. しかし，実はこのことに気付くためには並々ならぬ反省の努力——むしろ能力——が必要とされるのではないか。

第25-32節においては観念の原因としての精神ないし非物体的実体が考察される。バークリはどのように精神 spirit, mind を理解しているか。ここで，かれはどのようにわれわれを「精神」の観念に導いてくれるか，とは言えない。そもそも精神の「観念」idea はないし，ありえない，というのがかれの立場である。その出発点はわれわれの観念＝感覚＝われわれが知覚するもの (ideas-sensations-things which we perceive) があきらかに非能動的 visibly inactive であって，何らのちからも働き power or agency もふくまない，ということである。これは単純な観察 a bare observation によってたしかめられることであり，また ideas は what is perceived である，ということから直ちに確認されることである，とされる。観念の存在そのものがそれのうちに受動性と不活動性を内含する[33] the very being of an idea implies passiveness and inertness in it. したがって，一つの idea が他の idea を生ぜしめたり，変化させたりすることはできない。ところが，じっさいに諸々の ideas の絶えざる継起，すなわち，その或るものが新たに生ぜしめられ，他のものが変化，消滅させられる，ことが知覚される。したがって，これら ideas の原因がなければならない。この原因はいうまでもなく idea ないし combination of ideas ではありえないから，それは実体 substance でなければならない。ところが物体的，物質的実体なるものはありえないのだから，当然，ideas の原因は非物体的・能動的な実体 incorporeal, active substance，すなわち精神 spirit でなければならない……このようにバークリは論じている[34]。

さらに，この精神は「一つの単純，非分割，能動的な存在」one simple, undivided, active being であって，それが ideas を知覚するかぎりでは知性

---

32) *Ibid.*, 23.
33) *Ibid.*, 25.
34) *Ibid.*, 26.

understanding（能力），ideas をつくりだし，あるいはそれらについて操作するかぎりで意志 will（能力）と呼ばれる，という。ここで「原因」ということに「知覚する」と「つくりだす」という二つの面が区別されていることに注目しておきたい。バークリの esse est percipi 説にたいする誤解の一つは，世界をあたかも想像でつくりあげられたものに還元する，というものであるが，「知覚する」ことは「つくりだす」ことではない，とされているのである（「つくりだす」ことではなくて，しかも能動的であるような「知覚する」とはどういうことか，ということから別の困難な問題が生じるのではあるが）。

ところで，バークリによると直接に知覚されるものは ideas であり，そして精神は ideas ではないのであるから，当然，精神は直接に知覚されることはない……精神はそれ自体で of itself 知覚されるのではなく，ただそれがつくりだす結果によってのみ only by the effects which it produces 知覚される[*35]，というのである。これは或る意味では奇妙な見解であるといわざるをえない。精神は直接に自己を認識しうるものであり，そこに精神の本性が認められるのではないのか。バークリは「反省」reflect, reflexion という言葉をしばしば用いるが，精神は自らをふりかえりうるものであること——たとえ媒介を経てであっても，それ自体で自己を認識しうること——を認めていなかったのか。ここにはバークリの「経験主義」の一つの面が顕著に姿を見せているように思われる。

ところで，精神は，それがつくりだす結果によって知覚される，といっても，精神はそれがつくりだす結果としての観念を通じて知覚されるのではない。観念は受動的，不活動的 passive, innert であるから，能動的な精神とは何の類似もなく，したがって精神を表示することはできない。「精神」という言葉はあっても，それに対応する「精神」の観念はないのである。むしろ，われわれ自身がそれである精神 mind についていえば，われわれが思いのままに自分の精神のうちに諸観念をよびおこし，変化させることができることからして[*36]，観念の運動と変化の能動的根源 active principle of motion and change of ideas としての精神が[*37]「知覚される」ので

---

35) *Ibid.*, 27.
36) *Ibid.*, 28.
37) *Ibid.*, 27.

ある。要するに，精神は自らの働きをふりかえることによって，そうした働きの根源としての自己を認識する，というのがバークリの議論であるが，この場合の「働き」や「(その根源としての)自己」は，もはや「観念」ではありえず，それらを(厳密な意味では)「知覚する」ともいえないはずである。これは知覚される percipi (idea)—知覚する percipere (mind) というバークリの基本的な考え方にとって重大な難問となるのではないか。つまり，精神の基本的な働きは percipere であるとはいえなくなるのではないか。いずれにしても，バークリは(感覚作用における)「知覚する」perceive 働きから出発して，その根源としての精神の存在を推論しているのではない。かれはもっぱら想像力が思いのままに観念をつくりだし，変化させる，という働きから出発して，その根源としての精神の存在を推論しているのである。

(バークリにおいても)感覚作用(「感覚の観念」)Ideas of Sense に関していえば，われわれの精神は能動的というより，むしろ受動的とさえいえるのではないか。すなわち，感覚能力によって現実に知覚される諸観念は，私の意志に依存するのではない。それらの観念は私の感覚能力に刻みつけられ，書き記される inprinted on senses, impressed on senses のである[38]。したがって，そうした，私の意志によってつくりだされたものではない観念について，それらの原因である意志が存在することを認めなければならない[39]。

ところで，感覚能力によって知覚される諸観念 Ideas of sense は想像力のそれよりも強力，生気があって，明瞭であると同時に，安定性 steadiness, 秩序 order, 一貫性 consistency をそなえており，規則的な継起をもってひきおこされるところから，それの作者の知恵と慈愛を充分に証言している，とバークリは言う[40]。そして，このような諸観念の継起にさいして確立された規則が「自然の法則」laws of nature と呼ばれるものである，といわれる[41]。すなわち，これら諸観念はすべて或る精神によってつくりだされ，われわれの感覚に刻みつけられるものであるから，それらの間に認め

---

38) *Ibid.*, 29, 33, 36.
39) *IIbid.*, 29.
40) *IIbid.*, 30.
41) *IIbid.*

III esse is percipi（テーゼ）

られる恒常的な関係も同じ精神に由来し，当の精神がいかなるものであるかを物語っている，というのである。

ここでバークリによる因果性（いわゆる自然界，物質の世界における）の否定が，esse est percipi の立場からの帰結として出てくる。すなわち，われわれは「感覚の或る諸観念（たとえば熱さ，騒音）が他の諸観念（太陽，物体の接触）に恒常的にともなうことを知覚し，そしてこの恒常的結合がわれわれ自身によってつくりだされるものではないことを知っていることからして，直ちにそうした（恒常的結合をつくりだす）力や作用をそれら観念自体に帰属させ，一方を他方の原因たらしめるのであるが，これほど不条理で意味をなさないものはない，とバークリは断定する[42]。それら観念自体には何の必然的な結びつき[43] necessary connection つまり結果の原因への依存，原因による結果の産出という結びつきもありえないのであって，そのことは観念自体がまったく inert, passive であり，精神に依存することを見てとることによって，容易に明らかにできる，というのである。

ここでバークリは広義の ideas について，そこには ① real things と ② ideas or images of things が区別されることを指摘する。① は創造主・自然界の作者 the Author of Nature によって感覚に刻みつけられる諸観念であり，② はわれわれ自身によって想像力のうちによび起こされる諸観念であって，② は ① を模写，表示するものとされる[44]。しかし，① もまた精神によって知覚され，精神のうちに存在する「観念」であることに変りはない。それらは ② よりもより大きな実在性 reality を有する……すなわち，より強力で，秩序正しく，一貫的[45] more strong, orderly, and coherent である。それらはまた，それらを知覚する精神に「より少なく依存する」less dependent（なぜなら，他の，より力強い精神によってつくりだされるから）という意味でも，より大きな実在性を有する[46]。しかし，この実在性はけっしてそれらを知覚する精神から独立であることを意味するのではな

---

42) *Ibid.*, 32.
43) *Ibid.*, 31.
44) *Ibid.*, 33.
45) *Ibid.*
46) *Ibid.*

く，あくまで精神のうちにおいてでなければそれらは存在しえないのである。他方，ideas はあくまで精神のうちにのみ存在するのであって，物質的実体，つまり精神から独立的であるところのものを基体 substratum として存在するのではない。むしろ，われわれがふつう物と呼んでいるところのものはすべて ideas として説明しつくされており，精神以外にはそれらを支える基体のようなものはまったく無用で無意味なのである。

このように，バークリはおよそ存在すると呼ばれるところのものを観念 ideas と精神 spirits とに区別し，前者は後者のうちにおいてのみ存在すると主張するが，これら ideas と spirits から（それらに共通な要素として）「存在」entity or existence を抽象する，という考え方については，それはまったくの自己矛盾であり，言葉をもてあそぶことであるとしている[*47]。このような「最も抽象的にして一般的な思念」the most abstract and general notion of all を抽象によって獲得できるという主張にたいして，バークリは，そうした idea (quiddity, entity, existence) は「もっとも理解し難いもの」[*48] the most incomprehensible of all others である，と論ずる。すなわち，この世界には人間精神よりもはるかに優れた能力を有する精神があって，かれらはわれわれが知覚しうる ideas とは異なった ideas を知覚しうるであろうことは文句なしに認めるとしても，「存在」という抽象観念は決して認めることはできない，というのである。

バークリの「存在」理解については改めて考察しなければならないが，かれが知覚するもの－知覚されたもの perceiving-being perceived から抽象された「存在」が無意味である，としていることは，ひとつの洞察を示すものとして評価できる。それは「生きているもの」vivens にとっては「生きる」vivere ことが「在る」esse ことである，との洞察であり，「認識するもの」intelligens にとっては「認識する」intelligere がそれの「在る」esse である，との洞察である。つまり「生きる」「認識する」という（生きるもの，認識するものにおける最高の）「働き・現実態」actus において，まさしく「存在」を捉えようとする試みである。それはデカルトの cogito ergo sum によって言いあらわされている洞察につながるものといえよう。cogitans

---

47) *Ibid.*, 81.
48) *Ibid.*

にとっては cogitare がその esse なのである。しかし,「存在」は抽象によってえられる観念ではなく,まさしく何らかの本質,本性,形相において——しかしそれらを超越するものとして捉えられるのではないか。この点についてはあらためて考察する。

Ⅳ　esse is percipi（諸帰結）

バークリは第34-84節において esse is percipi というかれの知識論の根本テーゼにたいする反対論を取りあげ,反論を加えた上で,第85-156節においてさきのテーゼの諸帰結を考察する。ところで,さきのテーゼに従うと,人間的知識は ideas と spirits とに関わることになるから,まず第86-134節において ideas について,第135-156節において spirits についてのべる。前者のうち第101-117節は自然哲学,第118-132節は数学に関する問題についてのべ,後者のうち第145-156節は主として神の存在に関して論じている。そこでつぎにこの部分のなかで,さきの根本テーゼの解明に役立つと思われるいくつかの点にふれておこう。

① バークリによると感覚の対象 objects of sense, unthinking things が二重の存在すなわち (a) intelligible (in the mind) existence と (b) real (without the mind) existence を有するという考え方は最も無根拠で不条理な考え most groundless and absurd notion である[49]。その理由は,そうした事物の存在そのもの very existence は (a) すなわち知覚されたこと being perceived に存し,それに尽きていること（これは自明的とされている),したがって (b) はまったく無用であり,しかもそれにいかなる意味も認めることはできない,というものである[50]。感覚の対象 objects of sense の very existence が being perceived に存する,ということが自明的であるといわれるのは,「直接的に知覚されるものは感覚ないし idea である」ということの自明性にもとづく。the "very existence of an unthinking things" は "the very being of a sensation or idea" と言いかえられるのである[51]。バークリの言い分では,

---

49) *Ibid.*, 86.
50) *Ibid.*, 88, 90, 91.
51) *Ibid.*, 88, 90.

もの (thing) を感覚するといっても，感覚 (sensation) を感覚するといっても，同じことではないか，なぜなら，いずれにしても直接的に感覚され，知覚されるのは感覚なのだから，ということになるが，そこには多義性が隠されているように思われる。

「直接的に感覚されるのは感覚－観念 sensation-idea である」という主張が自明性－説得性をもつのは，「精神によって直接的に知覚されるのは自己自身ないし自己に内在しているものである」（その意味で「自己認識」）という考え方に依るものであり，バークリは things-sensation-idea の知覚を実は「自己認識」のパラディグマにしたがって解釈したのではないか。いわばバークリはあたかも人間的認識の全体を内在的対象である本有観念 idea innata (inprinted, impressed ideas-infused ideas) による認識，すなわち天使的認識（それは自己認識に還元される）のパラディグマによって考えようとしている。ロックが追放した idea innata が全面的に復活させられているといえるが，そこには認識と自己認識との同一視とも受けとられる重大な問題がふくまれている。

② バークリは thing, reality, existence の意味を探究の当初において明確に説明しておくことの必要性を強調する。さもなければ the real existence of things に関して無益な議論にふけることになるおそれがあるからである[52]。ところで things or being は the most general name of all であり，spirits と ideas との両者をふくめて指す名前であるが，この場合共通なのは名前だけであって，これら二種類の「もの」はまったく異なり異質 entirely distinct and heterogeneous である[53]。バークリは一貫して Spirits と Ideas との間には何の共通性もないと主張し，Idea を支え，知覚する Spirit が，それ自体 Idea であるとか，Idea に似たものであるとすることは明白に不条理であるという[54]。ここからして，また Spirit についての Idea はありえない，Idea が Spirit を表示・再現することは不可能であると主張する[55]。しかし，Idea と Spirit とが全然異なったものであることの主張と，Spirit の Idea はありえない，という主張とは必ずしも結びつかないのではないか。Idea＝thing

---

52) *Ibid.*, 89.
53) *Ibid.*
54) *Ibid.*, 135.
55) *Ibid.*, 29, 137, 138.

=object=sensation という時の Idea と，Spirit（ないし Idea）を表示・再現するものとしての Idea とを同一視はできないのではないか。

　いずれにせよ，バークリの真意は spirits と ideas とは全く異なったものであって，それらについて「存在する」「認識される」といったことが語られるとき，それらの言葉はこれら二者に共通であるような何ものも意味表示しない，というにある[56]。三角形が知られるのと，精神が知られる，という場合とでは，「知る」能力は全く異なっており，知られ方は全然違う，というのである。バークリは精神は知性によって知られ，三角形は感覚能力によって知られる，とはいわない。或る意味ではバークリがここで主張していることは，精神についての感覚的表象（idea）はありえない，ということにすぎないようにも思われる。他方，精神が自らの存在を内的な感情あるいは反省 inward feeling or reflection によって[57]，他の精神の存在を推理 reason によって 知るとはどういう意味か，問題は残る。

　③ 他の精神の存在を知る特別な場合としての神存在の論証に関するバークリの考え方を見ておこう。バークリによると，われわれが直接に知るのは自分の諸観念であり，他の精神の存在は観念を介して，それら観念において認められる（形成・消滅などの）運動，変化，組合せの原因 agent として知られる。いいかえると，他の精神の存在はそれらの働き，あるいはそれらによってわれわれのうちに呼びおこされた観念によって（知られる）the existence of other spirits (are known) by their operations, or the ideas by them excited in us[58]。ところで，こうした諸観念の運動，変化の原因のうちの或るものは人間的意志であることがあきらかなものもあるが，いわゆる"works of nature" は人間の意志に依存しないことが明白であり，したがってそれらをつくりだす精神がある。すなわち自然界の事物の恒久的な規則性，秩序，連鎖……壮大さ，美，調和 constant regularity, order, and concatenation...magnificence, beauty, harmony などを注意深く考察し，同時に，一，永遠，無限に賢明，善，完全などの属性の意味するところを考察するとき，それらが前述の精神に属することが明瞭に知覚される[59]，という。

---

56) *Ibid.*, 142.
57) *Ibid.*, 89.
58) *Ibid.*, 145.
59) *Ibid.*, 146.

ここからして，神が，われわれ以外の精神と同じく確実かつ直接に知られることは明白である，否，神の存在は人々の存在よりも遥かにより明白に知覚される，とバークリは言う。なぜなら，自然界の諸結果は人間的原因によるものよりも，無限に数多く，顕著だからである*60。さらに，われわれは人間を「見る」のとまったく同じ仕方で神を「見る」と彼はいう。人間も，感覚によって直接に知覚されるのではなく，直接に知覚されるのは観念の何らかの集合 certain collection of ideas であるが，それがわれわれを導いて，われわれ自身と同じような思考と運動の明確な根源がある，と考えさせる。それと同じように，われわれが見，聞き，感じることのすべてが神の能力の徴しないし結果であるところから，われわれはいたるところで神を見る，のである*61。ところが，この真理はあまりにも近く，明白であるため，われわれは光の超過によって目がくらみ，この真理を多くの場合認めることができない*62。

　バークリのこのような論証は妥当か？　彼は，神を直接的で無媒介的直視 direct and immediate view によって見るとは主張せず，また物体的事物（＝自然）を，「神の本質においてそれらを表示・再現するものを見ることによって」見るのだ，とも主張しない。むしろ神的能力の徴し，結果たる諸々の観念を見ることによって神を見るのだ，と主張している。より厳密には「推理」によって「見ている」という主張である。いいかえると，それら諸観念が完全に依存的であること，或る最高の知恵，善性，完全性をそなえた精神のうちにおいてのみ在りうることを見ることによって，当の精神を見る，という主張である。

　バークリは伝統的な神存在の論証におけるように結果－原因の連続をたどって第一原因（動かされざる第一の動者）に到達しているのではない。かれのいう自然は何らそれ自身の因果作用を有せず単なる諸結果の系列 series of effects である。自然は自然的事物の産出に何ら参与することはなく，すべては神の直接的な働きによって産出される*63。かれは神は因果系列の遥か彼方に見出されるのではなく，直接的にわれわれに現存するの

　60）　*Ibid.*, 147.
　61）　*Ibid.*, 148.
　62）　*Ibid.*, 149.
　63）　*Ibid.*, 150.

だと主張する。——このようなバークリの主張に正しい洞察がふくまれていることは否定できない。かれは自然的事物（ideas）の神への絶対的な依存を見てとっており、この依存は絶対的、全面的であって、何ら二次的原因の介在を許さない、としている。しかし、第一原因がすべての第二次原因の因果作用において直接的に現存することと、第二次原因の因果性を承認することは、バークリはそれを矛盾と受けとっているのであるが、実は矛盾しないのではないか。

　バークリが神的因果性の直接性と、自然的事物が産出されるにあたっての緩慢で、段階的な過程（ぶどうの樹の成長からぶどう酒の熟成）とは矛盾しないと論じているのは正しい[*64]。人は奇跡において神的因果性の直接的介入を悟るが、いわゆる斉一的な自然法則に従って自然的事物が産出されるさいにも、神的因果性は直接的に働いているのである。それが奇跡におけるような驚異 admiratio をひきおこさないのは慣れによってわれわれの目が鈍く、惰性的になっていることによる。しかし、こうした単純で、斉一的な法則を通じての働きかけにおいて全知なる精神の親密な現存[*65] intimate presence of All-wise Spirit を認めること、その因果性の直接性を認めることと、第二次的因果性を認めることとは矛盾しないのであって、そこに矛盾を見出すのは何らかの（秘められた）根本的前提によるものと考えられる。

　さらに自然界におけるさまざまの不条理とみなされる現象が、神的因果性の直接性にたいする異論として提起されることがある[*66]。これにたいしてバークリはそれらが摂理の全体において有する意味を指摘し、また、それらを不条理、悪と見ること自体、われわれの狭少さ、偏見に由来するものであることを指摘することによって答えている。しかし、根本的な問題は、神的因果性の直接性が、自然界に固有の因果性を自らのうちにいわば吸収してしまう、というバークリの考え方にある、と言うべきであろう。

　このような考察の結びとして、バークリは「われわれの研究において第一の位置を占めるべきは神とわれわれの義務の考察」であり、もし以上の考察が、読者のうちに「神の現存についての敬虔な感覚」をよびおこし、

---

64)　*Ibid.*, 151.
65)　*Ibid.*, 151.
66)　*Ibid.*, 151.

福音書の（救いへ導く）有益な真理（それを知り，実践することが人間性の最高の完全性である）を尊敬し，受容する心構えを強めることができなかったならば，そうした考察はまったく無用・無効と見なすであろう，と述べている[*67]。バークリはこのような意図に合致するものとして自然的・可感的事物は Ideas であり，それの存在は「知覚されること」に存する，という考え方を展開したわけである。しかし，はたしてこの考え方そのものは正しいものであったか。かれの主著の概観を終えたいま，改めてバークリのいう Ideas に反省の目をむけなければならない。

V　バークリの「存在」観について

　バークリ哲学の根本的命題，すなわち可感的・物質的な事物は Ideas であり，それらの「存在」は「知覚されること」である，という命題の解明と解釈のためには，バークリが Idea という言葉をどのような意味で用いているのかを，かれ自身の説明にもとづいてのみでなく，ロックをはじめとするこの時代における用法の詳細な検討にもとづいてあきらかにしなければならない。しかし，いまはこの点についての立ち入った考察を行うことは断念せざるをえない。

　ただバークリが「直接に知覚されるものは感覚 sensation ないし ideas である」という命題の自明性を主張していることについて，一つの問題点を指摘しておきたい。たしかに現実の感覚作用 sense-act, sensation においては可感的事物—性質 sensible things-qualities と感覚能力 sense とは同一であるといえよう。そうでなければ感覚作用については語れないからである。しかし，現実の感覚作用において sensible-things と sense とが同一であるということから，感覚能力は自らのうちに存在するもの，自らに依存するものとしての sensation-ideas を知覚するのだといえるか。可感的ではあっても現実には感覚されていないもの，感覚されることに関して可能態にあるものを認めなければならないのではないか。そして感覚されることに関しての可能態−現実態という連関は，そのものの存在とは区別して考えな

---

67) *Ibid.,* 156.

V　バークリの「存在」観について

ければならないのではないか。バークリの場合，可能態－現実態の区別が不在であるように思われる。

　つぎにバークリの「存在」観について二，三の問題点を指摘して結びとしたい。

　バークリの「(感覚的事物の)存在は知覚されることである」という命題は，第一に，「存在」to be, to exist, esse は（おそらく漠然と想像されているところに反して）多くの意味で語られるということの洞察を言いあらわすものとしてメリットがある。可感的，物質的な事物と精神（神もふくめて）は，同じ意味で「ある」とは言われないのである。前者が「ある」といわれるのは「知覚される」「精神のうちに，精神に依存して在る」，つまり受動的な仕方で「ある」（もし「ある」といえるとしても）にすぎない。これにたいして，精神は能動的な仕方で，自らによって「ある」。そして「ある」ということが十全的な意味でいわれるのは，能動的な仕方で，「ある」ものに限られるのである。

　もう一つの洞察は真の意味での「ある」は，外界の事物が知覚される場面ではとらえられない，ということである。そこに何かが「ある」といわれる時の「ある」は，実は「知覚される」ということにすぎない。むしろ真の意味での「ある」は，外的な事物を知覚する精神が，「知覚する」percipere 働きをふりかえり，その根源たる精神までふりかえりを徹底させえたときに，そのような精神においてはじめて捉えられる。「ある」といえるのは精神だけだからである。しかし，おそらく精神もまた何らかの可変性，偶然性をふくんでいるところから，十全的な意味での「ある」をとらえるためには精神をもさらにこえてふりかえりを徹底させなければならないであろう。

　ところが，ここでバークリの洞察の問題性があらわになる。バークリはたしかに精神が自らの働きをふりかえることを通じて「ある」ということの洞察に達すると考えている。しかし，それがいかにして為されるかについて理論的にのべていない。かれはただ否定的に「知覚される」to be perceived から「在る」to be を抽象・切り離しすることはできない，とのべているだけである。しかし，「ある」を可感的事物の場面においてではなく，精神の場面において捉えるとはどういうことか。それはたしかに空間的に場所をかえることではない。むしろ同じものについての認識を感覚の

レベルから知性的なレベルへと高めることを意味するであろう。ところが，このような高揚が実は抽象なのである。「抽象する」とは，単なる切り離しという心理的な操作ではなく，まさしく認識の場面が感覚のレベルから知性のレベルへと高められる（実体的形相の認識）ということである。「ある」の認識の場合，「抽象」について語ることができるかどうか問題であるが，少なくとも "to be perceived" の多様性から出発して，to be perceived ということを成立させている或る統一的な現実性 reality が何らかの仕方で捉えられ，それが「あるもの」ens と呼ばれる，というふうに，感覚的な認識から知的な認識への高揚が実現されることはたしかである。したがって，「ある」が本来的に捉えられるのは精神においてであるとしても，そのような精神へのふりかえりは感覚から出発することによってのみ為されるのではないか。

　バークリはたしかに精神の因果作用（作動原因としての精神）についての力強い洞察を有していた。「知覚する」ということは，受動的な働きではなく，知覚される対象を「精神のうちに存在させる」能動的な，ほとんど創造的とも言いたいような働きとして理解されていた。可感的事物は精神によって「知覚される」ことによって「存在を与えられる」とされたのである。しかし，その「存在」は「精神のうちなる存在」「志向的存在」esse intentionale としてのみ理解され，「自然的存在」esse naturale （神的因果作用はこれを生ぜしめる）についての洞察は不在であった。結局のところ，バークリは人間精神の因果作用に関する力強い洞察のゆえに，事物の自然的存在を志向的存在に還元してしまった，と考えられる。そのような形而上学のために，「esse is percipi」は，物質的事物における「存在」の不完全さを示し，精神における「存在」のより十全的な把握へと導くという，きわめて常識的な説としては受けとられず，物質的事物をあたかもわれわれの精神によってつくりだされた幻影と見なすかのようなパラドックスとして受けとられることになった，といえるであろう。

第9章

観念，スペキエス，習慣
―― イギリス経験論哲学の再評価 ――

I　問　題

　ロック，バークリ，ヒュームの哲学がヘーゲルの哲学史叙述以来，「経験論」哲学として特徴づけられ，デカルト，スピノザ，ライプニッツなどの「理性の哲学」と対立させる図式が通説化したが，このような捉え方はロック，バークリ，ヒュームの哲学の正しい理解，その哲学史的意義の正しい評価をむしろ妨げるものであるとの批判がある。その批判の要点は，ロック哲学の基盤である「観念の理論」は――そこにふくまれているデカルト批判にもかかわらず――根本的にはデカルトから継承したものであり，デカルト以後の近代哲学の基本的立場である「意識哲学」Bewusstseinsphilosophie（意識の自明性から出発する哲学，意識内在主義）の系譜に属する，というより基本的な共通点を見失ってはならない，というものである[*1]。ロック自身が強調した，観念の起源をめぐる経験―生得説 experience-innatism の対立，ロックの立場にもとづく経験論哲学の成立の意義を無視することはできないが，こんにちのわれわれにとって哲学的により興味があるのは「意識哲学としてのイギリス経験論」であるという主張には傾聴すべきものがふくまれている。

　なおロックは経験主義者 mpiricist であったと同時に合理主義者 rationalist

---

1) Huber, Carlo E. "Der englische Empirismus als Bewusstseinsphilosophie.Seine Eigenart und das Problem der Geltung von Bewusstseinhalten in ihm." *Gregorianum* LV iii, 1997, pp.641-74.

であった(宗教批判における理性の役割,理性宗教 Deism の先駆者)といえるのであり,その面で後のフランス啓蒙思想家に強力な影響力を及ぼした。ダランベール d'Alambert は,ニュートンが物理学を創造したのと同じ仕方でロックは形而上学を創造した,と評価している[*2]。

この講義では,上のような視点も考慮しつつ,イギリス経験論における「観念の理論」の再検討を試みる。その際,認識における観念の役割——媒介,手段,対象——その必要性,存在の仕方などについてもできるだけ徹底した吟味を加えたい。フッセルによるイギリス経験論批判[*3](普遍者の心理学的実体化),W. ジェイムズによる経験(純粋経験)一元論の立場からのロック評価[*4],および大森荘蔵教授の心身論などにふくまれている洞察はできるかぎり取りいれるようにつとめる。

考察の方法としてはリード Thomas Reid (1710-96) による「観念の理論」批判がどこまで妥当するか,ということの検討を通じて,「観念の理論」そのものの妥当性と問題点を浮かび上らせることにする。果たしてリードのような議論で認識手段としての観念を排除できるのか。そこからさらに進んで H. H. プライスの認識理論における「観念」批判,および「観念」説に代るものとされている様態 disposition 説の検討を試みる。「観念」によって遂行されていた役割は様態もしくは習慣 habit によって完全に置きかえられるのか,という問題がこの考察における一つの核心になるように思われる。

このように見てくるとき,「観念」説・対・リード,プライスという問題状況は,中世において興味深い先例を持つことに気づく。それはアリストテレスから継承されたスペキエス説がトマス,スコトゥスを経てオッカムにおいて斥けられ,スペキエスの役割はすべてハビトゥスによって代行されると主張されるにいたる問題状況である。この二つの問題状況はどの点で重なり合い,またどの点で相違しているのか。そのことをつきとめることを通じて,問題の核心(観念・スペキエスの認識手段としての必要性,その存在様式)に迫ることができるのではないか。このような観点から,

---

2) F. Copleston, *History of Philosophy,* vol.5, p.1, Image Books, 1964, p.151.
3) E. Husserl, Die psychologische Hypostasierung des Allgemeinen, *Logische Untersuchungen,* Ⅱ, ii, 2.
4) "Does Consciousness Exist?" を参照。

I 問 題

スコラ哲学の中,後期におけるスペキエス―ハビトゥスの問題をふりかえることにしたい。

じつはリードはわれわれとはかなり違った仕方においてであるが,アリストテレス・スコラ哲学的なスペキエス説と,かれが直接に批判している「観念」説との結びつきを意識していた。その点に触れておくことは,われわれ自身の問題意識を明確に浮かび上らせるのに役立つと思われる。すなわち,リードはアリストテレス・スコラ説を全く不条理なものとしているが,(そこにはスペキエスと観念との単純な同一視が見出される),われわれとしてはこの説は慎重な検討に値すると考えるのである。リードは『人間の知的能力についての試論』のなかでこうのべている。

「私は,アリストテレスとスコラ学者が,表象あるいはスペキエスが対象から流出し,感覚によって取り入れられ,精神に働きかける,と教えたことを知っている。しかし,この説はデカルト,マルブランシュ,および他の多くの論者によってきわめて効果的に反駁されたので,今やそれを弁護する立場をとる者はない。条理をわきまえた人々は,それが旧い哲学の最も不可知で意味のない学説の一つであると見なしている」[*5]。
……それ(プラトンのイデア説)は,旧い哲学の最も不条理な学説の一つである,可感的スペキエスについてのアリストテレス的教説を生ぜしめた。……哲学のあの偉大な改革者(デカルト)は,外的対象から出てくる観念という教説の不条理を見てとり,それが何千年もの間哲学者たちによって受けとられた後で,それを有効に反駁した。しかし,彼は頭脳や精神のうちなる観念を手放さなかった。この基盤の上に精神の能力についてのわれわれの新しい哲学説の全体が築かれているのである」[*6]。

I know that Aristotle and the schoolmen taught, that images or species flow from objects, and are let in by the senses, and strike upon the mind; but this has been so effectively refuted by Des Cartes, by Malebranche, and many others, that nobody now pretends to defend it. Reasonable men consider it as one of the most unintelligible and unmeaning parts of the ancient system.

---

5) Thomas Reid, *Essays on the Active Powers of the Human Mind* (1788), The M. I. T. Press, 1969, pp.310-11.
6) *Ibid.*, p.322.

> ... it (the Platonic theory of ideas) gave rise to the Peripatetic doctrine of sensible species, one of the greatest absurdities of that ancient system, ... That great reformer in philosophy (Descartes) saw the absurdity of the doctrine of ideas coming from external objects, and refuted it effectually, after it had been received by Philosophers for thousands of years; but he still retained ideas in the brain and in the mind. Upon this foundation all our modern systems of the powers of the mind are built.

つまり，リードは外的対象からの表象の受容と，心のうちなる表象 image という説は一体であると見て，この両者は一括して斥けるべきだと考えている。しかるにデカルト以後「不自然な離婚」unnatural divorce が行われて，後者のみが受けいれられたのは誤りだ，という議論である。われわれはこれにたいして，スコラ哲学におけるスペキエスと近代の「観念」説の「観念」はまったく違った文脈ないし文法のなかで語られていると考える。スペキエスはまさしく「もの」「実体」ではないのであり，したがって「精神のうちなる観念」説 ideas in the mind と一緒に捨て去ることはできないのである。

この考察を通じてわれわれがめざすのは，結局のところ認識という働きをふりかえることによって，知性，精神，心と呼ばれるものについてどのように語ったらよいのかを探求することである。古代，中世の「霊魂論」De Anima は近代の意識と主体の哲学によって置きかえられた，という見方が通説になっているが，そのことは果たして精神や心についての探求を正しい方向に展開させるものであったのか。「霊魂論」の復権をはかる必要はないのか。このような疑問にたいしても何らかの解答の手掛かりを掴みたい。

II　ロック，バークリ，ヒュームにおける「観念」説

(ロック)

まずロックは「観念」をどのように理解していたのか，またどのような理由で「観念」なるものが人間の認識活動を説明するのに必要だと考えた

のか。
　まず,ロック自身による「観念」idea という言葉の規定はどうか。『人間知性論』の冒頭で,この言葉をひんぱんに使用することについて読者の了解を求めた後,こう言われている。

> It ("Idea") being that term,which,I think,serves best to stand for whatsoever is the Object of the Understanding when a Man thinks,I have used it to express whatever is meant by Phantasm, Notion, Species, or whatever it is, which the Mind can be employ'd about in thinking; and I could not avoid frequently using it. I presume it will be easily granted me, that there are such Ideas in Men's Minds; every one is conscious of them in himself, and Men's Words and Actions will satisfy him, that they are in others[7]。

　ここでロックが "idea" をきわめて広い意味に解していることはあきらかである。それは感覚的表象 phantasm, image, 感覚的ではない,一般的,抽象的な観念 concept, notion, およびスコラ哲学者が species (sensibilis-intelligibilis) という言葉で指示したもの,などのすべてを含む意味に解されている。では,どうしてロックは当然混乱が予想されるような,こうした広い意味を "idea" に与えたのか。
　その理由は,知性の直接的対象のすべてを包括するような用語が欲しかったのだ,というふうに説明できよう。知性の働きの多様性にもかかわらず,それらすべての働きが心のなかで行われるものであるかぎり,そこには根本的な共通性が認められ,そこからしてそれらすべての働きを一括してあらわすことも可能となる,といえよう。こうして,ロックのいう "idea" は思考の対象 object である。リード以来,ジェイムズ,フッセル,ライルにいたるまでロックは "idea" を思考作用と思考対象の両者を指す言葉として用いた,との指摘がなされるが,ロックの真意は "idea" を思考や知覚の直接の対象を指す言葉として用いるところにあったといえる。次の二つの箇所はそのことを明白にしている。

---

7) John Locke, *An Essay Concerning Human Understanding,* Ⅰ, i, 8. 訳は岩波文庫, 大槻訳を参照。

Whatever the Mind perceives in itself, or is the immediate object of Perception, Thought, or Understanding, that I call Idea; and the power to produce any Idea in our Mind, I call Quality of the Subject wherein that power is[8].

Since the Mind, in all its Thought and Reasoning, hath no other immediate Object but its own Ideas, which it alone does or can contemplate, it is evident that our Knowledge is only conversant about them[9].

これらの箇所から結論されるもう一つの点は，ロックは「観念」を「心のなかに」"in the Mind" 在る何物かと解している，ということである。アーロンによると，哲学者たちが用いている曖昧な言葉のなかで，これはまさしく最も曖昧なものである[10]。諸々の観念はそれら自体，精神(マインド)ではないが，他方，それらは非精神的でもなく，或る論者の表現をかりると a twilight existence of their own between the mind and the physical objects of the natural world（Alexander, Locke, p.32 cf. Aaron. p.101）を有するとされる[11]。ロック自身 "in the Mind" という表現について，また観念が精神のうちで存在すると言われるさいの「存在」の様相について明確なことはのべていない。明確なのはそれらが対象として精神のうちにあるということである。精神自体やその作用も「反省」によって対象化されるが，観念はもともと対象として精神のうちにある，とされている。いいかえると，観念は精神の様態 modification ではなく，精神によって見られているものとして as being seen by the mind 精神のうちに存在する，というのがロックの立場である[12]。精神のうちに在って，精神自体でも，精神の様態でもないようなもの——そしてこれが精神の働きにとっての直接的対象とされる——とはいかなるものであるのか，精神のうちでいかなる種類の存在を有するのか。ロックの哲学はその核心の部分において困難な問題をかかえていると言わざるをえない。

ではロックはどのような理由でこの曖昧で困難をふくむ「観念」という

---

8) *Ibid.,* II, iii, 8.
9) *Ibid.,* V, i, 1.
10) R. I. Aaron, *John Locke,* Oxford University Press, 1973, p.100; 101.
11) *Ibid.,* p.101.
12) *Ibid.,* p.106.

言葉を自らの体系のうちに導入したのか。それはかれが知覚と認識に関する表示説 representative theory をとったことによる。この説によると,「実在するものについての認識が成立するには,認識する精神と究極の対象との間に中間的対象 intermediary object が必要である。この中間的対象が直接的に与えられているもの,ないし思惟されているものであって,それは究極的対象を表示する。たとえば私がこのテーブルを見るさいの直接的対象は,物理的存在ではなく,テーブルを表示するところの観念である。私は物理的存在とその諸性質を観念の仲介によって,そして観念によってのみ知る」[13]というのである。

われわれが直接に知覚し,知るのは実在する事物そのものではなく,われわれの「心のうちにある」それら事物の表示であり,観念である,という表示説は当時の通説であり,ロックは熱狂的にではなく,問題を感じつつこれを受けいれたふしがある[14]。しかし,かれがこの説を受けいれていたことはたしかである。かれは「精神が事物を直接的に知るのではなく,それが事物について有する観念の介入によってのみ知るということは明白である」[15]という。またさきに引照した「観念」についての規定もあきらかに表示説である。ロックの表示説がもっと明瞭に言いあらわされているのは,『人間知性論』のあの有名な一節であろう[16]。そこで彼は,人間知性の第一の能力 first Capacity は,外的事物を直接に捉えるのではなく,むしろ自らの上に印刻された印象(観念)を受けとるのに適していることだ,と述べたあとで,どのように崇高,遠大な思索も感官あるいは内省の提供した観念をいささかも出ないのである,と明言している。

ではロックが問題を感じ,不満をいだきつつもいわば不可避的なものとして表示説を受けいれたのはいかなる動機によるものであったのか。そこにはガリレオ・ニュートン以後の近代物理学が提示した,数学的,量的な立場からの世界像(いわゆる第一性質から成る事物)と,われわれの日常的,常識的な世界像(色,香り,音に満ち,さらには悦び,悲しみのからむ世界)との間の顕著な相違と,物理学の理論的卓越性に圧倒されて,前者こ

---

13) *Ibid.,* pp.101-102.
14) *Essay.,* IV, iv, 1-2.
15) *Ibid.,* V, iv, 3.
16) II, i, 24; Hume, *Treatise,* I, ii, 6.

そは，真である，真にある実在的，客観的な世界であるという信念が定着化していた，という背景がある。大森荘蔵の表現をかりると近代物理学の密画（微粒子および天文学）と，日常的世界像の略画とは互いに相いれないものであり，前者が実在的，客観的であるとの独断が生じたのである。このため，日常的・常識的な世界像は実在世界の表示（しかし必ずしもコピーではない）であり，知覚の直接的対象として，「心のうちに」位置づけられることになったのである。ただし（「心のうち」といっても密室的なものを考えているのではなく，むしろ「現れ」，「皮相的な」世界像という受けとり方であるように思われる。

　たとえば，月が一フロリン銀貨の大きさに見えて，しかも私が月は大きな球体であると知っている場合，一フロリン銀貨の大きさに見えているものは月そのものではなく，私の「心のうちに」ある，それの表示であり，観念であると考えざるをえないのではないか。そして，私が直接に知覚しているのは（＝私にそう見えているのは）外的な空間を占めている月そのものではなく，私の「心のうちに」あり，私に直接に現存している月の観念である，と考えるべきではないか。ロックにとって，そう考えるべきであることは自明的であり，その他の可能性はないように思われたのである。

　ロックが表示説をとり，したがってまた「心のうちに在る観念」なるものを想定（かれは内観によってその存在を確認しうると考えた）せざるをえなかったのは，日常的・常識的な世界像（われわれによって知覚される事物はそのまま存在しているとする立場，あるいは逆に，われわれは外界に存在するものをそのあるがままに知覚しているとする立場）と，物理学的世界像とのくいちがいを自覚し，これを解決しようと試みたからである。いいかえると，ロックは「見える」「現れ」と「在る」との違いを深刻に受けとめ，物理学的世界像が「真」であるがゆえに「在る」世界を描いていると信じ，日常的世界像は「現れ」したがって「心のうちの観念」の世界であるとしたのである。ここで物理学的世界像もやはり，観念の組合せであり，観念から一歩も出ないのでは，とも考えられる。しかし，ロックによると，物理学的世界像は因果性にもとづき推論によって確立された世界であり，客観性を有する，というのである。

　しかし，ロックが二つの世界像の間の相違を問題として自覚し，その解

決を試みたことは功績として認めるとしても，物理学的世界像にたいして「在る」を，日常的世界像にたいして「現れ」をふりあてたのは独断であるといわざるをえない。じっさいには，この両者とも感覚的経験の領域にとどまっており，「在る」の領域には達していないのではないか。したがって「心のうちに」といわれるときの「心」も皮相的に理解されるにとどまっている。総じて，「心のうちにある観念」を導入することによって人間的認識の成立が「説明」されたことにはならないのである。

(バークリ)
つぎにバークリの「観念」説に目を転ずると，かれは『人知原理論』本論，第一節で人間的認識の対象 objects について (1) ideas actually imprinted on the senses (2) such as are perceived by attending to the passions and operations of the mind (reflexion) (3) ideas formed by help of memory and imagination ((1) (2) の仕方でoriginaly perceived ideas を compound, divide, or barely represent することによって) の三種の「観念」を区分する。この観点からいえば，感覚的事物 sensible things は (3) の観念に属し，じっさいには観念の集合 collections of Ideas である。

これにたいして，これら観念を知り，知覚すると共に，それらに関して意志，想像，記憶などの働きを営むもの perceiving active being があり，これをバークリは mind, spirit, soul, myself と名付ける。これらは決して観念ではなく，観念とはまったく異なったものであり，むしろ観念はそれらのうちにある，つまり観念はそれらによって知覚される，「というのも観念の存在は知覚されることに存するからである」[*17] for the existence of an idea consists in being perceived, と述べている。

第3-6節において，可感的事物は観念（の集合）であり，したがってそれらの存在は知覚されることに存する，という主張がいかに明白な真理であるかを示そうとする試みがなされる。われわれ自身の思念，情動，想像力によって形成された観念が，それらを知覚する精神においてしか存在しえないのと同じく，感覚に印刻された種々の感覚的知覚ないし観念 sensations or ideas も，それらを知覚する精神を離れては存在しえないことは直

---

17)　『人知原理論』2。

接的知識 intuitive Knowledge である, という*18。Exist という term が可感的事物にたいして適用された場合に意味するのは, 私かあるいは他の精神がそれらを「見たり, 感じたり」すること以外の何物でもない。精神以外の事物が, それらが知覚されるということと関係なく絶対的に存在する absolute existence ということは完全に無意味 perfectly unintelligible であり*19, 明白な矛盾である。バークリの議論はつぎの通りである。

> For what are the forementioned objects (houses, mountains, rivers ... all sensible objects) but the things we perceive by sense? And what do we perceive besides our own ideas or sensations? And is it plainly repugnant that any one these, or any combination of them, should exist unperceived*20 ?

もうすこし詳しくいうと, 感覚的事物にたいするわれわれ (＝精神) の関わりは, 色や光を見, 音を聞く……といったことに盡きている。こうした知覚を離れてそれら事物の「存在」を知覚することはない。他方, われわれは「存在」という言葉を持っており, それを感覚的事物について用いる。ここからして, 感覚的事物が知覚されるさまざまな様相 (見られる, 感じられる……) から, 「在る」という観念が抽出される。そして, ひとたび「在る」という抽象観念が形成されると, それら事物は「知覚された・もの」(being－perceived) ―― これは当然, 知覚する者への依存をふくむ ―― としてではなく, 「存在するもの」(being) として取りあつかわれることになる。「存在する」は「知覚される」とは違って, 能動形であるから, 精神への依存なしに, 自分で存在するというふうに受けとられるのも当然のことだ, というのである。

このように, バークリの「存在する」esse (of sensible things, unthinking things) とは知覚されることである」is percipi (by thinking things, mind, spirits) という主張, およびそれの自明性の主張を支えているのは, われわれは存在 the being (of sensible things) をそれが知覚されること its being perceived から抽象できないこと, そしてこの不可能性の明白さ (manifest absurdity,

---

18) *Ibid.*, 3.
19) *Ibid.*
20) *Ibid.*, p.4.

contradiction をふくむこと）の主張にほかならない。その根底には，われわれが知覚するのはわれわれ自身の観念や感覚内容だ，という根本的主張（＝自明の原理）がある。したがって，この主張の吟味のためには existence, being の抽象（その不可能性）に関するバークリの見解をつきとめなければならない。

　第7-32節にわたって展開されている（可感的事物の）存在は（それらが）知覚される（知覚されてある）ことに存する，という議論を調べると，第7-8節では色，形，運動，味，匂いなどの可感的性質 sensible qualities は感覚によって知覚される観念 ideas perceived by senses であり，したがってそれらは，それらを知覚する精神のうちにのみ「在る」ことができ，精神の外において「在る」，つまり思考しない事物を基体 substratum として「在る」ことはできない，と主張される。つまり，われわれによって直接に知覚されるのはわれわれ自身の観念ないし感覚内容 sensation である，という基本的主張がくりかえされている。

　さらに第9-15節においては第一次性質 primary qualities—延長，形状，運動，静止，堅さ，不可入性，数 extension, figure, motion, rest, solidity, impenetrability, number と第二次性質 secondary qualities—色，音，味，匂い color, sound, taste, smell との区別には根拠がなく，第一次性質も第二次性質も同じく，精神のうちに存在する観念であると論じられている。第16-21節では物質 matter ないし物質的実体 material substance という概念が空虚であり，何らの意味も見出しえないことが論じられる。ここでバークリは自らの立場の根底にあるのは「感覚（能力）によって直接的に知覚されるのはわれわれの感覚（内容）ないし観念であり，それらは精神のうちにのみ存在する」という自明の原理であり，この自明の原理にもとづいて物質の存在，精神の外なる物体，といった主張はア・プリオリに斥けられる，というのである[21]。つまり，感覚的事物をめぐるわれわれの思念は結局のところわれわれ自身のうちなる観念から一歩も外に出ることはない，というのである[22] When we do our utmost to conceive the existence of external bodies, we are all the while only contemplating our own ideas. バークリは単純

---

21)　*Ibid.*, p.21.
22)　*Ibid.*, p.3.

なふりかえりによってこの原理が確認されるかのように語っている*23。

要するに, バークリは感覚的事物とは知覚される色, 形, 堅さ, 匂い……などであり, それら知覚されたものは観念にほかならず——なぜなら,「われわれはわれわれ自身の ideas, sensations 以外の何ものも知覚できない」から——そして観念は知覚されることを離れては, つまり精神のうちにおいてでなければ存在しえない, と主張している。観念の存在 being は知覚されること being perceived なのであり, そして感覚的事物は観念にほかならない, というのがかれの立場の中核をなす主張である。そしてこの主張を支えるのは,「われわれはわれわれ自身の ideas, sensations 以外の何ものも直接に知覚できない」という自明的原理ないし意識の事実である。

バークリはかれが観念と呼んでいるものについて, ふつうには実在的事物 real things と呼ばれるもの(たとえば日中, われわれが目で見る太陽)と, 事物の観念ないし表象 ideas or images of things (われわれが夜の間に想像する太陽)とを区別する*24。前者は自然界の作者がわれわれの感覚に刻みつける観念であり, 後者はわれわれ自身によって想像力のうちに呼びおこされる観念であって, 後者は前者を copy, represent するものである, といわれる*25。しかし, 前者もわれわれの精神によって知覚される直接の対象であり, われわれの精神のうちなる観念であることに変りはない。それらはわれわれによって作りだされたものではなく, その意味で後者ほどにわれわれに依存するものではないが, 知覚の直接的対象であるかぎり, やはりわれわれの精神から独立ではない。

バークリは「知覚されるもの」としての観念と,「知覚するもの」としての精神について語った後, これらから共通の要素として「存在」entity, existence を抽象することはまったく無意味であると主張する*26。知覚する精神から独立に存在する事物, という不条理で矛盾な考え方が生みだされたのは, そもそも「存在」という「最も抽象的で一般的な思念」the most abstract and general notion が抽象によって獲得されるとしたことからの帰結であり, バークリはこうした観念(quiddity, entity, existence)は「最

---

23) *Ibid.*, pp.22-24.
24) *Ibid.*, p.36.
25) *Ibid.*, p.33.
26) *Ibid.*, p.81; cf.89, 141.

II ロック,バークリ,ヒュームにおける「観念」説

も理解し難いもの」[27] the most incomprehensible of all others §81であるとして斥ける。かれによると,感覚的事物(＝知覚の直接的対象＝観念)の在る esseは percipi 知覚されるであり,精神の esse は知覚する percipere であり,それらに共通であるような在る esse なるものは無意味で空虚な観念なのである。精神と観念とが共に thing, being と呼ばれるとき,共通なのは名前だけであって,それらに共通な要素は何もない[28]。こうした言葉はそれらに共通であるような何ものも意味表示しないのである[29]。

バークリにとっては,ロックは感覚の対象 objects of sense, unthinking things について二重の存在 twofold existence, すなわちintelligible (in the mind) existence と real (without the mind) existence を認めるもの,と映ったといえよう。そしてかれはこうした考え方を最も根拠がなく不条理な考え most groundless and absurd notion として斥ける[30]。その理由はこうした事物の存在 very existence は知覚されること being perceived に存し,それに盡きているが故に,その他に実在的存在 real existence を認めることは無用であり,無意味だ,ということである[31]。そして,objects of sense の very existence が being perceived に存することは自明的であり,その自明性は「われわれによって直接的に知覚されるものは ideas ないし sensations である」ということの自明性にもとづく,とされる[32]。この原理はロックの観念説の根本前提でもあったが,ロックはその妥当範囲を感覚の「直接的」対象のみにかぎり,「究極的」対象にまでは及ぼさなかった。これにたいし,バークリはこの原理を感覚的・物質的事物の全体におしひろげ,精神から独立に,それ自体において存在する事物なるものを否認した。それはロックよりもより徹底した立場として評価すべきなのか,あるいはロックとは異なった形而上学的洞察にうながされてそのような結論を導き出したのか,容易に断定することはできない。この点,バークリにおいては能動的存在として認められ,観念とはまったく異なるものとされた精神が,ヒュームにおいては「知覚の束」と見なされることになるが,それをも

---

27) *Ibid.*, 81.
28) *Ibid.*, 89.
29) *Ibid.*, 142.
30) *Ibid.*, 86.
31) *Ibid.*, 88, 90, 91.
32) *Ibid.*, 88, 90.

「観念の道」の徹底であると評価するかどうか問題であるのと同じである。

ここでわれわれに言えるのは,「われわれの知覚の直接的対象はわれわれのうちなる観念である」という命題はロックにおいてもバークリにおいても自明的原理であり, 明白な意識の事実であるとされていること, しかしその妥当性については大いに疑問がある, ということである。そしてこの事情はつぎにとりあげるヒュームの観念説においても根本的に変化していない。

(ヒューム)
ヒュームにとっても, われわれが直接に知覚するのはわれわれ自身の知覚であることは, 根本的な前提であり, 自明の原理であった。まず『人性論』の有名な一節を引用しておこう。

> Now since nothing is ever present to mind but perceptions, and since all ideas are deriv'd from something antecedently present to the mind; it follows, that 'tis impossible for us so much as to conceive or form an idea of anything specifically different from ideas and impressions. Let us fix our attention out of ourselves as much as possible: Let us chase our imagination to the heavens, or to the utmost limits of the universe; we never really advance a step beyond ourselves, nor can conceive any kind of existence, but those perceptions, which have appear'd in that narrow compass. This is the universe of the imagination, nor have we any idea but what is there produc'd[33].

これに先立ってヒュームは nothing is ever really present with the mind but its perceptions or impressions and ideas, and the external objects become known to us only by those perceptions they occasion[34]. ということは哲学者たちによって普遍的に認められており, それだけでなく, それ自体として大いに明白である, といえるだろう, と語っている。

では彼は, 精神にとって直接に現存するのは知覚, 観念, 印象であるが,

---

33) David Hume, *A Treatise of Human Nature*, I, ii, 6. 訳は岩波文庫, 大槻訳を参照。
34) *Ibid.*

そうした知覚，観念，印象を生ぜしめた外界事物の存在（精神からは独立の）を認めているのか。それともバークリのように，感覚される事物の「存在」を「知覚されること」へと還元しているのか。ここでヒュームは「存在」existence という観念はわれわれが形成するいかなるものについての観念からも区別されないこと，或るものについて「存在する」「在る」ということは，当のものの観念に何ひとつ付け加えるものではない，と主張している。

The idea of existence, then, is the very same with the idea of what we conceive to be existent. To reflect on any thing simply, and to reflect on it as existent, are nothing different from each other. The idea, when conjoin'd with the idea of any object, makes no addition to it. Whatever we conceive, we conceive to be existent. Any idea we please to form is the idea of a being; and the idea of a being is any idea we please to form[35].

'Tis also evident, that the idea of existence is nothing different from the idea of any object, and that when after the simple conception of any thing we wou'd conceive it as existent, we in reality make no addition to or alteration on our first idea. ...But I go farther; and not content with asserting, that the conception of the existence of any object is no addition to the simple conception of it. I likewise maintain, that the belief of the existence joins no new ideas to those, which compose the idea of the object. When I think of God, when I think of him as existent, and when I believe him to be existent, my idea of him neither encreases nor diminishes[36].

これは感覚的・物質的事物について esse is percipi と主張したバークリの立場とどう違うか。違っているのは言いまわしだけであって，事物の「存在」を，知覚されているかぎりでの事物（＝観念）のなかに解消させてしまっているかぎりで，両者の立場は根本的に共通であるように思われる。

他方，ヒュームはバークリと違い，われわれが物体の存在，外的事物の

---

35) *Ibid.*
36) *Ibid.*, I, iii, 7.

存在を信じ，この信念にもとづいて生活していることを認める。じっさい，ヒュームにとって Whether there be body or not? と問うことは無意味であり，それはわれわれのすべての思考において前提しなければならないのである。むしろ問うべきは What causes induce us to beliebe in the existence (continu'd existence—existence distinct from the mind and perception...external, independent existence) of body?[*37] なのである。ヒュームによるとわれわれの感覚能力 senses はけっしてこうした外的事物の存在には達しない——感覚に直接に現れるのは単一の知覚のみであるから。

　That our senses offer not their impressions as the images of something distinct, or independent, and external, is evident; because they convey to us nothing but a single perception, and never give us the least intimation of any thing beyond. A single perception can never produce the idea of a double existence, but by some inference either of the reason or imagination.

　When the mind looks farther than what immediately appears to it, its conclusions can never be put to the account of the senses; and it certainly looks farther, when from a single perception it infers a double existence, and supposes the relations and causation betwixt them[*38].

　このようにヒュームは「二重存在」つまり外的・独立的事物の「存在」と，精神のうちなる知覚（印象・観念）の「存在」（前者に後者は類似し，前者によって生ぜしめられる）の二重性の問題に直面することになる。注意深く反省すれば，つまり感覚能力の印象に注意深く目をむければ，われわれの諸々の知覚がわれわれ自身から独立であることはけっしてありえない，ことがたしかめられる[*39]。哲学が告げるところは，精神に現れるところのものはすべて知覚である，ということであり，これにたいして大衆は知覚と対象（事物）を混同して，かれらが感じるもの，見るものに独立的，継続的存在を帰属させる。こうした見解は知性の所産ではありえない，とヒュームはいう[*40]。

---

　37)　*Ibid.,* I, iv, 2.
　38)　*Ibid.*
　39)　*Ibid.*

いずれにせよ，ヒュームによると精神に真実に現存しているのはそれ自身の知覚のみである。

Nothing is ever really present to the mind, besides its own perceptions[*41]. The only existence, of which we are certain, are perceptions, which being immediately present to us by consciousness, command our strongest assent, and are the first foundation of all our conclusions. ...But as no beings are ever present to the mind but perceptions[*42].

したがって，われわれが哲学的に，つまり「冷静で深遠な反省」[*43] a calm and profound reflection にもとづいて論を進めるかぎり，われわれは決して精神に現存しているわれわれ自身の知覚を超えて外的事物の存在 continu'd and distinct (external, independent) へたどりつくことはできない。しかし，哲学者自身も哲学していない時は「一種の本能もしくは自然的衝動」[*44] a kind of instinct or natural impulse によって，外的事物の存在を認めている。そのような外的事物の存在という信念は習慣の所産 custom and habit であるというのがヒュームの説明である。すなわち，知覚の constancy, coherence が繰り返し経験されるのを通じて，それがいわば極限まで強められて「継続的存在」continu'd existence という観念がつくりだされるにいたる，というわけである[*45]。そしてこの互いに対立的な二つの見解，つまり一つは理性によって，一つは想像力によって提示された見解を調和させるために，哲学者たちは「二重存在」a double existence (of perceptions and objects) という新しい哲学的仮説を立てた，というのがヒュームの説明である。

This hypothesis is the philosophical one of the double existence of perceptions and objects; which pleases our reason, in allowing, that, that our dependent perceptions are interrupted and different; and at the same time is agreeable to

---

40) *Ibid.*
41) *Ibid.*
42) *Ibid.*
43) *Ibid.*
44) *Ibid.*
45) *Ibid.*

the imagination, in attributing a cintinu'd existence to something else, which we call objects. This philosophical system, therefore, is the monstrous offspring of two principles, which are contrary to each other, which are both at once embrac'd by the mind, and which are unable mutually to destroy each other. The imagination tells us, that our resembling perceptions have a continu'd and uninterrupted existence, and are not annihilated by their absence. Reflection tells us, that even our resembling perceptions are interrupted in their existence, and different from each other. The contradiction betwixt these opinions we elude by a new fiction, which is conformable to the hypotheses both of reflection and fancy, by ascribing these hypotheses qualities to different existence; the interruption to perceptions, and the continuance to objects[*46].

したがって，「哲学的」にはヒュームはバークリとまったく同じ見解にくみしているが，「大衆」の見解に関してはバークリと違い，かれらは知覚されるものは知覚する精神から独立の存在を有すると信じている，と主張する。バークリに言わせれば，その「存在」なるものも，内実は「知覚されること」以上のものではないのであるが，「継続的・独立的」存在を「知覚されること」へと解消するのは容易ではなく，バークリの主張が逆説的に響くことは否定できない。

これまでロック，バークリ，ヒュームの「観念」について概観したところから，「精神が直接的に知覚・認識するのは精神に直接的に現存しているものであり」，それは観念ないし知覚である，ということが自明の前提になっていることが確認された。たしかに上の命題は自明性のひびきを持ち，論駁不可能に見えるが，われわれの認識活動・営みの全体と相容れないといわざるをえない。なぜならわれわれは自らのうちに在るものではなく，自ら以外のものを認識し，その認識を通じて自らを豊かにしていくような存在である。認識によって根元的に自らを「豊か」ならしめるのであり，そして認識が最初にかかわるのは他者（たる感覚的事物）でなければならないからである。他者の認識はたしかに媒介される必要があるにしても，他者の認識がそれによって間接的になるのではない，といえるのでは

---

46) *Ibid.*

ないか。ロック，バークリ，ヒューム，において他者認識を媒介する観念・知覚がそれ自体直接的対象と見なされ，他者（外的事物）が間接的対象たらしめられる（あるいはその存在が疑問視され，否定される）のは何らかの根本的誤解にもとづくのではないか，という疑問が生じてくる。しかしこの疑問を取りあげる前に，リードの批判的見解に目をむけることにしよう。

III　リードによる「観念」理論批判

　トーマス・リード Thomas Reid（1710-1796）を創始者とするスコットランド常識哲学の学派 the Scottish philosophy of common sense がめざしたのは，ロック，バークリ，ヒュームの哲学が，外的世界や自我の存在の否認（ヒュームの場合は，より厳密にいうなら，外的世界や自我の存在を合理的に証明することの不可能性の主張）という逆説的もしくは懐疑主義的結論へと行きついたことへの反省から，哲学の根本的原理および方法に関して根元的な見方の転換をはかることであった，といえよう。すなわち，これらの哲学者たちにおいて精神が直接的にかかわる対象であるとされた，精神のうちにある観念（印象，知覚）から出発するのではなく，むしろ「われわれの精神の構成（存在構造）constitution そのものに由来するところの「根源的，自然的な判断」original and natural judgments，つまり「人類の常識」the common sense of mankind から出発すべきことを説いたのである。方法についていえば，単純な観念の組合せ，複合によって信念や知識が形成されるのではなく，むしろ自然的，根源的な判断の分析，分解によって単純な要素が取りだされるべきなのである。

　「それ（観念説）はわれわれに，精神の最初の働きはそれの観念についてであり，単純な把捉，つまり，何らの信念もともなわない，事物についての単なる概念である，と教える。そして，われわれは単純な把捉を得た後に，それらを比較することによって，それらの間の一致と不一致を見てとる。そして，それが信念，判断，知識と呼ばれるもののすべてである。ところで，このような教えは私にはすべて自然のうちに何の基

礎もない仮構であると思われる。というのも，感覚が記憶や表象に先立つことは万人の認めるところであり，したがって信念と知識に伴われた把捉が単純な把捉に先立たなければならない（すくなくともわれわれがここで語っている事柄においては），ということが必然的に帰結するからである。したがって，ここでは信念あるいは知識は単純な把捉を結びつけたり比較することによって得られると言う代りに，われわれはむしろ，単純な把捉は自然的で原初的な判断を分解し分析することによって遂行される，と言うべきである。そして，単純な根源あるいは元素から結合されている自然的な物体の場合のように，いまの場合，精神の働きについてもそうである。自然はこれらの元素を，われわれがそれらを結合するようにと，別々に提示するのではない。むしろ，自然はそれらを具体的な物体において混合され，結合されたものとして提示するのであり，それらが分離されうるのは技術と化学分析によってのみである」[47]。

リードの学派に属するのは友人 James Beattie（1735-1803）*An Appeal to Common Sense in behalf of Religion* の著者 James Oswald（d.1793），および弟子の Dugald Stewart（1753-1828）である。スチュアートの弟子 Thomas Brown（1778-1820）およびリード，スチュアートの著作を編集した Sir William Hamilton（1788-1856）も時としてこの学派に属するとされることがあるが，厳密には独立の思想家とみなすべきであろう[48]。

---

47) Thomas Reid, Inquiry into the Human Mind, 1764, II, 4.

It (the ideal system) teaches us, that the first operation of the mind about its ideas, is simple apprehension; that is, the bare conception of a thing without any belief about it; and that after we have got simple apprehension, by comparing them together, we perceive agreements or disagreements between them; and is all that we call belief, judgment, or knowledge. Now, this appears to me to be all fiction, without any foundation in nature: for it is acknowledged by all, that sensation must go before memory and imagination; and hence it necessarily follows, that apprehension accompanied with belief and knowledge, must go before simple apprehension, at least in the matters we are now speaking of. So that here, instead of saying, that the belief or knowledge is got by putting together and comparing the simple apprehensions, we ought rather to say, that the simple apprehension is performed by resolving and analyzing a natural and original judgment. And it is with the operations of the mind, in this case, as with natural bodies, which are indeed compounded of simple principles or elements. Nature does not exhibit these elements separate, to be compounded by us; she exhibits them mixed and compounded in concrete bodies, and it is only by art and cheymical analysis that they can be separated.

48) S. A. Grave, *The Scottish Philosophy of Common Sense,* Oxford, 1960, p.6.

この学派の評価については、リードの墓碑銘中の、「かつてかの有名なベーコンの自然哲学におけるごとく、精神の学においてすべてを革新した」in Scientia Mentis Humanae, ut olim in philosopia Naturali illustris ille Baconius Verulamius, omnia instauravit という言葉が適切であるかどうかは別として、デカルトに遡る近代哲学の有力な思想傾向にたいしてかれが行った批判の意義を無視することはできない。カントはこの学派を厳しく批判しており、そのことが後世、常識哲学についての適正な評価の妨げになったと考えられるが[49]、バークリの観念論にたいする厳しい批評の場合と同じく、カントはリードの思想のうちに自らの立場との或る親近性を認め、そのことがかえって厳しい言葉となってはね返っているのではないかとすら考えられる。なぜなら、クーザンが指摘しているように、カントは経験から引き出されるのではなく、むしろそれのみが経験を可能ならしめるような思弁的ならびに実践的な原則を、人間理性の構成それ自体にもとづかしめている点でリードと共通の地盤に立っているからである[50]。

ここでフランスにおける常識哲学の普及に大きな役割を果たした（フランス啓蒙哲学の唯物論および感覚主義、およびその先駆者としてのロック、ヒュームの哲学に対抗して）Victor Cousin (1792-1867) について一言しておく必要があろう。かれは若くして（23歳）ソルボンヌでスコットランド常識哲学についての講義を行ったが、常識哲学はかれの折衷的な哲学的立場において感覚主義、観念論、神秘主義などと共に重要な位置を占めるものとされていた。かれによると、常識哲学は、カント、シェリング、ヘーゲルによって代表されるようなドイツ哲学のように広大な思想運動を形成するにはいたらなかったが、かぎられた範囲内において同様の影響力を与えたのである[51]。

つぎにかれの円熟期の著作『人間の知的能力について』[52]にもとづいてリードが「観念」理論をいかに批判しているかを概観しよう。リードによるとロックの『人間知性論』における最大の欠陥 the greatest blemish は

---

49) *Ibid.*, p.2.
50) *Ibid.*, p.3.
51) V. Cousin, *Cours de l'histoire de la philosophie moderne,* Paris, 1846-47, IV, p.645: cf. Grave, op, cit., p.1.
52) *Essays on the Intellectual Powers of Man* (1785)

"idea" という言葉の多義性ないしは曖昧な用法である[*53]。すなわち，かれはこの言葉の二つの意味 (1) 精神が思考するさいの働き operation of the mind in thinking, (2) 思考の内的対象 internal object of thought, を明確に区別していないため，かれ自身および読者を誤解へ導いている，というのである[*54]。さらにリードはロックの思想におけるもう一つの曖昧さを指摘する。それは，ロックにとって ideas のみが思考の対象 objects of thought なのか，それとも精神のうちなる観念 ideas in the mind 以外の事物について考えることが可能なのか，という問題である[*55]。ロックはこの問題に関して，われわれがいかなるものについて考えるさいにも，直接的な対象はわれわれの心のうちにある，そのものについての観念であると答えるが，これは二重の対象，つまり精神のうちなる直接的対象 immediate object in the mind と，そうした観念によって表示された事物……直接的対象ではなく the thing represented by that idea...not the immediate object をつくりあげることであり，問題の解明にはならない。また何人もかれがそれについて考えている対象についてかかる二重性 duplicity を知覚する者はない，といわれる[*56]。

リードによると，ロックが idea という用語をそのようにも頻繁に用いたのはかれにとって不幸なことであり，到底，常に同じ意味で用いるために必要とされる注意を払うことはできなかったのである。リードによると，多くの箇所においてロックがこの言葉によって意味しているのは，われわれが思考のいかなる対象についても有する思念あるいは概念，つまり，それを概念することにおける精神の働きなのであって，概念された対象ではない，ということは明白である[*57]。結論として，ロックにおいては理論が現象をかえって蔽いかくし，このために素人よりも言葉の用い方が不明確，不適切になっている，とリードは批判する[*58]。

つぎにバークリについて，かれにおける物質の独立的存在の否定はきわめて不条理と見なされているが，われわれのすべての思惟にとっての直接的

---

53) *Ibid.*, p.226.
54) *Ibid.*, pp.224-26.
55) *Ibid.*, p.227.
56) *Ibid.*, p.228.
57) *Ibid.*, p.230.
58) *Ibid.*, p.234.

III リードによる「観念」理論批判

対象は観念である，とするかぎり，バークリ説は不可避である，という[*59]。すなわち，デカルト以来感覚の対象の存在は自明的ではなく，推論によって立証される必要があるとされたが，そのような arguments は結局強力ではありえず，バークリの立場に接近せざるをえなかったのである[*60]。

リードはバークリを全然評価しないわけではなく『視覚新論』を高く評価している。特に視覚による延長，形姿の観念 notion と触覚によるそれとが区別され，幾何学が扱うのは後者である，とする説はすぐれた洞察であるとしている[*61]。問題はわれわれの認識のすべての対象はわれわれの精神のうちなる観念であるとする原理であり[*62]，この原理を真であると認めるかぎり，バークリの体系はゆるがない[*63]。ところでバークリはこの原理は明白だというだけで説明しないが，リードにとってそれは明白ではないのである[*64]。むしろ，哲学的訓練を受けていないいかなる人間，この命題の意味を理解できるいかなる健全な知性の持主にとっても，この原理はよしんば不条理ではなくても，きわめてありうべからざるものに見えるであろう[*65]。リードは彼自身の経験をつぎのように物語る。

「もし私が自らの所感をあえて語ることを許していただけるならば，私はかつてこの観念の説を，それの帰結としてバークリの体系の全体を受けいれるほど堅く信じていた——だが，それは，物質的世界の欠如ということ以上に私を不安にさせるような他の帰結がその説から出てくることを見出して，つぎの質問，つまり，私は自らの精神のうちにどんな明証を有しているのか，という質問をすることを思い立った四十年以上も前までのことであった。その時から現在まで，私としては率直かつ公平にこの原理（観念の説）の明証を探し求めてきたのであるが，哲学者たちの権威を別にすれば，何も見出すことはできなかったのである」[*66]。

---

59) *Ibid.,* p.236.
60) *Ibid.,* p.237.
61) *Ibid.,* pp.238-.
62) *Ibid.,* p.241.
63) *Ibid.,* p.244.
64) *Ibid.,* p.242.
65) *Ibid.,* pp.242-43.
66) *Ibid.,* p.243.

バークリは素人の側にたって哲学者たちと対立するが，どうしてこの姿勢を徹底させて，哲学者たち（のみ）によって支持されているさきの原理に疑問をむけなかったのか，残念なことだ，とリードはいう[67]。

　ところで，バークリはロックと違い，観念ではないところの知識の対象，すなわちわれわれ自身の精神，他の精神，神を認め，それらは観念を通じて知られるのではないとしている。バークリにおいては，最も重要な対象は観念なしに知られる，とされているのである[68]。では，どうして物質的世界についても観念なしの認識はできないのか，とリードは反論する[69]。私が物質に触れるとき，私が直接に，そして客観的に触れるのは物質であって，観念ではない。物質についての観念，思念 idea, notion とは，何らかの対象について概念ないし思念している精神の働き an act of mind conceiving or thinking of some object にほかならないのである[70]。バークリにおける notion と idea の区別は彼の全体系を支えるものであるが，それらは結局のところ精神の働きにほかならない[71]。"idea" は「概念すること，記憶あるいは知覚することのいずれであろうと，対象についての精神の働き」以外の何ものでもない。しかるに哲学者たちは idea は精神の働きそのものではなく，働きの対象だと言いはるのである[72]。また，バークリが，われわれの感覚能力がかかわるのはわれわれ自身の感覚あるいは観念のみだ，と主張するのは正しくない[73]。たとえば，針で指をついた時に感じる痛み，その苦痛は sensation であるが，針は sensation ではない。「針は長さと厚み，形と重さを持つ。感覚はこれらの質を何も持ちえない……しかも，針は感覚の対象である」[74]。逆に，sensation においては精神と感覚があるのみであり，知覚，記憶，概念，表象においては ① mind that operates, ② operation of the mind, ③ object of that operation の三つがあるのみで，第四のものとして，idea を持ってきても，それが何であるかわからな

---

67) *Ibid.,* p.248.
68) *Ibid.,* p.263.
69) *Ibid.,* p.264.
70) *Ibid.,* p.265.
71) *Ibid.,* pp.266-.
72) *Ibid.,* p.275.
73) *Ibid.,* p.266.
74) *Ibid.,* p.270.

いし，また②と③を混同して，それらが一つのものだというなら，そのような説は「私が私自身の精神の働きについて発見しうるすべてのことと全く相容れず，またそれはすべての言語の構造において表現された人類の常識とも相容れない」*75 と結論する。

　ヒュームの「観念」説については，バークリがそれを物質だけにかぎって物質の存在を否認しつつも，精神の存在は認めたのにたいして，ヒュームはより一貫的であって，精神を知覚，思念，情念の束に解消させ，その存在を否認した，と指摘する。その特徴のメリットはつぎのように要約される。「非常に抽象的な事柄において，僅かな原理から鋭敏かつ正当に引き出された——いかに不条理とはいえ——諸帰結の体系である」*76。

　リードは痛烈な皮肉をこめて，ヒュームの哲学がいかに不条理な帰結へと到達したかを指摘する。

「第二の論者（ヒューム）は（デカルト，マルブランシュ，ロックによって提示された）同じ原理にもとづいて論を進めるが，それらを徹底的に展開する。そしてバークリは物質的世界の全体を否認したが，この著者は同じ根拠にもとづいて精神の世界を否認し，自然のうちに観念と感覚だけを残存させ，それら（観念と感覚）がその上に印象されるべき基体は何もない」*77。

　さらに，ヒュームには独特のユーモアが感じられる，と皮肉る。すなわち，『人性論』の冒頭で厳粛な面持で人間の科学を新しい基盤の上に確立することを約束しておいて，じっさいにその著作の全体が意図しているのは，この世界には人間本性も科学も存在しないことを示すことなのである*78。「しかし，このことで著者を責めても意味はないだろう……かれは自分自身の存在も，読者の存在も信じていないのであるから。とはいっても，ヒューム自身がこんな言い逃れをするほど懐疑主義者だったとは信じられない」とリードは言う。「彼（ヒューム）は彼の原則に反して，自分（の著作）

---

75)　*Ibid.*, p.277.
76)　*Ibid.*, p.280.
77)　*Ibid.*, Inquiry, Ⅰ, 5, p.14.
78)　*Ibid.*, p.14.

は読まれるはずだ（つまり他の精神は存在する），自分は自分の人格的同一性を，自分の形而上学的鋭敏さにたいして当然与えられるべき名誉と評判をかちとるまで保持するはずだ，と信じていた」*79。He believed against his principles, that he should be read, and that he should retain his personal identity, till he reaped the honour and reputation justly due to his metaphysical acumen.

リードは続ける。ヒュームは自分が自分の哲学を受けいれるのは独り書斎にこもっている時だけだというが，その時だって完全に世間の常識を忘れていたとは信じられない。もしそうだとわかったら友人たちはけっしてかれを独りにしておかないだけの親切さを持ち合わせていたことだろう*80，と皮肉っている。

しかし，最も痛烈な皮肉がこめられているのはつぎの一文であるように思われる。すなわち，自然界の事物，事象はそれを詳しく眺めれば眺めるほどわれわれの心は驚嘆に満たされ，自らの無知を痛感させられるのが常であるのに，ヒュームの哲学によると，こんなに外界のことを熱心に考察し，驚嘆するわれわれの精神自体の構造は簡単に説明されてつくしてしまう。本当にそうだとすると，これは自然の詭計としかいえないのではないか。

「もしこれが人間本性の哲学だというなら，わが魂よ，汝はけっしてその秘密に入りこんではならぬ。それはまぎれもなくあの禁じられた知識の樹だ。私はその果実を味わうやいなや，自分が裸で，すべてを，私の自我そのものまでもはぎとられているのを見てとる。私は自分を見ると，自然の全枠組みが流れ去る観念へと縮んでしまい，エピクロスの原子のように，虚空のうちにはねまわっているのだ」*81。

If this is the philosophy of human nature, my soul enter thou not into her secrets. It is surely the forbidden tree of knowledge: I no sooner taste of it, than I perceive myself naked, and stripped of all things, yea, even of my very self. I see myself, and the whole frame of nature, shrink into fleeting ideas, which, like Epicures's atoms, dance about in emptiness.

---

79) *Ibid.*, p.15.
80) *Ibid.*
81) *Ibid.*, p.18.

結局のところ，デカルト以来，哲学者たちは常識が明確に区別しているもの（それは証明できない，われわれの本性の基本構造そのものに属するから）つまり mind-perception-object の区別を混同して the idea of the object, image-representative of the object→the immediate object という考え方をとり，遂には idea が perception, object, mind にとって代ってしまったのである。ヒュームはこの哲学が行きついた結論を明らかに示しており，かれにおいて idea は mind, perception, and object, all in one である[*82]。その結果，mind にはその idea, impression を整理するような力は何も残されていない，という奇妙な帰結が生じている[*83]。

リードは「観念」説全般についての批判をつぎの五点にまとめている。その際かれが問題にしているのは精神の働きとしての idea ではなく，そうした働きの対象だとされる idea の存在，the immediate object of perception in the mind itself である。

(1)「観念」説は哲学の訓練を受けていない人々の普遍的感覚 universal sense と正反対である。われわれが見る対象，月や太陽はたんにわれわれ自身の心のうちなる観念である，という立場は受けいれ難い[*84]。

(2) 哲学者たちによって観念の存在は自明的とされているが，それは決して意識の事実として確証されない。「私はたしかに知覚し，記憶し，表象していることを意識しているが，これらの働きの対象が私の精神のうちにある表象であることは意識していない」[*85]。"I am indeed conscious of perceiving, remembering, imagining; but that the object of these operations are images in my mind, I am not conscious." 観念の存在を自明的とした人々は，精神は自らに現存するものだけを知覚しうる，ことを前提としていた。さらに，われわれが対象を知覚するとき，対象がわれわれに働きかけるか，われわれが対象に働きかける，という前提があるが，リードはこの前提を斥ける。こうした前提は精神の働きに物体からのアナロジーを持ちこむことである，として批判するのである[*86]。

---

82) Reid, *Essays*, pp.281-82.
83) *Ibid.*, p.284.
84) *Ibid.*, p.297.
85) *Ibid.*, p.301.
86) *Ibid.*, p.305. An object, in being perceived, does not act at all...To be perceived, is what Logicians call an external denomination, which implies neither action nor quality in the object perceived.

さらに，知覚において精神が対象に対して働きかけると言うのも無意味である。それは内在的行為 immanent act と移行的行為 transient act とを混同することにほかならない。また知覚において対象は知覚する者にたいして連続・接触的でなければならない contiguous とするのも偏見である[*87]。要するに「観念なるものを想定することによって知覚の成立は何ら説明できない」，というのがリードの立場である。いいかえると，観念を想定することなしに精神と対象との間の直接的交渉 immediate intercourse を肯定することができる，とリードは主張する[*88]。ヒュームが表象あるいは知覚以外の何ものも精神には現存できないという時，それは「知覚の直接的対象はわれわれの精神のうちの観念である」の言いかえにすぎず，その根拠ではありえない，というのである[*89]。

ここでリードはアリストテレスおよびスコラ哲学におけるスペキエス論に触れ，デカルトはこのスペキエス論の一面だけを斥けて，他の面を受けいれた点で不徹底である，と批判している。繰り返しになるがその箇所をあらためて引用する。

「私はアリストテレスとスコラ哲学が表象あるいは形象（スペキエス）が対象から流出し，感覚によって取り入れられ，精神に働きかける，と教えたことを知っている。しかし，この説はデカルト，マルブランシュ，および他の多くによって極めて有効に反駁されたので，今やそれを弁護する立場をとる者はいない。条理をわきまえた人々は，この説を古代哲学の最も無意味な部分と見なしている[*90]。……ところが，観念の説はかの古代哲学の最大の不条理の一つである可感的形象というアリストテレス説を出現させた。……デカルトは外的対象から流出する観念という学説の不条理を見てとり，それが哲学者たちによって何千年もの間受けいれられてきた後で，それを有効に論駁した。しかしかれは脳あるいは精神のうちなる観念を存続させた。この基礎の上に，精神の諸能力についてのわれわれの近代の哲学のすべてが築かれている[*91]。……古代哲

---

87) *Ibid.*, p.307.
88) *Ibid.*, p.312.
89) *Ibid.*, p.310.
90) *Ibid.*, pp.310-11.

Ⅲ　リードによる「観念」理論批判　　　301

学においては，諸観念は非質料的な形相であると言われ，或る哲学体系によるとそれらは永遠の昔から存在していたとされ，他の体系によると諸対象（これら観念はそれらの形相である）から送り出されるものとされる。近代の哲学においては，それらは精神のうちにあるものであって，われわれのすべての思考の直接対象なのである」*92。

　リードによると，旧い体系は感覚によって取り入れられる表象 images let in by the senses と 精神のうちなる表象 images in the mind の両者を主張し，新しい体系は「不自然な離婚」unnatural divorce を行って後者のみを主張しているが，本当は両者とも斥けるべきなのである。
　(3) 哲学者たちの間で，観念については，その存在の他は何の意見の一致も見出されない。
　(4) 観念を導入することによって，精神のいかなる働きもよりよく説明されない。たしかに遠隔対象 distant objects の知覚 perception, 過去の事柄の記憶 things passed の remembrance, 存在しない事物の表象 imagination がいかに為されるかを説明するのは困難であるが，ideas in the mind はこれらすべてを一つの働きに還元することによって説明しようとする。現存し，知覚主体と接触している事物の直接的知覚 Immediate perception of things present, and in contact with the percipient... しかし，これは解決にはならない。実際，精神のうちなる観念を知覚するとはどういうことか，物体から借りてきたアナロジーに頼っているのではないのか，とリードは批判する*93。
　(5) この説からの当然で必然的な帰結は，人類の常識を尊重するほどの者にとって，あまりに不条理，逆説的である。物質的事物の存在を証明しようとする試みもすでに逆説的であるが，バークリ，ヒュームにおける物質的世界の否認，抽象的観念の否認，精神は関係ある諸印象と諸観念の連続のみ no material world, no abstract ideas, mind is only a train of related impressions and ideas という結論はすべて「観念」説からの論理的帰結であり，これは当の説について疑念を抱かせるに充分である。
　リードによる観念説批判について全般的な評価を試みると，(1) 観念を

---

91)　*Ibid.,* p.322.
92)　*Ibid.,* p.276.
93)　*Ibid.,* pp.320-21.

（直接的）対象と見なす説の問題点を鋭くついている点は充分考慮に値する。かれが「観念」は <u>act</u> of thinking about some objects であり，それ以上のものではない，というのは観念は acts of thinking なしには存在しない，という意味において，まったく正しい。(2) しかし，そこから直ちに「観念」なるものの役割ないし存在をまったく排除している点は問題が残る。認識・思考の心理学的説明においては観念，可知的形象のようなものは無視されうるとしても，認識の形而上学的説明においては何かそのようなものを認めざるをえないのではないか。(3) 同じことを別の角度からいいなおすと，リードは認識・思考の働きを物体のアナロジーをかりて説明する誤りを鋭くつきながら，そのようなアナロジーによらない説明についてはあまり明確かつ積極的に述べてはいない。結局のところ，認識の形而上学のようなものを認めるかどうかが問題として残るのである。

Ⅳ 中世スコラ哲学におけるスペキエス説
―― トマス，スコトゥス，オッカム ――

(1) トマス認識説におけるスペキエス

前述のようにリードは中世スコラ哲学がアリストテレスから受けついだ学説として外的事物の形相であるところの可感的形象もしくは観念が，その質料から切り離され，それを知覚するところの精神のうちへと送りこまれる[94] the sensible species or idea is the very form of the external object, just separated from the matter of it, and sent into the mind that perceives it. という説にふれ，デカルトはこの学説は斥けたが，「精神のうちなる観念」という学説――この二つは切り離すことはできないのに――は受けいれた[95] とのべている。

たしかにスコラ学者は認識の説明においてスペキエス可感的―可知的 (sensibilis－intelligibilis) に言及しているが，果たしてそれらが ① 外的事物から精神へともたらされた，あるいは外的事物から精神へと流れ入った，

---

94) Reid, *Essays*, p.254; cf. p.276; 322.
95) *Ibid.*, p.311; 322.

と主張しているのか，② また精神によって受けとられ，精神のうちに現存するかのように語られているスペキエスは，いったい認識におけるどのような役割をふりあてられているのか，対象なのか，媒介・手段なのか，③ 媒介・手段であるとした場合，それは外的事物と精神との中間に位置づけられるのか（外的事物の直接的認識と対立する意味で）。まずトマス・アクィナスの認識説におけるスペキエスについて上の諸点をたしかめた上で，スコトゥスにおいてスペキエス理解がどのような変容を蒙ったかをつきとめ，最後にオッカムがどのような理由でスペキエスを否認したかをふりかえることにしよう。この考察を通じて，オッカムが否認したスペキエスはトマスが理解したスペキエスとは同一のものではないこと，またオッカムがスペキエスに代るものとして導入したハビトゥスは，（トマスのいう）スペキエスを無用のものにはしないこと，などの点をあきらかにしたい。

　トマスはスペキエス（特に断わらないかぎり可知的スペキエス species intelligibilis）は，知性がそれによって id quo，認識するところのものであり，スペキエスによって per speciem あるいは（スペキエスに）即して secundum quam などの言い方をする*96。裏からいうと，スペキエスは知性によって認識されるところのもの id quod，その意味での対象ではないことが強調される。つまり，知性が事物（感覚的，物質的）を認識するとき，それは自らのうちに受け取られ，保持されているスペキエスを本質的な対象として，それを認識するのではない，とされる。この点でトマスの立場は「精神のうちなる観念」を直接的対象とみなす上述の観念説とは決定的に異なっているように見える。

　しかし，トマスはスペキエスがいかなる仕方においても認識の対象にならない，と主張しているのではない。すなわち，「知性は自己自身をふりかえるものであるから，同一のふりかえりでもって自らの認識する働き，およびそれによって認識を行うスペキエスを認識する」*97。Quia intellectus supra seipsum reflectitur, secundum eandem reflexionem intelligit et suum intelligere et speciem qua intelligit. つまり，スペキエス（species intellectiva）は第二

---

96) *Summa Theologiae* (*S. T.*), I, 85, 2.
97) *Ibid.*

次的には認識されるもの id quod intelligitur なのである。しかし,「第一次的に認識されるものは,スペキエスがそれの類似であるところの,事物である」[*98]。Id quod intelligitur primo est res cujus species intelligibilis est similitudo. とされている。

　トマスの言う通りであるとすると,われわれは自らの認識作用をふりかえることによってスペキエスを簡単に認識し,それについて明確に語ることができそうである。しかるに,それは実際にはかなり困難である。そもそも「知性が自己自身をふりかえる」とはどういうことか。一種の心理学的内観なのか。それとも「知ることの意味を知る」ということか。あるいは認識の成果としての「定義」や「判断」を分析することなのか。結局のところ,知性が自己自身をふりかえることができるのは,より高次の認識段階に到達することによってであると思われるが,トマスはこの点については何ら詳しくのべていないのである。

　ただ一つ明確にされていることは,スペキエスを認識するとは,概念や判断――それの言語化が行われるところの――を認識することではない,という点である。トマスによると,スペキエスは言語化されることはなく,言語化されるのは,知性がいわば能動的に外的事物について判断すべく,自ら形成するところの定義もしくは複合・分割にほかならない。これにたいして,スペキエスの形成,あるいはむしろスペキエスによる知性の形相化 informatio とは,まさしく知性が対象(可知的な)によって動かされる immutatio ということ,なのである[*99](もちろん「動かされる」とは広義の運動・変化であるが)。スペキエスそのものは言語化されない,という点は強調しておかなければならない。それはスペキエスといわゆる観念,概念との根本的な相違を示しているといえよう。

　ここで知性がスペキエスを受けとる,スペキエスを持つ,と言われていることの意味を正確に理解する必要がある。この場合,当のスペキエスは決して知性から区別されるところの対象ではなく,むしろ知性が何らかの対象によって動かされていること,そのことを指示しているのである[*100]。

　ここで,トマスが知性は同一のふりかえりによって自らの認識の働きと,

---

98) *Ibid.*

99) *Ibid.*

100) *Quaestiones Disputatae de Veritate*, 22, 5, ad 8.

スペキエスとを認識する，と語ったことの意味が明らかになる。「認識する」とは「何かについての認識」であり，その「何」を指示するのがスペキエスである。すなわち，スペキエスを認識するとは，当の認識において知性を動かしているものを視野に入れる（そのものと知性との連関を）ことであるといえよう。ところが，トマスによると，知性を動かす何らかの可知的対象が離在しているわけではなく，むしろ認識は対象を可知的ならしめることを通じて（つまり「抽象すること」を通じて）行われるのであるから，知性を動かすのはじっさいには能動知性や感覚的表象である，ということになるわけである。

しかし，そもそも対象・外的事物の認識のためにどうしてスペキエスが必要であるのか。どうして認識は認識されるもの（対象）と認識する知性の二者のみによって，前者が後者に現存すること，あるいはこの二者の何らかの合一ということで説明されないのか。いったい，スペキエスを導入することで認識のどのような面が解明されるのか。

一言でいえば，スペキエスは認識 intelligere という働き actio を説明するために必要とされる原理 principium である。この説明は現実態—可能態ないし形相—質料の観点から為される説明であり，スペキエスは認識を説明する原理としての形相にほかならない。すなわち，トマスによると事物の存在 esse がその事物の形相をぬきにしては説明されないごとく，何らかの主体による働き actio も，その主体に形相的に内在する原理・形相をぬきにしては説明できないのである[101]。すなわち，いかなるものもそれが現実態において在ることに即してでなければ働きをなすことはなく，したがって或るものがそれによって現実にあるところのもの，それが働きの原理でもある[102]。ところがそのようなものとは形相にほかならない。したがって，認識が働きであるかぎり，それを説明するための形相がどうしても必要となる。

しかし，認識という働きを説明するための形相としては認識能力である知性ないし知性的魂 anima intellectualis で充分なのではないか，という疑問が起こる。トマスの心身論によると，知性的魂は形相として身体と合一

---

101) *Ibid.,* 79, 4.
102) *Ibid.,* 76, 1.

しているのであり，この形相たる知性的魂によって人間は認識するのである*103。この形相は固有の身体のみでなく，身体をいわば超え出て，他の諸々の事物をも形相的に規定することができるのであり，そうした形相的規定 informatio が認識するという働きではないのか。そのように考えれば，知性という形相のほかにスペキエスのようなものを措定する必要はない，とも考えられるのである。

ところで上にのべたこと，すなわち知性自体が事物を認識するための原理・形相であるという事態は，トマスによると神的知性においてのみ（あるいは或る程度まで天使的知性において）見出されることであって，人間においては事態は根本的に異なっている。すなわち，神の場合，その本質は万物を，諸々の結果が原因において先在するような仕方で包括しており，しかもこの包括は質料的ではなく非質料的な仕方で immaterialiter なされている*104。いいかえると，神の本質はすべての存在するもの，すべての可知的なるものにたいして，それらの現実態としてかかわっている——神的本質のうちにすべての存在するものは originaliter et virtualiter に先在しているかぎりにおいて*105。したがって神は自らの本質によって*106 per suam essentiam——それを自らの働きの形相として——すべてを認識する。いいかえると，神的認識の場合，神的知性のほかに認識の働きを成立させるための形相・スペキエスは必要ではなく，スペキエスと知性とは同一なのである*107 ipsa species intelligibilis est ipse intellectus divinus。

ところが，知性が対象（ないし可知的なるもの）にたいして現実態としてかかわる，ということは神においてのみ見られる事態であり，被造的・有限的知性は対象・可知的なるものにたいして，むしろ可能態としてかかわり，後者によって現実化される。したがって，知性という形相は，それだけでは認識という働きの原理たりえず，それとは別の形相が必要とされる。それがスペキエスと呼ばれるものにほかならない。ただし，天使的知性は（デカルトが人間知性について考えたように）常にそれが認識しうるか

---

103) *Ibid.*
104) *Ibid.*, 84, 2
105) *Ibid.*, 79, 2.
106) *Ibid.*, 84, 2.
107) *Ibid.*, 14, 2.

ぎりの対象・可知的なるものを現実に認識しており，その意味でスペキエスは自然本性的に知性にそなわっている[108] species naturaliter indita, species innata。しかし，人間知性は知性の序列において最下位，つまり最も純粋可能態に近いものであって，それが認識しうるかぎりでの対象・可知的なるものにたいして可能態においてある[109]。したがってそれは自然本性に具わったスペキエスによって認識することはできず[110]，むしろそれを獲得しなければならないのである[111]。その「獲得」はアヴィセンナが考えたように，何か上位の知性（離在的形相）から流入 effluere するのではなく[112]，事物から受けとる，という仕方でなされる，つまり感覚でもって捉えられるところの事物からして，その事物が「何」であるかを認識するためのスペキエス・形相が受けとられるのである。

ここで，人間知性がスペキエスを可感的事物から「受けとる」ということは，当のスペキエスが事物から流出し，人間知性のうちへと流入 defluxio することではないのか，という疑問が起こる。しかし，トマスによると受けとられたスペキエスはたしかに事物そのものの形相であるといわなければならないが，それは先に事物のもとにあった形相が知性へと移動する，という仕方で受けとられるのではない。それは感覚と知性とを区別することを知らなかったデモクリトスの如き人の立場であり[113]，かれはアリストテレスの伝えるところによると，認識 cognitio は諸々の影像の流出 defluxiones imaginum，つまりアトムの流入によるというふうに説明した[114]。つまり，可感的なものがわれわれの感覚にたいして何らかの印象づけ impressio をなし，何らかの変化 immutatio を引きおこすことは否定できないが，デモクリトスはこうした可感的なものによる変化 immutatio a sensibilibus のみによって人間の全認識を説明しようとしたのである。

しかし，事物から流出する形相・スペキエスが物質的なものであるとしたら，そのようなものが認識の「原因」となりうるとは考えられず，また

---

108) *Ibid.,* 55, 2.
109) *Ibid.,* 79, 2; 14, 2, ad 3.
110) *Ibid.,* 84, 3.
111) *Ibid.,* 84, 4-6.
112) *Ibid.,* 84, 4.
113) *Ibid.,* 84, 6.
114) Alistoteles, *De Divinatione per Sonum,* 464 a 5.

他方，事物から何か非物質的，可知的なスペキエスが流出するとも考えられない。したがって，トマスはスペキエスの流出という考え方はきっぱりと斥ける。しかし，感覚的認識は身体の協同関わり communicatio corporis なしには行われないものであるところから，可感的事物・物体が感覚にたいして直接的に働きかけることは可能である。すなわち，物体が感覚器官（身体の一部である）に働きかけ，そこに何らかの自然的変化 immutatio naturalis を生ぜしめるとき，それにともなって感覚能力（これは精神に属する）のうちに或る種の霊的変化 immutatio spiritualis が生じるのであって，それが感覚的認識の起源である。この変化とは，感覚器官のうちに可感的なものの何らかの印刻づけがなされること，つまり可感的形象 species sensibilis が形成されることにほかならない[115]。しかし，こうした可感的形象の形成（つまり，感覚的能力が動かされ，現実態に置かれること）は，けっして事物からの流出・流入ということで説明されるのではない。事物からの働きかけはまったく自然的・物理的 naturalis なものであり，可感的形象の形成そのものは精神の働きによるものといわなければならない。いいかえると，事物からの働きかけは単に自然的・物理的であっても，精神・身体的な複合体がそれを受けとる場合には，自らの在り方に応じて受けとるのであり，その結果が可感的形象の形成である。したがって，この形象はたしかに事物から受けとられたといえるが，形象そのものが事物から流出したのではなく，そこに受けとる側の能動的なかかわりがあってはじめて形象が形成されるのである。

　ましてわれわれが問題にしている可知的なスペキエス（それによって事物の「何」であるかが認識される）は，事物から流出するわけでは決してない。いいかえるならば，「知性的働きを原因するのに可感的物体による印象づけだけでは充分ではない」[116]。ad causandam intelletualem operatioem... non sufficit sola impressio sensibilium corporum. 事物からの印象づけ・働きかけ（それらは表面的部分的であり，いわば極めて相対的・主観的でしかない）にもとづいて感覚的表象像 phantasma が形成されるのであるが，この表象像を素材とし，それに能動的に働きかける（＝抽象，つまり事物の「何」

---

115) *S. T.* I, I, 84, 4.
116) *Ibid.*, 84, 6.

たるかを洞察するための認識努力）ことによってはじめてスペキエスが形成される，というのがトマスの説である*117。この場合，スペキエスの形成とは，知性が自らのうちに事物・対象を表示する repraesentare ところの，何らかのコピーをつくりだすことでは決してない。それはまず未完成品として受けとった表象像に加工する――照明・抽象――ことによって，事物をより完全に表示してくれるようなコピーをつくりだすことではない。そうではなく，感覚を通じて接触された事物について，何らかの認識努力を通じて（たとえば幾何学的証明，植物や動物の種の確定など）それの何であるかが洞察されえたとき，そのときにスペキエスが形成されているのである。われわれの目は，いわば，常に事物そのものにむけられているのであって，何か「精神のうちなる観念」のようなものにむけられているのではない。ただ，事物の何たるかが認識されるのはいかにしてであるかが問われるときには，つまり当の認識作用 actio の説明が必要とされるときには，どうしてもスペキエスなるものの存在を認めざるをえないのである。

　ここでスペキエスは認識という働き actio の原理であり，知性が現実に認識する，ということを説明する形相原理であるかぎり，必ずしも知性自身から区別されたものである必然性はなく，また対象・事物から受けとられるものである必然性もない*118。事物から受けとることの必要性，いいかえると対象による変動・動かされること，受容 mutatio, receptio, moveri ab objecto, pati といったことは，認識者が認識者として不完全であり，可能態にあることにもとづく。ということは，人間知性においてもスペキエスがまさしく認識の働きの形相原理として機能しうるのは，それが対象から受けとったものにもとづくのではなく，むしろ知性自体のうちに本来見出されるものにもとづくことを意味する。たしかにスペキエスが事物から受けとられる，という言い方は正しい。しかしスペキエスの全体が受けとられるのではなく，むしろその素材 materia だけが受けとられるのであり，認識作用の形相原理としてのスペキエスの形相的要素は知性自身（能動知性の光）に由来するのである。

　ところで，スペキエスはあくまで「それによって」認識がなされるとこ

---

117) *Ibid.*, 84, 6; cf. 79, 3; 4 ad 3.
118) *Ibid.*, 56, 1; 1 ad 3.

ろのものであり,「認識されるもの」認識の本来的対象ではないということは,一度スペキエスが獲得されたあとにおいても,現実に認識が行われるためには,感覚的表象像への注目・転向 conversio が必要である,というトマス説[119]においてあきらかに示されている。獲得され,保持されているスペキエスは一種の可能態,つまり習慣・性向 habitus-dispositio として保持されている[120]。裏からいえば,習慣となるところまで認識努力が為されなければスペキエスが獲得されることはないともいえる。それは一種の可能態であるかぎり,それだけでは現実に認識の働きは行われえず,これを現実態へと高めるためには対象による働きかけ・変化 immutatio が必要なのである。そうした対象による働きかけは,感覚的表象像へのふりむき・注目・転向によってはじめて可能となる。したがって,トマスが感覚的表象像へのふりむき・注目・転向が現実に思考・認識が為されるために不可欠であると説くのは,このふりむき・注目・転向なしには対象が与えられないからである。そのことはトマスがスペキエスを本来的な認識対象と見なす立場をきっぱりと斥けていることを示す,といえるであろう。

　ここでトマスのいうスペキエスとハビトゥスとの関係に光があてられる。かれは,知性は感覚よりもより安定的[121] stabilioris であり,感覚器官たる物体的質料よりもより安定かつ不動の本性[122] magis stabilis natura et immobilis であるから,スペキエスをはるかにより不動かつ不可失的な仕方で受けとる[123] multo fortius intellectus immobiliter et inamissibiliter recipit species intelligibiles という。しかし,スペキエスは現実の認識においてそれとして意識されているのではないから,それの保持といっても何か表象や観念を記憶する場合とは違うはずである。ではどのような仕方でスペキエスが保持されるかといえば,つぎに同種の対象が現実に認識されるとき,その認識が容易,迅速,確実に為される,という仕方で保持されている,と考えられる。すなわち,スペキエスが習慣的に habitualiter 保持されるということは[124],習慣として保持される,ということにほかならない。ス

---

119) *Ibid.*, 84, 7.
120) *Ibid.*, 79, 6; 6 ad 3.
121) *De Veritate*, 10, 2.
122) *S. T.* I, 79, 6.
123) *Ibid.*
124) *De Veritate*, 10, 2; *S. T.*, I, 79, 6, ad 3.

ペキエスそのものは言語化されないのであってみれば、そのように解釈するほかないであろう。

では現実の認識行為においてはスペキエスがその形相原理であるとしても、現実に認識されていない場合はスペキエスは存在せず、ハビトゥスだけが存在すると考えることはできないか。ここからさらに、現実の認識においてもハビトゥスだけで認識の成立を充分に説明できるのではないか、という疑問が生じてくる。しかし、前述のように認識するという働き――そこにおいて知性が対象たる事物の本性に到達する、逆にいうと対象たる事物の本性が知性のうちに現存する――が成立するためには、どうしてもスペキエスが必要とされるのであり、ハビトゥスがスペキエスの代用となることは不可能である。むしろ現実に認識がなされていない時には習慣として、つまり一種の可能態において保持されているスペキエスが、現実の認識作用においてはその形相原理として機能する、というふうに考えるべきであろう。

(2) スコトゥスおよびオッカムにおける直観的認識とスペキエス

トマスの認識説においては認識の本質を説明する原理として不可欠なものであったスペキエスが、スコトゥス（Johannes Duns Scotus 1265-1308）においてはその必要性が部分的に否定され、オッカム（Guillelmus de Ockham 1285-1347）においては全面的に否定されるにいたっている。ここではまずこの二者におけるスペキエス否定の議論をたどり、ついでにその妥当性について論ずることにしたい。

まずスコトゥスによると、知性的認識（congnitio-intellectio）には直観的 intuitiva と抽象的 abstractiva との二つの種類が区別される[125]。ここで直観的というのは推論的 discursiva に対立する意味ではなく、むしろ事物を、それがそれ自身におい在るがままに直観する[126] intueri rem, sicut est in se つまり事物ないし対象をそれの現実的存在 existentia actualis ないし現存 praesentia において捉えることを意味する。いいかえると、対象が何らの媒介も経ることなしに、いわばそれ自身の現実的存在をもって直接的に知

---

125) *Ordinatio*, II, 3, 9.
126) *Ibid.*

性に迫り，現存することによって成立する認識である。したがって完全な意味での直観的認識は対象がいま・ここで現存的に在る[127] de objecto ut praesentialiter existens 場合にかぎられ，未来に関する予見 opinio de futuro, 過去についての記憶 memoria de praeterito においてのみ存在している場合には不完全である[128]。

これにたいして抽象的認識とはまさしく現実的存在 existentia actualis から切り離された（抽象された）認識であり，スペキエスによって成立する認識である。それというのも，スコトゥスによると，スペキエスは対象を，それが存在する existere としないとに拘わりなく同じ仕方で aequaliter, indifferenter 表示する repraesentare からであり，かかるスペキエスによって成立する認識はしたがって現実存在から抽象されることになる。そしてスコトゥスによると，かかる抽象的，非直観的認識はすべて或る意味で不完全である[129] omnis intellectio abstractiva et non-intuitiva est aliquo modo imperfecta。その理由は対象の現実的存在から抽象されているかぎり，その全存在性 tota entitas が認識されていないからである，と考えられる。

このようにスコトゥスにおいては，スペキエスによらない直観的認識が完全な認識とされつつも，スペキエスによる抽象的認識も認められている。じっさい，かれによると学知 scientia は現実的存在から抽象されているかぎりでの対象に関するものであり[130]，そうでなければ学知とはいえないからである。

ところがオッカムにおいてはスペキエスは認識を成立させる原理として全面的に否定される。オッカムのいう直観的認識 notitia intuitiva と抽象的認識 notitia abstractiva の区別は，ひとまずスコトゥスのそれに類似している。すなわち，前者は「そのちからによって，ものが在れば知性が直ちにそれが在ると判断し，明白にそれが在ると認識するような仕方で，ものが在るか在らぬかが知られうるような知」[131] talis notitia, virtute cujus potest sciri, utrum res sit vel non, ita quod, si res sit, statim intellectus judicat eam esse,

---

127) *Ibid.*, III, 14, 2, 6.
128) *Ibid.*
129) *Ibid.*, I, 2, 2.
130) *Ibid.*, II, 3, 9, 6; XII, 2, 12, 6.
131) *Ordinatio,* Prologus, 1.

et evidenter cognoscit eam esse であり，後者は「そのちからによって偶然的なものについて，それが在るか在らぬかは明白に知られえず，……またそれによって，直観的知とは対立的に，在るものについては在るということが，在らぬものについては在らぬということが，明白には知られえないような知」*132 notitia illa, virtute cujus de re contingente non potest sciri evidenter utrum sit vel non sit...nec per ipsam potest evidenter sciri de re existente, quod existit, nec de non existente, quod non existit, per oppositum ad notitiam intuitivam であるとされる。しかるにスコトゥスと根本的に違うのは，抽象的認識はスペキエスによって成立するのではなく，むしろ常に直観的認識と同時に成立する，とされている点である。そして，この抽象的認識によって一種の habitus が形成され，それによって，事物が存在するとしないとに拘わらず妥当するところのハビトゥス的抽象的（学知）認識（不完全な直観的認識）の成立が説明される。

すなわち，オッカムは一切の認識の起源を個物に関する直観的認識におき，その直接性・確実性が一切の認識の確実性の基礎であるとしている。そして事物と知性との間に介在するスペキエスは，そうした認識の直接性・確実性をそこなうものとして，これを全面的に否認したのである。

V 結　語

リードによる観念（認識対象としての）の否定と，オッカムによるスペキエスの否定とは，共に知性（精神）と事物・対象との間に介在して，認識の直接性を妨げる第三の存在 entity を排除しようとする試みである点で共通的であるといえる。いいかえると，それは対象を二重化（直接的—間接的）することの拒否であるといえよう。そして，その点においてこの二者の試みは積極的に評価すべきであると考える。

では，ロック，バークリ，ヒュームにおいて観念の理論が導入されなければならなかった必然性，つまり表示説，推論説 reprecentationism, illationism の立場はリードにおいて充分に解決されていたであろうか。また，スペキ

---

132) *Ibid.*

エス説が必要とされた理由，つまり認識（知性と事物，知性と可知的なものとの直接的合一）の本質への問いは果たしてオッカムにおいて正当に受けとめられたのであろうか，問題が残るように思われる。

第10章

ヒュームの経験主義と因果性理論

I 経験主義と「経験」の概念

　哲学史においては「経験主義者」Empiricist と呼ばれる哲学者が見出される。有名なのはいわゆる英国経験論哲学の代表者とされているロック John Locke 1632-1704, バークリ George Berkeley 1685-1753, ヒューム David Hume 1711-1776 であるが，この学派の先駆者であるとされる中世末期のオッカム William Ockham 1285-1347 および近世初期のベーコン Francis Bacon 1561-1626 も経験主義者と呼ばれることがある。さらに19世紀のミル John Stuart Mill 1806-1873 も前記の学派の流れをくむ経験主義者であるといわれる。ミルを「経験主義者」と呼ぶことについては問題がないわけではない。かれは，かぎられた経験に頼りがちな人々の誤り，つまり「誤まった一般化」「単なる枚挙による帰納」を斥けて「経験主義」と呼ぶことがあるからである[*1]。他方ミルは，通常，経験からまったく独立の確実性を有するとされる数学の公理ですら経験，つまり感覚的明証にもとづく，と主張しており，その点では徹底した経験主義者といえる[*2]。

　さらに20世紀に入ると，論理実証主義 logical empiricism（Wiener Kreis 1928 シュリック，カルナップ，フランク，ファイグルなど）や分析哲学（言語分析）などと呼ばれる経験主義（論理的，科学的経験主義）が影響力をもつようになる。米国ではふつうプラグマティズムと呼ばれる経験主義哲学

---

1) *System of Logic,* V, 5, 5.
2) *Ibid.,* III, 24, 4.

——哲学的立場としては「根元的経験論」radical empiricism の名称が用いられる——がパース，ジェイムズ，デューイなどによって形成される。論理的・科学的経験主義がロック，ヒューム，ミルの立場を徹底させ，仕上げたものであるのにたいして（反形而上学的傾向），プラグマティズムはヒューム，ミルの立場を批判しつつ，独自の仕方で経験主義を徹底させたものと見ることができる。プラグマティズムが経験主義の新しい形態であることについては，デューイの「経験主義の経験的概観」が参考になる[*3]。ここでデューイはアリストテレスに代表される経験概念についてこう述べる。「過去の経験の蓄積および過去の経験のうちの成功的要素と不成功的要素のふり分けを通じて得られた，事物についての積み立てられた，実践的で組織された情報（が経験と呼ばれる）」[*4]。the funded, practical, organized information about things that has come by the accumulation of past experience and the sifting out of the successful elements in the past experience from the unsuceessful ones (9.5)……これにたいしてロック流の経験は，経験を理性に対立させ，普遍に対して個別を優先させる態度と結びついていた。経験は観察と感覚 observation, sensation に存するとされ，伝統に盲従せず自らの目で直接にたしかめる，という啓蒙主義（合理主義）の精神と結びついている。さらに経験の「強制」的性格（われわれはその場合「受動的」）が強調され，経験は「批判の武器・手段」として用いられた。他方，ロック—ミル流の経験概念とプラグマティズムのそれとの決定的な相違は，「妥当性とは起源あるいは先行するものの問題ではなく，むしろ後続するものの問題である」[*5]。'validity is not matter of origin nor of antecedents, but of consequents. というところに見出される。感覚としての経験 Experience as sensation から出発するというよりは，経験を形成・構成していくのである。

　これまでに言及した「経験主義者たち」において，すでに，「経験」が多様な意味に用いられていることが示唆された。ところが，ふつう「経験主義者」とは呼ばれないが，それにもかかわらず「経験主義的側面」をそなえた哲学者が見出される。アリストテレスがそうであり，トマス・アク

---

3) "An Empirical Survey of Empiricisms" *Studies in the History of Ideas,* Columbia University Press, 3 vols.1935, III, 3-22.
4) *Ibid.*
5) *Ibid.,* 20.

ィナスも然りである。現代においてはベルクソンとフッセルの名前を挙げることができよう。このように見てくると「経験主義」および「経験」という言葉がいかに多くの異なった意味で用いられているかがあきらかであろう。「経験主義哲学」は，ふつう，認識の唯一の源泉は経験（感覚的経験）であるとする立場，あるいは知識 knowledge の限界と範囲を経験（観察）のそれと同一視する立場である，というふうに規定されるが，これらの言明はともに多義的であり（ア・プリオリをまったく認めないか，認めた上でそれを経験にもとづかせるか），とくに「経験」をどのように解するかによって，さきの言明はきわめて特殊な立場を意味するか，あるいはほとんどすべての哲学者が認める原則を意味するだけのものになってしまう。

　上にのべたような問題点を意識しつつ，まず「経験主義的」と呼ばれる哲学について「経験主義」の意味，およびそれらにおける「経験」理解を吟味し，さらに進んで，ふつうは「経験主義的」としては特徴づけられていない哲学について，その「経験主義的」側面，およびそれらにおける「経験」理解をつきとめることがこの講義の主題である。

II　ヒューム研究の問題点

『ヒューム学五十年』[*6]の著者 R. ホールによると，ヒュームが正規の論議の対象となるのにふさわしい偉大な哲学者としての地位を確立したのは20世紀の25年以降であるという。それ以前，英語で書かれたヒューム研究は少なく，多くはハレ，ライプチッヒ，ベルリンなど，ドイツの諸大学における学位論文が主であった。ホールがユーモラスに語っているように，ヒュームはカントを「独断のまどろみから醒めさせ」[*7]た後，かれ自身の哲学的仕事は19世紀を通じていわば眠りにおちていたかのようであった。とくに英国においてヒュームは哲学者として無視される傾向があり，ミルは殆んどヒュームを読まなかったといわれ，T. H. グリーンとグロスは1874年にヒュームの哲学的著作を出版したが，グリーンはその第一巻で

---

6)　R. Hall, *Fifty Years of Hume Scholarship, A Bibliographical Guide,* Edinburgh University Press, 1978.

7)　I. Kant, *Prolegomena,* Vorrede.

300ページにのぼる序論を書き,文字通りヒュームの体系を「ばらばらに粉砕した」観がある。英国では今世紀になってからもヒュームの影響力は弱く,論理実証主義の先駆者と見なされるにとどまり,詳細な研究の対象にはなっていない。エヤー,プライスは或る程度例外であるが,ラッセル,ウィトゲンシュタイン,オースティン,ライルなど,ほとんどヒュームを問題にしていない。ヒュームの主著についての哲学的注解がまだ出ていないことは,かれにたいする哲学的関心の欠如の証拠である。

他方,ヒュームに関する論争はかれの生前から烈しく行われてきた。ホールは「ヒューム学の最も著しい特徴は見解の相違の幅広さである」という。まず,かれの人格,かれの哲学的企ての真意そのものが論争の対象となっている。一方では真理への熱烈な探求者と見なされ,他方では哲学における山師 charlatan ときめつけられる。この点について,ヒュームの詳しい伝記を書いたモスナーの見解[*8]を見ておこう。

ヒュームは同時代人から人気とお金めあての俗物,悪徳の権化ときめつけられ,ジョンソン博士 Dr. Samuel Johnson にいたっては,ヒュームを「まぬけ,悪党,うそつき」と断定している。ミルもヒュームの関心事は真理の探求ではなく,読者の感情に訴えることだけだったと批判し,T. H. ハックスリーも,ヒュームは通俗的人気をねらい,そのため哲学を捨てて政治や歴史についての著作に専念するにいたった,と非難する。20世紀におけるもっとも徹底したヒューム攻撃は J. H. ランドールのそれである。ランドールによると,ヒュームは文筆上の名声とお金のために著作したのであり,なるほど「疑いもなく最も有能なイギリス哲学者」であったが,その動機が上のようなものであったので,一貫した自己の立場,体系を形成する意図はなく,そのため,彼の立場はきわめてつかみどころのないもの elusive であり,その精妙な議論 dialectic から明確な結論をとりだすことが困難なのは当然である。かれがニュートン,ロックを批判したのは学問的関心からではなく,イングランド人をたたいてスコットランド人デイヴィット・ヒュームに注意をかきたてるためであった。

こうした非難にたいしてモスナーは,ヒュームの短い自伝にふくまれている解釈の困難な点を指摘しつつ,彼のお金への関心は真理の探求,考察

---

8) Ernest Campbell Mossner, *The Life of David Hume,* Oxford University Press, 1980.

——とくに道徳，政治の領域における——に専念できるような安定した生活への望み以外のものではなかったこと，また文筆上の名声への関心も，かれが真理の熱烈な探求者たることを排除するものではなかった，と論じている。そして結論として，ヒュームにたいする非難は，ヒュームの人格についての無知からきているが，ヒュームを最もよく知っていた友人たちは彼を le bon David と呼んでいたことを指摘し，ヒュームと最も親しかった友人のひとりアダム・スミスのつぎの言葉を引用している。

「われわれの最も卓越した，けっして忘れてならない友人。たしかに，彼の哲学的見解についての人々の判断は多様であろう，誰でもが自分の見解とたまたま一致するか相違するかに応じて，それらを是認あるいは断罪するのだ。しかし彼の品格と行動に関してはほとんど見解の相違はありえない。全体として，私はいつも彼を，生前も死後においても，おそらく人間の弱さの本質が許容するかぎり，完全に賢明で有徳な人間という理念に最も接近した人物，と見なしていた」。

'Our most excellent, and never-to-be-forgotten friend; concerning whose philosophical opinions men will no doubt judge variously, everyone approving or condemning them according as they happen to coincide or disagree with his own; but concerning whose character and conduct there can scarce be a difference of opinion... Upon the whole, I have always considered him, both in his lifetime, and since his death, as approaching as nearly to the idea of a perfectly wise and virtuous man, as perhaps the nature of human frailty will admit.'

あきらかなのは，ヒュームは悪党でも英雄でもなく，非凡な常識人だった，ということである。

ヒュームの学説をめぐる論争に目をむけると，彼の懐疑主義ないしピロニズム Pyrrhonism の意味，数学観，因果律批判，自我の同一性 personal identity 説，信念説，かれの二つの著作 Treatise と Inquiries との関係，ヒュームとバークリとの関係（ヒュームはバークリを読んだのか？）「ある」と「べし」との関係についてのヒュームの真意，かれの宗教観などをめぐって論争が継続されている。ところで，ヒュームの哲学を特徴づけるのにふつうに用いられる言葉は，「経験主義」と「懐疑主義」の二つであり，

そしてこの二つは相互に結びつくものと解されている。すなわち，ロックから受けついだ経験主義を徹底させた結果が懐疑主義だ，というわけである。ロック・バークリ・ヒュームにおいて英国経験主義がたどった道は，しばしば「観念の道」'the way of ideas' のたどった運命として説明される。T. E. ジェサップはそれをつぎのように要約している。

　「デカルトを経験主義の用語に翻訳することによって『観念の道』を出発させたロックは，実体の概念にたいする何らの経験的基盤も見出せず，物理的因果性を心的努力の類比項として解説し，外界の（存在の）証明を危うい状態のまま残した。バークリは物質的実体，物質的因果性，および外的世界なるものを否定した。そしてヒュームはこの崩壊的プロセスを，精神的実体をも，またすべての因果性を否定して，われわれのもとには瞬間的な個人的経験の連続——たしかに豊かだが，それら自体を超えて何の意味もない——のみを残すことによって完結した」[*9]。

　'Locke... started the 'way of ideas' by translating Descartes into empiricist terms, could find no empirical ground for the notion of substance, expounded physical causality as an analogue of mental effort, and left the proof of an external world in a parlous condition; Berkeley denied material substance, material causality, and an external world; and Hume completed the corrosive process by denying spiritual substance also and all causality, leaving us with nothing but the sequence of momentary personal experiences, rich indeed, but significant of nothing beyond themselves.'

　このような要約にたいするジェサップ自身の批判は，(1) ヒュームの哲学者としての仕事（動機および業績の両者に関して）を『人性論』第一巻だけにかぎっている。(2) この巻についての特定の解釈を前提している，というものである。ちなみに，バークリの位置づけについても種々の疑問ないし異論が提起されている。
　ここでまず，(1) について見ると，N. K. スミスの画期的な研究[*10]いら

---

9)　T. E. Jessop, *A Bibliography of David Hume and of Scottish Philosophy from Francis Hutcheson to Lord Balfour,* London, 1938, pp.36-37.
10)　Norman Kemp Smith, *The Philosophy of David Hume,* Macmillan, 1941.

い，ヒューム哲学の重心は道徳哲学にあり，人間知性，知識および信念 belief に関する研究，思索は道徳哲学にたいして補足的役割を果たすもので，けっしてそれの基礎づけをなすものではない，という解釈が有力になっている。『人性論』についていうと，第二，三巻を第一巻の光にてらして理解するのではなく，その逆であり，じっさいに，その成立の順序からいっても，第二，第三巻が最初に出来，第一巻は後で考え出されたものである，とスミスは論じている。スミスによると，ヒュームがかれの哲学へと入ったのは何よりも道徳への関心からであった。

この点はヒューム自身が『人性論』の序論において述べているところからもあきらかであり，この書物は副題にも 'An attempt to introduce the experimental method of reasoning into moral subjects' とある通り，諸々の学問（mathematics, natural philosophy, Logic, Morals, Criticism〔Investigation of the Standards of Aesthetic Judgment〕, Politics）を人間本性の研究・学 science of man にもとづいて建設する企ての一環として，道徳に関する諸問題を，人間に関する経験的研究にもとづいて解明しようとする企てなのである。ヒュームが道徳や宗教そのものを，経験への訴え（experience and observation）を通じて吟味，批判し，かくして懐疑主義への道を開いた，とするのは彼の真意を誤解するものである。むしろ彼は素朴な道徳をそのまま肯定しており，むしろ道徳や宗教の純粋さや，活力を覆いかくしてしまう知性あるいは知識の思いあがりを経験への訴え（"観念の道"の徹底）を通じて批判し，暴露したのだ，というのがスミス（そしてジェサップ）の解釈である。

スミスによると，ヒュームの学説において独自であり，中心的な位置をしめるのは，理性（reason）と感情（feeling, sentiment）との役割を逆転させたことである[11]。すなわち，ヒュームはロック，バークリの「観念の道」を受けつぎながらも，それを根本において変容させているのである。つまり，この二人においては人間の生活における確実性 assurance は常に直接的な洞察 direct insight に，そして直接的洞察が得られないときは明証 evidence にもとづくものでなければならないとされていた。このことは，人間の生活においては，「経験的」理性であろうと，「ア・プリオリ」理性

---

11) Smith, *Ibid.*, p.8-.

であろうと，主役を演ずるのは理性 reason であることを意味する。これにたいして，ヒュームは passion (instincts, propensities, feelings, emotions, sentiments... belief をふくむ) が主役で，理性はそれに従属すべきものとした。そして，この立場は知識論においても一貫的に保持されており「理性はわれわれの自然的信念に従属しており，また従属すべきである」[*12] 'Reason is and ought to be subordinate to our natural belief.' というのがそこでの公理なのである。

　(2) については，『人性論』第一巻を認識論 epistemology つまり，カント的な意味での認識批判ないしは批判的な基礎づけの試みとして規定するのがふつうであるが，前述のように，『人性論』の中心である第二，三巻はそれ自体で完結的であり，基礎づけを必要としないとすれば，第一巻の性格づけは異なったふうになされねばならないことになる。ジェサップによると，この書物全体が倫理的主題 moral subjects，つまり精神現象の全領域を経験的に研究することを意図するものであり，第一巻は知性に関する経験的，すなわち心理学的研究にほかならない。因果性についていえば，ヒュームがやっているのは因果性，つまり原因・結果間の必然的結合を否認することではなく，この必然的結合に関する natural belief を心理学的に説明することであり，彼が力をいれて論じているのは因果的推論の過程を心理学的に解明することである。さらに彼は信念 belief に関する心理学的理論を展開している。いずれにしても，ヒュームが第一巻で行っているのは，知識や信念をめぐるさまざまの問題についての心理学的議論 psychologizing であり，それがかれの経験主義の意味である，とジェサップは主張する。すなわち第一巻におけるヒュームの経験主義とはわれわれの自然な実在観と因果観はわれわれの本性に属していて無敵であり，知性から生まれるものでも知性によって正当化されるものでもない，というものである。より具体的には連想の原理 principle of associatio (of ideas) による認識過程の説明，および実在感情 reality-feeling とでも言うべきものによる信念の解明が，この心理学的説明において重要な役割を果たしている。

　ヒュームがかつては，もっぱら（カント以来）認識批判に専念し，懐疑主義をうちだした哲学者と見なされたことにたいする反省（反動）から，

---

12) *Ibid.*, p.11.

Ⅱ ヒューム研究の問題点

　N. K. スミス以来，道徳問題に関心をよせるヒュームが強調されるようになった。なかにはジェサップのように，ヒュームは『人性論』第一巻，『人間知性の研究』において人間精神の作用，活動をもっぱら心理学の観点，方法によって考察，説明しようとしており，認識論の議論を展開しているのではない，と主張する者もある。しかし，これにたいして，認識論者ヒュームを背景へと遠ざけることは行き過ぎだとする主張もある。たとえば，コプルストンはつぎのように述べる。「ヒュームの道徳哲学者としての役割を強調するのは正当である。しかし，もし彼の認識論者としての役割が背景におしのけられてしまうならば，それは彼の思想のこの側面の強調し過ぎである」[13]。

　この問題に関するヒューム自身のひとつの発言を検討しよう。ヒュームは『人間知性の研究』第一節で，道徳的ないし人間本性の学 Moral philosophy or the science of human nature は二つの仕方で論究されうるとして，その各々をつぎのように記述する。一つは人間を主として実践的観点から考察し，彼を徳へと誘導することをめざす。この種の哲学はわれわれのうちに感情をかきたてることによって，効果的に有徳な生活へと導くものである。もう一つは人間を実践ではなく，思弁の観点から考察し，正確・厳密に思考するように導くことをめざす[14]。この後者の種類の哲学は「われわれの知性を規制し，感情をかきたて……るところの諸原理を発見」すること，「道徳，推理，芸術批評の基礎 foundation」を確立することをめざす。この哲学は「根源的原理」original principles をつきとめるまでは満足しない。ヒュームはこの二つのうち，前者が人気があり，またより有用，有効（影響力あり）であることを認める。キケロ，アディソンの名声はアリストテレス，マルブランシュ，ロックのそれを凌ぐ。ヒュームの理想はこの両者をかね備え，そのいずれにも偏よらないところにある[15]。

　ヒュームは世間が常識の哲学，理解し易い哲学を好む傾向を是認するが，それが行きすぎて，しばしばすべての深遠な推論，いわゆる形而上学の絶対的な拒否にまで進むことにたいしては反対し，形而上学を弁護している。すなわち (1) 正確・厳密で抽象的な哲学は容易で，人間的な哲学 humane

---

13) F. Copleston, *A History of Philosophy,* V, ii, p.68（Image Book）
14) *An Enquiry concerning Human Understanding,* Ⅰ, pp.5-6.
15) *Ibid.,* p.9.

philosophy にとって有用である。(2) 正確さを重んずる精神は，すべての技術，職業を社会にとってより有用なものたらしめる。(3) 無害な好奇心の満足に終るとしても，こうした探求は斥けられるべきではない[*16]。

だがヒュームによると，深遠で抽象的な哲学に対する最も正しく説得的な異論は，それが不確実と誤謬に導く源泉だというものである。つまり，人間知性の能力のまったく及ばないことがらに頭をつっこむ，人間の虚栄のなせるみのりなき努力であって，本来の意味での学 science ではない，というものである。これにたいしてヒュームは，人間理性の固有領地 proper province of human reason をあきらかにして，みのりなき思弁や，迷信の横行 scepticism に終止符をうつために，深遠，難解な哲学にたずさわる必要がある，と論じている。その議論は「(無益で空虚な) 形而上学を滅ぼすために (人間知性の自己認識としての) 形而上学にたずさわる」というものである。つぎの一節はヒュームの哲学的企図がいかなるものであったかを示すものとして興味深い。「学問をこうした難解な問題から一挙に解放する唯一の方法は人間知性の本性へと真剣に探究を深め，それの能力や受容力の厳密な分析によって，それはけっしてこうした深遠で難解な主題に適してはいないことを示すことである。われわれは，以後いつまでも安楽に生きるために，この疲労させる仕事を引き受けなければならない。そして偽りの，邪悪な形而上学を破壊するために，注意深く真実の形而上学を育てなければならない」[*17]。The only method of freeing learning, at once, from these abstruse, questions, is to enquire seriously into the nature of human understanding, and show, from an exact analysis of its powers and capacity, that it is by no means fitted for such remote and abstruse subjects. We must submit to this fatigue, in order to live at ease ever after: And must cultivate true metaphysics with some care, in order to destroy the false and adulterate. この観点からすれば，ヒュームの議論における混乱や不統合は，かれが企図しているところと完全に合致するといえるかもしれない。

しかし，ヒュームによるとこうした「真の形而上学」の効益は偽りの形而上学の破壊という消極的なそれにとどまるものではない。人間知性の能

---

16) *Ibid.*, pp.10-11.
17) *Ibid.*, p.12.

II ヒューム研究の問題点

力と限界をあきらかにするための「形而上学」的探求を通じて、ヒュームのいう「精神の地理学」[18]が建設される。この人間科学は決して不確実かつキマイラ的（妄想）なものではなく、人間知性によって真・偽を明確に判定しうることがらにかかわっている（われわれにとって親密な事象だけに、かえってその把握は困難ではあるが）。しかも、おそらく、こうした精神の地理学を超えて、人間精神の活動の根底にある秘められた源泉や原理を、或る程度まであきらかにすることさえ可能ではないか、とヒュームは考える[19]。天文学における「引力」の発見にあたる発見が、人間本性、人間精神の考察においても可能であろう、というのである。こうした考察を頭から否定し、放棄することは、いわゆる独断的な哲学におとらず性急で独断的である[20]、とヒュームはいう。いずれにしても、こうした思弁の抽象性は、当の学問にとっての長所ではなく、短所であるから、自分はできるだけの配慮と工夫をもって、人間本性の研究を理解し易いものにした、とヒュームは自負している。そして、そのことによって難解で不毛な哲学を破壊することに寄与しえたとすれば幸いだ、と結論する。

　ヒュームの主たる狙いが常識に訴えて道徳的品性の向上をはかる道徳哲学者たることにあることは否定できない。しかし、かれが同時に、道徳哲学における議論を正確、厳密、かつ真実のものにすることに意を用い、そのかぎりで道徳哲学の「基礎づけ」を意図していることもたしかである。それは広い意味での認識論と呼ぶことができるであろう。ただ、ヒュームの認識論は形而上学や倫理、道徳説を批判して、新しい形而上学、道徳説を確立することをめざすのではなく、むしろ人間理性の限界をつきとめることによって、難解、不毛な形而上学を破壊し、形而上学を消滅させることをめざしている。ヒュームの場合古い形而上学の破壊は懐疑主義へ導くのではなく、むしろ不可能を企てることによって生じてくる懐疑主義を排除することをめざしている。いいかえると、古い形而上学への懐疑（探求）を通じて、確信への道を開こうとしている。ヒュームの哲学的思弁は、道徳哲学（容易な哲学）の基礎づけであると同時に不毛な形而上学の破壊である。そして、かれはこの哲学的思弁を、人間本性の研究、人間精神の諸

---

18) *Ibid.*, p.13.
19) *Ibid.*, p.14.
20) *Ibid.*, p.15.

部分，諸能力の研究という仕方で行う。

　ヒュームの人間科学は，カントの理性批判（理性の能力，限界の明確化）とその意図において通じるところがある。ただ，ヒュームは人間精神の研究が，自然学 physical science, natural philosophy とはちがった方法で遂行されるべきことを見てとってはいたが，その方法についての明確な自覚には達していなかった。このため，かれはもっぱら心理学的観点から人間精神の能力，活動を考察し，そこで支配している法則，それらを規制している原理をつきとめようとした。連合の原理，習慣の概念などは，ヒュームの心理学的な人間科学において中心的な役割を果たしている。ヒュームの人間科学は道徳哲学の基礎づけという面をもっており，そのかぎりで認識論であるといえるが，それは心理学的観点，方法をもってする認識論であった。

III　印象と観念——ヒューム経験主義の序論的規定

　ヒュームの経験主義を正確に理解・評価するために，因果関係 casual relation ないし因果作用 causation に関してかれが行った分析をふりかえることにする。

　ところで，原因と結果 cause and effect は，（単純）観念を結びつける原理ないし性質 principle, quality のひとつに数えられると同時に，複雑観念の一種類たる「関係」のひとつの種 species であるとされているので，因果関係に関するヒュームの議論の考察に入る前に，観念の起源および結合に関するヒュームの考え方をふりかえっておくべきであろう。

　ロックが『人間知性論』おいて人間の知識 knowledge が究極的にそれにもとづき，そこから派生するところの経験 experience は諸々の観念 ideas からなり，そして ideas は感覚 sensation と内省 reflexion に由来する[21, 22]としたのにたいして，ヒュームはロックにおける Idea の用法を批判して，われわれが自らの精神 mind のうちに見出すものの最も包括的な名称として知覚 perception (of the human mind) を用いている。ヒュームにおいて

---

21) *An Essay concerning Human Understanding,* II, 1, 1.
22) *Ibid.,* II, 1, 2-3.

III 印象と観念

「知覚」perceptions は経験内容を指す最も基本的な言葉であるといえよう。
　ところでヒュームによると，知覚はつねに二重の構造，つまり一つは他のもののコピー，であるという構造を示す。前者は（英語の慣用から外れて）印象 impressions 後者は観念 ideas と名付けられる。前者はわれわれが見，聞き，感じ，意志し，愛し，憎むときにわれわれの精神のうちに見出される感覚，情念，情緒，感情のすべてである。印象と観念の違いは，たんに力や生気，におけるそれである（内容ではなく）。ここでヒュームは観念と印象の間には常にあるいは一般に対応・類似があることを指摘した上で単純な観念は常に単純な印象にともない，そのコピーであること，印象が観念に先行し，観念は他のより生気ある知覚（印象）によって先行されることを，人間科学における第一原理 First principle in the science of human nature と呼んでいる。興味深いのは，ヒュームがこの命題を立証するにあたって，単純観念 simple idea と，それに対応する単純印象 simple impression との間の，つまり類似した知覚 perceptions の間の恒常的連接 constant conjunction を指摘し，ここからして二者の間には大いなる結合 great connection があること，一方の存在 existence が他方の存在にたいして著しい影響力 considerable influence をもつことを直ちに結論する，とのべていることである。このような恒常的連接は偶然 chance によるものではありえず，いずれかが他方に依存することを明瞭に立証するものであるが clearly proves a dependence, 印象が常に観念よりも先に現れることが恒常的に経験 constant experience されるところから，印象が観念を生ぜしめることは明白である，とヒュームはいう。

　「われわれの類似した知覚（印象と観念）の恒常的連接は，その一方が他方の原因であることの説得的な証明である。そして印象のこの先行性は，われわれの印象がわれわれの観念の原因であって，われわれの観念がわれわれの印象の原因ではないことの等しく説得的な証明である」[*23]。
　The constant conjunction of our resembling perceptions, is a convincing proof, that the one are the causes of the other; and this priority of the impressions is an equal proof, that our impressions are the causes of our ideas, not our

---

23) *A Treatise of Human Nature*, I, 1, 1.

ideas of our impressions.

　ここでヒュームが二つの心的事実現象（印象と観念）の間の恒常的連接と出現における先行性という経験的事実が，それらの間の因果関係を立証するものだと明言していることは，因果関係に関するかれの基本的態度を示すものとして注目してもよいであろう。
　ヒュームは印象について感覚（の）of Sensation と内省（の）of Reflexion の二つの種類があるとする。前者は魂のうちに根源的な仕方で，未知の原因からして生じる[24]，という。感覚 Sensation の検討は精神学者 moral philosopher ではなく，むしろ解剖学者，自然学者 anatomist, natural philosopher に属する，ともいわれる[25]。最も根源的とされる感覚の印象 impression of sensation は，赤，熱 red, heat... といった知覚 perception そのものを指しているが，その原因が未知である以上，それがいかなるものであるかに関しても極めて不確かであるとせざるをえないであろう。これにたいして内省の印象 impression of reflexion は観念 idea からして導出されるとされている。しかし，このように印象が観念から出てくるものであるなら，ヒュームが或る観念が真正のものであるかどうかを検討する為の方法として印象への遡及を説くこと，印象を観念検証の基準とすることが果たして意味をもちうるであろうか。さらに印象と観念の違いが単に力，生気 force, vivacity のそれであるとしたら，それは——ヒュームはその点はきわめて明瞭であるというが——まったく相対的，主観点な違いではないのか，という疑問が残る。ヒュームが印象に対して与えている特権的身分には曖昧さがつきまとっているといわざるをえない。
　印象について二，三の点を補足しておく。ヒュームは印象はすべて本有的 innate であるという。つまり，それらは原初的 original であって，いかなる先行的知覚のコピーでもない，との意味で innate であるとされる。これに対して観念 ideas はすべて innate ではない。結局，生得観念の否定は，すべての観念はわれわれの印象のコピーである，all ideas are copies of our impressions という主張にすぎないのではないか，と彼はいう。さらに innate

---

24)　*Ibid.,* I, 1, 2.
25)　*Ibid.*

が自然的 natural を意味するのなら，すべての知覚，精神の観念は，それらが異常，人工的，奇跡的 uncommon, artificial, miraculous ではない，との意味で innate である。他方，innateが「誕生と同時」という意味なら，それについての議論は無用であるという。ヒュームの場合，印象は感情，情念，信念などをふくむのであってみれば，かれが人間本性の構成要素ともいうべき印象を本有的と称するのはむしろ当然ともいえる。そのことは彼の経験主義と何等矛盾するところはない。

ヒュームは印象はすべてわれわれの精神のうちにあり，精神ないし身体の構造，状態に依存し，決してそれ自身の独立存在を有するものではないと主張する。いいかえると，印象・知覚は対象，知覚された対象からは区別されている[26]。われわれは苦痛や快，情念，情感などの印象についてはわれわれの知覚をこえて，それらが何らかの存在をもつなどと決して考えないが，形状，延長，色，音などの印象については，それらが恒久的存在であるかのように想像する。火の熱は，それが適度である時は火のうちに存在するかのように想像され，近付いた時に引き起こされる苦痛は知覚のうちにしか存在を有しないと受けとられる。しかし，ヒュームによると，こうした外的存在についての見解，信念は或る印象に特有の性質から生じたものにすぎず，印象自体が，精神のうちなる存在の他に，独自の恒久的な存在をもつことはありえない。ヒュームの，外界ないし外的存在に関するわれわれの信念についての分析はあらためて検討しなければならないが，ここでは彼が印象をあくまで精神に内在するものと見なし，それらにたいして外的対象としての身分を否認していることを確認しておきたい。

つぎに印象のコピー，ないしはあらたな現れ new appearance としての観念について，ヒュームはそれらのなかには当初の生気をかなり保っているものと，それをまったく失ったものがあるとして，前者の仕方で印象を再出現させる能力を記憶 memory，後者を想像力 imagination と呼ぶ[27]。この二者の相違は生気，強度の他，記憶が印象出現の順序にしたがって観念を再出現させるのに対して，想像力はそれに拘束されない，という点に認められる。これをヒュームは人間科学の第二の原理と呼ぶ[28]。すなわち，

---

26) *Ibid.*, I, Ⅳ, 2.
27) *Ibid.*, I, 1, 3.
28) *Ibid.*

想像力がそれの観念を転換させ，変化させる自由，である。ここで「想像力」によって単にさまざまの映像をつくりだす（幻想，童話的映像をふくめて）能力だけでなく，論理的推理を行う能力も考えられていることは，つぎにのべるところから明白である。逆に，そうした推理，思考を行う能力が想像力と呼ばれているところにヒューム哲学の特徴を認めることができるかもしれない。しかし印象を観念として再出現させる機能と，それらの結合・分離という機能を一つの能力に帰することが適切かどうか，疑問が残る。

ところで想像力は全く自由に諸々の印象を観念として再出現させる，つまり単純観念を自由に連合，連結させて複雑観念を形成するが，そのことはまったく偶然に委ねられているのではなく，何らかの普遍的原理にもとづいて為される。勿論，記憶の場合と違ってもともと不可離なものを結合させるのではないし，他方，そうした原理なしには結合を為しえない，というわけでもない。想像力は最も自由な能力だからである。こうした連合の原理とは，結局のところ，それぞれの観念にそなわっている何らかの連合の性質 associating quality であり，それによってひとつの観念は自然に他の観念を導き入れる[29]とされる。こうした連合の原理，合一の絆 bond of union をヒュームは通常有効にはたらくやさしい力 a gentle force, which commonly prevails と呼び，その種類として，ヒュームは類似，時間的場所的接近，原因と結果 Resemblance, Contiguity in time or place, Cause and Effect の三つを挙げる[30]。

ヒュームは，諸々の観念にそなわったこれら連合の性質が観念間の連合 association を生じることについては立ち入って証明の必要はない，という。そうした性質だけで想像力にとって十分な絆なのであり，想像力は長い習慣によって同一の思考方法，対象把握の方法を形成せざるをえないのである。こうした連合の性質，を，ヒュームは一種の引力 attraction と呼び，その効果は自然界においてと同様,精神界においてもきわめて顕著である，という。このように，結果・効果は顕著であるが，その原因は殆ど未知であり，結局のところ人間本性の根源的性質へと遡らせなければならず，そ

---

29) *Ibid.*, I, 1, 4.
30) *Ibid.*

の説明は不可能だ、とされる。ここでヒュームは人間の精神活動の究極原因をつきとめることは不可能であり、そのような探求をひかえ、経験ないし実験的明証の限界内にとどまるのが真の哲学者の在り方である、と強調する[31]。

ヒュームのこのような言葉はかれの経験主義の特徴を示すものと受けとられるが、それと同時に注目しなければならないのは、かれが人間の認識・思考を観念の連合に、つまりは感覚・経験によって提供された素材を連合することに還元させていることであり、そこにかれの経験主義の特徴（そして問題点）がある。「神」の観念といえども、結局は観念の連合によって成立しており、したがって単純観念―印象へと遡らせられる[32]。いうまでもなく印象、つまり経験の直接的所与の意味を拡大ないし深化させれば、ヒュームの主張は或る程度問題なく受けいれられるが彼が印象を感覚に限定する限り、この意味での彼の経験主義については問題が残るといわざるをえない。

ところで、ヒュームによるとこうした単純観念の合一、連合によって生じた結果のなかで最も重要なのは、われわれの思考、推理にとっての通常の素材 common subject たる複雑観念であり、そして複雑観念は関係 Relations 様相 Modes 実体 Substances の三つに分類されるという。次にこれら三種類の複雑観念についてヒュームが論じているところをふりかえり、彼の経験主義の性格を読みとるように努めよう。

まずヒュームは関係について (1) 自然的関係と (2) 哲学的関係の二種を区別する。(1) は前述した単純観念にそなわっているところの観念の連合を生ぜしめる性質――類似、近接、原因・結果――を名付けたものであり、(2) はたとえ人為的な仕方によってであれ、観念の比較を可能ならしめるような特殊な状況を指す（たとえば距離 distance）[33]。ヒュームは (2) について (一) 類似 (二) 同一 (三) 空間・時間 (四) 量、数 (五) (同一) 性質における程度 (六) 反対 (七) 原因―結果の七つの種 species を区別する。これらのうち (一) (四) (五) (六) は観念の間の関係 (relations of ideas) にかかわり、科学の基礎 foundation of science であるとされ、これに

---

31) *Ibid.*
32) *An Enpuiry concerning Human Understanding*, II, p.19.
33) *Treatise*, I, 1, 5

たいして（二）（三）（七）は事実問題 matters of fact に関係するとされる[*34]。さらに（二）（三）は推理ではなく，むしろ知覚 perception にかかわるものであり，ここからして事実に関する推理の基礎として残るのは因果関係のみであることになる。

　ここでヒュームが人間の思考，推理を，純粋に観念間の関係にかかわるもの（幾何学，代数，数論）と，事実問題ないし実在的存在にかかわるものとに区別し，前者は世界いかなるところにおいて存在するものにも依存せず，単に思考作用によって到達されるものであり，これにたいして後者はその反対もまた矛盾をふくむことなく主張される（太陽は明日昇るであろう―昇らないであろう）ようなことがらであり，したがって決して前者と同じような確実性には達しない，としているのは注目に値する。事実問題とは，結局のところ感覚と記憶によって立証されうるようなことがらである。ただわれわれは因果的推論によってのみ，直接的，ないし現在的な感覚や記憶の明証をこえて何らかの事実に関する主張を行うのであるが，それはけっして論証 demonstration とはいえない。事実問題に関してわれわれが到達できるのは結局のところ信念 belief にとどまるのである。それというのも，ヒュームによるとその反対の主張も同様に思考可能で可知的だからである。そして，事実問題に関する，つまり或るものの存在 existence に関する議論にとっての基礎は経験だけである，と彼はいう[*35]。

　ここでの議論に関するかぎり，すべての観念は印象，つまり直接的な経験所与に由来するとされているにもかかわらず，純粋に観念間の関係にかかわる抽象的，論証的な学をヒュームは認めており，その論証は事実，存在の明証にもとづくものではない，つまり経験にもとづくものではない，とされている。これにたいして経験にもとづく議論は，厳密な意味での科学に属するものではなく，信念であるにとどまる。このように見てくると，ヒュームにおける経験への訴えは学や知識を確実な基礎の上に築くためではなく，むしろ厳密な意味での学（論証）の範囲を極度に狭め，自然研究や人間研究は結局のところ自然的信念にもとづくものであり，厳密な学というよりは信念としての性格を有する，ということを示すために為された，

---

34)　*Ibid.*, I, 3, 14.
35)　*Ibid.*

といえそうである。

　つぎに様相と実体の観念については，ヒュームが人間科学の第一原理を適用して，こうした観念は仮構にすぎず（いかなる印象から派生したものでもない），その正体は特殊的性質の集合，単純観念の集合にすぎない（実体の場合と様相の場合とではそれらの結合の仕方が異なっているが）と主張していることだけを指摘しておく。実体の問題は人格の存在（自我，自己の観念）の問題においてあらためてとりあげることになるが，バークリにおける物質的実体の否認を精神的実体のそれにまで拡大，徹底させたもの，という解釈，評価が適当であるかどうかについては疑問が残る。いずれにせよ，伝統的な実体概念は「存在の様相」modus essendi の一つであるのに，「存在」existence の観念がヒュームにおいては知識 knowledge の領域から排除されているのであってみれば，実体の概念が彼の体系において占めるべき位置がないのは当然といえるであろう。

　ヒュームは観念に関する一般的考察を抽象観念に関する議論でしめくくっているが，その議論はバークリの立場に賛同し，それをかれ独自の習慣概念を導入することによって補足するという形をとっている。

　ヒュームの議論はつぎの通りである——たとえば，「人間」の抽象概念はあらゆる大きさ，性質を備えた諸々の人間を表示・再現するものと考えられるが，それは (1) 同時にあらゆる可能な大きさ，あらゆる可能な性質をすべて表示するか (2) 特定の大きさ，性質を表示しないか，のいずれかでなければならない。ここでヒュームは (1) は精神の能力が無限であることを含意するところからあきらかに不条理であるとして，(2) の反駁に移る。それは二つの段階で行われる。(イ) 人間精神はいかなる量ないし性質をも，その度合いについての厳密な観念 notion を形成することなしには概念しえない，ということの立証。これはヒュームによると，たとえば或る直線の厳密な長さをその直線そのものから区別・分離できないように，いかなるものについてもそのものの厳密な量的，質的度合いを，そのものの観念から捨象することはできない，ということは明白であるという。さらに，いかなる対象も量的，質的に明確に規定されないで感覚に提示されることはない，ということは明白であって，「それの現実存在において何ら特定の程度や割合を有しない印象を受け取る」to receive any impression, which in its real existence has no particular degree or proportion とい

うことは形容矛盾 a contradiction in terms であるという[*36]。

　では（ロ）それ自体においては個別的であるところの抽象観念が，その表示（機能）において一般的であるという事実はどのように説明されるのか。バークリの場合，それ自体において考察された場合には特殊的である観念が，同じ種類の他のすべての観念を表示するかぎりで一般性を獲得することについては，常にそうした特殊観念が他のすべての特殊観念を表示する記号 sign たらしめられる，といっているだけで，それ以上の説明はない。説明としては，そのように記号として一般性を獲得するとき，当の観念の特殊な徴表を「考察の外におくことができる」つまり，その意味では抽象することができる，とのべているにとどまる。

　これにたいしてヒュームは習慣 custom, habit の観念を導入することによって，特殊観念が一般的な表示機能をもつにいたる経過を説得的に説明しうると考えている。すなわち，ひんぱんに経験される事物において或る類似が，見出されると，われわれはそれらの量，性質の度合いにおける相違，および他の点における相違にもかかわらず，それらすべてに同一の名称を与える。（そのような名付けのくりかえしを通じて習慣が形成される。）ところがこの種の習慣が獲得されると，この名称を耳にするときに，これら事物のうちの一つのものの観念が再生される（その特殊的な相において）。ところが，そのさい，他のすべての個物の観念は再生されず，むしろ当の習慣が再生され，この習慣において，他の個物は可能的に in power 精神にたいして現存せしめられる。つまり，言葉は習慣を呼びおこし，この習慣によってわれわれは必要に応じてさまざまの個物の観念を思い出すことが出来る，というのである。このことがいわゆる観念の「一般化」にほかならない。「特殊的観念は一般的用語に付属させられることによって一般的となる。つまり，習慣的接合からして多くの特殊的観念への関係をもち，想像のうちで容易にそれらを呼びおこすような（一般的）用語に付属させられることによって」[*37]。A particular idea becomes general by being annex'd to a general term; that is, to a term, which from a customary conjunction has a relation to many particular ideas, and readily recalls them in the imagination. つまり，

---

36) *Ibid.*, I, I, 7.
37) *Ibid.*

特殊的観念が表示機能において一般性を取得するのは習慣によってなのである*38。

　ヒュームは，習慣がどのようにして言葉によって呼びおこされ，すべての特殊的観念を容易に再生させうるか，ということを説明しようとはしない。そのような説明は不可能とされる。かれはただ類似の事例を提示するだけである。つまり経験と類比による説明を提示するのみである*39。ヒュームがやっていることは，これまで抽象 abstraction という精神の働きによって説明されてきたことを抽象は不可能である，との立場に立って，習慣という心理学的概念によって説明することである。いいかえると，かつて抽象作用ないし抽象観念の形成というふうに説明されてきたことを，習慣の獲得という心理学的過程でおきかえることである。これはかつて四世紀前にオッカムがスコラ学者たちが認識説において用いた形象 species の概念を斥けて，習慣によって同じ事態を説明しようとしたのときわめて類似している。そこにヒューム経験主義の心理主義的側面を認めることはけっして見当違いではない。

　ヒュームは『人性論』第一巻第二部空間・時間観念の考察の終りの部分，第六節で「存在および外的存在の観念について」考察している。この考察はかれの因果性理論と密接な関係がある。ヒュームの因果性理論はもっぱら因果的推論にかかわり，因果的推論は事実問題 matters of fact つまり事物の存在ないし実在 existence or real existence of object の問題にかかわる。さらに因果的推論は或る事物についての単なる観念，概念 idea, conception ではなく，そのものが存在するとの信念 belief へと導くことをもって特徴とするが，「存在」existence についての特定の観念があるのか，というのがヒュームの提起する問題である。さらに「存在」は知識の対象 knowledge になりうるか，という問題もある。この考察はまたかれの経験主義の性格を理解するのに役立つと思われるので，つぎに「存在」をめぐるヒュームの議論をふりかえることにする。

　ヒュームは，われわれが（直接的に，現在的に）意識している印象，あるいは記憶（想像力ではなく）に把持している観念はすべて存在するものと

---

38) *Ibid.*
39) *Ibid.*

して as existent 捉えられている，というところから出発する。そして，このような，われわれにたいして与えられ・現存している印象ないし観念の意義からして「存在するものという最も完全な観念および確信」the most perfect idea and assurance of being が導出される，という[*40]。つまり，或る印象ないし観念がわれわれによって勝手につくり出されるのではなく，有無をいわさぬ仕方でわれわれに迫り，自らをおしつけてくるという意識が「存在」という観念（ヒュームは「存在」という抽象観念を否定するが）の内容をなすというのである。

　このことを確認した上で，ヒュームはつぎのディレンマを提示する。すなわち(1) 存在 existence の観念はあらゆる知覚，あるいはわれわれの思考の対象と結びついた或る特別の印象から派生したものか，(2) あるいは知覚もしくは対象の観念とまったく同一であるか，いずれかでなければならない。というのも，それにたいして存在を帰属させることなしにはいかなる観念もしくは印象も記憶することはないのであるから，というディレンマである。そして，このディレンマの解釈もまた明瞭であり，(1) は明瞭に斥けられる。その理由は，「存在」の観念はつねに特定の印象・観念と不可離な仕方で結びついているが，不可離な観念は区別できない，というのがヒュームの根本的確信であり，したがって「存在」は特定の知覚，対象の観念とは別個の印象に由来するところの，別個の観念ではありえない，というのである。

　ここからして「存在の観念は，存在するというふうにわれわれが捉えているところのものの観念とまったく同一である」と結論される。或る事物について端的に省察することと，存在するものとしてのそのものについて省察することとは何等相違しない。存在の観念が或る対象の観念に結びつけられるとき，何の付加もなされるのではない。「われわれはいかなるものを思念しようと，それを存在するものとして思念する。われわれが形成する観念はすべて存在するもの being の観念であり，そして存在するものの観念はおよそわれわれが形成するすべての観念である」[*41]。このように「存在」の観念がそこから導出されるような特定の印象がないことは明白

---

40) *Ibid.*, I, 2, 7.
41) *Ibid.*

であるかぎり，「存在」という特定の観念はない，というのがヒュームの結論である。

かれは同じ考えを別の箇所でも明瞭にのべている。「存在の観念が，いかなる対象の観念からもなんら異なることはない，ということは明白である。また或る事物について単純に概念した後に，そのものを存在するものとして概念するとき，われわれは実際に最初の観念にたいして何らの付加もしくは変更も加えていない，ということも明白である」*42。さらにヒュームは神の存在を例にとってつぎのようにのべる。

「したがって，われわれが神は存在する，と肯定するとき，われわれは神がわれわれに表示されているところにしたがって，そうした存在するものについての観念を形成するのみである。またわれわれが神に帰属させる存在とは，神の他の諸性質の観念と結びつけたり，また再び神から切り離し，区別できるような，ひとつの特殊的観念によって捉えられたものではない」*43。

Thus when we affirm, that God is existent, we simply form the idea of such a being, as he is represented to us; nor is the existence, which we attribute to him, conceiv'd by a particular idea, which we join to the idea of his other qualities, and can again separate and distinguish from him.

ここからヒュームはさらに進んで，或る対象・事物の存在の概念がそのものの単なる概念に何ものも付加しないのみでなく，存在についての信念は，当の事物を構成するところの諸観念にいかなる新しい観念をも結びつけないと主張する*44。たとえば，神について考える時と，神を存在するものとして考える時と，神が存在すると信じる時と，そのいずれの場合も神について私が持つ観念は増えも，減りもしない，という*45。さらに，「神は存在する」という命題，ないし，他のいかなる存在判断においても，存在の観念は，神ないし何らかの事物の観念と結合・分離されるような別

---

42) *Ibid.*, I, 3, 7.
43) *Ibid.*
44) *Ibid.*
45) *Ibid.*

個の観念ではない,とヒュームは明言する[*46]。いずれにせよ,ヒュームが「存在」existence 存在するもの being 有 entity などの言葉に対応する特定の観念 distinct idea を認めていないことはたしかである。

この点においてヒュームとロックの間には(少なくとも一見したところ)顕著な相違が認められる。すなわち,ロックは感覚と反省の両者に由来する単純観念の一つとして「存在」existence を挙げている。さらに自己の存在は直観によって,神の存在は論証によって,他の事物の存在は感覚 sensation によってその知識 Knowledge を獲得できる,と主張している[*47]。これにたいして,ヒュームは「存在」の観念なるものはなく,また存在に関して信念に到達することはできても,それについての知識なるものは不可能である——なぜなら事実問題に関しては常に反対の主張が可能であるから——と主張している。

(事物の存在についての)信念 belief に関してヒュームが論じているところをすこし見ておくと,事物の存在についての単なる思念 mere conception とそれの信念との違いは何ら観念の付加,変更ということではなく,ただ存在を思念する仕方 manner において認められる[*48]。この思念の「仕方」における違いとは,観念にたいして付加的な力,生気 additional force and vivacity——あたかも観念と印象とにおいて認められるような——を付与することだけである[*49] ここからヒュームは信念を「現在的印象に関係ないし連合づけられた生気ある観念」[*50] A Living Idea related to or associated with a present impression と定義する。この定義によって見るかぎり,ヒュームは信念を一種の観念と解しており,そして単なる観念との違いは現在的印象に接近しているところにあるとしている[*51]。

別の箇所[*52]においても,ヒュームは単純な概念 simple conception と信念との相違はこれまで哲学者によって考え及ばれなかった新しい問題であるとして,その違いは対象を概念する仕方の相違 different MANNER of con-

---

46) *Ibid.*
47) *Essay.*, Ⅳ, 4-6.
48) *Treatise.*, Ⅰ, 3, 7.
49) *Ibid.*
50) *Ibid.*
51) *Ibid.*
52) *An Abstract of a Book lately Published entitled, A Treatise of Human Nature,* 1740.

ceiving an object であり，(この相違は) 感情にとって区別できるものであり，すべてのわれわれの観念がそうであるように，われわれの意志には依存しない*53 something that is distinguishable to the feeling, and depends not upon our will, as all our ideas do. としている。一言でいうと，信念は特異な感情 peculiar feeling or sentiment であり，何人でもそれに気付いているが，言葉でこの感情を記述することは不可能だ，とヒュームはいう。それは仮構や単なる思念よりもより強力な影響を精神にたいしてもつ*54 it has a more forcible effect on the mind than fiction and mere conception のであり，強いて言葉で言いあらわそうとすればより強力で，より生気があり，より生き生きとして堅固で，より強烈な思念 stronger, more living, more vivid, firmer, more intense, conception というほかない。そして，このような感情ないし信念を生ぜしめるのは習慣 custom, habit であると主張している*55。

　信念の原因 cause が習慣であるというヒュームの根本主張についてはあらためてふれなければならない。ここでは或る事物の「存在」の観念は，その事物の観念とまったく同一であり，何等別個の観念ではない，というヒュームの見解について注釈を加えておきたい。ヒュームの指摘は，「存在」を或る最も普遍的な本質，状態ないし性質を意味する言葉であるかのように受けとりがちなわれわれの傾向にたいする警告として重要性をもつ。じっさい「存在」を最大の外延と最少の内包をもつ概念 (「類」) として捉える傾向は根強いものがある。ところで，「存在」は類ではありえないという議論は別として，「存在」概念の特異性は「存在とは何か？」What is being？ What is Existence? という一見 innocent で naïve な問題をふりかえることによって直ちに明らかとなる。「何か？」と問われるものは「何かである」ものでなければならないが「存在」はそのような「何かである」もの (本質，本性──具体的な意味での) について肯定される「ある」であり，あるいは常に「何かである」ものをふくむものとして語られる「ある」だからである。「存在とは何か？」という問いは実は問いとして成立しない問いである──すくなくとも通常の経験の領域においては。われわれは常に「何かである」ものについて，また「何かである」ものにおいて

---

53) *Ibid.*
54) *Ibid.*
55) *Ibid.*

「ある」「存在」を捉える（ヒューム流にいうと「感じる」）のである。その意味で，観念は事物が「何かである」ことに対応するかぎり，「存在」の「観念」はない，という主張は正しいといわなければならない。

　しかし，それにもかかわらずわれわれは「存在」を捉えているのではなかろうか。観念のレヴェルにとどまるかぎり，つまり言語の通常の用法にとどまるかぎり，事物の観念と，事物の存在の観念との間に何の落差も認められないとしても，「存在」の肯定は空虚・無意味ではなく，したがって無内容とはいえないのではないか。ヒュームがそれを単なる感情に還元しているのは誤りであり，むしろ異なった概念の仕方 different manner of conception という言い方に真理がふくまれているのではないか。通常の意味の概念ではないがあくまで何らかの知的把握 conception の一種として「存在」理解を解釈する道が開かれているのではないか。ヒュームは事物の存在に関する信念を，結局のところ印象（の生気，力）にもとづいて解釈している。またその原因を習慣であるとしているが，実は「存在」把握を解釈する手がかりは事物（の何たるか）を捉える知性が自分自身の働きをふりかえり，その根源へと還帰するところにあるのではないか。事物の何たるかに関する認識を成立させる根拠として「存在」把握を見ていくべきではないのか。

Ⅳ　ヒュームにおける因果関係の分析

　ヒュームは『人性論』第一巻第三部，および『人間知性研究』第四十七節において因果性ないし因果関係の分析を行っている。その基本的性格は，いわゆるスコットランド常識学派（Thomas Reid, James Beattie）によるヒューム批判以後定着し，T. H. グリーン，L. スティーブンなどの仕事[56]によって強化された解釈，すなわちヒュームは因果的推理ないし説明が不可能で空虚であることを主張する懐疑主義者であった，という解釈とは大いに異なっていた。むしろヒュームはわれわれが日常（人間のみでなく動物も）行っている因果的推論，ないしは因果関係に関する信念（いいかえ

---

56) Leslie Stephen, *English Thought in the Eighteenth Century*, 1876.

ると，因果的推論によって結論された原因あるいは結果の存在についての信念）を弁護している。この場合，彼は人々が因果的関係について抱いている考え方をそのまま真理であると認め，そのような考え方を正当化，基礎づけしているのではない。むしろ，かれは人間が因果的推論を行うようにその本性（ないしは本性的原理としての習慣）によって規定されていることを示し，そのことによって因果的推論を行う権利を擁護しているといえるであろう。

他方ヒュームは形而上学的原理としての因果作用（原因に帰せられているところの，結果を生ぜしめる力能，効力，ないしは結果の原因にたいする依存関係）を徹底的に批判する。彼が攻撃しているのは，人間知性は原因と結果との間の必然的結合を発見することができる（直観的ないし論証的に因果関係を知ることができる）という主張である。そのさいに彼が批判の武器として用いているのは，すべて観念は印象によって先行され，後者のコピーである，というあの原理であり，原因—結果関係の事例とされているものについて，因果作用の「印象」が発見できるか否かを問うことによって，形而上学的な因果説を完全に破壊しうると考えている。

ヒュームにおける因果関係（あるいは「原因」概念）の分析の特徴は，それがもっぱら因果的推論 causal inference を中心に遂行されているということである。原因と結果との間の関係（必然的結合，依存）を前提してはじめて因果的推論は成立する，と考えるのが（ヒューム自身認めるように）より普通の考え方であるから，ヒュームのアプローチは奇異な感じを与える。しかし，ヒュームはこの関係の本性は推論の本性に依存する，と考えている[57]。原因と結果との間に必然的な結合という関係があるから（これを自然の斉一性の原理と言いかえることができよう），いわばこの関係に支えられて因果的推論が行われるのではなく，むしろ因果的推論（それは観念の連合である）に（原因・結果間の）必然的結合が依存する，というのがヒュームの基本的立場である[58]ここからして，因果関係の分析は因果的推論の分析として行われることになる。

さきに見たように，ヒュームは哲学的関係として ① 類似，② 同一性，

---

57) *Treatise*, I, 3, 14.
58) *Ibid.*, I, 3, 6.

③ 時間・場所的関係，④ 量および数における比例，⑤ 質における程度，⑥ 反対性，⑦ 因果性の七つを枚挙し，そのうち ①④⑤⑥，つまり観念間の関係は科学の基礎となるものであるという。厳密な意味での科学・知識を成立させるのは ④ のみである。これにたいして，事実問題にかかわる ②③⑦ のうち，②③ は推論というより，直接的な知覚によって捉えられるもの，ないしは受動的認知[*59] passive admission という仕方で捉えられる関係であり，推論 reasoning によって捉えられる関係 は⑦のみである。いいかえると，⑦ においては直接的に感覚されるもの——現在的印象 present impression——ないし，記憶されていることがらを超えて，ある事象・対象の存在が到達される。それはわれわれの感覚を超えてたどられうる関係[*60] a relation that can be traced beyond our senses であるといわれる。この場合，推論の結論は，事実問題に属するものであり，したがって知識とはなりえず，蓋然性 probability に達しうるのみである。

　この後でヒュームは因果作用 causation の観念の分析を始める。その場合，この観念はいかなる印象から派生したものかをつきとめることに分析の重点がおかれる。つぎにこの分析を段階を追って見ていく。

　（一）　原因ないし結果と呼ばれる二つの事象，対象をそれ自体において詳細に吟味する。しかし，それらが備えているいかなる性質も，原因，結果という観念がそこから導出されうるような印象と同一視されえない。或る特定の性質を持っていなくとも，すべて存在するものは原因，結果たりうるし，またすべての事物が普遍的に有する性質で，原因，結果たることと結びつくものはない[*61]。

　（二）　したがって，因果性の観念は，事物間の何らかの関係から導出されるほかないが，原因ないし結果と呼ばれる事物の間の関係として確認されるのは時間および場所における接触 contiguity と，原因の結果にたいする時間的先行 priority of time の二つだけである[*62]。

　（三）　ところが上の二つの関係だけでは到底，因果性の完全な観念はそこから導出されえない。なぜなら因果性は（原因，結果間の）必然的結合

---

59) *Ibid.,* I, 3, 2.
60) *Ibid.*
61) *Ibid.*
62) *Ibid.,* I, 3, 6.

necessary connexion の要素をふくんでいるからである。そこで再び (一)(二) にもどって必然的結合の観念がそこから導出されうるような印象を探すことになる。しかし，あきらかにそのような印象をつきとめることはできない。しかし，ヒュームはここでそのような印象の探求を放棄，絶望すべきではなく，むしろ，われわれはどのようにして必然的結合の観念を持つにいたったのか，何かの事物なり，性質なりが生じた時にはその原因がなければならぬ，という原因の必然性 necessity of a cause の考え方をどのようにして持つにいたったのか，を問うべきだという。直接に対象・事物ないしそれらの関係のうちに因果性の観念の起源たる印象をさがすのではなく，間接的に，原因・結果を必然的結合において捉えるところの，われわれの思考・推論を吟味しようとする。この考えは経験と観察から来たものであるが，経験はどのようにしてそのような考えを生ぜしめたのか。いいかえると，われわれは経験を積み重ねるなかで，どのようにしてかくかくの原因はかくかくの結果をもたねばならぬ，と結論するようになったのか，つまり因果的推論をするようになったのか，と問うべきだ，というのである。こうしてヒュームは因果性の観念の起源を求めて，因果的推論を分析することになる。

　(四)　因果的推論には二つの構成要素があることがあきらかである。その一つは何らかの現在的（感覚にせよ，記憶にせよ）印象であり，もう一つは当の印象の対象をつくりだすか，あるいはそれによってつくりだされるものの存在 existence の観念（じつは生気ある観念であり，むしろ「信念」であることが次第に明らかにされる）である。推論とはこの印象から観念への移行であり，それがいかにして行われるかが問題である。いいかえると，原因と結果との間の関係は，今や，因果的推論における現在的印象と，それと結びつく観念との間の関係として捉えられている。因果性はそこにおいて探求されるのである。

　ところで，この場合でも，われわれが或る事物（の印象）をそれ自体において吟味するかぎり，いかに詳細に吟味しても，他の事物の存在の観念をふくむようなものは決して見出されない。もし見出されるとしたら，そのような推論は「知識」Knowledge であり，当の推論以外の推論をする可能性をまったく排除することになるが，じっさいには決してそのようなことはない。つまり，われわれは矛盾なしに他の結果が起こる場合を色々と

考えることができるのである。

したがって，われわれが一つの事物 object の存在から他の事物の存在を推論するのはただ経験による，そしてここでいう経験とはつぎのような記憶である。

　「われわれは或る種類の対象が存在することのひんぱんな事例を持ったことがあることを記憶している。またわれわれは別の種類の個々の事柄が常にそれらと結びついていたこと，そしてそれらに対して接触と継起の規則的順序において存在していたことをも記憶している」*63。

　We remember to have had frequent instances of the existence of one species of objects; and also remember, that the individuals of another species of object have always attended them, and have existed in a regular order of contiguity and succession with regard to them.

ここで経験されているのは，これまでにはなかった新しい関係*64であり，これを恒常的連接 constant conjunction とヒュームは呼ぶ*65。そして，二つの事物を原因，結果と呼ぶことを可能にするのは，接触と継起の関係だけでは不充分であって，恒常的連接がそのことを可能にする。つまり，先に問題にした必然的結合の観念の起源を尋ねるべき場所は，くり返し認められる二つの事物の間の関係の類似であり，恒常的連接なのである。もっと詳しくいうと，われわれが何らかの二つの事物の恒常的連接をひとたび発見すると，われわれは常にその一つから他のものへの推論を常に行うようになる——つまりひとつの現在的印象からもう一つのものの存在の観念への推移 transition が行われるようになる。そのことによって，その一つを原因，他を結果と呼ぶことができるようになる。この推論，推移（これは心の内部における或る感情——二つの事物が結びついているという感情——にほかならない）のうちに必然的結合の観念の起源（たる印象）が探索されるのである。ヒュームはいう。

---

　63) *Ibid.*, I, 3, 6.
　64) *Ibid.*
　65) *Ibid.*

「おそらく，最後には，必然的結合が推論に依存するのであって，推論が必然的結合に依存することではないことがあきらかになるだろう」*66。

　Perhaps 'twill appear in the end, that the necessary connexion depends on the inference, instead of the inference's depending on the necessary connexion.

　（五）　上にのべたところから，われわれが因果的推論，つまり感覚ないし記憶に現存している印象から何らかの事物（原因ないし結果と呼ばれる）の観念（生気ある観念）への推移を行うようになるのは過去の経験，つまり恒常的連接にもとづくことが示された。ヒュームのつぎの一歩は，さきの観念の産出（過去の経験から未来への推論を行う）は①知性によるのか，②想像力によるのか，いいかえると，われわれはさきの推移を為すように①理性によって規定されるのか，②諸知覚の或る連合・関係によって規定されるのかの吟味である*67。①であるとしたら，それは自然の斉一性の原理，つまり，われわれが経験しなかった諸事例は，われわれが経験した事例に類似するのでなければならず，自然の経過は常に斉一的に同じものであり続ける，という原理にもとづくものであろう*68。ところでこの原理は論証されえないし，因果的推論を支える蓋然的な知識であるともいえない。したがって理性によっては原因と結果との間の究極的結合は発見できないのはもとより，経験された恒常的連接を未知の事例へと拡大することも不可能である，と結論される。われわれはただ経験された事例と，未知の事例の間に類似があるに違いないと推定 suppose するだけであって，証明 prove はできない*69。

　したがって，印象から観念への推移は想像力のうちにおける観念の連合によることが結論される。さきに観念の連合を生じる原理，つまり自然的関係として類似，接触，因果の三つが挙げられたが，今や印象から観念への推移，すなわち因果的推論をひきおこす（観念の連合の）原理としての因果的関係がいかにして想像力のうちに生じるかを説明することがヒュー

66）　*Ibid.*
67）　*Ibid.*
68）　*Ibid.*
69）　*Ibid.*

ムにとっての課題となる。（自然的関係といわれるが，じつは経験の集積を通じて形成される習慣がその正体である）。つまり，われわれは自然の斉一性という理性的原理に訴えて因果的推論を行うのではなく，想像力のうちに形成された観念連合の原理——つまり習慣——にうながされて，因果的推論を行うのである[70]。

ここでヒュームにおける「因果性」の観念は哲学的関係と自然的関係の両者をふくんでおり，二義的であることがわかる。そしてその媒介をなすのが恒常的連接である。「このように，因果性は接触，継続，恒常的連接をふくむ哲学的関係であるが，われわれがそれにもとづいて推論し，それから何らかの結論を引き出すことができるのは，それが自然的関係であってわれわれの観念の間で合一を生ぜしめるかぎりにおいてのみなのである」[71]。Thus tho' causation be a philosophical relation, as implying contiguity, succession, and constant conjunction, yet 'tis only so far as it is a natural relation, and produces an union among our ideas, that we are able to reason upon it, or draw any inference from it. いいかえると，哲学的関係としての因果性から，自然的関係としての因果性への移行の鍵をにぎるのは恒常的連接であり，そこに厳密な意味での原因・結果の観念を成立させる「必然的結合」の観念の起源が求められるのである。

（六）つぎにヒュームは因果的推論の特徴として，その結論たる（或る事物についての）観念は単に思い浮かべられる conceive されるのではなく，それへと承認ないし同意 assent が与えられるところの生気ある，力強い観念，つまり印象の性格に接近した観念であることを指摘し，それが信念 belief にほかならぬという。そして，このような信念を生ぜしめるのは習慣（或る事物 objects の接触と継起を観察することの反復を通じて形成された）にほかならぬ，と主張する。「ところで，われわれは過去の反復から，何ら新しい推論ないし結論なしに出てくるすべてのものを習慣と呼ぶのであるから，およそ現在的印象に後続するすべての信念はただかの起源（習慣）から派生したものであることを確実な真理として確立できよう」[72]。Now as we call every thing CUSTOM, which proceeds from a past repetition,

---

70) *Ibid*
71) *Ibid*
72) *Ibid.*, I, 3, 8.

without any new reasoning or conclusion, we may establish it as a certain truth, that all the belief, which follows upon any present impression, is deriv'd solely from that origin (CUSTOM).

習慣が信念の原因 cause である,ということは,因果的推論を成立させる原因も習慣であることを意味する*73。「すべての推論は習慣の結果以外の何ものでもない」*74。all reasonings are nothing but the effects of custom ヒュームはこのような議論を自ら「かくも異常でかくも根源的な原理」*75 such extraordinary and such fundamental principles と呼ぶ。そこで異常なのは因果性ないし因果関係が探求されるべき場面を,ふつうそのような関係において結ばれていると考えられている事物ではなく,そのような関係において捉えている精神の側にうつしたということである。つぎの文章はこのことを簡潔に示している。

「原因および結果の観念は,われわれに恒常的に相互接合されている何らかの事物を提示することによって,それら事物をそのような関係において見てとる習慣をつくりだし,そのためわれわれは著しい暴力なしにはそれらを他の仕方で見てとることはできないようにしてしまう経験から派生するものである」*76。

The idea of cause and effect is deriv'd from experience which presenting us with certain objects constantly conjoin'd with each other, produces such a habit of surveying them in that relation, that we cannot without a sensible violence survey them in any other.

つまり,接触・継起の関係にある一定の事物の度重なる観察・経験によって,一方においてそれらの恒常的連接が気付かれるが,この恒常的連接という新しい関係はそれだけでは未知ないし未来のことがらについては何も告げない。しかるに,経験は恒常的連接の発見へともたらすと同時に精神のうちにひとつの習慣(観念連合の習慣)をつくりだすのであり,われ

---

73) *Ibid.*, I, 3, 8.
74) *Ibid.*, I, 3, 13.
75) *Ibid.*, I, 3, 9.
76) *Ibid.*, I, 3, 11

われはこの習慣によって規定されて，或る印象から観念（信念）への推移，つまり因果的推論を行うようになるのである。

　（七）ここでヒュームは原因・結果の観念，ないし因果性の観念にとって本質的とされる必然的結合の観念に再び注目し，その起源たる印象をつきとめようとする。この印象がそこに求められるものは，前述のように，原因・結果と呼ばれる一個の事例においてではありえず，多くの事例において発見される恒常的連接のうちに求められる。しかし実は求められる印象は，恒常的に連接されている事物 objects においてではなく，それら事物 objects を観察している精神においてであり，（習慣によって）精神のうちに生ぜしめられた「規定」determination が求められている印象なのである[77]。原因の働き，効力 operation, efficacy, agency, force, energy productive quality などと呼ばれるもの，ないし原因・結果間の必然的結合 necessary connection などの観念がそこから生じてくる印象は，精神ないし想像力のうちに生ぜしめられた規定 determination （の感じ）にほかならない。「必然的結合」における「必然性」とは「精神の内的印象」[78] internal impression of the mind にほかならず，この印象は恒常的連接，ないしは一定の事例間の類似をわれわれが発見するや否や，われわれが精神のうちに感じる規定である。そして，この規定の原因は（恒常的連接をわれわれに発見させるのと同じ）習慣にほかならない。この印象—精神の規定は，いいかえると印象から観念（信念）へと推移する傾向性[79] propensity である。ヒュームは因果性の本質についてのこの洞察を「最も激しい逆説」[80] most violent paradox と呼ぶが，それは因果関係を因果的推論にもとづいて考察し，後者を心理学的に分析することによって得られた結論であって，それをもって直ちに因果性ないし原因の本質を洞察したものといえるかどうかは疑問である。

　或る意味で，ヒュームが因果性を考察すべき場面を，感覚的に経験される事物（内的感覚もふくめて）の領域から精神の領域へと移したのは適切な動きであったと思われる。なぜなら，原因—結果の観念は可知的 intelligible であり，知的認識の対象であるから，ひとたびは知性による反省あるいは

---

77)　*Ibid.,* Ⅰ, 3, 14.
78)　*Ibid*
79)　*Ibid*
80)　*Ibid*

Ⅳ ヒュームにおける因果関係の分析

自己認識の場面へと考察を移すことが必要だからである。しかし，ヒュームがそこにとどまり，しかも「精神の内」ということを心理学的な観点から理解するにとどまったところに問題がある。むしろ，そこから知性的認識の固有対象としての因果性の考察に進むべきであったといえよう。

つぎにヒュームは因果関係を，習慣によって「精神のうちに」つくりだされた傾向性，習慣的推移，つまり自然的関係と見なすことによって懐疑主義に陥っているのではない。むしろ，習慣 custom は人間本性の原理[81] a principle of human nature であり，人間生活の偉大な指針 the great guide of human life[82]であって，信念がそれにもとづいて形成されることは理にかなったことなのである。ヒュームによると，因果的推論は人間の生存，種としての存続にとってきわめて本質的な重要性をもつところから，自然はそれを誤りやすい理性の演繹にゆだねず，習慣という自然的原理，ないし一種の本能によってそれが行われるように定めた，というのである[83]。つまり，われわれは自然界における事物間の作用，そこで働く力については無知でありながら，われわれの精神の内なる推移は自然界における過程と符合するようになっており，それによって予測，調節，ないし，いわゆる自然の利用を遂行することができる。しかし，こうした符合——自然界の過程とわれわれの観念の継起との間の予定調和[84]——を確立させている原理は習慣という人間本性の原理にほかならない，というのである。

このようなヒュームの立場については，その「習慣」理解の問題点を指摘しなければならない。ヒュームは習慣が精神を規定して，一定の仕方で思考を営まざるをえない状態をつくりだすかのように解釈しているが，逆に習慣は精神の認識能力を強化して，それまでは把握されなかった因果関係を把握することを可能にする，と解釈することもできるのではないか。そして，その方がわれわれが現実に経験する人間的認識によりよく合致するのではないか。そのように見ることによって，ヒュームの因果説を形而上学的な因果理論へと展開することが可能となり，ヒュームの経験主義を批判的に克服する道が開かれるように思う。

---

81) *inquiry*, V, I.
82) *Ibid.*
83) *Ibid.*, V, 2.
84) *Ibid.*

第11章

ヒュームの経験主義と人格の同一性理論

I 序論——問題点

　昨年度の講義でヒュームによる因果性あるいは因果関係の分析をとりあげたのに続いて，今年は人格の同一性 personal identity に関するヒュームの立場を考察し，それを通じてかれの経験主義についてより明確な見通しをうることにつとめたい。最近ではイギリス古典的経験論哲学をジョン・ロック John Locke 1632-1704，ジョージ・バークリ George Berkeley 1685-1753，デイヴィット・ヒューム David Hume 1711-1776 の三人によって代表させ，ロックによって確立された経験重視の立場と方法を他の二人が批判的に継承，徹底させていく（たとえば第一次・第二次性質の区別，物質的実体，因果関係の実在性の否定においてバークリは直接的観察という意味での経験の立場を徹底させ，ヒュームはバークリが否定しえなかった精神的実体の存在を否定することによって，それをさらに推進させたとされる）という通説にたいしては，さまざまの角度から再検討が加えられている。しかし，後述するように，ヒュームが，心 mind ないし自我 self と呼ばれているものは「相互に非常な速さで継起し，永続的な活動および運動の状態にあるところの，異なった諸々の知覚の束もしくは集合以外の何ものでもない」[*1] nothing but a bundle or collection of different perceptions, which succeed each with an inconceivable rapidity, and are in a perpetual flux and movement と断定するとき，それは直接的観察という意味での経験の立場を徹底させたもの

---

1) *A Treatise of Human Nature*, I, 4, 6.

として受けとられている。しかし果たしてそうなのか。それはむしろ一つの独断ではないのか。それは果たして「心」「自我」という言葉をわれわれが使用するさいに，そこで含意ないし前提されている世界理解（ないし世界像）を正確に言いあらわしているといえるか。いったい，われわれによる言葉の使用と，そこで含意・前提されている世界理解ということを離れて経験について語りうるだろうか。このような反省を通じて経験と経験主義についての理解を深めたい。

　他方，人格の同一性という問題はヒュームの学説の検討という枠を超えて，重要な哲学的問題である。最終的にはこの問題は，経験主義的な吟味——いわば経験主義の厳密な検査 acid test——に堪えるような，いいかえると経験的基礎づけを有するところの実体としての自己ないし人格の概念の確立は可能か，という形で提起されると考える。とくにこの講義では近代科学によってその有効性が否認されたとされる実体の概念を見直し，その本来の意味をつきとめたい。おそらくデカルト以来（あるいは後期スコラ哲学以来），実体概念は「存在の忘却」にともなって致命的な変容を蒙ったのではないか。実体の問題についての立ち入った考察は到底この講義で試みることはできないが，人格，自我，精神（こころ）の概念の検討を通じて，この問題を根本的に考察するための道を拓くことをめざす。

　「人格の同一性」personal identity という言葉を広い意味でとるとき，そこにはごく日常的な問題から道徳，宗教哲学の問題にいたる，多様な問題がふくまれている。T. Penelhum[*2] によると，われわれの日常生活においては「友人を見わける」recognizing our friends（友人を友人として同定する）というありふれた経験，さらに「或る人がじっさいにその人がそうだと主張している当の人であるかどうかを決定する」decision that a certain person is or is not the person he claims to be という経験をすることがあるが（時としてきわめて重大で，劇的ですらある），人格の同一性の問題はこうした再認定の過程 process of reidentification の背後にある原則を解明することにかかわるとしている。或る人を再認定するとは，時間の経過と，それによって生じた変化にもかかわらず，現在われわれの前にいる人物が，われわれが以前知っていた人物と同一であると言明ないし含意することであるが，そうし

---

2) Terence Penelhum, "Personal Identity," *The Encyclopedia of Philosophy,* vol.6, pp.95-107.

I 序論——問題点

た再認定がどのような条件の下に正当化されるのか，いいかえると，人格の同一性を肯定する基準は何か，という問題が人格の同一性の問題である。

人格の同一性の基準として通常挙げられるのは記憶（の連続性）と身体の同一性であるが，この二つは単独で充分な基準となりうるのか，それとも互いに補足することによって始めて基準となりうるのか，いずれかが主要的で他は第二次的なのか，さらにそれらは同じ意味で基準であるのか，などが問題になりうる。もし，これらの基準のいずれもが，また両者を合わせても充分な基準ではありえないとしたらどのような問題が生じるか。およそ人格の同一性は確実な基準にもとづいて確立されえないとしたらどうか。そもそも人格の同一性なるものは——いかに根強い信念であるにしても——（ヒュームが論じているように）実際には一種の混乱にもとづく観念であり，幻想であるとしたらどうなるか。人格の同一性を肯定することなしに道徳的，社会的生存は可能か。権利や責任などの観念は，それらが帰属させられるべき人格の同一性なしには無意味ではないのか。

人格の同一性の問題の解決は「人格」および「同一性」を正確に理解することにかかっているように思われる。人格とはそもそも何であるのか。キリスト教神学の問題との関連においてさまざまの解釈を受けてきたこの概念はどのように解明できるか。自由，意識，行為，霊魂，精神，自己（自我），身体，役割，個人などの概念は，人格概念の解明においてどのような寄与をなしうるのか。人格なるものを認識，把握するための方法はどのようなものか。人格の認識においていわゆる「自己認識」は，方法としてもっとも優先されるべきか。だが「自己認識」はどのようにして成立するか。この講義では前述のように，とくに実体の概念との関係において人格概念の解明を試みたい。

同一性の概念についてもさまざまの問題がある。ヒュームは同一性 identity を「一定の時間の変動を通じて不変で中断のないままに存続する対象」[*3] an object that remains invariable and uninterrupted tbro' a suppos'd variation of time についての観念としているが，同一 idem, same, self という言葉の用法はそれよりもはるかに複雑で弾力的である。石ころにとっての同一性がそのまま植物，人間にとっての同一性にはならない。同一性は感

---

3) *Treatise*, I, 4, 6.

覚的に肯定されるような量的，質的同一性から，知的に洞察，肯定されるような本質的・形相的な同一性にいたるまで，多様的である。人格の同一性はそれら同一性のいずれの意味において語られるのか。結局のところ，人格の認識がほんらいそこにおいて語られるのと同じ場所において，その同一性も語られると考えられるが，その場面はどのようにして確定できるか。

「同一」idem という観念は「一」unum という，より根本的な観念の一種類であるとも考えられる。ところで「一」は「存在」ens と同じことを意味するところから，「存在」が異なった仕方で捉えられるのに応じて「一」も異なった仕方で捉えられ，そのなかの一つとして「同一」が位置づけられるであろう。すなわち，「存在」が（アリストテレスのカテゴリー論に従って）実体，量，質……として捉えられるのに応じて「同一」idem「等」aequale「類似」simile が区別される。この場合，「同一」は実体における―unum in substantia,「等」は量における―unum in quantitate「類似」は質における―unum in qualitate を意味する[*4]。このような理解からすると，「同一性」が厳密な意味で語られるのは実体が一であることにもとづいてであるが，「実体が一である」という言い方は多義性を免れない。それは (a) 同一の普遍的本質（種的本質）を共有する，という意味にも (b) 同一の個別的実体である，という意味にも解される。ひとまず人格の同一性が問題になる場合の「同一性」は (b) であると考えられるが，その場合にも「実体」の意味を明らかにするという課題が残る。

結論的にいって，「人格とは何であるか」という問いがどのような仕方で受けとめられ，探求されるかに応じて，人格の同一性についてのわれわれの理解は形成されるといえるであろう。ロックやヒュームにおいて，またこの問題をめぐる現代の議論において，はたして上の問いは適切な仕方で探求されているであろうか。

II　ロックにおける人格の同一性の問題

ロックは『人間知性論』第二巻第二十七章「同一性と差異性について」

4）　Thomas Apuinas, *In Libros Metaphysicorum Aristotelis Expositio*, IV, 2, 561.

において人格の同一性の問題を考察している。ロックは「一定の時間・場所における存在」Being, existence が或る，事物（個体）を他の事物から区別する原理，すなわち個体化の原理であると見て，或る時間・場所において存在するものと，他の時間・場所において存在するものとが同じものであること，つまり継続された存在 continued Existence が同一性の観念であり，差異性はそれらが同じものではないことを意味する，と主張する。さらに，同一性の観念は，二つの物体 Body は同時に同じ場所には存在しえない（それは矛盾である，とロックはいう），ということを前提している。したがって，ロックによると，或る場所・時間において存在する事物と，他の場所・時間において存在する事物が，何らかの根拠・基準にもとづいて同じ事物であることが確認されるとき，その事物の同一性 Identity が確立されるのである。いいかえると，ロックにおける同一性の観念は，同一事物の或る時間的経過を通じての存続，ないし連続性を意味する。

ところでロックによると，事物が同じものであるとされる根拠ないし基準は物質のかたまり a Mass of Matter と生命体 a living Body の場合では異なっている。物体の場合，それを構成する原子が取り去られると，同じ物質のかたまりではなくなるが，生物の場合，若木が成長して大きな樫の木になっても，その枝が切り込まれても，同じ木である。仔馬 Colt が成長して馬 horse になっても，同じ馬である。それは木や動物を構成している諸部分が同じ植物的生命 vegetable Life，一個の動物としての共同的生命 common Life に参与していることによる，とされる。ここから人間の同一性は何に存するかが問題にされることになる。

ところで，ロックは人間 Man の同一性は「同じ組織化された身体へと，継起的・生命的に合一しているところの，絶えず流動する物質の諸分子が同じ連続的生命に参与する」[*5]ことにほかならない，としている。A participation of the same continued Life, by constantly fleeting particles of Matter, in succession vitally united to the same organized Body. いいかえると，ロックは人間の同一性は動物の場合と同じく，一つの生命によって統合されている身体にもとづくものと考えており，霊魂の同一性によっては人間の同一性は確定されない，としている。つまり，この観点からしてのみ，胎児から

---

5) *Essay*, Ⅱ, 27, 6.

老人までの大きな変化にもかかわらず同一の人間であることが肯定されるし、また霊魂の輪廻転生 Transmigration (of souls) を認めるにしても、同一の霊魂が宿ったさまざまの人間ないし動物を同じ人間とは見なさない、という確立された慣行も、この観点からのみ説明できる、とロックは主張する*6。要するに、ロックは「人間」という言葉の慣用にてらして、人間の観念は単に「思考する、ないし理性的存在」a thinking or rational Being たることにつきるのではなく、一定の形態の身体がそれと結びついていること、あるいはむしろ「一定の形態の動物」であること an Animal of such a certain Form が人間の観念を形成する、と考えている*7。ロックにとって人間とはいわば外部から捉えられた人間、ないしは専ら身体に即して捉えられた人間であるということができる。

これにたいして人格 Person は完全に意識 consciousness に即して、内部から捉えられる。ロックは人格を「理性と反省を有し、自己自身を異なった時間および場所において自己自身、つまり同じ思考する事物と見なしうるところの、思考する知的存在」*8 a thinking intelligent Being, that has reason and reflection, and can consider itself as itself, the same thinking thing in different times and places と定義する。そしてロックによると人格が「自己自身を自己自身であると見なす」という働きをなすのは意識(あらゆる知覚、感覚、感情、思念にともなっているところの)によってであり、この意識が自我 self と呼ばれるものを成立させる――同一実体(基体) Substance における存続といったことにかかわりなく。この意識が各人をして「自我」たらしめ、したがって他のすべての思考するものからかれを区別する。人格の同一性、つまり理性的存在が同一事物たること personal Identity, i. e. the sameness of a rational Being はただこの意識にのみ存する、とロックは主張する。したがって、人格の同一性の範囲は、この意識の及ぶ範囲であることになる*9。ロックが人格の同一性の問題について論じているところは、結局のところ、人格とその同一性を成立させるのは意識(自己意識)であり、意識だけである、という主張につきるのである。

---

6) *Ibid.*
7) *Ibid.*, II, 27, 8.
8) *Ibid.*, II, 27, 9.
9) *Ibid.*

II ロックにおける人格の同一性の問題

　ロックは人格の同一性の問題を実体の同一性のそれから鋭く切り離す*10。すなわち、ロックの立場に対しては、意識は忘却、睡眠、或ることへの注意の集中にともなう他のことの閑却、などにもとづいて中断されることからして、そのような中断 interruption にもかかわらず、われわれは同じ思考する事物、同一実体でありうるのか、という疑問がむけられるのであるが、ロックはこの疑問は人格の同一性には全然かかわりがないとして斥ける。同一の人格を成立させるものは何かという問いと、同一の人格において常に思考する実体は同じ同一の実体か*11、という問いとは別個の問いだというのである。ロックはここで実体と人格のレベルを区別しているといえよう——ちょうど動物の身体を構成する分子と、それらを合一して一個の動物たらしめる生命とが異なったレベルに属するように。意識の統一ないし同一性と、意識を担う基体（実体）の同一性とは別のものだ、というのである。ロックはいう。

　「というのは、或る人間を彼自身にとって彼自身たらしめるのは同じ意識であるから、人格の同一性はそれにだけ依存するのであって、意識がただ一つの個体実体にのみ結びついているか、あるいはいくつかの実体の継起において連続できるのか、には関わらない。というのも、或る知的な存在が或る過去の行為の観念を、それがその行為について持った同じ意識をもって、またそれが或る現在的行為について持つ同じ意識をもって反復しうるかぎり、それは同じ人格的自我であるからである」*12。

　For it being the same consciousness that makes a Man be himself to himself, personal Identity depends on that only, whether it be annexed only to one individual Substance, or can be continued in a succession of several Substances. For as far as any intelligent Being can repeat the Idea of any past Action with the same consionsness it had of it at first, and with the same consciousness it has of any present Action; so far it is the same personal self.

　つまり、中断があろうと、時間的へだたりがあろうと、われわれが自ら

---

　10)　*Ibid.*, II, 27, 10.
　11)　*Ibid.*
　12)　*Ibid.*

の意識のなかで過去の自分と，現在の自分とを結びつけることができるかぎり，人格の同一性が成立する，というのである。

　意識が人格を成立させるものであり，意識の同一性が人格の同一性である，というロックの立場は極めて徹底しており，したがってもし同じ意識が一個の思考実体 one thinking Substance から他の思考実体へと移植できるならば，二つの思考実体がただ一つの人格を成立させることは可能である，とされる[13]。逆に同一の思考実体が存続しつつ，二つの異なった人格が成立することがありうるか（霊魂の輪廻転生におけるごとく），という問いにたいしては，やはり意識が人格を成立させるという立場から，たとえ或る人が自分はソクラテスの霊魂を受けついでいると確信していても，ソクラテスの行動や思想を何一つ意識していない以上，ソクラテスと同一人格であるとはいえない，と答える[14]。

　ロックは自分の立場を明らかにするため君主 Prince と靴屋 Cobler の霊魂の入れ替りの例を呈示する。すなわち，君主の霊魂が君主の過去の生活の意識ともども，霊魂が去ったばかりの靴屋の体に入ったとすると，かれは君主と同一の人格 Person であり，君主の行動についてのみ責任を問われる，ということは誰でも理解するところだ，とロックはいう。だが，この靴屋の姿をした（身体をもつ）人間は君主と同一の人間 Man ではないこともあきらかだ，とロックは主張する。なぜなら，人間を成立させるのは霊魂だけではなく，身体も共になければならないからであり，今の場合でいうと，身体が人間を確定するのである。ここでロックは人格と人間という観念をこのように区別することは一般の慣用に反することを認める[15]。しかし，理論的には自分の区別が正しいものであることを主張する。すなわち，意識はそれが過去へむかって拡張せしめられるかぎりにおいて諸々の存在 Existence と行動 Actions を統一する unite のであって，そこに統一された諸存在，行動は同一の人格に属する。そして人格はそれら諸行動にたいして責任を負わされるのである——たとえそれがノアの洪水の時代に属するものであろうと，昨年のテムズ河の洪水であろうと，つい今し方のことであろうと[16]。ロックは言う。「この現在の思考するものの意識が

---

13) *Ibid.,* Ⅱ, 27, 13.
14) *Ibid.,* Ⅱ, 27, 14.
15) *Ibid.,* Ⅱ, 27, 15.

それ自身に結びつけうるもの，それが同じ人格を構成する」[17]。

ロックは報賞，刑罰の正しさ，正義はすべてこの意味での人格の同一性にもとづく，と主張する[18]。すなわち，或る人格は，当の人格に帰せられる行動についてのみ責任を負わされるのであるが，何人も自らが意識しない行動について責任を負わされるべきではないのである[19]。人格の同一性は意識の同一性に存するのであって，実体の同一性に存するのではない。この見解にたいしては，私が自分の生活の或る部分についての記憶を完全に喪失したとしても，私はやはりその部分における行動にたいして責任を負わされないのか，そうした行動をした人格と私とは（記憶─意識の断絶があるとはいえ）同一人格なのだから，という反対論が向けられる。ロックはそれにたいして，そこで同一だとされているのは人間であって人格ではない，と主張する。狂気に捕えられていた間に為された行為が生気に帰った人に帰せられないのは（同じ人間であるとはいえ）人格が同一ではない（意識が異なっている）からだ，とロックは論じている[20]。では酩酊の間に為したことについて罰せられるのはどうしてか（後になって自分の為したことをまったく意識していなくても），という異論に対しては，そこで申し立てられる意識の欠落は立証されえないからだ，とロックは答える[21]。この議論は一見，ロックの立場の根底を動揺させるように思われる。なぜなら意識の欠落が立証されえないのと同じく，その把持・存続も立証されえないからである。しかし，ロックの真意は，当人は意識の欠落─把持を知っているのであり，それが人格の同一性を成立させるのに充分である，というものであろう。要するに，ロックによるとわれわれが「私」「自我」self と呼ぶのは意識の拡がりに入ってくるところのもの，意識によって統一されるところの思想，行動であり，それが人格にほかならない。そのかぎりでロックの理解する「人格」「自我」とは意識において統一された「諸々の思想と行動」にほかならず，ヒュームのいう「知覚の束」とかなり接近しているように思われる。しかしロックは（それによって人格

---

16) *Ibid.*, II, 27, 16.
17) *Ibid.*, II, 27, 17.
18) *Ibid.*, II, 27, 18.
19) *Ibid.*, II, 27, 19.
20) *Ibid.*, II, 27, 20.
21) *Ibid.*, II, 27, 22.

が成立するところの)意識が何らかの実体と結びついているという可能性を排除してはいない。むしろ, この意識はひとつの個体的な非物質的実体と結びつき, それの状態(属性)であるというのがより蓋然的な見解であることに同意している[*22]。

またかれは別のところで物質的および非物質的な実体の存在 Existence を明確に肯定している[*23]。しかしながら,「われわれのうちに」in us あり, われわれ自身 selves と見なしているところのこうした思考する事物 thinking thing の本性についてわれわれは余りにも無知であるところから, そのような実体に即してではなく, 意識に即して人格の概念を解明しようとしたのである[*24]。

人格の同一性は意識に存する, というロックの見解は常識的であるといえるが, それゆえにまた常識につきものの曖昧さにつきまとわれている。かれが「意識」をどのように理解していたかが問題であるが, それは一方では私の現在の経験(知覚, 感覚, 感情, 思念, 行動)についての自覚 awareness, self-consiousness を意味し, 他方, 私の過去の経験がかつて私に意識において現存していた, ということについて私が有する自覚・自己意識をも意味する。後者はむしろ記憶と呼ぶべきものであろう[*25]。「意識」をこのように解するとき, それにもとづく人格同一性の理論はつぎのような批判にさらされる, とオコナーは論ずる。(1) 私の過去の経験はかつて私に現存していた, というのはトートロジーであり, 何らの情報も与えない。(2) このような「意識」についての説明は人称代名詞をふくんでいるが, 人称 personal 代名詞は個々の人格を指示する場合にのみ有意味であるから, そのような言葉を用いて為される人格の同一性の分析は悪循環をふくむ[*26]。

また, ロックは「人格」と「自我」を同一視し, 両者を意識の立場から説明するが, 意識のみに即して人格の同一性, ないしは時間的経過における連続性を説明することが可能か。ロックの議論は, 意識 A—B—C—D—…P という系列において, 現在の意識 P からして, A…D が同一の系列

---

22) *Ibid.*, II, 27, 25.
23) *Ibid.*, II, 27, 29.
24) *Ibid.*, II, 27, 27.
25) D. J. O'Connor, *John Locke,* Dover, 1967, p.120.
26) *Ibid.*, pp.120-21.

に属することが確認されるとき，人格の同一性が確立される，というのであるが，たとえばPとAとが連続的であり，同一系列に属することの確認はどこで為されるのか。それもA…Pという意識の系列のなかで為されるのか。オコナーが言うように，意識が連続的であるといわれるのは，あたかも二つの隣接する映写フィルムの二こまの間の類似性が確認される場合のように，二つの隣接する心的状態（意識）の間の類似性が確認される場合であるとしたら*27，意識の場合，その確認をするのは誰なのか（意識の連続的系列がそのまま人格であるとしたら，その連続性を確認するのは誰か）。人格およびその同一性の意識内在的立場からの説明は破綻せざるをえないように思われる。

　これにたいして，研究者たちはロックの真意は「同一の人格」という言葉の確立された慣用を示すことにあった，と指摘する。「人格の同一性についての問題は『人格の同一性』という字句の意味についての問題である。そして，これらの問題は，この字句が英語を話す人々によって用いられる仕方をつきとめることによって，ただ一つの仕方で決定されうる。われわれが慣習的用法をつきとめたとき，われわれはできることのすべてを為したのである。発見されるべき秘密の「真実の意味」などない——言葉はその用法とは違ったこのような真実を持つと想定するのはありふれた迷信であるが」*28。Questions about the nature of personal identity are questions about the meaning of the phrase 'personal identity.' And the questions can be decided in one way only, namely, by ascertaining the way in which the phrase is used by English-speaking people. When we have ascertained the conventional usage, we have done all we can. There is no secret 'real meaning' to discover, though to suppose that words have such real meanings, distinct from their usage, is a common superstition.

　「彼（ロック）は同一性が何に存するかについて何か形而上学的発見あるいは提案をしようとしているのではない——彼はそのようなことをしていると思いこんだかもしれないが。彼はほとんどの場合，われわれが『同一性』や『同一的』という言葉を用いるときにわれわれが従っている

---

27) *Ibid.*, p.121.
28) *Ibid.*

言語規則を記述しているだけで，また或る程度まで，用法の規則が完全に明晰あるいは十分でないときにはこの言葉をいかに用いるべきかについて提案をしているのである」[29]。He (Locke) is not making any metaphysical discoveries or proposals as to what identity really consists in, though he may well have thought that he was doing so. He is, for the most part, merely describing the linguistic rules we follow when we use the words 'identity' and 'identical', and, to some extent also, he is making proposals as to how the word should be used when the rules of usage are not perfectly clear or sufficient.

「人格の同一性についてのロックの所説は，この言葉ないし概念の，われわれの言語と思想における意味を解明しうるという主張である」[30]。Locke's account of identity of persons claims to be an explication of that meaning of that word or concept in our language and thought.

換言すると，ロックは霊魂や人格の真の本質 real essence を形而上学的に認識しようとする試みは放棄して，普通に人々がこうした言葉を使用するときに，かれらがそれら言葉にどのような観念を対応させているかを明らかにすることに自分の仕事を限定しているのである。したがって，意識が人格を成立させるという主張はごく常識的な性格のものであり，われわれは人格の概念の内容として生命ある身体以上のものを要求する，という極めて日常的な事実を明確にするだけで足りるのである[31]。また意識が人格を成立させるという主張は，人格は道徳的および法律的責務，権利が帰属せしめられる主体であるが（法廷用語），或る行為が或る人格のものであるとされるのは，身体の形態によってではなく，意識によってである，という常識的な理解にもとづいている[32]。

したがって，ロックが「人間」と「人格」の観念を区別しているのは，人格から身体的要素を切りはなしているとの意味に解すべきではなく，当然，人格や自我の概念のなかには身体のイメージがふくまれていると解すべきであろう。ただ，私が或る行為を「私の」行為であると認める identify

---

29) *Ibid.*, pp.117-18.

30) John W. Yolton, *Locke and the Compass of Human Understanding*, Cambridge University Press, 1970, p.154.

31) Yolton, *Ibid.*, p.157.

32) *Ibid.*, pp.152-53.

actions as mine のは，それら行為に参与している私の身体を確認することによってではないところから，「人格」はもっぱら意識の面で捉えられるのである。つまり，「人格」の通常の慣用においては行為の「帰属」ownership が問題とされるところから，ロックのような「人格」概念の規定が生じたと考えられる。

しかし，はたしてロックが実際にやったことはそれにとどまるのか。言葉の慣用を明確にするだけではまだ「哲学的」探求とはいえないのであり，ロック自身，そこをこえて「人格とは何か」と問うているのではないか。いずれにしてもこの問いの有効性と重要性とは否定できないのであって，人格の同一性の問題の解明はこの問いがどのように，またどこまで徹底させられるかにかかっているように思われる。

III　ヒュームにおける人格の同一性（1）

つぎに『人性論』第一篇，第四部第六節にもとづいて人格の同一性についてのヒュームの議論を考察するが，その前に二つの予備的考察を行っておく必要がある。その一つは，われわれが知覚するのは意識内在的な知覚像 perceptions, ideas and impressions だけだ，というヒュームの基本的な認識論的立場の確認である。ヒュームはわれわれの心 mind に現存するのは心の知覚，印象，観念だけだ，ということは哲学者たちによって普ねく認められており，またそれ自体として明白だ，という。かれが人格とその同一性について論ずるさいには，意識内在的な知覚―観念であるかぎりにおいての人格にかかわっているのである。そのように見るとき，「知覚の束」というヒュームの人格概念は何ら驚くべきものではなく，当初から予想された結論といえるかもしれない。

しかし，われわれが知覚するのはわれわれ自身の知覚像，表象像である，つまりわれわれは各自の世界から一歩も出ることはできない，という独我論の立場はけっして自明的ではない。したがってヒュームがそれを自明的と見なしているのは何らかの前提によると考えざるをえない。その前提とは「存在」の観念 idea of existence は，われわれが存在するものとして受けとっている何らかの事物の観念 idea of any object と何ら異ならないので

あって，われわれが何らかの事物についての単純な観念のあとで，それを存在するものと思念するとき，われわれは当初の観念にたいして実在的に in reality 何の付加も変更も加えていない，という考え方である[33]。つまり，ヒュームにとって何かについて語ることは知覚像，表象像について語ることであり，そうした知覚像，表象像を生ぜしめた事物が外界に「存在する」か（あるいは，知覚する「自我」が，外界の事物と同じように「存在する」か）どうか，という問いは原理的に排除されているのである。ヒュームは「存在」の問題を（理性ではなく）信念の手にゆだねており，独我論は信念（つまり日常生活）の領域には及んでいない。しかし，哲学から「存在」の観念が追放されたことの意味は重大であり，あらためて問題にしなければならない。

　第二は物体 body の存在 continu'd, external, independent existence of body に関するヒュームの見解である[34]。ところで，上にのべた根本的な認識論的立場に立つかぎり「物体は存在するかいなか」と問うのは無駄であり，「いかなる原因がわれわれをして物体の存在を信じさせるのか」と問うことができるのみである[35]。ところで感覚は事物が（感覚にたいして）最早現れなくなった後においても存在し続ける，という観念 notion を生ぜしめることはできない——それは感覚が作用を中止した後も作用し続ける，という自己矛盾をふくむからである。またこの観念は哲学が教えるところと対立しており，反理性的 unreasonable であるところから，理性 reason ないし知性 understanding がその源泉であることも不可能である，とヒュームはいう[36]。したがって，残るところ，こうした物体の存在に関する臆見はまったく想像力 Imagination によるものでなければならない[37]。

　では想像力に働きかける印象におけるいかなる特殊な性質がわれわれをしてそれらに独立かつ連続的な存在を帰属させるのか[38]。ヒュームによると，それは恒常性 constancy と整合性 coherence である。ふつうそれの対象が外的存在をもつと想定されている印象——山，家，樹木，机，紙……

---

33) *Treatise.*, I, 2, 6; I, 3, 7.
34) *Ibid.*, I, 4, 2.
35) *Ibid.*
36) *Ibid.*
37) *Ibid.*
38) *Ibid.*

——はつねに斉一的に、いささかも変化することなく現れる（恒常性）か、あるいは変化するさいにもそれら諸変化の間には規則的な相互依存が認められる（整合性）のである。しかし、「物体が存在し続けている」という臆見は、或る印象のもつ恒常性と斉合性に依存することが確認されても、こうした性質がいかにして継続的な存在 continu'd existence という異常な臆見 extraordinary opinion ないし信念を生ぜしめるかを説明する、という問題は残っている。

　この場合の問題の核心はつぎの点に存する。観察された整合性 A から事物の継続的存在 B が習慣を通じて結論される場合、この推論を生ぜしめるのが習慣 habit, custom だけであるとしたら B にふくまれる規則性 regularity は A のそれを超えることはできない筈である——なぜなら、ヒュームの習慣理解によると、かつて精神にたいして現存したことのないものによって習慣が生ぜしめられることはないからである[*39]。ところが、じっさいにわれわれが A から B を推論するとき、われわれは単なる知覚（反復された）において観察されたものよりもより大きな規則性を対象に付与していることは明白である。（なぜなら、われわれの知覚はたえず中断されているのだから。）とすると、A から B への推論においては習慣以外の或る原理が協働 cooperation していると考えなければならない。

　この原理は、ヒュームによると、想像力にそなわっている一種の傾向であって、或る一定の方向へと思考が動きはじめると、オールのひとかきで弾みをつけられたボートのように、新たな刺激がなくても、その思考を継続するというのがそれにあたる。つまり、心がひとたび対象のうちに斉一性を観察するよう方向づけられると、それは当の斉一性をそれ以上のものはないくらいに完全なものたらしめるまで、自然にその方向へと進み続けるのである。そして、その極限は、それの継続的存在という単純な仮説にほかならない。しかし、ヒュームによるとこの原理だけをもってしてはすべての外的物体の継続的存在といった巨大な建造物 so vast an edifice を支えるには弱すぎるので、これに、それら物体の現象の恒常性を加えることが必要である、とかれはいう。そのことによって、まず物体の継続的存在 continu'd existence という信念、ついで独立的存在 distinct existence という

---

39) *Ibid.*

信念が生ぜしめられる、というのである[40]。

　ヒュームによると、大衆 the vulgar は彼らの知覚がかれらの唯一の対象（＝事物）であると想定している[41]。同時に物質（外的物体）の継続的存在を信じている。問題はどのようにしてこうした想定から当の信念が出てくるかである。反省によって直ちに、知覚は中断されるものであり、諸知覚の間に類似はあっても、それらが厳密に同一ではないことが明らかになる。知覚は常に新しくつくりだされ、消滅するのである。しかし、諸知覚の間の類似、つまり恒常性と整合性は想像力をして容易に同一性の観念を生ぜしめる。したがって、知覚（されたもの）の同一性と、知覚の中断との間に矛盾が感じられ、それを和解させる必要が生じる。この和解を成立させるための仮説が二重存在 double existence の仮説である（大衆は唯一つの存在しか認めていない。そして、それを随時、対象・事物 object あるいは知覚 perception と呼んでいるのである）[42]。かれらは決して内的および外的、表象する（存在）と表象された（存在）という二重の存在を思いつくことはない[43]。この二重存在は二つの対立する要求（想像力、および理性的、哲学的反省によって為される要求）を満足させるために案出されたもので、知覚にたいしては中断 interruption を、対象・事物に対しては継続 continuance という対立的な性質を帰属せしめるのである[44]。ヒュームはここで五回も「二重存在」という言葉を用いている。

　ところで、この仮説は想像力と理性的・哲学的反省との中道をとっているように見えるが、実際には想像力、つまり人間の自然本性にくみして、いわば自然の力がどのようにして人間の理性的反省の抵抗をおしのけていくか、というその仕組を説明するものといえるであろう。哲学ないし静穏で深遠な反省は一種の本能ないし自然的衝動、つまり想像力の内的傾向性によって結局のところとって代られる[45]、とヒュームは考えるのである。したがって、ヒュームは一方では感覚的対象・事物ないし知覚に継続的存在 continu'd existence を帰属させる（それらが継続的な出現において相互に

---

40) *Ibid.*
41) *Ibid.*
42) *Ibid.*
43) *Ibid.*
44) *Ibid.*
45) *Ibid.*

類似しているがゆえに）という想像力の自然的傾向性 natural propensity の誤まりは，僅かの反省と哲学 a very little reflection and philosophy によって見てとることができる*46 としながら，結局のところわれわれはこうした見解ないし信念によって生きているのであり，またそうせざるをえないという理由で，それに与していると結論できるであろう。

　外的物体の継続的存在についてのヒュームの考え方を概観したのに続いて，かれが実体としての精神 mind ないし霊魂という考え方を斥けていることを確認しておこう。ヒュームは，通常明瞭で明確 clean and determinate と見なされている外的対象に関する理論や物質の観念において極めて多くの困難な問題や矛盾が見出されるところから，内的知覚や精神の本性についての困難はもっと大きいと予想しがちだが，じっさいには無限の曖昧な点はあるものの，矛盾に悩まされることはない，という。そこでは認識されることはそれ自体と合致し，知られないことは手のとどかぬままにしておかなければならない，というのである。そこでは無用の矛盾をつくりださぬことが肝要であり，われわれの知覚がそのうちに内属するところの物質的実体もしくは非物質的実体が存在すると主張する哲学者たちはまさしくそのことをやっている（自らがたてたほこりのために事柄が見えなくなっている）とヒュームは批判する*47。

　ヒュームの実体否定論はきわめて単純であり，「実体」substance「内属」inhesion という言葉に明確な意味を与えることは不可能だ，ということにつきる。いいかえると，「実体」「内属」という観念に先立つ印象を指摘することはできない，というものである。ヒュームは単純に問う。「それは感覚の印象か，それとも内省の印象か？ それは快適か，それとも不快，あるいはどちらでもないか？ それは常にわれわれのもとにあるか，それとも時々間をおいてもどってくるだけか？ 間をおいてなら，主にもどってくるのは何時か，そしていかなる原因によってひきおこされるのか？」*48 Is it an impression of sensation or of reflection? Is it pleasant, or painful, or indifferent? Does it attend us at all times, or does it only return at intervals? If at intervals, at what times principally does it return, and by what causes is it produced?

　46）　*Ibid.*
　47）　*Ibid.*
　48）　*Ibid.*, I, 4, 5.

他方，或る哲学者が実体を「それ自体によって存在しうるような或るもの」と定義して，これで問題を回避しようとするなら，じつはこの定義は，概念されうるすべてのものにあてはまるのであって，この定義によっては偶有から実体を区別することも，霊魂をそれの知覚から区別することもできぬ，とヒュームはいう[*49]。この点に関する彼の議論はきわめて単純であり（1）明瞭に概念されるものは存在することができ，いかなる仕方においても明瞭に概念されるものは，同じ仕方で存在しうる，および（2）すべて異なったものは区別可能であり，すべて区別可能なものは想像力によって分離されうる，（そのように conceive される！）という二つの原理からして，「われわれの知覚はすべて相互に異なっており，世界のうちの他のすべてのものから異なっているので，それらはまた区別され，分離可能であって，分離的に存在しうるのであって，彼らの存在を支えるために何も他のものを必要としない」[*50]。since all our perceptions are different from each other, and from everything else in the universe, they are also distinct and separable, and may exist separately, and have no need of anything else to support their existence. と結論するのである。

消極的な議論としては，われわれが完全な観念をもちうるのは知覚についてのみであるが，実体は知覚とはまったく異なったものであるから，実体については何らの観念も有しない，と論じられている[*51]。また「内属」についても，知覚の存在を支えるために何物かが必要とされることがない以上，そうした知覚の存在を支えるために必要であるとされた「内属」の観念なるものはまったく存在しない，と論じられる[*52]。

さらに思考のような延長をもたず，分割不可能なものは，物質的実体と結びつき，それに内属することはありえぬから，非物質的実体がなければならぬ，という議論については，ヒュームは，これは霊魂が実体であるかどうかにはかかわりがなく，ただ霊魂と物質との場所的連結 local conjunction の問題にかかわるとしながら[*53]「或る対象・事物は場所を占めない仕方で存在しうる」 an object may exist, and yet be no where という公理を提

---

49) *Ibid.*
50) *Ibid.*
51) *Ibid.*
52) *Ibid.*

示して，視，触に関する以外の知覚と対象は，すべて場所とはかかわりのない仕方で存在する，と主張する*54。この議論は知覚がそのうちに内属すべき精神的実体なるものの無用を立証するためのものであるが，「場所的ならぬ存在」をヒュームが認めていることは注目に値する。

　いずれにしてもヒュームは，ふつうに実体とみなされている精神は知覚の集合であり，複合観念であって，それに完全な単純性や同一性が帰せられているのは誤りであるとしている。「われわれが精神と呼んでいるものは，或る関係によって集合させられ，完全な単純性と同一性を付与されていると（誤って）想定された，異なった諸知覚のかたまり，ないし束にほかならないのである」*55。What we call a mind, is nothing but a heap or collection of different perceptions, united together by certain relation, and suppos'd, tho' falsely, to be endow'd with a perfect simplicity and identity. このような「精神」についての見方，および「同一性とは或る時点において存在している対象が他の時点において存在しているそれ自身と同一であることを意味する」*56 that the object existent at one time is the same with itself existent at another (time) という見方を頭においた上で人格の同一性についてのヒュームの立場を検討することにしよう。

Ⅳ　ヒュームにおける人格の同一性（2）

　ヒュームがこの問題に関して主張しているのは同一・単純な実体としての自我 self という観念 idea は存在しない，ということである。もっと厳密にいうと，或る哲学者たちは完全に同一（つまり，一定の時間をおいてそれが意識され，経験される度に）であり，単純であるところの自己が存在し，存在し続けていることが論証的な確実さ以上の明証性をもって意識される，と主張するが，そのような同一で単純な実体としての自己，といった観念はどこにもない，というのである。ヒュームによると，そのよう

---

53)　*Ibid.*
54)　*Ibid.*
55)　*Ibid.*, Ⅰ, 4, 2.
56)　*Ibid.*

な哲学者の主張は全く経験に反する。ヒュームのいう「経験」とは観察であり、その内容は印象である。われわれにたいして有無をいわさぬ仕方で印刻されたもの、われわれ自身が勝手につくりだしたのではないもの、それを観察するのが経験である。ところが、(哲学者たちの主張する)自我ないし人格(ヒュームはこの二つの言葉を並置させている)の観念は一つであるから、それは一つの印象から派生したのでなければならないが、そのような印象はどこにもない。自我がそれぞれの人間の生涯にわたって同一のものとして存在し続けるとされる以上、そうした観念に先行する印象も同様に不可変的に存続しなければならないが、そのように恒常的で不可変であるような印象は一つもない。苦と快、悲しみと悦び、諸々の情念と感覚はすべて継起するものであって、それらがずっと存在し続けることはない。したがって、いわゆる自我の観念なるものはいかなる印象から派生したものでもなく、したがってそのような観念は虚構架空のものにすぎない。自我・人格の観念があると主張する論者は、じつはいくつかの印象および観念(諸々の情念と感覚)が何か一つのものへと関係づけられている(何か一つのものを指示している)と想定し、その何物かについての観念を自分がもっているかのように想像しているにすぎない、というのである[*57]。

　ここでバークリなら、われわれは自我についての観念 idea、つまり感覚的表象は持たないが、思念 notion、つまり可知的概念を持っているのだ、と反論するであろう。われわれが自我・人格ないし精神(霊)を知るさいの知り方は、山や木、テーブルや花を知るさいの知り方とは違う。後者が知られる仕方を観念と呼ぶなら、前者はたしかに観念として知られるのではない。しかし知られることはたしかであり、それをバークリは思念と呼ぶのである[*58]。しかしヒュームはこのような区別を認めず、先行する印象が確認されえない観念は虚構である、という原則にてらして自我・人格の観念を斥ける。そして、自我・人格は諸々の流動・継起する知覚を支えるものとされているが、諸々の知覚はそれぞれ別個に存在しうるかぎり、それらの存在を支えるものは必要ないのであるから、この点から見ても実体としての自我・人格という観念はまったく意味がない、と主張する。つ

---

57) *Ibid.*, I, 4, 6.
58) *A Treatise concerning the Principles of Human Knowledge,* 142.

まり，すべての有意味な観念ないし言葉の有意味性を印象まで遡ることによって確認する，という経験主義の立場から，同一・単純なる実体としての自我という観念が排除されるのである。

ではヒュームにとって自我という言葉は何を意味するのか。それは熱い・冷たい，明・暗，愛・憎，快・苦など，特定の知覚であり，それ以上のものではない。いわゆる「私」が意識されるのは何らかの知覚においてであり，そこで観察されるのは知覚のほかにない。眠っている間におけるごとく，知覚が存在しなくなれば，「私自身」といったものは意識されず，したがって存在しない。同じ理由で，死の後においては「私」は完全に消滅する，とヒュームは主張する。かりにこれ以外の仕方で自我を知覚する者がいるとしたら，そのような人間と一緒に論究することはできない，つまりそのような人間は自分とはまったく異なった種類の人間であり，異なった世界に住んでいる，とヒュームは考えるのである。一言でいえば，「人間」「自我・人格」なるものは，考えられぬ程の速度で継起し，たえざる流動・運動のうちにある，異なった諸知覚の束ないし集合である。そこには一時点における単純性も異なった諸時点における同一性もなく，さまざまの知覚が次々と登場する劇場のようなものである。否，劇場のような一定の場所があるのではなく，「精神」（＝自我・人格）を形成するのは継起する諸々の知覚だけである。

このように同一にして単純な実体としての自我・人格・精神はまったく経験によって裏づけられない虚構であると主張するヒュームにとって，こうした虚構がどのようにして成立し，また大きな説得力を有するのかを説明するという課題が残っている。どうして「生涯を通じて不変動で断絶のない存在を有する自我」[59]という観念が生じたのか。ヒュームにとって同一性 identity or sameness の観念とは「一定の時間的変動を通じて不変動・非断絶なままにとどまる対象・事物」[60]の観念であり，これにたいして「継起的に存在し，密接な関係によって結び合わされている若干の異なった対象・事物」[61]の観念は，差異性の観念 diversity である。そして自我・人格・精神に帰せられる同一性の観念は，実は差異性，つまり「関

---

59) *Treatise.*, I, 4, 6.
60) *Ibid.*
61) *Ibid.*

係ある諸対象の継起」と同一性の混同に由来する。つまり精確に考察すれば区別されうるし，区別されるべきものが，われわれの通常の考え方において混同されているのである。「われわれの通常の，つまり曖昧な考え方」においては中断されない，不変の事物について考察することも，関係づけられた事物の継起について考えることも殆ど同じ感じとして受けとられる。つまり，一つの対象をもう一つの対象と結びつけている関係は，われわれの精神を前者から後者へとスムースに移行させるため，そこに差異性ではなく，連続性や同一性を見てとってしまうのである。ヒュームは，われわれ（つまり想像力）のうちには「関係づけられた諸対象」related objects ないし「関係」から「同一性」へと移行する傾向性 propensity がきわめて強力に働いているため，反省や哲学（精確な見方）は遂にはこの傾向性に屈服する，と考えている。しかし，差異性から同一性への移行は不条理であるため，この不条理を隠蔽するために，諸対象を結びつけて変動や中断を排除してくれるような，「何か新しい，不可解な原理」some new and unintelligible principle, もしくは「諸知覚の連続的存在」[*62] the continu'd existence of the perceptions of our senses をでっち上げる，つまり霊魂，自我，実体などの思念 notion をつくりだすのである。

　ヒュームにとって，これらの思念はあくまで虚構であり，誤りによってつくりだされるものである。つまり，「精神」と呼ばれるものは変動的であり，断絶があるにもかかわらず同一なものでありつづけると見なされている。それらは異なった対象が類似，接近・因果性 resemblance, contiguity, causation によって結びつけられているにすぎない。いいかえると，そうした関係によって結びつけられた事物を観察するときの精神の働きと，連続的な事物を眺めるときの精神の働きが混同されるところから（そのような想像力の傾向性から，もしくは思考の曖昧さから），上述の虚構がつくりだされる，というのである。

　ヒュームは人格の同一性，ないしは（時間の変動の間にあって）同一なるままにとどまる人格なるものは知覚・観察されるのではなく，むしろ知覚する主体における想像力の傾向性によってつくりだされる虚構であること（裏からいえば，そこで知覚されているのは関係づけられた複数の対象・事

---

62) *Ibid.*, I, 4, 6.

Ⅳ　ヒュームにおける人格の同一性（2）　　373

物であること）を立証するためにいくつかの人格以外の事例をもちだす。

　その一つは，一塊の物体にごく小さい部分が付加されたり，除去されたりする場合には，われわれは何のちゅうちょ，疑念もなくその同一性を肯定する，というものである。これにたいして，変化が顕著であれば同一性は破壊される。しかし，その変化の大・小は全体との比率 proportion によってきまるのであり，絶対的ではなく，相対的であり，主観に依存する。また変化が漸新的かつ気付かれない仕方で gradually and insensibly 生ぜしめられる場合には，結果的に大きな部分が変化しても同一性が破壊されたとは感じない。その理由は常に同じもの，つまり変化の前後を通じてわれわれの思考の推移があまりに円滑・容易であるところから，その推移に気づかず，同一であると思いこむ，というものである。つまり，自らの思考が無中断であると思いこみ，それを対象に投影して，対象の同一性を主張してしまうのである。つまり，「対象の不完全な同一性を成立させるのは思考の無中断的進行（と信じこまれたもの）」[63] the uninterrupted progress of imagination, which consitutes the imperfect identity でなければならないと，いうのである。

　もう一つの事例は，諸部分間相互の関係，および共同の目的・目標への結合が（想像力によって）想定される場合である。たとえば，船が度重なる修理でかなりの部分が変化し，材料まで変化しても，共同の目的（航海）が変らないところから，想像力は当の船の一状態から別の状態へと容易に移行し an easy transition of the imagination, それに同一性を帰するのである[64]。

　さらに植，動物の場合，共同目的に諸部分の共感 sympathy, つまり諸部分がそのすべての活動・作用において因・果の相互関係を有し，相互に依存関係を有するとされるため，その全体（形，寸法，実体）が変化してもなおそれらに同一性が帰せられる（樫の木，幼児→成人）。これはまったく想像力の推移が円滑であるため，対象が同一であるとの虚構が自然につくりだされている，というのである。

　この他ヒュームが挙げる例（ひんぱんに中断される物音，新しい材料でもって改築された教会，川）は，いずれも現実には大きな変動が起こってい

---

63) *Ibid.*
64) *Ibid.*

ながら，その変動が想像力にたいして変動として訴えない──想像力をしっかりと捉えている他の無変動的要因（音の発生源，教区の住民に対する関係，流れの径路）の故に──ところから，当の対象の同一性が肯定されるような場合である。結論的にいって人工にせよ自然にせよ，動，植物，物体を問わず，厳密な同一性は知覚されず，同一と見なされているのは関係づけられた複数の対象にほかならない。そうした同一性の「観念」は想像力が類似の対象に働きかけることによってつくりあげられた虚構である。

ヒュームによると人間の精神（心）に帰せられる同一性も上にのべたものとまったく変りはない。要するにわれわれが人間精神に帰する同一性はじっさいに観察される絆ではなく，それら諸知覚が想像力のうちで（類似，近接，因果の関係によって）合一されているところから（あるいはそれらの相違が感じられないところから），われわれがそれら知覚に帰属させる性質にすぎない。ここからヒュームはつぎのように結論する。「ここから結論されることは，人格の同一性についてのわれわれの諸々の思念は，さきに説明された原則にしたがって，一連の結合した諸観念にそって行われる思考のスムーズで中断なき進展からして全体的に出てくるものだ，ということである」[*65]。It follows, that our notions of personal identity, proceed entirely from the smooth and uninterrupted progress of the thought along a train of connected ideas, according to the principles above-explain'd.

諸知覚（観念）の想像力における合一・連合は，いまの場合，類似と因果性の関係にもとづいてなされるが，そのことに関連して人格の同一性をめぐる記憶と身体的ないし物理的連続性の役割という問題が生じてくる。まず類似についていうと，継起する諸知覚の間の類似は，過去における諸知覚が記憶において保持され，再生されることによってのみ可能であり，類似した諸知覚の累積も記憶あればこそ可能であるから，ヒュームは「記憶はたんに同一性を発見する discover するのみでなく，諸知覚の間に類似の関係をつくりだすことによって，同一性の産出 production にも寄与する」[*66]という。

---

65) *Ibid.*, I, 4, 6.
66) *Ibid.*

他方，因果性による諸知覚の連合・合一については，これがそもそも人間精神なるものの真の観念*67 the true idea of the human mind を成立させる関係であり，諸知覚の連合・合一の基礎たる基本的関係であることはいうまでもない。この点に関してヒュームは霊魂 soul は国家 republic or commonwealth にたとえるのが最も適切だという。つまり，国家はその成員，法，体制までも変化するが，それらは因果性の関係によって結びついており，その点で同一性を失わないとされる。そのように人格もその性格，状態ならびに人格を構成する印象，観念が変っても同一性を失わない，とされるのである。裏からいえば，国家が同一性を失うほど変ったかどうかはどのような基準をとるかによって左右されるのであり，人格の場合も同様だというのである*68。

　では人格の同一性（の観念）の成立において，記憶と因果性のいずれが主要的役割を果たすのか，という問題については，ヒュームは諸知覚の継起の連続性と範囲とにわれわれが気づくのはただ記憶によるところから，その点では記憶が主要的に人格の同一性の源泉であると見なされるべきだという*69。じっさい因果性の観念じたい，その成立を記憶に負うている。しかし，いったん記憶からして因果性の観念が獲得されると，われわれは同じ諸原因の連鎖，したがってわれわれの人格の同一性を記憶を超えて，また一つ，一つ，記憶によって裏付けることなしに，拡大・主張することができる。その意味では，人格の同一性を実質的に成立させるのは因果性の関係であり，記憶は人格の同一性を「つくり出す」というよりは，むしろ「発見する」*70のである。

　ヒュームは通常「人格の同一性」として理解されている信念ないし思想の内容を上のように分析したあとで，この問題は哲学的困難ではなく文法的困難にかかわる，と結論する*71。つまり，諸知覚が継起する間に生じてくる変動がどの程度になったら同一性を失うのか，という問題に結着をつけるための正しい基準 just standard はない，というのである。この結論

---

67) *Ibid.*
68) *Ibid.*
69) *Ibid.*
70) *Ibid.*
71) *Ibid.*

は，人格の同一性がそれによって成立するとされる，何らかの不変動で中断のない存在（の観念）は虚構である，というもう一つの結論と対をなしているといえる。

　しかし，これまで人格の同一性について論じられたことは，想像力 imagination における諸知覚の連合・合一に関するものであり，われわれが日常の生活において自分の過去や未来のことについて気づかいをする，という情念 passion とのかかわりにおける人格の同一性はそれとは別個の問題である。この区別はヒュームの立場を理解するためにはきわめて重要なものといえよう。なぜなら，ヒュームは第二巻で情念を論ずるさいには，自己や人格の観念を自明のものとして前提し，承認しているからである。たとえば名声にたいする愛を論ずるにあたってつぎのように言明する。「われわれ自身の観念，あるいはむしろ印象は常に親密にわれわれのもとに現存しており，われわれの意識はわれわれの人格についての極めて生き生きとした概念をわれわれに与えるので，何らかのものが，まさにこの点において，それを超えてゆくことができると想像することはできない，ということは明白である」[72]。'Tis evident, that the idea, or rather impression of ourselves is always intimately present with us, and that our consciousness gives us so lively a conception of our person, that 'tis not possible to imagine, that any thing can in this particular go beyond it.

　また別の箇所では自我ないし人格が自負（誇り）と自卑（謙遜）の直接対象である，とのべている。「自負と自卑の直接的対象，それの思考，行為，感覚をわれわれが親密に意識している自我，ないしあの同一の人格であるように，愛，憎の対象は，その思考，行為，感覚をわれわれが意識していない或る他の人格である」[73]。As the immediate object of pride and humility is self or that identical person, of whose thoughts, actions, and sensations we are intimately conscious; so the object of love and hatred is some other person, of whose thoughts, actions, and sensations we are not conscious.

　たしかにヒュームは情念論において「われわれは常に，親密にわれわれ自身を意識している」[74]という表現をしばしば用いる。しかし，その時で

---

72) *Ibid.*, II, 1, 11.
73) *Ibid.*, II, 1, 12.
74) *Ibid.*, II, 1, 11; II, 2, 2; II, 2, 4.

もかれは，そこで語られている自我は想像力の対象であるかぎり何らかの対象の知覚にともなうものであることを否定してはいない[*75]。またつぎの箇所では，自我は想像力の対象たるかぎり，関係づけられた諸観念の継起であることを付言している。「自負と自卑は，直接に相反するものであるが，同じ対象をもつ。この対象とは自我，あるいは，それについてわれわれが親密な記憶と意識をもつ関係づけられた諸観念と諸印象のあの継起である」[*76]。'Tis evident, that pride and humility, tho' directly contrary, have yet the same object. This object is self, or that succession of related ideas and impressions, of which we have an intimate memory and conscionsness.

では，情念の直接的対象としての自我，同一的な人格を認めること (a) と，想像力・思考がかかわる自我・人格は「知覚の束」であり，「関係づけられた諸観念の継起」であるとすること (b) との間に対立・不斉合はないのか。あるとしたらどのように克服できるのか。ヒュームはこの不斉合を認めていた。(Appendix P.633, 635, 636.) 他方，かれにとって (b) のゆえに (a) の信念が排除されるのではなく，また逆に (a) のゆえに (b) が排され，人格の同一性が理論的に基礎づけられるのでもなかった。ヒュームは継起する諸々の知覚をわれわれの思惟ないし意識のなかで結合・合一する原理についてはあきらかに自らの無知を告白しているのである。

V 実体としての自我（人格）

先に見たようにヒュームは人格（自我）を同一・単純な実体として捉える立場を，かれの経験主義の立場から簡単に斥けている。厳密な考え方をすれば，われわれの経験世界において見出されるのは継起する諸知覚（観念，印象）の集合・束としての人格であり，複合観念としての人格のみである。不変動で，同一なるままにとどまる——一切の変動を排除する仕方で存在する——実体としての人格はどこにも観察されない。他方，わたしの働き，感情，状態，属性などから区別された「わたし」なるものは，

---

75) *Ibid.*, II, 2, 2.
76) *Ibid.*, II, 1, 2.

われわれの日常的な考え方，言葉の用法のうちに根強く根を張っていて，容易に無視することはできない。またそのような「わたし」(人格)の存在を承認しないかぎり，道徳秩序や法・社会制度は成立しえない，という議論は大きな説得力をそなえている。権利や義務，責任や罪過，メリット，デメリットがそれに帰属せしめられるような主体は，或る人間の生涯にわたって同一なるままにとどまるものであり，またそうでなければならない，と考えられるのである。

　ヒューム自身，かれの哲学的反省ないし経験主義的吟味の成果と，日常的思考，信念ないし実践理性の要請との間の対立に気づき，その綜合，克服が不可能であることを告白している。しかしヒュームの結論は不可避的であろうか。わたしの能動・受動・状態，属性(量的，質的)などから区別されたわたしの「実体」という考え方はヒュームの経験主義的吟味(「人間本性の科学における第一原理」に照して行われる吟味)によって簡単に排除されるようなものなのか。むしろ，偶有・属性—実体の概念はヒュームの時代にはその本来の意義を喪失してしまっていたのではないか。いいかえると，ヒュームにおいて実体概念は，日常的思考や道徳的要請の前提となっているものについての哲学的洞察を表示するものではなくなっているのではないか。さらにいいかえると，ヒュームの経験主義的吟味は，われわれが現実に生き，行為しているこの経験世界そのものから取りだされた(探りだされた)原理や基準に照しての吟味ではなく，経験(実験)科学において有効さが立証された方法をそのまま経験世界の全体に適用したものではなかったのか。したがって実体概念も経験科学的思考によって根本的に変容されたものであり，かつて精神，霊魂，人間が実体として語られていた時とはその意味が著しく変化しているのではないか。ここでは経験についての反省(あるいはむしろ，経験自体がその成立根拠へと立ち返るという意味での反省)を通じて実体概念を再検討し，ヒュームの人格同一性説の批判のための手掛かりをつかみたい。

　ヒュームの実体概念を理解するためにはロック，およびデカルトの実体概念まで遡る必要がある。ただし，ここでデカルト，ロックの実体概念について詳細に考察することは不可能であり，ここでは実体概念の「本来的な意味」からの逸脱を浮かび上らせるのに必要なかぎりで，この考察を行うことにする。

V 実体としての自我（人格）

　デカルトは『方法叙説』において「私は考える，だから私は存在する」という真理は，懐疑論者のどんなに途方もない仮定といえどもそれを動揺させることができないほど堅固で確実な，哲学の第一原理であることを確認し，そこから「私は，自分はその全本質また本性が，考えるということだけにあって，存在するためにはどんな場所も必要とせず，またどんな物質的なものにも依存しないところのひとつの実体であることを識った」（小場瀬訳）とのべている。ところで，デカルトは『哲学原理』第一部51-54において実体概念を説明しているが，それによると「実体とは存在するために自己自身のほかに何ものも必要としないで存在している事物である」とされる。ただし，存在するために何ら他のものを必要としない実体としてはただ神だけが理解され，被造的実体，つまり物質的実体と思惟する実体とは，存在するために神の通常的協力 concoure ordinaire de Dieu だけを必要とするもの，というふうに理解される。

　問題は，実体と，実体の本性 nature 本質 essence を構成するとされる属性との関係である。すなわち，デカルトは「長さ，広さ，深さにおける拡がり l'étendu が物質的実体の本性を構成し，思惟 pensée が思惟する実体の本性を構成するというが，そのことは拡がり，および思惟をそのまま実体と同一視することではないのか。いいかえると思惟活動をそのまま実体化することではないのか。デカルトはホッブスの反論に答えて（『省察』第三答弁）思惟する働きと，この働きが内在する事物とを区別しているが，《cogito ergo sum》（働き→存在）がかれの哲学の第一原理としての有効さを保つためには，思惟（活動）と思惟する実体との同一性が肯定されなければならない。しかし，この肯定は上の原理がそこで確認された精神は，働きと存在とが同一であるような神的実体であるとするか，あるいは実体を直接に知覚，意識される活動，現象（＝観念）の次元の内部で捉えるか，そのいずれかを認めるのでなければ成立しないであろう。

　ロックは『人間知性論』第二巻第二十三章（Of our complex Ideas of Substance）において，「実体」という言葉が指示する観念について（1）諸々の単純観念をわれわれのうちにつくりだす諸々の性質がそこにおいて存立 subsist するところの，もしくはそれら性質を支える support するところの基体 substratum という不分明で不可知的な単純観念，「私には何であるかわからない何物かについての混乱した観念」confused idea of something

I know not what (2) たとえば「馬」とか「石」と呼ばれるものにおいて恒常的に一緒に見出されるところの，諸々の可感的性質についての単純観念の集合，との二つを挙げる。ロックは (1) の意味での実体を斥けないが，それについてわれわれに経験が告げるのはそれらが「存在」Existence するということだけであり，それらが何であるかについてわれわれは何も知ることはできないのである。われわれが諸々の実体について持ちうる観念は (2)，つまり単純な観念のいくつかの組合せ several combinations of simple Ideas にとどまる。「精神」spirit と呼ばれる実体についていうと，それに属する諸観念，ないしそれに特有の諸観念としてわれわれが持ちうるのは「思考，意志，思考によって体を動かしうる力，およびそれに後続するもの，自由」Thinking, and Will, or a power of putting Body into motion by Thought, and, which is consequent to it, Liberty であり，これらが「精神」という複合観念を形成する。われわれはこれら単純観念を超えて先に進むことは不可能なのである。

　ヒュームは『人性論』第一篇第一部第六節でロックのいう「不可知的なる基体」という仮定を斥け，いわゆる実体なるものは特殊的な諸性質の集合，ないしは「想像力によって結びつけられ，特定の名称を与えられた，諸々の単純観念の集合（この名称によってわれわれは自分自身，もしくは他人にたいして当の集合を想起させることができる）にすぎない，という結論をひきだす。すなわち，「実体」という単純観念は単なる虚構にすぎず，何ら経験的基礎を有しない，というのである。果たしてそうであろうか。

　デカルトの場合，懐疑の克服が主眼であるため，われわれの分析はかれの趣旨からは多少外れることになる。おそらく，もう一度デカルトの cogito, ergo sum にもどって，より注意深く実体としての「わたし」「自我」「人格」への道をたどり直すべきであろう。コギトから直ちに実体としての私の存在（スム）を導きだすことは不可能であり（コギトにおいて，一挙に完全な自己還帰，自己の根源としての「存在」にまでいたる還帰がなしとげられないかぎり），コギトからスムにいたる間には長い，そして困難な自己への立ち返りの道程──自己の「存在」の探求──が横たわっているのではないか。その道程を省略した場合には，「存在」や「実体」について語っても，コギターレ（という働き）の存在，コギターレという一つの働きを支えるものとしての実体に限定され，「われ在り」について語っても，実

体としての「わたし」「精神」の「存在」にはふれることにならないのではないか。

　思う，感覚する，見る，聞く，……歩く Cogito, sentio, video, audio... ambulo という働きにおいて，私は同時に私が cogitare, sentire... していると意識する。そのことはさらに cogitare, sentire している「私」の意識をともなう，とも言いかえられる。しかし，それは「私」（という実体，主体）の存在の意識をふくむとはいえない。むしろ congitare, sentire... という意識の「存在」をふくむというべきであろう。意識の存在 Bewusst-sein は，私の実在的な存在とは区別しなければならない。Cogitare, sentire の意識（反省的意識）からして肯定されるのは，それらについての意識の意識内存在だけであり，そこから何らの実在的存在も肯定されえないのである。

　ここで，congitare, sentire... の意識において「私」が同時に意識されているのではないか，反論されるかもしれない。しかし，その場合の「私」はそれぞれの働き，行為において反映される，それらに内在しているかぎりでの「私」であって，それらを超越し，それらすべてにおいて「一」たることが確立されている「私」ではない。少なくとも，そのような「私」はまだ明示的に捉えられてはいないのである。いいかえると，この段階での「私」は個々の congitare, sentire と同じ次元の，偶然的，事実的な「私」にすぎない。

　他方，congitare, sentire... において意識される偶然的，事実的な「私」から出発して，その「私」が何であるかを探求することは可能である。それは「私」とよばれているものの本性 nature の探求である。この探求はいかにして為されるか。それは個々の congitare, sentire... という働きの成立根拠（経験の可能性の制約といってもよい）をつきとめようとする探求を通じてである。個々の働きはそれに（論理的に）先立つ可能的な状態が現実化されたものであり，そのような可能態＝能力の領域が探求されるべき本性の領域としてまず浮かび上ってくる。しかし，そうした可能態＝能力の領域は，それ自体において明確化されることはできないので，本性の探求をそこだけに定位することは不適当であろう。

　他方，可能態＝能力の領域に目をむけたことは本性の探求における第一段階としての意義を有する。なぜなら可能態―現実態という関係は，単に能力―働きという個別的，偶然的，事実的な側面だけでなく，可能態とし

ての本性が何らかの仕方で（本性として）完成されているという側面をふくむからである。つまり、個々の働きは、単にその都度、何か特定の対象へ向かう（この赤い花の知覚、このメロディーの知覚、この図形をめぐる論証……）働きであるにとどまらず、さしあたっては当の働きがかかわっている特定の能力の完成、ひいては当の働きを営んでいる主体の自己完成という側面をふくむのである。

　ここで問題を「働きを通じての、諸々の特定の能力の完成（ないしその失敗）」に限定するならば、それは習慣論にとっての問題になる。習慣とは、働きを通じてもたらされる（当の働きを営む）能力の変様 modification であり、能力に付加される新しい質 quality にほかならない。諸々の習慣の形成が（性格、人柄などの言葉が示しているように）、或る一人の人間において何らかの著しい方向をとることはたしかであり、そこからして習慣の形成と主体の自己完成、ないし本性的完成との間に何らかの結びつきを認めることが可能であろう。しかし、ここでは考察を簡略化して、働きは働きの主体（この言葉の意味はまだ明確ではない。さしあたり諸々の能力を漠然と指すものとして用いられている）の自己完成をふくむ、ということを確認して論を進めることにしたい。

　ここで、働きを通じてもたらされる働きの主体の自己完成、という場合の「自己完成」の意味をより厳密に理解する必要がある。自己完成はたんに個々の働きの完全性の総和ではない。動作の円滑で敏速な遂行、言葉のより完全な駆使、さまざまの技術面での進歩……それらの総和がただちに主体の自己完成である、とはいえない――自己完成の「徴し」であるとはいえるかもしれないが。いいかえると、個々の働きの完全性が捉えられるのと同じ次元、場面で主体の自己完成を捉えることはできないのである。主体の自己完成はたしかに個々の働きにおいて開示されるほかないが、それらの働きに固有の完全性と同一の次元、レベルで語られることはできない。それはあくまで主体がどのようなもので「在る」ことをめざしているか、にかかわるのであって、いかに「為す」かにかかわっているのではない。逆に、この「在る」と「為す」との区別が明確にならないかぎり、これまで「主体」と呼んできたものを明確にすることはできないであろう。主体が個々の働きの単なる文法的主語ではなく、まさしく働きがそこから出てくる根源であることを理解するためには、個々の働きの次元で語られ

V 実体としての自我（人格）

る「わたし」から区別された、「在る」との結びつきにおける「わたし」「主体」をあきらかにしなければならない。

そのような主体の概念をあきらかにするためには、個々の働きとの関係で語られる意志（あるいは意図）のほかに、それら個別的意志を完成させている根拠としての根源的意志ともいうべきものの所在に気づかなければならない。個別的意志はすべて特定の善（効益、有用性、正しさ、快適さ……）へと向かい、特定の善によって呼びおこされ、力づけられ、生命を与えられているといえるが、それら特定の善が「善」であるのは、つまり善（目的）の因果性を行使するのは、普遍的な善（究極目的）によるとしなければならない。すなわち普遍的な善への根源的な意志があるがゆえに、個々の特殊的な善が意志されているといえるのである。このことは、われわれが何らかの善いものを意志している現実をふりかえることによって明確に確認できる。

ところで、こうした普遍的な善（それはさしあたり、しかじかの善いものではないという否定の形でしか捉えられないが）にかかわる根源的意志はもはや「働き」をめざす意志ではなく、或る新しい「存在」をめざす意志であるといえるであろう。それはいわば「（選択）意志的な」意志ではなく、「本性的な」意志である。主体とはこのような根源的意志との関係において捉えられるのでなければならない。なぜなら、すべての働き、行為がそこから出てくる根源とはこのような根源的意志をおいて他にはありえないからである。

これまで考察してきたところでは、主体の自己完成は根源的意志ないし本性的意志によって遂行されるものであり、したがって主体の自己完成ないし自己実現は本性の自己実現と密接に結びついていることがわかる。まったく個別的なものである主体の自己実現は（ふつう普遍的なものとして理解されている）本性の自己実現と結びついているのである。いいかえると、私が私であること、より完全な仕方で私であることは、私がより完全な仕方で人間であることと結びついている。あるいは、私はより完全な仕方で人間であることによって、より完全な仕方で私であることを実現しており、私の自己同一性を主張できる。そのことは私がまさしく存在することを主張できることを意味する。私の自己同一性とは、時間の変動を通じて同一の私が存続すること（それは観察される私、記憶される私の同一性に

とどまる）ではなくて，私が人間であることをより完全に実現していくことを通じて確立されるもの，つまり，本質的完全性の追求において確立されるものにほかならない。

ここでわれわれは実体としての「わたし」「自我」「人格」——それは同時に実体としての「人間」でもある——にたどりついたことになる。すなわち，われわれはさまざまの働きを通じて自らを人間として完成・実現すること，つまりその本性の完全性をめざすのであるが，それはそのまま自らを働きの根源・主体として完成していくことを意味する。つまり自らの主体・自我としての同一性を実現することを意味する。実体とはまさしくこのような自己実現（個々の行為の遂行ではなく）という動的な側面において浮かびあがってくる本性・主体の総合的把捉を言いあらわす概念であるといえよう。

さらに付言すると，「存在」とはこのような実体（本性＝主体）の概念が確立された上で，実体がそれを分有することを通じて自らを実現し，また諸々の実体の間の差異が生じるような高次の現実態（完全性）としてのみ実質的に捉えることが可能であり，そのかぎりロックやヒュームにおいて（デカルトにおいても）「存在」についてさまざまに語られてはいるが，実は真の意味での「存在」は問題になっていないといえるであろう。しかしこの問題についてはあらためて考察しなければならない。

第12章

カントの「経験」概念

I 課題

　「経験論哲学の研究」の表題の下にカント哲学の考察を試みることは，奇異な印象を与えるかもしれない。カントは経験論者なのか，かれの哲学を「経験論哲学」として特徴づけることができるのか，という反応が返ってきそうである。たしかにカントがロックやヒュームと同じ意味で経験論者ではないことはいうまでもない。そのことは，彼が自分の立場を明確にロックやヒュームの立場と対置させていることからも，また認識と経験との関係については彼がとっている根本的な立場からも確実に結論できる。すなわち，ロックがわれわれのすべての認識は経験（つまり感覚と反省）を源泉とすると主張し，ヒュームが人間のすべての知覚・把捉を（感覚的）印象へと還元させるのにたいして（これが「経験主義」の典型的な主張である），カントは人間的認識の源泉を経験だけにかぎってはいない。彼は『純粋理性批判』B版「序言」の有名な箇所において「すべてわれわれの認識は経験と共に始まるとはいえ，だからといって決してすべてわれわれの認識が経験から生ずるのではない」[*1] Wenn aber gleich alle unsere Erkenntnis mit der Erfahrung anhebt, so entspringt sie darum doch nicht eben alle aus der Erfahrung と明言しているのである。この意味でカントは「経験主義者」ではないというべきであろう。

　さらに，経験主義が形而上学の排除を意味すると見た場合にも，カント

---

1) I. Kant, *Kritik der reinen Vernunft*, B1.

は経験主義者とはいえない。ヒュームが形而上学を無意味な営みとして斥けたのにたいして，カントはかれのいう「独断的」形而上学は斥けるが，自然的素質 die Naturanlage としての形而上学の必然性を認め，学としての形而上学の建設を自らの課題としているのである。後述するように，カントのいう学としての形而上学は経験（的認識）の基礎づけとしての形而上学（あるいは超越論的哲学）であり，さらに，古来形而上学の中心問題であった神の存在，自由，霊魂不死を理論的に証明しようと試みる形而上学は斥けられ，それらの真理たることは倫理的実践の観点から確立されている。その意味で彼の形而上学はアリストテレスやスコラ哲学の形而上学にくらべると著しく変容しているが，通常の意味での経験（現象）を，実践をてこにして物自体へと超越する可能性を認めているかぎりにおいて，やはり形而上学と呼ぶことができるであろう。

　他方，カントはわれわれの認識にとって経験（感覚的知覚，感性的直観）が不可欠であることを主張する，いいかえると，人間にとって可能な認識は経験的認識であると主張するかぎりにおいて彼は「経験論者」であるといえよう。その意味ではアリストテレスもトマス・アクィナスも「経験論者」であり，じっさいにカントはアリストテレスを「経験論者の頭」[2] das Haupt der Empiristen と呼んでいる。経験は，一見，人間の理性（あるいはむしろ想像力）の自由な飛翔を妨げる囲いのように受けとられるかもしれないが，カントにとると，実はそれなしには認識は成立しないのである。かれの興味深い比喩によると，身軽な鳩は，空気を切って自由に飛びまわるさいに空気の抵抗を感じ，空気のない空間（真空の中）ではもっとうまく飛べると思うかもしれない。同様にプラトンは悟性を狭いところに閉じこめてしまう感覚界を後にして，イデアの翼にのって純粋悟性の空気なき空間（真空）へと飛翔したのであるが，そのさいかれはその努力にもかかわらず，何らの前進もとげなかったことに気付かなかった。それというのも，抵抗がないということは支えがないことであり，悟性がそれに働きかけることによって自らを前進させるための基盤が欠けていたからである，とカントはのべている[3]。このように，経験の重視という意味でカン

---

2) *Ibid.*, B882.
3) *Ibid.*, B8-9.

I 課題

トを経験論者と呼ぶことは充分に正当化されるであろう。

カントは経験論者であるか否か，という言葉の上の問題は別として，「経験」がかれの哲学にとっての大きな主題であったことは否定できない。かれはたんに経験に訴え，経験の名において批判を遂行する，という意味での経験主義者ではなく，むしろ経験についての反省を行い，経験成立の根拠（経験の可能性の制約），いいかえると経験の形而上学的前提を探求する，という仕方で経験に深くかかわった，といえるであろう。その意味では，ロック，ヒュームにおいては未だ言葉（合言葉）にとどまっていた「経験」が，カントにおいてはじめて哲学的概念となった，ともいえるかもしれない。後に見るように，カントにおいて「経験」概念は多義的であるが，それは経験への反省が行われているかぎりにおいてやむをえないことである。いずれにしても，われわれがカントから「経験とは何か」という問いをめぐって多くのこと（ロック，ヒューム以上に）を学びうることはたしかであり，経験論哲学の研究においてカントを取り上げることの意味はそこにある。

しかしこの講義ではカントの「経験」概念，あるいはカント哲学における経験の役割を一般的に考察するのではなく，むしろ『純粋理性批判』における理性的心理学の批判を取りあげて，彼の「経験」理解を吟味し，その問題をつきとめることにしたい。カントは本書第一部 Transzendentale Elementarlehre の第二部 Die transzendentale Logik のさらに第二篇 Die transzendentale Dialektik のなかで純粋理性の誤謬推理 Paralogismus der reinen Vernunft について論じているが，その内容は理性的心理学ないし霊魂論，すなわち実験的心理学から区別された，意識主体が自己について有する直観のみから霊魂は実体である，単純である，不死である，自己同一的である，などの結論を導出しようとする試みの批判である。カントは理性的心理学の全体が誤謬推理（もちろん，単なる論理学的虚偽ではない）にもとづくと主張し，その主張は（細部の議論は別として）一般に妥当なものと認められている。その結果，カント以後は，霊魂の実体たること，単純性，自己同一性などについて学問的に論ずることは不可能である，という見解が通説になっている。なぜ不可能であるかといえば，このような議論はわれわれの経験を超え出ているからであり，より厳密にいうと，（可能的）経験の範囲内でのみ有効である概念を，そうした限界を超えて使用（誤用）

しているからである。

　果たしてそうなのか，というのが私の疑問であり，そしてこの疑問はカントの「経験」理解に向けられることになる。カントはロック，ヒューム流の経験主義を批判しながらも，自らの「経験」理解においてかれらと同じ誤まり（経験と感覚的経験との同一視，いいかえると，それによって対象がわれわれに与えられる直観は感覚的直観のみであるという見解）に陥ったのではないか。他方，おそらく彼の哲学自体のうちに経験をより充足的，全体的な仕方で捉え，直接的に「存在」にふれる経験（超越論的経験）を可能にする原理がふくまれているのではないのか。このような疑問をできるかぎり先に進めていきたい。

　カントによる理性的心理学の批判にたいする批判の視点を獲得するためには，近代哲学を根本的に特徴づけているとされる意識哲学（あるいは意識主体の哲学）の全体を問題にしうるような視点に立たなければならないであろう。カントが問題にしているのは，意識作用の主体としての自己・「われ」の認識であり，そのような自己認識から導き出される体系としての霊魂論である。より厳密にいうと，意識作用の主体への反省を通じて成立する自己認識から霊魂の形而上学（じっさいに理性的心理学は形而上学の一部門として構想された）を導き出す可能性を否認するのである。

　ところで，このような問題はカントにおいて始めて生じたものではなく，古代においてすでに，生物学との連続性において構想されたアリストテレスの霊魂論（経験的ないし対象的認識としての霊魂論 De anima）と並んで，意識主体ないし精神の自己認識として遂行されたアウグスティヌスの（『三位一体論』における）主体の現象学とでも呼ぶべきものが存在した。そして，トマス・アクィナスの人間論はこの二者を神学的枠組のなかで綜合しようとする試みであったといえるであろう。そうであるとしたら，われわれはアリストテレス・アウグスティヌス・アクィナスの霊魂・精神論のうちに，カントの理性的心理学批判を批判的に検討するための手掛りを見出しうるかもしれない。

　この講義の狙いは，したがって，一方においてはカントの理性的心理学批判の批判的検討を通じて，彼の「経験」理解に光をあて，その問題点をあかるみに出すことであり，同時に古代・中世における霊魂・精神論を現代において復権させようとする場合の問題点をあきらかにするところにあ

る。別の言い方をすると，カントの超越論的哲学の企図を，その意識哲学の枠組から解放して，「認識論的主観主義」を存在の哲学への方向において展開させることの可能性，その場合の問題点を検討することである。

II　カントにおける経験と形而上学

　カントは形而上学と経験との関係をどのように捉えていたか。まず，彼がこの二者を相反排除的な問題意識において捉えていなかったことはあきらかである。すなわち，カントは形而上学の内容を構成する諸命題（神の存在，魂，自由に関する）が経験（感覚的知覚・経験）にてらして確証されえない，ということから，単にそれらを偽である，あるいは無意味である，として斥けることはしない。その意味でかれはヒューム流，あるいは現代の論理実証主義者流の経験主義の立場にはくみしていない。

　たしかにカントは形而上学の内容を構成する諸命題は経験的（＝ことがらが事実かくかくであることを告げる）性格のものではなく，必ずそうでなければならぬこと，常に，いずこにおいてもそうであること，を告げる，必然性，普遍性をそなえた命題であること，その意味でア・プリオリであると考えている（いやしくも「学」であるかぎり，そうでなければならぬ，と考えている）。しかも，形而上学がわれわれに新しい認識をもたらす，いいかえると認識の拡大を約束するものであるかぎり，それは単に分析的命題をふくむのみでなく，総合的命題をふくむのでなければならない，と考えている。この二つを一緒にすると，カントは形而上学はア・プリオリな総合命題から成る，という立場をとっている，ということになり，したがって，形而上学の可能性を問うことは，ア・プリオリな総合的命題（ないし判断）の可能性を問うことにほかならない。そこでカントはこのような判断・命題の可能性および起源をたずねて，経験についての反省を試みるわけである。つまり経験それ自体のうちに経験から独立なア・プリオリ認識がふくまれていることをつきとめ，そのことによって形而上学の可能性を基礎づけようとする。その意味でカントにおいては形而上学の可能性を問題にすることが，そのまま経験の理論（的考察）へと導いたわけである。

　カントによると形而上学の内容をなすのはア・プリオリ認識であり，経

験に依存しない認識である。いいかえると、形而上学的認識は理性の、経験に依存しない使用によって得られたのものである。しかし、経験に依存しない、ということは、経験を離れて、経験を「超越して」ということを意味するのではない。理性（思弁）は常に経験（ないし経験の対象）にかかわるのであって、経験から離れたところで為されるような、その「超越的」使用は、実は使用ではなく誤用 Misgebrauch にほかならない。

　「経験に依存しない」とは、理性の使用が経験の導きの下に為されるのではなく、むしろ経験（の対象）を規定する仕方で為される場合を意味する。つまり、理性の「純粋な」使用である。カントは、じっさいにこのような理性の「純粋な」使用が為されていること、そのことによってわれわれの経験（的認識）は成立しており、またこのような理性の純粋使用によって成立している学があることを示そうと試みる。そして、そのことを通じてア・プリオリ認識としての（学としての）形而上学の可能性を基礎づけようとするのである。カントにおける経験と形而上学との関係は、もっとも概観的にいってひとまず上のように捉えることができるであろう。

　要約すると、カント自身の構想する形而上学は、第一に可能的経験の内部における理性的認識としての形而上学である。この理性的認識は対象についての認識ではなく、対象認識についての反省的認識であり、対象認識がいかにして成立しているかを基礎づける（その意味でのメタ数学的、メタ自然科学的、つまり形而上学的）理性的認識である。そして対象認識は経験的認識であるから、ここでいう形而上学は経験（的認識）の基礎づけを課題とする、といえる。そして、経験（的認識）は物それ自体にかかわるのではなく、常に認識主体の在り方によって規定されたかぎりでの対象・客体 Gegenstand-Objekt、つまり現象にかかわる、というのがこの形而上学によって得られた根本的洞察である。カントは自らの形而上学（理性批判―超越論的哲学）によって、経験認識を基礎づける（そのア・プリオリ性の基礎づけ）ことに成功した、と確信しているが、この基礎づけはその反対の面として、経験的認識は現象にのみかかわる、という洞察をともなっているのである。

　しかし、現象にのみかかわるのは理性による思弁的認識（理性の思弁的使用）であって、理性の実践的認識はこのような限界の内部にとどまる必要はない、とカントは考えている。そこにカントの構想する、理性の実践

的使用を通じて建設される形而上学の理念が見出される。理性批判としての形而上学は、このような、より積極的な意味での形而上学のために場所を確保することをめざすものであった。そして、この実践的形而上学は物それ自体にかかわるものであり、可能的経験のすべての限界を超え出るものである。このように、カントにおける経験と形而上学との関係は (1) かれが批判し、克服しようとした独断的形而上学、(2) 理性批判（理性の自己認識）としての形而上学、(3) 実践的形而上学の三者それぞれに即して考える必要があるが、その中心であり、またわれわれにとって関心があるのは (2) における経験と形而上学の問題である。つぎにその点についてより詳細に見て行くことにしよう。

　カントは理性によるア・プリオリ認識、つまり理性がその対象を規定することによって成立する認識の例として、数学と物理学に目をむける。まず数学について、カントは数学が学としての確実な道 der sichere Weg を歩みうるようになったのは、一つの思考法の革命 die Revolution der Denkart にもとづくと考える。それは、数学における確実な認識は、対象から（受動的に）何かを受けとる、という仕方で遂行されるのではなく、数学者が自らの概念に従って、自分で対象（たとえば一つの図形）のうちに置いたもの、そのものから必然的に帰結するものだけを取りだしてくる、という仕方で遂行される、という洞察である。

　物理学・自然科学 Naturwissenschaft が学としての王道をたどるようになったのも思考法の急速な革命 eine schnell vorgegongene Revolution der Denkart によって説明できる、とカントは主張する。ガリレオ、トリチェルリ、シュタールの実験的方法の成功は、その背後にあった洞察、すなわち「理性は自分が自分の企画にしたがって生ぜしめるものだけを洞察する、理性は一定不変の法則にもとづく自らの判断の原理でもって先に進み、自然にたいして自分の質問に答えるよう強要しなければならないのであって、いわば自然の導き綱によって引きまわされるにまかせることをしてはならない」[*4] という洞察に負うものである。カントは理性と、理性が研究すべき自然との関係は、生徒と先生との関係ではなく、裁判官と証人との関係でなければならないとする。すなわち、理性が自然から学ばねばならないこ

---

4)　*Ibid.*, B xiii.

と，また自分だけでは自然について何ら知りえないこと，そうしたことを自然のうちに探求する（自然になすりつけるのではなく）にさいしては，理性自身が自然のうちに予じめ入れておいたものにもとづいてそれをしなければならない，という洞察が，自然科学における思考法の革命の根底にある，とされる*5。

そこでカントは，これら数学，自然科学における思考法の革命にならうことによって，形而上学もこれまでの手探り状態 Herumtappen と不毛な論争の繰り返しから脱却できるのではないか，と考える*6。つまり，いずれにしても形而上学はすべての経験的認識を超え出ようとする試みであるが，これまでとは違った仕方でこの経験を超え出る試みを為しうるのではないか，そのことは経験的認識，つまり対象認識の全体を新しい視点から見直すことによって可能になるのではないか，というのである。カントは言う。「これまでは，われわれの認識はすべて対象に従わなければならない，という前提が受けいれられていた。しかし，この前提の下では，対象について何事かをア・プリオリに確立し，それによってわれわれの認識を拡大しようとするすべての試みは失敗に終った。したがって，逆に対象が自らをわれわれの認識に従わせなければならないのだ，という前提に立ったならば，形而上学の課題をよりよく解決しうるのではないか，ひとたび試みてみたらどうか」*7。これによって対象についてのア・プリオリ認識，つまり対象が経験を通じてわれわれに与えられる前に，対象について何事かを確立するような認識，の可能性が基礎づけられるのではないか。要するに，「われわれは事物について，われわれ自身がそのなかに置いたものだけをア・プリオリに認識するのだ」*8という洞察である。

カントはこの洞察にもとづく思考法の革命・転回をコペルニクスのそれになぞらえている。ここからして，思想の大きな転回を「コペルニクス的転回・革命」と呼ぶ用法が生まれたが，単に発想の転換をコペルニクス的とよぶのなら問題はないが，コペルニクスが成就したこととの厳密な類似性に着目した場合には，カントの場合にも問題がないわけではない。カン

---

5) *Ibid.*, B xiii-xiv.
6) *Ibid.*, B xv.
7) *Ibid.*, B xvi.
8) *Ibid.*

ト自身は自らの新しい形而上学構想がコペルニクスの最初の思想 des erste Gedanke des Kopernikus とまったく同じであるとしている。すなわち，コペルニクスは全星群 das ganze Sternenheer が観察者のまわりを回転すると前提した場合には天体運動 Himmelsbewegung の説明が成功しなかったので，観測者を回転させて，諸々の星を静止させたならばよりうまく行くのではないか，と試みたのである*9。さらに別の説明では，『批判』における思考法の転換はコペルニクスの仮説と類比的であるとして，コペルニクスは「感覚には反するが，しかし真理である方法によって，観察された運動を諸天体のうちにではなく，それらの観察者のうちに求めることを敢えてした」*10のだと，いわれている。

　カントはわれわれが対象を直観するさいに，直観が対象の状態 Beschaffenheit に従わなければならないのではなく（その場合には対象について何事もア・プリオリには知りえない），逆に対象（感官の対象としての als Objekt der Sinne）がわれわれの直観能力の状態 Beschaffenheit に従わなければならない，というこれまでの認識観の逆転とコペルニクス的転回との類比を指摘する。さらに，この直観（すなわち経験）から認識を形成するにさいして，あらためて概念（悟性概念）と対象との関係が問題になるが，この場合もカントは概念が対象に従う・合致するのではなく，逆に対象（ないし経験）が悟性概念によって規定されると主張する（裏からいえば，ア・プリオリな悟性概念によって規定されないような対象はそもそも認識の対象とはならないのである）。そして，このような認識能力と対象との関係をめぐる視点の転回はコペルニクスのそれと完全に一致することが主張されるのである。

　しかし，これにたいしては，カントの形而上学構想における思考法の革命はむしろ地動説から天動説（対象の方が動いて観測者に従う）への逆転ではないかとの印象を与える，との反論が予想される。カントは天動説におけるように，再び人間を宇宙の中心に位置させ，かれのまわりで宇宙を回転させようとしているのではないのか。この異論に対しては，たしかにカントは或る意味で哲学における人間中心主義ないしは人間的認識の立場を

---

9) *Ibid.,* B xvi-xvii.
10) *Ibid.,* B xxii Anmerkung.

確立しているということができる。しかし，それは天動説への逆転ではなく，むしろこの点に関しては単純に，コペルニクスの仮説との類比は成立していない，と見るべきであろう。

　むしろカントとコペルニクスの視点の類比はつぎの点に存すると見るべきであろう。コペルニクス以前の天文学においては，地球（観測者）は静止しているとの前提があったが，これはカント以前の形而上学において認識能力・主観はたんに受動的に対象・物自体を反映する鏡のようなもの，と前提されていたのに相応する。この両者において，天体の現象的運動，および認識主観によって捉えられるかぎりでの対象は，そのまま天体の固有の運動，物それ自体の構造ないし本質であると前提されていた。これにたいしてコペルニクスは地球も動いているのであって，天体の現象的運動はそれら自身の固有的運動と観測者の運動から合成されたものであり，そう前提することによって天体の運動はより整合的に説明されると考えた。同様にカントは，われわれの認識の対象は物それ自体ではなく，われわれの認識能力も能動的にそれの構成に参与しているのである，と考えた。「観測者が天体のまわりを回転する」という言い方と「対象がわれわれの認識に従う」という言い方は一見相反するようであるが，いずれも対象は（認識能力，観測者がそれの成立，構成に何らかかわらないところの）物それ自体ではなく，観測者・認識能力の能動的なかかわりをまってはじめて成立する現象であり，この現象を別にして観測・認識されるべき対象はない，とする点では根本的に一致している。

　ところでカントによると，このようなコペルニクス的転回によって形而上学は学としての確実な道を歩みはじめるのであるが，この成功はア・プリオリ認識としての形而上学は決して可能的経験の限界を超え出ることができない，という代価をはらうことによってかちとられたものである。そして，可能的経験を超え出ることがすべての形而上学の熱望であるかぎり，上の代価はあまりに高価であるようにも見える。しかし，カントによると実際にはそうではない。なぜなら，そもそもわれわれが可能的経験を超出しようとするのは無制約者 das Unbedingte を求めてのことであるが（そして無制約者は当然，物自体の領域において見出される），これまでのように現象（経験的認識の対象）と物自体とが区別されない場合，無制約者は矛盾なしには認識されない[*11]。しかし，コペルニクス的転回によって経験

的認識（可能的経験）は（認識主体によって構成された）現象にのみかかわることが確立された後は，無制約者がそこにおいて認識されるべき物自体の世界は経験的認識と結びついた理論的理性によっては到達されえないことがあきらかであり，それを全然別個の実践的にのみ可能な認識によって矛盾なしに捉える可能性が開かれるのである*12。

さらにカントによると理性批判によって純化された形而上学が可能的経験を敢て超え出ようとしなくなることは，一見否定的な意味しか有しないように見えるが，実は積極的な意義を有する。というのは，可能的経験を超え出ようとするこれまでの試みは，実は理性認識の領域を拡大するどころか，それを感性の内部に閉じこめる結果に終っているからである。というのも，理性が可能的経験を超え出るために使用する原則 Grundsatz，たとえば因果律は本来感性の限界内でのみ妥当するものだからである。これにたいして，理性批判は理性による思弁的認識を経験の対象，つまり現象だけにかぎるが，同じ対象を物自体としても思考しうることを示す。そうでなければ「現象するところのものなしに現象がある」というおかしな命題が帰結するからである*13。このように理性批判としての形而上学は，なるほど思弁理性を制限するが，そのことによって（物自体にかかわる）実践理性にたいして道を開くのであって，結果的には理性認識の領域を拡大するのだ，とカントは主張する。つまり，理性批判は，対象 Objekt なるものは物自体および現象という二つの意味で解しうることを示すのであり，このことによってこれまでの形而上学が陥っていた手探りと論争の状態からの脱却を可能にする，というのである。

カントによると，思弁理性が無制約者としての神，あるいは倫理的実践が必然的に前提するところの自由を考えることができないとしたら，自己矛盾に陥ることになる。しかし，神や自由を認識しえないこともたしかである。理論的に認識されうるのは感性的直観を通じて与えられる経験の対象のみであるから。そして，この区別は，現象と物自体とを区別することによってのみ可能である。思弁理性を現象＝可能的経験のみにかぎらないと，実践理性が自らを物自体——神，自由，霊魂の不死がそこにおいて捉

---

11) *Ibid.*, B xx.
12) *Ibid.*, B xxi.
13) *Ibid.*, B xxvii.

えられるところの――へと拡大することができない。こうしてカントの有名な「わたしは信仰に場所を与えるために，知識を除かねばならなかった」*14 Ich mußte (also) das Wissen aufheben, um zum Glauben Plaz zn bekommen という言葉が発せられることになる。

いいかえると，カントは理性批判としての形而上学（経験的認識の基礎づけ―超越論的哲学の構築―現象と物自体との区別）によって，一方ではヒュームの懐疑主義（理性能力の否認）を克服すると同時に，他方では理性の認識能力の無批判的拡大としての無神論，唯物論，無信仰などを決定的に斥けることをめざしたのである。それは懐疑主義と独断主義との間の中道としての批判主義，認識の人間的条件についての反省を通じて，人間的認識の立場の確立をめざしたものといえるであろう。問題は，果たしてカントが真に「人間的」な認識の在り方・構造を明確にしているかどうかである。

B版「序言」にもとづいてカントにおける経験と形而上学のかかわりを概観することを通じて，ロック，ヒュームにおける「経験」理解とカントのそれとの違いに光をあてたのに続いて，つぎに「緒論」にもとづいてカントの「経験」理解の問題点をつきとめることにする。

まず注目する必要があるのは，包括的な意味での経験「Erfahrung ないし経験認識 Erfahrungs-erkenntnis――これを可能的経験 mögliche Erfahrung と言いかえることができる――と，より限定された意味での経験，いいかえると経験の受動的・所与的側面を指すものとしての経験の区別である。後者は empirisch という形容詞で指示されるのが普通である。この用法は『プロレゴメナ』においては明確に認められる。すなわち，経験は「感性的直観にたいして与えられたもの」das der sinnlichen Anschauung Gegebene (=das Empirische) であるとされ*15，それに「まったく悟性の仕事である判断」Urteile, die lediglich ein Geschäfte des Verstandes が加わって経験が成立する，といわれている

この二つの「経験」概念の区別はプロレゴメナにおける経験的判断 empirisches Urteil と経験判断 Erfahrungsurteil の区別においても明確に認められる。すなわち，前者は「感官の直接的知覚」であり「知覚判断」Wahrne-

---

14) *Ibid.,* B xxx.
15) *Prolegomena,* ss18.

hmungsurteil であって，単に主観的にのみ妥当するにすぎないのにたいして，後者は客観的妥当性を有するかぎりにおいてそう呼ばれる。客観的妥当性は直ちに真理ではなく，むしろ主観・主体から明確に区別された客観・客体にかかわる，ということを意味する。それは当然，認識主体が自らを認識活動の能動的根源として意識すること，主体の能動性が自覚されていることを前提とする。いいかえると，認識主体が自己を充実した意味での判断作用の主体として自覚することを前提とする，といえよう。すなわち，経験判断は「客観に対する新しい関係」[*16]をふくむのであるが，そのためには能動的な認識能力としての悟性のかかわりが必要とされる。カントの言い方に従うと「その根源をまったくア・プリオリに純粋悟性において有するところの特別な概念」「純粋悟性概念」「悟性において根源的につくりだされた特殊な概念」を必要とする。客観的妥当性は必然的普遍妥当性 die notwendige Allgemeingültigkeit と言いかえられる。それは「われわれにいつも，誰にたいしても妥当する」ことを意味する。

ここで経験判断の「客観的」妥当性が，したがってまた経験一般の成立根拠が，客観ないし対象 Objekt, Gegenstand それ自体とのかかわり・接触においてではなく，むしろ（能動的）認識能力（悟性）の側において求められていることに注目する必要がある。カントは「われわれは客観をそれ自体において知りえない」「客観はそれ自体においては常に知られないままにとどまる」[*17]と断定しており（デカルト，ロックに共通な意識内在主義の前提），客観的妥当性なるものは「経験的判断の普遍妥当性の制約」[*18] die Bedingung der Allgemeingültigkeit der empirischen Urteile から借りてこられるわけである。そして，そのような制約は認識主体が自らを反省することを通じて，自らのうちに（もはや単に主観的とはいえぬほど，主体（意識一般）の奥深いところにおいて）発見するほかなく，またじっさいそのようにして発見されるのである。

このように，カントにおける「経験」概念を正確に理解するためには，感性的直観，ないしは意識された直観，すなわち知覚[*19]としての経験と，普

---

16) *Ibid.*
17) *Ibid.*, ss19.
18) *Ibid.*
19) *Ibid.*, ss20.

遍妥当性ないし客観的妥当性をふくむ経験判断ないし経験的認識としての経験とを区別する必要がある。包括的な意味での経験は、能動的な認識能力（悟性）による総合・統一の働きをまってはじめて成立するもので、カントの言葉によると「ア・プリオリな純粋悟性概念」[20] reine Verstandesbegriffe a priori を必要とする。いいかえると、この意味での経験はア・プリオリな要素をふくむのである。ア・ポステリオリと同一視され、ア・プリオリと対置せしめられる「経験」は限定された意味での経験にほかならない。ロック、ヒューム流の「経験」概念はそれにあたるといえるであろう。カントの「経験」概念はそれに反省を加えることによって形成されたものであり、「より経験的な」「経験」概念である、といえるかもしれない。問題はそれが「十全的に経験的」であるかどうかである。

このように見てくると、緒論における「ア・プリオリ総合判断」synthetisches Urteil a priori をめぐる議論は、包括的な意味での「経験」概念の明確化の試みにほかならない、ともいえるであろう。カントは緒論において、純粋理性の一般的課題ないし本来的課題とは「ア・プリオリ総合判断はいかにして可能か」という問いのうちにふくまれており、形而上学の存亡がかかっている、とのべているが[21]、われわれとしてはカントの経験概念はこのような判断の可能性を前提とするものであった、と主張したい。そしてヒュームの経験理解はまさしくア・プリオリ総合判断の可能性を排除するものであった点においてカントのそれから区別されるのである。

ではカントのいうア・プリオリ総合判断とはいかなるものか。「ア・プリオリ」の意味についてはすでにふれたので、ここでは分析的——総合的の区別にふれる必要がある。ところで、この点に関するカントの説明は極めて簡単かつ概括的なものにとどまり、多くの註釈者、研究者がその不充分さを指摘している。カントによると「A は B である」いう肯定判断（命題ではなく判断が問題になっていることに注意、なおカントが二項式の定言的判断のみをとりあげ多項式、仮言、選言的判断を問題としていない点を批判する論者が多い）において、A—B の関係は二つしかない、という。すなわち、第一は B が A に、A の概念のうちに隠れた仕方でふくまれて

---

20) *Ibid.*
21) *Kritik der reinen Vernunft,* B19.

いる何物かとして，属する場合，第二は，BはAの概念と結びついているにしても，Aの概念のまったく外に在る場合である。そして，第一が分析的，第二が総合的判断と呼ばれる。カントによると，分析的判断における主語・述語の結合は同一性によるものであり，総合判断における結合は同一性なしに考えられている。いいかえると，或る分析判断の否認は同一性の原理に抵触する，つまり自己矛盾に陥ることになる，というのである。前者は解明判断 Erläuterungsurteil, 後者は拡張判断 Erweiterungs-Urteil と呼ばれる。その意味は，前者においては述語を通じて主語の概念に何物も付け加えないのにたいして，後者においてはそうした付け加えが為される，ということである。カントが前者の例として挙げるのは「すべて物体は延長をもつ」alle Körper sind ausgedehnt であり，後者の例は「すべて物体は重い」alle Körper sind schwer である。延長は物体の概念のうちにすでにふくまれている（物体といえば空間のうちにあることが前提されており，したがって三次元的な延長なしにはそもそも物体なるものは考えられない）のにたいして，重さは物体の概念のうちにはふくまれていず，個々の場合における感覚的な経験内容と結びついている，というのがその理由である。

　この分析的——総合的という区別については，（主語の概念のうちに）「ふくまれる」という比喩的表現，および主語の「概念」なるものがいかにして確定されるのか，という点に関して問題が生ずる。前者については触れないとして，後者に関してはたしかに大きな困難がふくまれている。「概念」というかぎり，或る言葉の意味あるいは定義が問題になるが，万人がそれに同意を与えるような，確定的，最終的定義というものがありうるか。おそらく数学における概念を別とすればそのような定義を求めることは不可能であり（カントが例としてあげた「物体」の概念も，それが経験的概念であるかぎりかれ自身が「黄金」についてのべているところから明らかなように）[*22]，その概念に何がふくまれ，何がふくまれないかは最終的に確定はできないのである。（ただしそれを幾何学的概念と解した場合は問題は別である），したがって，分析的—総合的判断の境界線はけっしてカントが考えるように明確なものではない，といえる。

　この点に関する徹底的な批判はクワインの「経験主義の二つのドグ

---

22) *Ibid.*, B756.

マ」*23のうちに見出される。クワインはカントの「分析的」の観念を「言明は，それが事実からは独立に，意味のゆえに真実であるときに，分析的である」"a statement is analytic when it is true by virtue of meanings and independently of fact" と言いかえた上で，意味，定義・同類語などのレヴェルで「分析性」の観念を明確にしようと試みる。「分析性は，当初，意味の領域への訴えによって，最も自然に定義できると思われ。厳密に調べることで，意味への訴えは類義性あるいは定義の訴えに道を譲った。しかし，定義は鬼火であることがわかったし，類義性は分析性へのア・プリオリな訴えのちからによってのみ最もよく理解できることがわかった。こうして，われわれは分析性の問題にもどってしまうのである」*24。Analyticity at first seemed most naturally definable by appeal to a realm of meanings. On refinement, the appeal to meanings gave way to an appeal to synonymy or definition. But definition turned out to be a will-o'-the wisp, and synonymy turned out to be best understood only by dint of a prior appeal to analyticity itself. So we are back at the problem of analyticity.

　ここで問題は日常言語の曖昧さによるのではないかとの予想を立てて，明示的な意味論的規則 semantical rules をもつ厳密な人工言語の場合を考察するが，この考え方も一つの混乱にもとづくことが判明する。そこで意味の検証理論による「分析性」解明が試みられる。「意味の検証理論：言明の意味はそれを経験的に確証もしくは伝達する方法である。そして分析的言明とはいかなる場合でも確証される極限の場合である」*25。The verification theory of meaning: the meaning of a statement is the method of empirically confirming or informing it. An analytic statement is that limiting case which is confirmed no matter what.

　いいかえると，経験に左右されることなく，常に確証されうる命題が「分析的」ということになる。しかし，クワインによると経験によって左右される総合的命題と，何が起ころうと妥当する分析的命題との間の境界線を求めることは無駄なのである*26。なぜなら，われわれの有する知

---

　　23) W. V. O. Quine, "Two Dogmas of Empiricism" *From A Logical Point of View,* Harvard University Press, pp.20-46.
　　24) *Ibid.,* p.32.
　　25) *Ibid.,* p.37.

識・信念ないし言語体系の内部では，何らかの操作によっていかなる命題でも「分析的」たらしめうるし，逆に何らかの「改訂」にさらされることのないような命題も存在しないからである。ここで表明されているのはクワインの「根元的経験主義」である。

　しかし，カントの分析的―総合的という区分が多くの重大な問題をふくむことを認めた場合，この区分を前提とするア・プリオリ総合判断の概念はまったく意味のないものとして斥けるべきであろうか。必ずしもそうは言えないであろう。第一に，この二者の間に明確な境界線は引けないにしても，将来の経験によって修正されることが可能であるような事実的真理に関する命題と，始源的定義から導き出される帰結にすぎないような命題との区別は明白であり（後者は論理的真理のみをふくむ），それなりの意味をもつといえるからである[*27]。しかし，それよりも重要なのは分析的・総合的という用語の問題とは別に，ア・プリオリ総合判断という概念のなかにふくまれている経験の根本的構造に関するカントの洞察である。それはカントがロックやヒュームのいう観念相互の関係にかかわる必然的認識とは異なった，経験にかかわる普遍的・必然的認識の現実性（したがって可能性）を認めていることである。いいかえると，カントはヒューム流の分析的―総合的，すなわち論理必然性―経験的という二者択一を斥けて，第三の可能性としてア・プリオリ総合判断を導入しているのである。したがって，この場合のア・プリオリは矛盾律にもとづく分析的判断のア・プリオリ性とは区別しなければならない。すなわち，ヒュームはすべての有意味な命題は論理的必然性をふくむ分析的命題であるか，実験ないし観察によって検証可能な経験的命題であるか，というジレンマによって形而上学を破壊しようとしたのであるが，カントはまさしくこのジレンマの角の間から逃れる道を提示しているのである。それは経験と結びつきつつ必然的・普遍妥当的であるような認識の確認であり，それがいかにして可能であるかを説明しようとする試みが彼の超越論的哲学 transzendentale Philosophie であり，この哲学を可能にしたのが「コペルニクス的転回」である，というのがカントの確信であった。カントは経験の可能性の制約・根拠を

---

26) *Ibid.*, p.43.
27) W. H. Walsh, *Kant's Criticism of Metaphysics*, Edinburgh University Press, 1975, p.10.

ふりかえることによって，そこにア・プリオリ要素をつきとめ，そのことによってア・プリオリ総合判断の可能性を説明したのである。じっさいに，われわれが経験の可能性の根拠へのふりかえりに成功するとき，そこで確認される認識がア・プリオリ総合判断であり，それを明示的に理論化したものが形而上学としてのア・プリオリ総合判断であるといえるであろう。

Ⅲ　カントにおける経験と直観

　カントにおいて直観 Anschauung は或る意味では経験 das Empirische と同一視され，或る意味では経験（包括的）の受動的・所与的側面を指すものと解されている。すなわち，「感性的直観にたいして与えられたもの」[28] das der sinnlichen Anschauung Gegebene が「経験」と呼ばれる一方で，それに「まったく悟性の仕事である判断」が加わって「経験」が成立する，といわれるのである[29]。Erfahrung besteht aus Anschauungen, die der Sinnlichkeit angehören, und aus Urteilen, die lediglich ein Geschäfte des Verstandes sind.

　ここで直観とは感性的直観であり，感官の直接的知覚[30] die unmittebare Wahrnehmung der Sinne である。カントは一貫して，対象がそれを通じてわれわれに与えられる直観とは感性的直観であり，そして認識能力がかかわるのはこうした感性的直観を通して与えられたかぎりでのもの，すなわち現象であることを主張している。この主張はわれわれが批判的に考察しようとしている，カントによる形而上学的な霊魂論（理性的心理学）の批判と密接に結びついているので――すなわち，物それ自体としての「われ」，思惟する実体としての霊魂は認識の対象とはなりえない，という批判的主張――つぎにカントの「直観」概念についてふりかえっておきたい。

　カントによると，直観を特徴づけるのは，それが対象に直接的かつ個別的な仕方でかかわる，ということである。カントはこの点を『純粋理性批判』本論の冒頭（超越論的感性論）において明言している[31]。そして，人間

---

28)　*Prolegomena*, ss18.
29)　*Ibid.*, ss21.
30)　*Ibid.*
31)　*Kritik der reinen Vernunft*, B33.

の場合，対象が与えられるのは心 Gemüt が触発されるという受動・受容的な仕方によるほかなく，そしてそのような心の受容能力 Fähigkeit—Rezeptivität が感性と名付けられるのであるから，カントの場合，対象がそれを通じて与えられるところの直観とは感性的直観である，ということになる*32。これにたいして，悟性は能動的に対象について思考し，そこから概念 Begriff が生ずるが，概念はあくまで，最終的には何らかの仕方で直観（＝感性）へと関係づけられなければならない。そうでなかったら，それは対象を持ちえないからである*33。

カントの「直観」概念についてより詳細に考察すると，直観（感性的直観）は，悟性（概念・思考）が能動的であるのにたいして，全体として受動・受容的であることを特徴とするが，そのなかにあってさらに受動的・質料的な要素と，そうした受容性の制約・根拠であるところの形相的（能動的とはいえないにしても）要素とが区別される。（ついでにいえば，全体として形相的であるところの悟性概念についても，その内容・質料的要素と，能動的な総合・統一の形式としての純粋概念という形相的側面とが区別される）。

すなわち，感性的直観において，対象による触発を通じて受けとられた表象・知覚，つまり感覚 Empfindung という受動的・質料的要素と共に，そうした感覚に属するものを一切ふくんでいない純粋直観——ア・プリオリ直観，いいかえると感性の純粋形式 reine Form der Sinnlichkeit も見出されるのである*34。空間と時間がそうした感性の純粋形式ないし感性的直観のア・プリオリ形式であるとされるが，ここで注目すべきは，それらがア・プリオリ直観と呼ばれている点である。それは勿論，経験から離れて，それ自体として成立する知的直観のようなものではない。それはあくまで感性に属し，感性的直観の一部分をなすものであるが，しかし対象による触発＝受動，つまり感覚に先立って，その成立根拠・制約として成立するところの直観である。直観はカントにおいて常に感性と結びついており，そして一般に感性は「経験的」das Empirisch つまり，ア・ポステリオリと結びついていることを考えに入れるとき，「ア・プリオリ直観」という考え方は何らかの（矛盾とはいえないにしても）緊張をはらんでおり，

---

32) *Ibid.*
33) *Ibid.*
34) *Ibid.*, B34.

カント独自の考え方を背後にもつものであることが予想される。それはまさしくア・プリオリ総合判断という考え方にふくまれる緊張と重なるものであるといえよう。したがって，ア・プリオリ総合判断という考え方の根底に認識と対象との関係の捉え方についての根本的な転換が見出されたように，ア・プリオリ純粋直観という考え方の背後にあるのも同じ認識と対象との関係をめぐる根本的な転回であることが予想される。

　すなわち，認識が対象に依存し，対象によって導かれる，という考え方に固執するかぎり，経験的直観（受動的—感覚）はありえても，ア・プリオリ直観はありえないであろう。他方，ア・プリオリ直観は（感性的直観であるかぎり）対象を産出するところの能動的・知性的直観ではない。じっさいに，ア・プリオリ直観は感性的直観の形式であるといっても，それによって直観の多様性が統一・総合されるのではない。統一・総合という能動的作用は悟性に属するのであって，感性はあくまで受動・受容的である。では受動的・受容的でありながら感覚の受動性・受容性から区別されるア・プリオリ直観とはどのようなものか。

　カントが挙げている例はつぎのようなものである。「たとえば，私が或る物体の表象から，悟性がそれについて思惟するもの，実体，力，可分性など，同様にそれから感覚に属するもの，不可入性，硬さ，色などを分離しても，この経験的直観についてはまだわたしにとって残されているものがある。つまり，延長，形態である。これらが純粋直感に属するものであって，それはア・プリオリに，感官や感覚の現実的な対象がなくても，単なる感性的形式として心のうちに生起するのである」[*35]。So, wenn ich der Vorstellung einer Körpers das, was der Verstand davon denkt, als Substanz, Kraft, Teilbarkeit usw., imgleichen, was davon zur Empfindung gehört, als Undurchdringlichkeit, Härte, Farbe usw. absondere, so bleibt mir aus dieser empirischen Auschauung noch etwas übrich, nämlich Ausdehnung und Gestalt. Diese gehören zur reinen Anschauung, die a priori, auch ohne einen wirklichen Gegenstand der Sinnlichkeit im Gemüte stattfindet. すなわち，感性的直観そのもののうちに，心ないし表象能力が触発され，対象が受容され，与えられることを可能にするところの制約，形式がつきとめられ，それもまた一種の直観であり，感覚に属

---

　35) *Ibid.*, B35.

するものの受容すなわち経験的直観に先立つ直観であることが確認される。このア・プリオリ直観は，それにおいて対象が与えられる直観ではなく，対象はそれ以外の仕方では与えられないとの意味で対象を規定する（産出するのではない）直観である。それは，そもそも対象が「与えられる」ことを可能ならしめる（いわば対象にたいする表象能力の受容性・開けそのもの）制約としての直観である。それは表象能力が対象によって触発されるのと同時に成立する直観であるが，触発されることによって，そこから成立するのではなく，当の触発－受容そのものを可能ならしめる制約としての直観である。その意味ではすでに感性的直観のレヴェルにおいても対象は認識に依存しているのである。たしかに感性的直観において対象が与えられるのであって対象は決して表象能力によってでっち上げられるのではない。しかし，当の「与えられる」こと自体を可能にしているのは表象能力ないし心 Gemüt に由来するところの形式であり，そのかぎりにおいて対象は与えられるというよりは，認識に依存し，認識能力によって規定されるのである。

　感性的直観という，われわれにたいして与えられるもの（経験）のうちにまさしくア・プリオリな要素が見出されることの洞察（この洞察が「ア・プリオリ直観」によって言いあらわされている）が，まさしくア・プリオリ総合判断がいかにして可能であるかを説明しうる洞察にほかならない，といえるであろう。ア・プリオリとは普遍妥当・必然的ということ，したがって（認識が）客観的であることを意味する。したがって，ア・プリオリ直観のア・プリオリ性を充分に説明するためには，対象がまさしく対象として成立することの説明として想像力の図式論を経て，カテゴリーの演繹，先験的統覚による統一にまでいたらなければならない。そのことによって始めて対象の認識，対象の客観的な認識が充分に説明されるのである。しかし，ア・プリオリ直観という考え方それ自体において，すでに，認識と対象の関係をめぐるカント独自の立場があきらかに示されているといえるであろう。われわれの認識は対象が与えられる（＝経験）という面においては常に偶然的であり，認識の必然性はすでに獲得された認識の論理的分析においてのみ保証される，という立場に立つかぎりア・プリオリ総合判断は不可能である。対象が与えられる（＝経験の成立）ということ自体のうちにア・プリオリな要素（但し，カントにおいてそれは認識能力

に内在する形式であるにとどまり，「存在論的」なものではない）が前提されていることを見てとったとき，カントはア・プリオリ総合判断がいかにして可能であるかを説明しえたのであり，そしてその根底には認識と対象の関係をめぐる根本的な立場の転回があったといえよう。ここで詳細な考察を行うことはできないが，この転回なるものは認識者としての自己についての反省がおし進められ，認識するとはどういうことであるかが形而上学的に「洞察」されたということである。カントはたしかにこのような洞察をかちとっていたが，彼においてそれは明確な形而上学的説明にまでは達しなかったのである。

Ⅳ　カントによる霊魂論 Seelenlehre 批判

カントは『純粋理性批判』「第一部　超越論的原理論」transzendentale Elementarlehre「第二部門　超越論的論理学」transzendentale Logik「第二部　超越論的弁証論」transzendentale Dialektik において「純粋理性の誤謬推理」Von den Paralogismen der reinen Vernunft の標題の下に特殊形而上学 metaphysica specialis の一部門としての理性的心理学 Psychologia rationalis, つまり形而上学的霊魂論の批判を行っている。この批判は人間的認識，つまり経験的認識に関する彼の基本的立場にもとづくものであり（特に現象と物自体，直観と概念・思考の関係をめぐって），つぎにこれまでの予備的考察をふまえて，この批判の有効性，妥当性について検討しよう。

カントは理性的心理学批判に先立って，人間理性が本性上陥らざるをえない超越論的仮象 der transzendentale Schein について論じている。それは人間理性が経験ないし経験的認識の可能性の制約（成立根拠）を求めて，ついに無制約者 das Unbedingte の理念 Idee, 超越論的理念 die transzendentale Idee に到達したさいに，それに対応する対象について何らかのことを認識しうるかのように思いこむことに他ならない。すなわち，そうした無制約者は経験に最終的な統一を与えるものとして，当然，思考することの可能なものであるが，カントによると，それは現象——経験を超え出ているがゆえに——にではなく，物自体に属するものとしなければならず，したがって，それについての直観なるものはありえず，したがって決して経験

IV カントによる霊魂論 Seelenlehre 批判

的認識の対象とはなりえないものである。つまり，それについて思考することは可能であっても——裏からいえば，思考されうるという仕方でわれわれの認識を規制する——それについての認識は直観が与えられていないことのゆえに不可能なのである。にも拘わらず，理性はそうした無制約者について何らかのことを認識しうるかのような幻想にとりつかれるのであり，それが超越論的仮象にほかならない。理性的心理学の対象としての霊魂なるものは，こうした仮象の一つにほかならない，とされるのである。

カントは超越論的仮象へと導くところの弁証論的理性推論は超越論的理念が三個（それらは定言的，仮言的，選言的理性推論のそれぞれに対応しており，「思考する主体の絶対的（無条件的）統一」die absolute (unbedingte) Einheit des denkenden Subjekts, 「現象の諸制約の系列の絶対的統一」die absolute Einheit der Reihe der Bedingungen der Erscheinung, 「思考のすべての対象一般の制約の絶対的統一」die absolute Einheit der Bedingung aller Gegenstände des Denkens überhaupt の三つである）あるのに対応してつぎの三つであるとしている。その第一は，何らの多様もふくまれない主観という超越論的概念から出発して，この主体そのものの絶対的な統一を結論するものであるが，そのさい，この主体そのものについて私は何らの概念も有しないのである。この弁証論的理性推論が超越論的誤謬推理と呼ばれる。第二は或る所与の現象にたいする諸制約の系列一般の絶対的な総体，という超越論的概念に向かうものであり，そのさい，私は一方の側の系列の無条件的な総合的統一については，常に自己矛盾的な概念が生ずるということからして，それとは対立的な側からの統一（それについても，私はやはり何の概念も有しないのであるが）の正しさを結論するのである。このような弁証的理性推論における理性の立場をカントは純粋理性のアンティノミーと呼ぶ。第三に，およそ私に与えられうるかぎりにおいての諸対象について思考するための諸制約の総体からして，私は物一般の可能性のあらゆる制約の絶対的な総合的統一へと論を進める。つまり，単なる超越論的概念によっては知りえないような諸事物からして，一切の存在者中の存在者 ein Wesen aller Wesen へと論を進める。そして，カントはこの第三の弁証論的理性推論を純粋理性の理想 Ideal と呼ぶのである[*36]。

---

36) *Ibid.*, B396-398.

では，われわれがそれによって実体としての思考する主体，つまり心ないし霊魂へと到達するところの議論とは，より詳細には，カントによればいかなるものであるか。カントは従来の理性的心理学は「私は考える」Ich denke という唯一の命題の上に築かれ，それを唯一の源泉とする学である，というふうに分析する。カントの表現に従うと「私は考える」という概念（超越論的）は，あらゆる概念一般の「運搬具」Vehikel である。それは一切の思惟にともなっており，一切の思惟は「私は考える」という意識に属する。いいかえると，私が心 Seele について，すべての経験から独立に，ただ一切の思惟にともなうかぎりにおいての「私」（「私は考える」の「私」）から推論されうることだけを知ろうとする場合に成立するのが理性的心理学 die rationale Seelenlehre である。こうして，理性的心理学は「私は考える」という唯一の命題 Text から，その全教説 Weisheit を展開させようとするのである*37。

　さらにカントは自分の流儀に従って従来の理性的心理学の内容を整理する。すなわち，カテゴリー表に従って，(1) 心は実体 Substanz である（関係），(2) 心は単純である（性質），(3) 心は単一（数多ではなく）である（量），(4) 心は空間における可能的諸対象との関係のうちにある（様相），という四つの要素が区別され，理性的心理学におけるすべての概念はこれらの要素の合成から生じる，というふうに説明するのである。たとえば，実体としての心から非物質性 Immaterialität, 単純な実体としての心からは不可滅性 Inkorruptibilität また単一性からは人格性 Personalität の概念が生じ，それら三者から精神性 Spiritualität の概念が生ずる，というふうにカントは説明する*38。

　カントの議論の要点はつぎの如くである。われわれの一切の思惟，認識作用（いいかえるとすべてのカテゴリー）にともなう「私」という表象は，全く無内容であり，そこで表象されているのは「諸々の思考の超越論的主語＝X」にすぎない（それは，それの述語である諸思考を通じてのみ認識されうる）のであって，それは「概念」とすら呼ぶことはできず，すべての概念にともなう意識 Bewusstsein にすぎない。いいかえると，こうした「思

---

37) *Ibid.*, B399-400.
38) *Ibid.*, B402-403.

IV　カントによる霊魂論 Seelenlehre 批判　　　409

考する私」の自己意識 Selfstbewusstsein は，カントによると，決して自己「認識」Erkenntnis ではないのであり，自己認識であるためには（対象である）「私」についての直観が与えられなければならない。ところが，すべての概念にともなう「私」という表象は無内容な表象であって，何ら直観ではない。それはむしろ自己「意識」である。自己意識はカントによると単なる機能 Funktion であって，そこで何らかの対象が与えられているのではない。いいかえると，われわれは「自己意識」というときの「自己」を実体化・対象化してはならないのであり，それが単なる思考の論理的機能を指すものであることを見てとらなければならない，というのがカントの言い分である。「自己認識」というときには，自己は対象でなければならず，そのためには直観が前提となるのである。しかし，もしそのような直観が与えられうるとしたら，それは一切の経験から独立であるような直観でなければならないはずである（なぜなら，経験は何らかの内容を有するが，すべて内容を持つ思考 Gedanke は述語の側に見出されるのであるから）が，そのような直観は決して与えられない，というのがカントの主張である[*39]。

カントは，さきの理性的霊魂論の「場所論」の四つの命題[*40]について，それらが自己意識から結論として導き出されえないことを論じているが，その論旨はつぎのことに尽きる。すなわち，「思考一般における私自身の意識の分析によっては，客観としての私自身の認識に関しては，いっさい何ごともかちとられない。そこでは思考一般の論理的解明が，誤って，客観の形而上学的規定と見なされているのである」[*41]。Also ist durch die Analysis des Bewusstseins meiner selbst im Denken überhaupt in Ansehung der Erkenntnis meiner selbst als Objekts nicht das mindeste genommen. Die logische Erörterung des Denkens überhaupt wird fälschlich für metaphysische Bestimmung des Objekts gehalten.

上の主張を形式論理学的に言い直すとつぎの三段論法となる。

「主語 Subjekt としてしか考えられえない gedacht werden ところのものは，また主語 Subjekt としてしか存在 existiert しえない，したがってそ

---

39)　*Ibid.*, B406-407.
40)　*Ibid.*, B402.
41)　*Ibid.*, B409.

れは実体 Substanz である。
　しかるに一個の思考する存在者 ein denkendes Wesen は，単にこのようなものとしてだけ見れば，主語 Subjekt としてしか考えられない。
　したがって，それはまた単にそのようなもの，すなわち実体としてだけ存在する」*42。

　カントによると，大前提において語られている存在者 Wesen は，およそあらゆる観点において考えられうるもの das überhaupt in jeder Absicht gedacht werden kann，したがって直観において与えられうるようなもの（内的経験の対象となりうる）をふくむのである。補っていうなら，そこでの「実体」はカントがカテゴリー表のなかで挙げている実体である*43。しかるに，小前提で語られているものは，たんに思考作用ないし意識統一との関係において考えられており，直観（それによって当のものが思考作用の対象・客観として与えられうるような）との関係においては考えられていない。ここからして，結論は誤謬推理 Trugschluss（媒概念多義性の虚偽）によって結論されたものである。
　こうして，カントはそもそも理性的心理学なるものを成立させたのは単なる論理学的虚偽であり，誤解であった，と断定する。すなわち，この学においては「カテゴリーの根底にあるところの意識の統一（すなわち，あくまで思惟する主観の側における）が，対象としての主体（私）の直観であると受けとられ，そしてそれに実体のカテゴリーが適用されているのである」*44。Die Einheit des Bewusstseins, welche den Kategorien zum Grunde liegt, wird hier für Anschauung des Subjekts als Objekts genommen, und darauf die Kategorie der Substanz angewandt.
　しかし，意識の統一は思考における統一（あくまで主観の側における）であって，それによってはいかなる対象も与えられず，したがってそれにたいして実体のカテゴリー（それは常に与えられた直観を前提とする）が適用されることは不可能である。したがってまた（カテゴリーが適用されない以上）そうした主体（「私」）を認識することは不可能なのである。

---

42)　*Ibid.*, B410-411.
43)　*Ibid.*, B106.
44)　*Ibid.*, B421.

IV　カントによる霊魂論 Seelenlehre 批判　　411

　このようにわれわれが実体としての心・霊魂，その単純性，単一性，現実存在について何一つ知りえない以上（もちろん，内感の対象であるかぎりでの心について認識することは可能であり，その意味での経験的心理学 die empirische Psychologie－die Physiologie des inneren Sinnes をカントは否認しない）[*45]，われわれは単なる理論的認識にもとづいて，われわれの存在が必然的に（死後も）存続することを洞察することを断念せざるをえない，というのがカントの主張である。ただし，唯物論の主張するごとく，霊魂の不死を否定することも不可能であり，むしろカントによる理性的心理学の批判は，実践的考察にもとづいて人間の現実存在を経験と現世の限界を超えて拡大することへの道を開くものとして企図されたものであった。

　しかし，理性的心理学の全体が一つの誤謬推理にもとづいているとするカントの批判にたいしては，つぎの疑問が生ずる。すべての思考，認識活動にともなう自己意識は，カントの主張するごとく単なる論理的主語，論理的な統一の機能であり，まったく無内容であって，自己認識とは言えないものなのか。むしろ，それは対象にかかわる認識ではないとしても，われわれの対象認識の仕方にかかわる認識には違いないのであって（対象認識の成立根拠としての自己認識），それに認識の名を拒否することは超越論的認識なるものを拒否することにつながり，『純粋理性批判』全体を「認識」として否認することにつながるのではないか。カントはそのことを見てとらなかったのであろうか。

　問題はつぎのところにあるように思われる。一方において，すべての対象認識（感性的直観を悟性が概念によって統一することによって成立するところの）の根底に見出され，それらを究極的に成立させているところの自己意識（精神の完全な自己還帰 reditio completa ad se ipsum，まったき意味で「自己において自存すること」，たとえば，トマス・アクィナスの言う精神の自己現存）を，そのまま完全な意味での自己認識と解することはたしかに誤りである。それは未だ自己認識の完成態ではない。そして，ヴォルフ，トマジウス，バウムガルテンにおける理性的心理学がそのような思い込みを犯していたかぎりにおいて，カントの批判は妥当である。ここでいう自己意識は，たしかに自己の全体がそこで与えられている，という意味での

　45）　*Ibid.*, B405.

自己認識ではない。

　他方，当の自己意識においては，全然自己認識は成立していない，というカントの主張はそのまま認めることはできない。実は自己認識は対象認識をまってはじめて成立するより高次の「認識」であって，対象認識と並ぶ，それと同一様式において（＝直観・概念）成立する認識ではない。「思考する自己」「認識する自己」が当初からそのようなものとして直観されえないことは明らかである。むしろ何らかの対象（感覚を通じて与えられる）についての認識が成立することによって，（まさしく，その特定の対象認識との関係において）「認識する自己」がはじめて現実に認識可能 intelligibile なものとなり，そのかぎられた範囲内において自己認識が成立するのである。ここでいう「認識する自己」は，決して認識されうるかぎりでの自己の全体，「思考する実体」ではなく，当の対象認識を成立させた能動的根源たるかぎりにおいての「自己」である。そこではまだ，自己の何たるか（実体，精神，非物質性，単純性）は何ら知られていず，ただ認識作用の能動的根源としての「自己」の「存在」が肯定されているのみである。しかしそれはすでに何らかの自己認識であって，決して単なる思考の論理的機能の確認ではない。むしろ，さまざまの対象認識の積み重ねによって，そのような認識を成立させる能動的根源としての自己の「何であるか」にたいして次第に光があてられるのである。

　実はカント自身，かれが論理的機能と呼んだ自己意識が，上の意味での自己認識であることを認めているように思われる。カテゴリーの超越的演繹を論じている箇所において，かれは「表象一般の多様の超越論的総合，すなわち統覚の総合的，根源的統一において，私は私自身を，私が私に現象するものとしてでも，また私がそれ自身において在るものとしてでもなく，たんに私が在ることを意識している」という[46]。この私の表象は直観ではなく，思考である，とかれはすぐに注意する。問題はここでカントが「私が在ること」というときの「私」を，再び思考作用（そのもの）（論理的機能）にひきもどしてしまっている点である。すなわち，思考作用の能動的根源としての私の存在に一度は到達していながら（おそらくは直観は感性的直観以外にはありえない，との独断に影響されて），この私をいわ

---

46)　*Ibid.*, B157.

Ⅳ　カントによる霊魂論 Seelenlehre 批判

ば思考作用の流れのなかにひきもどし,「私の存在」Dasein は単に感性的,つまり「現象の存在 das Dasein einer Erscheinung として規定可能なるものにとどまる」と言明するのである[*47]。

　さらに純粋理性の誤謬推理について論じている箇所において,カントは上にのべたことを受けるような形で,注目すべき言明を行っている。すなわち,「われ思う」Ich denke という命題は経験的命題 empirischer Satz であって,自らのうちに「われ存在す」Ich existiere という命題をふくむこと,しかし,私の存在 meine Existenz は前者から推論されるものではなく,むしろ Ich denke という命題と同一 identisch である,とカントはいう。しかし,同時にこの命題は経験 Exfahrung よりも前にあり,ここでいう存在 Existenz はまだカテゴリーではない,という言い方をしている。それは単に思惟一般にたいして与えられている単に或る実在的なもの nur etwas Reales を意味する。それは現象でも,物それ自体 Sache an sich selbt (Noumenon) でもなくて,実際に存在する或るもの etwas, was in der Tat existiert として思考に与えられている,といわれる[*48]。

　カントはここで感性的直観を通じて与えられる対象とはまったく異なった,純粋に知的な仕方で捉えられるべき（超カテゴリー的）存在としての自己に触れているように思われる。かれが前述の認識に関する独断的立場にとらわれていなかったならば,ここで対象認識とは異なった（対象認識の形而上学的基礎づけとしての）自己「認識」が成立することを確認しえたのではなかろうか。自己認識とは,さしあたり対象認識の成立根拠（能動的根源）としての自己の認識である（思考・意識と存在との具体的な同一性としての自己,つまり意識存在）。そこからさらに進んで,そのような意識存在＝精神の有限性,限界を自覚し,それが存在そのもの（無限者）との関係においてどのように自己超越・自己完成をとげていくかを考察する場面において,霊魂論が成立するのである。カントにおいては,この後者は実践的立場から考察されており,それは認識をどこまでも対象認識の枠組みで理解しようとした（直観を感性的直観に限定）カントにおいては当然の結論であった。しかし,これまでの考察において示されたごとく,カ

---

　　47) *Ibid.,* B158.
　　48) *Ibid.,* B422-423.

ントによる理性的霊魂論批判は，右にのべた認識に関するかれの独断的規定を前提とするものであり，形而上学的霊魂論への道はこの批判によって閉ざされたのではない。むしろ現代における形而上学的霊魂論は，対象認識の可能性の制約（成立根拠）としての自己認識（意識存在の現象学的分析）と，存在認識との関係において探求されるべき，存在への受容可能性をもってその本質とするような霊魂，つまり存在認識において前提とされている（存在認識の根源的能力としての）理性的霊魂とはいかなるものであるか，という二つの探求の総合として構想されるべきであると思われる。

あとがき

　書庫の隅に放置され，いつかは紙束として廃棄処分されるはずであった講義草稿が，このような形で出版される道を開いてくださったのは，かつて私の研究室で助手を務められた西南学院大学神学部の片山寛教授である。七，八年ほど前，書庫の整理を手伝ってくださっていた教授は，書架の最下段にあった数十冊の粗末な仮綴じの講義草稿に目をとめ，内容についての私の説明を聞いた上で，出版を強く勧められた。それだけではなく，原稿用紙数千枚に及ぶ講義草稿を印刷可能な状態へと移すために，多大の労力と時間を割いてくださった。この書物が大学の講義室から外の広い世界に出て行くことにどのような意味があるのか，私には測りかねることであるが，もし何かよいことが起きるとすればそれは片山教授のおかげである。

　講義の準備に関して，教示や示唆という仕方で何らかの恩恵に与った方々の名前をここですべて挙げることはできないが，学生時代以来，ハーバードで共にクワイン教授の「言葉と対象」の講義に出席して「根元的経験主義」の真髄に触れた時期もふくめて，経験をめぐる哲学的問題への関心を共有した黒田亘君からはとくに大きな知的刺激を受けたことを記しておきたい。もともと私がこの講義を行うことになったのは黒田君が東京大学へ転出した後を埋めるためであった。そして黒田君は，私とは研究対象は違いつつも研究関心が基本的に重なり合うことを折りにふれて認め，病気のため最後の数年間講義ができなかった時，哲学概論の講義を私が代って行うことを希望したと聞く。

　「経験」という言葉のもつ重層的な豊かさと拡がりに目を開かれたのは森有正氏の『遙かなノートル・ダム』(1967) から『経験と思想』(1977) にいたる数々の著作によるところが大きい。またアメリカ・プラグマティストをどう読むべきかを教えられたのはエール大学のスミス (John E. Smith) 教授のセミナー，そして経験の根拠を探究する道に関して体系的に学んだのはミュンヘン大学におけるロッツ教授 (Johannes B. Lotz) の演

習に参加することを通じてであった．他方，私の能力の限界からして，「経験主義と経験」という主題で研究を進めるのであれば当然取り上げるべきであったのにできないままに終った哲学者として，ヘーゲル，ベルクソン，フッサール，ウィトゲンシュタインの名を挙げておかなければならない．実は当初からこれらの哲学者も研究の射程に入っていて，準備もしたのであるが，さまざまの制約のため実行に移すことができなかった．

　不思議な回合(めぐりあわせ)で陽の目を見ることになった本書の出版を引き受けてくださった知泉書館の小山光夫氏には，終始，適切な配慮と力強い励ましで助けていただいた．心から御礼申し上げたい．

稲垣 良典（いながき・りょうすけ）
1928年佐賀県に生まれる。1951年東京大学文学部哲学科卒業。九州大学文学部教授，福岡女学院大学教授を経て，現在長崎純心大学教授。
〔著訳書〕『トマス・アクィナス哲学の研究』『習慣の哲学』『抽象と直観』『神学的言語の研究』『問題としての神』，トマス・アクィナス『神学大全』第11-16, 18-20, 22, 23, 32-34, 41-45分冊（以上，創文社），『トマス・アクィナス倫理学の研究』『人間文化基礎論』（以上，九州大学出版会），『トマス・アクィナスの共通善思想』（有斐閣），『トマス・アクィナス』（勁草書房）

〔講義・経験主義と経験〕　　　　　　　ISBN978-4-86285-044-7

2008年11月10日　第1刷印刷
2008年11月15日　第1刷発行

著　者　稲　垣　良　典
発行者　小　山　光　夫
製　版　野口ビリケン堂

発行所　〒113-0033　東京都文京区本郷1-13-2
電話 03(3814)6161　振替 00120-6-117170
http://www.chisen.co.jp
株式会社　知泉書館

Printed in Japan　　　　　　　　　　印刷・製本／藤原印刷